胡適年譜長編

"十四五"国家重点出版物出版规划项目

宋广波 著

第一卷

1891——1917

长江出版传媒
湖北人民出版社

图书在版编目（CIP）数据

胡适年谱长编 / 宋广波著. —武汉：湖北人民出版社，2024.5
ISBN 978-7-216-10845-4

Ⅰ.①胡… Ⅱ.①宋… Ⅲ.①胡适（1891-1962）—年谱 Ⅳ.①K825.4

中国国家版本馆CIP数据核字(2024)第069369号

出版策划：	姚德海　姚　梅　王建怀　刘　倩
项目主持：	刘　倩　丁　雪
责任编辑：	刘　倩　丁　雪　陈　兰　赵世蕾　陈　典　胡　涛　李月寒　田　晓
	杨晓方　童银燕　邹少雄　黄　沙　李汶怡　曾若雪　朱子飞　徐　艳
	曹新哲　朱小丹　余　莎　石佳子　张倩玉　晏佳利　赵　欣　程　敏
	耿天维　胡　娟　王玉兰　余　洋　王子依
封面设计：	董　昀　刘舒扬
责任校对：	范承勇
责任印制：	肖迎军　杨　锁

胡适年谱长编　HUSHI NIANPU CHANGBIAN

出版发行：湖北人民出版社	地　址：武汉市雄楚大道268号
印　　刷：湖北新华印务有限公司	邮　编：430070
开　　本：787毫米×1092毫米　1/16	印　张：298.25
字　　数：5043千字	插　页：46
版　　次：2024年5月第1版	印　次：2024年5月第1次印刷
书　　号：ISBN 978-7-216-10845-4	定　价：1680.00元

本社网址：http://www.hbpp.com.cn
本社旗舰店：http://hbrmcbs.tmall.com
读者服务部电话：027-87679656
投诉举报电话：027-87679757
（图书如出现印装质量问题，由本社负责调换）

宋广波，中国社会科学院大学硕士生导师，中国社会科学院近代史研究所副研究员。主要从事中国近代思想史和民国科学史研究，多年来在胡适研究方面着力颇多。出版有《胡适与红学》《胡适红学年谱》《胡适论红楼梦》《胡适批红集》《丁文江图传》《丁文江年谱》《中国近代思想家文库·丁文江卷》等图书，发表论文数十篇。兼任中国地质学会第40届理事会理事、中国红楼梦学会理事、中国现代文化学会理事、胡适研究会副会长兼秘书长。

各卷责编

第一卷　邹少雄　胡　涛　胡　娟
第二卷　丁　雪　李汶怡　晏佳利
第三卷　陈　典　朱小丹　张倩玉
第四卷　刘　倩　陈　兰　程　敏　余　洋
第五卷　赵世蕾　王玉兰　王子依
第六卷　陈　兰　曾若雪　赵　欣　耿天维
第七卷　田　晓　徐　艳　黄　沙　余　莎
第八卷　李月寒　曹新哲　石佳子
第九卷　杨晓方　童银燕　朱子飞

序　言

　　宋广波历二十多年的辛勤工作，编撰《胡适年谱长编》五百万字，终于要出版了，实在可喜可贺。这是胡适研究历史上一件值得纪念的事。相信这部书对研究胡适一定会带来很大的方便。

　　年谱或年谱长编，是中国特有的一种史学体裁，千余年来成书并出版发行者据称可能有五千余种。1997年，上海百家出版社出版黄秀文主编的《中国年谱词典》，收录年谱、年谱长编或年表有四千种之多，这些年谱类著作，无疑是中国史学宝库中的一种不可或缺的宝贵财富。

　　史学有进步，作为史学之一种的年谱也应该有进步。从前的年谱，绝大多数是谱主的门生故友或崇拜前贤的后辈所写，他们对谱主怀有极大的崇敬，所以每列一条，提及谱主必以敬称冠之，此风到近代亦无甚改变。还有，古人尊长，所以重年齿，人一出生就是一岁。若某人于年三十夜里出生，第二天他就两岁了，这很不妥当。我在20世纪80年代编撰《胡适年谱》时，便不循老例，胡适出生的1891年，只记出生月日，不写年岁，第二年记一岁；谱中凡须提及谱主的地方，即直呼其名，而不用敬称。此年谱出版后，有几位朋友说，这部年谱是个创例。创例可不必说，总是有所改进而已。我很高兴地看到，广波这部《胡适年谱长编》采取了和我同样的方法处理这些问题。胡适先生提倡对待一切事物、一切问题都要采取评判的态度。我们为某人编撰年谱，不是因为，至少主要不是因为对谱主特别崇敬，而是因为我们是研究历史的，为弄清历史的本来面目，才编撰谱主的年谱。所以，应当以历史家的评判的态度来对待我们研究的对象。所以，对谱主特别冠以敬称是不必要的。

　　年谱贵翔实。要尽可能搜寻材料，凡足以表现谱主生平活动、思想主

张、性格作风者都应尽量收录，但这不等于不做剪裁。任何文章、著作没有剪裁是不足以成为文章、著作的。近人胡颂平先生编撰的《胡适之先生年谱长编初稿》有十卷之多，曾给早年研究胡适的学者提供很大的方便，但不少人批评他的书太缺乏剪裁。凡是他认为胡适先生较重要的文章、书信，他都差不多全文录入，这些材料占去该书很大一部分篇幅。我想，颂平先生是一片好意，他希望读了他编撰的这部《胡适之先生年谱长编初稿》的人，可以不必读胡适的原著，就可了解胡适的主要著述及思想。用心固善，但做法实不妥。一则，能够表现胡适思想的文章，他未必能够全收；二则，他收录这些文章的时候有删节，要详细了解胡适思想，还必须查找原文来读；三则，他这种做法实有侵权之嫌。记得早年胡适先生曾批评容肇祖编撰的《公孙龙子集解》一书，谓"此稿（指容肇祖的书稿——引者）抄引过多，恐有碍诸书单行本之销路，似宜顾及版权问题（此在外国是不许的——原注）"。颂平先生抄录胡适的文章肯定费了不少的时间和精力，但其实是躲懒的办法。我前面明确地说，年谱是著作，不是简单的资料汇总，对谱主的著述，应当做撷取精华的功夫。这就需要认真细读谱主的著作，而且要有较好的思想训练，才能做好这种功夫。颂平先生不肯做这种太费心力的功夫，所以宁做简单的抄录工作。

中国的年谱著作甚多，真正好的实在不是太多。古人的，以王白田的《朱熹年谱》最受人称赏；近人的，以丁文江的《梁任公先生年谱长编初稿》最受好评。我们看丁文江给胡适的信（丁文江 1929 年 7 月 8 日致胡适的信上说："任公的信，已有两千多封！有用的至少在一半以上。只可惜，他家族一定要做《年谱》，又一定要用文言。我想先做一个《长编》，敷衍供给材料的诸位。以后再好好地做一本白话的 'Life and Letters'。"）可知，丁先生确实是把编撰这部年谱视作写传记的准备功夫，也就是草稿。但丁先生是大手笔，虽草稿，在我们后辈看来也是上等作品。这部年谱长编，我最佩服它于任公一生凡较重要的事情，都有比较连贯的叙述。但也因此带来负面的影响，即作者为了连贯叙述一件事，有时把几年的事情糅在一起说，这样，时间顺序就显得不太清晰，似稍违年谱的体例。

序　言

做年谱也好，做传记也好，要想达到较高的水准，大概都要从三个方面努力：一，尽可能详细地占有材料，并考辨其真伪；二，做剪裁的功夫；三，用连贯的记述，彰显谱主一生的追求，使一部书有了灵魂。这些都是说起来容易，做起来难。不过提出这些要求，可以鞭策我们朝正确的方向努力，真努力了，总可有一定的进步。

耿云志

2022年10月20日，北京泰康之家燕园

例　　言

《胡适年谱长编》，乃胡适编年之史。

本谱力图全面反映胡适的生平、思想、学问、事业、交游及影响等方方面面，以期知胡适其人，兼论胡适之世。

本谱纪年，统用阳历（极少数难以确定阳历时间者，则用阴历）。每年之首，依次载明公历纪年、岁次干支、清帝年号（1911年以前）或中华民国纪年（1912—1948年）、岁数。岁序以实岁（周岁）计算，即1891年为出生之年，1892年1岁，依此下推。

本谱对谱主之称谓，据条目行文，需要称谓时，径称"胡适"，不需要称谓时，则略之。

本谱使用外国人名、地名及机构名称，酌情使用当时人之中文称谓，重要名称首次出现时在括号内标注原名。如胡适的老师、实验主义大师杜威的名字首次出现时，这样表述：杜威（John Dewey）；如胡适就读的康奈尔大学的所在地为Ithaca，现在统译作"伊萨卡"，而胡适文献则统用"绮色佳"，本谱即采"绮色佳"而不用"伊萨卡"，第一次出现时表述为绮色佳（Ithaca）。而对不常见或早前文献没有中译名之外国人名、地名、机构名，则直接使用其外文名称，而不再译成中文。

本谱引用材料，力求详备、纤细，尤其注重搜觅以往不被学界注意之新材料。谱主本人材料，包括著作、函电、日记等，其他材料则包括与胡适相关之个人、机关以及重大史事等背景材料。引用材料之详略，取决于该材料在胡适生平、事业中的重要性。

本谱引用材料，凡直接引用者，以保持原貌为总体原则。直接引用中的着重号，均为原材料所有，而非编者所加。若对材料有所说明，则置于

"按"中。直接引用中出现的因时代和方言等习惯造成的与当前通行规范用字、用词的差异之处（如"的""地"、"很""狠"、"他""她"、"那""哪"、"计画""计划"、"做""作"不分等情形），以及数字用法的差异，一般不做改动。但谱文中凡编者使用或间接引用这些字、词时，一概用目下通行的规范用法。

在保持原貌的总体原则下，为便于读者阅读、使用，本谱直接引用的材料，排除新旧用字、用词及方言习惯差异等因素外，确有明显错字或不规范表述，或因引用省略造成衔接不畅、影响阅读者，以方括号"[ ]"标注正字、规范表述和补充说明。为避繁琐，对引用材料中的旧式标点或不规范标点，以及英文引用材料中单词拼写的个别字母错误、大小写错误则予以径改，不另做说明。

本谱直接引用材料时，文中缺字或者文字不明的地方，用"□"表示。

本谱引用材料，均注明出处。书稿中括注的文献出处，首次出现时详注版本信息，再次出现时则简化。因本谱所引材料极为浩繁，为节省篇幅计，不再在书末附列"征引文献目录"。

本谱用语，力求准确、凝练、明白、流畅，以期"既便于检索，又便于诵读"。

本谱力图体现当下海内外胡适研究水平，并进而发挥未来胡适研究必备参考书之功能。

年谱，需要不断修订，是为中国这种特有体裁史书的重要特点之一。对胡适的年谱而言，尤其需要如此。以谱主在20世纪中国思想、学术、文化、教育等诸多方面影响之深、之广，更兼以编撰者学力不逮，识见有限，对以上私心追求，尤觉力不从心。因此，甚盼学界能对本谱补遗订讹，以使其更加完备。

1866年阴历十
2日卒。适章
...

抱养与他人。
斋火〔...〕

云。1871年3
3日。国学生。

生,乳名致致,

谱名洪骓,
9日—1927年。
氏,生思聪
多人。

明绍之季生,
9月29日,
学生。娶曹氏,

日—1962年2
江冬秀(1890
年8月22日)。

胡惠平
　　1892—？。适程洪安。

胡思明
　　谱名惠诚。1899年10月14日—1917年9月11日。

胡思齐
　　谱名惠深。1906年12月5日—1986年。

胡思聪
　　谱名惠诏。1900年4月16日—1924年3月8日。

胡思敬
　　谱名惠诒。1910年3月26日—1935年。

阿翠
　　出生年月不详,1928年3月卒。

胡思猷
　　又名胡评。1912年—1950年5月。娶李庆萱。

胡思宪
　　1913年—1917年5月31日。

妾生三女　均抱与他人。

胡思永
　　谱名惠年。1903年3月16日—1923年4月13日。

胡祖望
　　1919年3月16日—2005年3月12日。娶曾淑昭(1920年—2020年4月27日)。

素斐
　　1920年8月16日—1925年5月下旬。

胡思杜
　　1921年12月17日—1957年9月21日。

胡毓凯
　　1946年—2010年9月17日。

胡育菁

胡木兰
　　1938年1月9日—　。

胡筱云
　　1941年7月14日—　。

胡兰兰
　　1948年7月3日—　。

胡复
　　1955年5月15日—　。

目　录

第一卷　1891—1917年

1891年　辛卯　清德宗光绪十七年　出生 ································ 1
1892年　壬辰　光绪十八年　1岁 ·· 6
1893年　癸巳　光绪十九年　2岁 ·· 9
1894年　甲午　光绪二十年　3岁 ······································· 11
1895年　乙未　光绪二十一年　4岁 ····································· 13
1896年　丙申　光绪二十二年　5岁 ····································· 22
1897年　丁酉　光绪二十三年　6岁 ····································· 23
1898年　戊戌　光绪二十四年　7岁 ····································· 24
1899年　己亥　光绪二十五年　8岁 ····································· 25
1900年　庚子　光绪二十六年　9岁 ····································· 28
1901年　辛丑　光绪二十七年　10岁 ···································· 30
1902年　壬寅　光绪二十八年　11岁 ···································· 33
1903年　癸卯　光绪二十九年　12岁 ···································· 34
1904年　甲辰　光绪三十年　13岁 ······································ 36
1905年　乙巳　光绪三十一年　14岁 ···································· 44
1906年　丙午　光绪三十二年　15岁 ···································· 48
1907年　丁未　光绪三十三年　16岁 ···································· 67
1908年　戊申　光绪三十四年　17岁 ···································· 73
1909年　己酉　清宣统元年　18岁 ······································ 85
1910年　庚戌　宣统二年　19岁 ·· 94
1911年　辛亥　宣统三年　20岁 ······································· 117

1

1月	117
2月	120
3月	125
4月	128
5月	132
6月	136
7月	142
8月	145
9月	148
10月	152
11月	157
12月	159
1912年　壬子　中华民国元年　21岁	162
1月	162
2月	164
3月	165
4月	166
5月	166
6月	167
7月	168
8月	168
9月	168
10月	169
11月	175
12月	179
1913年　癸丑　民国二年　22岁	185
1月	185
2月	186
3月	189

	4月	190
	5月	191
	6月	191
	7月	193
	8月	195
	9月	195
	10月	196
	11月	199
	12月	200
1914年 甲寅 民国三年 23岁		202
	1月	202
	2月	210
	3月	211
	4月	212
	5月	213
	6月	226
	7月	238
	8月	243
	9月	248
	10月	253
	11月	257
	12月	266
1915年 乙卯 民国四年 24岁		276
	1月	276
	2月	286
	3月	301
	4月	322
	5月	325
	6月	329

7月 …………………………………………………………………… 334

8月 …………………………………………………………………… 339

9月 …………………………………………………………………… 345

10月 ………………………………………………………………… 347

11月 ………………………………………………………………… 351

12月 ………………………………………………………………… 355

1916年　丙辰　民国五年　25岁 ……………………………………… 358

1月 …………………………………………………………………… 358

2月 …………………………………………………………………… 368

3月 …………………………………………………………………… 370

4月 …………………………………………………………………… 374

5月 …………………………………………………………………… 380

6月 …………………………………………………………………… 383

7月 …………………………………………………………………… 388

8月 …………………………………………………………………… 403

9月 …………………………………………………………………… 412

10月 ………………………………………………………………… 415

11月 ………………………………………………………………… 417

12月 ………………………………………………………………… 421

1917年　丁巳　民国六年　26岁 ……………………………………… 424

1月 …………………………………………………………………… 424

2月 …………………………………………………………………… 436

3月 …………………………………………………………………… 438

4月 …………………………………………………………………… 440

5月 …………………………………………………………………… 453

6月 …………………………………………………………………… 464

7月 …………………………………………………………………… 470

8月 …………………………………………………………………… 475

9月 …………………………………………………………………… 480

10 月	487
11 月	493
12 月	498

1891年　辛卯　清德宗光绪十七年　出生

12月17日（辛卯年十一月十七日）　胡适出生于上海大东门外里咸瓜街程裕新茶叶栈。其生辰八字是：

辛卯

庚子

丁丑

丁未（胡颂平编著：《胡适之先生晚年谈话录》，1960年4月21日，台北联经出版事业公司，1984年，68页）

《上川明经胡氏宗谱》记胡适出生时间：

生光绪辛卯十一月十七未时。（胡近仁纂修：《上川明经胡氏宗谱》中卷之下《分系三·元当公派世系表》，宣统三年，页21a）

胡适1912年11月17日日记：

余生于辛卯十一月十七日，至今年（壬子）足廿一岁矣。（《胡适留学日记手稿本》之《藏晖日记·留学康南尔之第三年》，上海人民出版社，2015年，原书无页码）

胡适《四十自述·九年的家乡教育》：

我生在光绪十七年十一月十七日（一八九一年十二月十七），那时候我家寄住在上海大东门外。（胡适：《四十自述》，《民国丛书》第二编〔86〕，上海书店，1987年，29页）

胡适《京师大学堂开办的日期》：

我是光绪十七年辛卯十一月十七日生的……把生日换算阳历，就是一八九一年的十二月十七日。（台湾《民主潮》第11卷第1期，1961年1月1日）

陈存仁《"我的朋友"胡适之》：

有一次聚餐……胡适在席面上问起我的籍贯，我说，我三代之前是浙江平湖，但是出生在上海县城大东门内。他听见"大东门"三字，大大的高兴起来，他说他也出生在大东门外程裕新茶叶栈内，我告诉他这家茶叶栈至今还开在原处。（《传记文学》第65卷第1期，1994年7月10日）

按，关于程裕新茶叶栈，可参考胡近仁《程裕新茶号之过去与将来》，载程裕新茶号宣传册《茶叶今类品目》，1929年印行。

胡适名洪骍，字嗣穈（乳名穈儿），又字希彊、适之，号冬友。早年别号、笔名颇多，有：期自胜生、自胜生、铁儿、胡天、藏晖室主人、冬心、蝶儿、适盫、适、麻禾生、毅斋主人、与存、济民。《努力》周报时期的笔名有：H、Q、S、S·C、W·G·T。胡适的英文名，起初用Suh Hu，后用Hu Shih。以胡适为名始于1910年北京留美考试，之前所用最广之行名乃胡洪骍。

胡适1915年8月9日札记：

吾自操笔以来，亦不知尝用几许名字，今以追忆所得，记之如下：
先人命名：嗣穈　洪骍（行名）
字：希彊（本老子"自胜者彊"）
别号：期自胜生、自胜生、铁儿（先人字铁花）、胡天（本《诗经》）、藏晖室主人（太白诗："至人贵藏晖"）、冬心、蝶儿（此二名仅用一二次而已，见《竞业旬报》）、适之（二兄所赐字，本"物竞天择，适者生

存"之说）、适盦、适（以"胡适"为名始于北京留美之试）

此外尚不知更有几许。犹忆童时自析吾名为"麻禾生"，则孩稚之行，不足记也。（《胡适留学日记手稿本》之《胡适札记》〔九〕，上海人民出版社，2015年，原书无页码）

按，1908年12月30日胡适致程玉櫸函有云，本年《竞业旬报》"有署适之、铁儿、适盦、蝶儿、冬心、胡天者"，皆胡适作品。（耿云志主编：《胡适遗稿及秘藏书信》第20册，黄山书社，1994年，350页）这六个别号，均见于上引札记中。

又按，《上川明经胡氏宗谱》："元当公派传公之子也……字适之，一字嗣穈，号冬友，行名洪骍。"（《上川明经胡氏宗谱》上卷之中《学林·胡适》，页6a）

又按，1907年胡适《题秋女士瑾遗影》等诗末署"毅斋主人未定草"。（章飚等编：《胡适家书手迹》，东方出版社，1997年，28页）

再按，关于胡适的"与存""济民"两个笔名，可参考张仲民《少年胡适在上海时史料补遗》，载《清史研究》2012年第2期。

胡适的父亲胡传（1841—1895），原名守珊，字守三，号铁花，又号钝夫，谱名祥蛟。兄弟5人，行一。治理学，精舆地学。1881年，入吴大澂幕。胡适出生时，胡传50岁，时任淞沪各厘卡总巡。

母亲冯顺弟（1873—1918），绩溪中屯贫农冯振爽长女，不识字。1889年三月十一日来归胡传，乃胡传再续弦夫人。胡适出生时，冯顺弟18岁。

按，胡传之生辰为道光辛丑（1841）二月十九戌时。（胡适1911年3月19日日记，《胡适留学日记》第一册，商务印书馆，1947年，16页；《上川明经胡氏宗谱》中卷之下《分系三·元当公派世系表》，页20b；1943年1月31日日记，《胡适的日记》手稿本第15册，台北远流出版事业股份有限公司，1990年，原书无页码）

冯顺弟之生辰为同治癸酉（1873）四月十六寅时。（胡适：《先母行

述》，载《胡适文存》卷4，亚东图书馆，1928年，237页；《上川明经胡氏宗谱》中卷之下《分系三·元当公派世系表》，页21a；胡适1943年1月31日《日记》）

胡适出生时，有同父异母兄三（长嗣稼，次绍之，次振之，均胡传继配曹氏所生；原配冯氏于同治癸亥八月二十五日殉节而死，无所出）、姊三。

胡适的籍贯是安徽绩溪上庄。

胡适一族，乃上川"明经胡氏"，系出李唐。始祖昌翼公，系唐昭宗太子，为避朱温之难，由李改胡，故"明经胡氏"又称"李改胡"。始迁祖乃二世祖"延政公"。据《上川明经胡氏宗谱》，胡适系第42世。

《上川明经胡氏宗谱》记"一世昌翼公"：

> 字宏远，行十七，本大唐昭宗皇帝子。母何后，以天祐甲子三月一日生公子于陕。会朱温谋逆，迁帝洛阳。义祖三公乃得公以归考水，义养为子，遂从胡姓。寻以易登后唐同光乙酉明经进士，第故称为明经胡氏……卒宋咸平己亥十月初三，享年九十有六。娶江西德兴利丰詹氏，享年九十有三。生三子。公葬婺源本里之锡子坞，夫人葬婺源高仓浮舟塘坞口山……（《上川明经胡氏宗谱》中卷之上《统系世系表》，页2a～2b）

胡藤甫《始祖明经府君传》：

> 府君讳昌翼，字宏远，号眉轩，本唐昭宗子。昭宗乾宁四年立淑妃何氏为皇后。天祐元年，朱全忠表称邠岐，兵逼几甸，请上迁都洛阳。二月至陕，以东都宫阙未成留止。三月朔生公。四月全忠奏宫室已成，请车驾早发。上遣宫人谕以皇后新产，未任就道。全忠疑上徘徊俟变，谓牙将冠彦卿曰："汝速至陕，即日促官家发来。"后谓帝曰："自今大家夫妇委身全忠矣。"因以新产子效裤中儿护以御衣宝物，匿讳民间。时婺源胡三公者宦游长安，匿之以归，名曰昌翼，取大得覆

1891年　辛卯　清德宗光绪十七年　出生

翼之义。帝奔播既屡，咸柄尽失。至洛阳，与后相视无死所，已而遇弑。朱温将篡，屠灭宗室略尽。先是淮南将高骈死，杨行密、徐知诰相承篡绪，保有淮江东西地，徽故歙州与吴越邻温，莫敢窥，亡人乐奔焉。公幸获翼南归育于胡氏，遂冒胡姓。后唐同光三年乙酉，以明经登第，三公授以御衣、宝玩，示之以实，遂不仕，隐居考川，倡明经学，为世儒宗，尤邃于《易》……（《上川明经胡氏宗谱》中卷之上《列传》，页1b～2a）

《上川明经胡氏宗谱》记"二世延政公"：

字克修，号节庵，原名延进，字以礼。……生后唐天成己丑十二月十五，卒宋大中祥符己酉，享年八十有一。娶浮溪汪氏，继娶詹氏、秦氏，生五子……公为始迁绩溪祖。（《上川明经胡氏宗谱》中卷之上《统系世系表》，页2a～2b）

1958年5月28日胡适致函陈定国，谈及自己先世：

敝族出于安徽徽州一带的"考水胡"，又称"明经胡氏"，又称"李改胡"。据我们的族谱，始祖昌翼公本姓李，是唐昭宗的一个儿子，遭朱温之难，被一位忠臣救出长安，逃到徽州，改姓胡氏。故敝族称"李改胡"，历代不与李姓通婚。

此种传说虽未必可以深信，但敝族不出于胡公满之后，则无可疑。（台北胡适纪念馆藏档，档号：HS-NK01-023-015）

是年，康有为（1858—1927）33岁，孙文（1866—1925）25岁，蔡元培（1868—1940）23岁，梁启超（1873—1929）18岁，陈独秀（1879—1942）12岁，蒋介石（1887—1975）4岁。

1892年　壬辰　光绪十八年　1岁

2月15日　胡传日记有记:"得虎臣兄去岁腊底信,知苏抚奏留折已于二十八日奉旨:台湾差委需人,胡传等着仍遵前旨发往。"(胡传:《台湾日记与禀启》,沈云龙主编《近代中国史料丛刊续编》第八十五辑,台北文海出版社有限公司,1981年,2页)

3月6日　胡传"移家属于川沙","是日大风,用轮船拖带过浦,入白莲泾而后行"。次日,"到川沙。赁黄姓宅十二间,每月租钱三千文"。(《台湾日记与禀启》,4页)

按,据此日记可知,3月6日乃冯顺弟、胡适母子等自上海移居川沙之日。胡适《四十自述》云:"我父亲于十八年二月底到台湾,我母亲和我搬到川沙住了一年。"(该书29页)胡适此说有二处不确:第一,胡传抵台,是二月二十四日,而非"二月底"(据《台湾日记与禀启》,6页)。第二,胡适此说往往给人一种错觉:胡传赴台就任在前,冯顺弟、胡适母子自上海移居川沙在后。但事实是,胡传安顿家眷在前,赴台上任在后。同年十二月初二日胡传致胡虎臣(宝铎)函有云:"渡台之时,先寄妻子于川沙而后行,实恃四舍弟介如为教子兼持家耳。"(《台湾日记与禀启》,105页)

冯顺弟、胡适母子寄居之川沙,有胡家经营数代之茶叶店。

胡传自撰《钝夫年谱》:

先曾祖考创开万和字号茶铺于江苏川沙厅城内,身自经理,借以资生。先祖考早卒,先曾祖老病不能复出,付托不得其人,其业遂衰。

先考弱冠任事，克勤克俭，日渐起色。而每岁之春必归里采办各山春茶，故先伯父虽业儒，而持筹握算，与先父计懋迁，日不暇给。（胡适：《胡适作品集》第1册，台北远流出版事业股份有限公司，1986年，189页）

胡适《口述自传》：

我家在大约150年前是小茶商。我的一个祖先在上海郊区的川沙小镇开了一家小茶叶店。根据家里的记录，这家茶叶店的本钱是一百银元……这样的本钱用来开店实在是太少了。我祖父和他的兄长共同经营，茶叶店也从一家发展为两家：为了防止别人竞争，他们在川沙镇又开了一家茶叶店。

后来，他们在上海华界又开了一家支店。……

……到了1880年，两家茶叶店的估值是2980000文铜钱（约合三千银元）。这两家店铺的收入，就是我们一家四房、二十余口人衣食的来源。（胡适口述，唐德刚整理，张书克重译：《胡适口述自传》〔征求意见稿〕，《胡适研究通讯》2017年第3期，15～16页）

3月17日　胡传登轮。（《台湾日记与禀启》，5页）

3月20日　胡传自上海启行，赴台湾上任，22日抵基隆。（《台湾日记与禀启》，6页）

4月3日　胡传奉台湾巡抚令"赴阿拇坪栋军大营劳军，兼看情形"。21日，胡传在台南奉台湾巡抚令"巡阅各营"。（《台湾日记与禀启》，7、10页）

11月5日　胡传接办"台南盐务提调兼安嘉总馆"。（《台湾日记与禀启》，73页）

张经甫代撰《胡铁花先生家传》：

九月委赴台南，提调盐务总局，兼办安嘉总馆。督总局者为臬道宪苏州顾公（肇熙），局设道署旁。先严在吉林时夙受顾公知，而受邵公之知亦由顾公，至是复得侍左右，甚喜。顾公亦倾心委之，张弛举措，

请无不从。先严振领挈纲，不为苛细，宿弊为之一清。（此传作为代序，收入胡传著，罗尔纲、胡适校编：《台湾纪录两种》上册〔台湾丛书第三种〕，台湾省文献委员会印行，1951年）

1893年　癸巳　光绪十九年　2岁

4月12日　冯顺弟、胡适母子等在胡传四弟介如（玠）伴同下抵台南。

胡传是日日记：

> 四弟偕儿辈及内人、婢妪等自沪抵台南，共十一人。（《台湾日记与禀启》，130页）

按，冯顺弟、胡适母子抵台时间为本年二月二十六日，公历为4月12日。李敖在其《胡适评传》中将时间误算为4月8日（李敖：《李敖大全集》第5册，中国友谊出版公司，2010年，231页），读者鉴之。

6月17日　胡传"奉藩宪牌，委代理台东直隶州知州"。次日，交卸盐局提调及安嘉总馆。8月6日，"奉道宪转札，奉抚宪电谕，令兼统镇海后军各营……"（《台湾日记与禀启》，145、163页）

张经甫代撰《胡铁花先生家传》：

> 十九年五月，奉藩宪唐（景崧）牌委代理台东直隶州知州。六月委兼统镇海后军各营屯。

6月26日　胡传"搬移家眷居道署之西边"。30日胡传赴台东上任，眷属仍留台南。（《台湾日记与禀启》，147页）

按，6月19日，胡传拜谒盐务总局道宪顾肇熙，日记有记："蒙谕：家眷既不同赴台东，不须于外赁房，可迁于道署东边余屋内居住。道宪言此者屡矣；其意甚厚，不敢复违。应禀知屋有漏处，明日即雇匠

修理，工竣即迁焉。"(《台湾日记与禀启》，145～146页）

7月13日　胡传"卯刻接印"。(《台湾日记与禀启》，150页）

12月26日　毛泽东出生。

1894年　甲午　光绪二十年　3岁

1月3日　胡传奉抚宪札,"令接统镇海后军各营屯"。(《台湾日记与禀启》,207页)

1月16日　冯顺弟、胡适母子等在兵弁护送下自台南抵台东胡传任所。自此,胡传常在公余教冯顺弟、胡适母子认字,所用"教材"则为胡传亲编之《学为人诗》。

胡传是日日记:

内子及子侄辈偕朗山侄、汉生弟并领饷差弁到署。(《台湾日记与禀启》,210页)

按,胡传1月11日日记有记:午后移居州署,以待眷属;以前信言初三日起程也。(《台湾日记与禀启》,209页)

胡适《四十自述》:

我小时也很得我父亲钟爱,不满三岁时,他就把教我母亲的红纸方字教我认。父亲作教师,母亲便在旁作助教。我认的是生字,她便借此温她的熟字。他太忙时,她就是代理教师。我们离开台湾时,她认得了近千字,我也认了七百多字。这些方字都是我父亲亲手写的楷字,我母亲终身保存着,因为这些方块红笺上都是我们三个人的最神圣的团居生活的记念。(《四十自述》,33页)

1931年9月胡适为《学为人诗》作一《后记》:

先父铁花公手写他自己做的《学为人诗》一卷,是我三岁时他教我读的。先母替我保藏了二十多年。先母死后,又已十三年了。裱装成册,含泪敬记。(台北胡适纪念馆藏档,档号:HS-NK05-194-002)

7月25日　日本战舰在丰岛附近海面突袭中国北洋水师"济远""广乙"舰,甲午战争爆发。

9月15日　光绪帝颁给三品衔在任、候补知府、台湾台东直隶州知州胡传诰命:其曾祖父胡瑞杰为"通议大夫",其曾祖母曹夫人为"淑人"。(《上川明经胡氏宗谱》上卷之上《诰敕》,页2a～2b)

同日　光绪帝颁给三品衔在任、候补知府、台湾台东直隶州知州胡传诰命:其祖父胡锡镛为"通议大夫",其祖母曹夫人为"淑人"。(《上川明经胡氏宗谱》上卷之上《诰敕》,页8a～8b)

按,光绪十三年二月初二日光绪帝颁给赠同知衔、吉林补用知县、前署五常厅同知胡传诰命:其祖父胡锡镛为"奉政大夫",其祖母曹夫人为"宜人"。(《上川明经胡氏宗谱》上卷之上《诰敕》,页7a～7b)

同日　光绪帝颁给三品衔在任、候补知府、台湾台东直隶州知州胡传诰命:其父胡奎熙为"通议大夫",其母程夫人为"淑人"。(《上川明经胡氏宗谱》上卷之上《诰敕》,页16a～16b)

按,光绪十三年二月初二日光绪帝颁给赠同知衔、吉林补用知县、前署五常厅同知胡传诰命:其祖父胡奎熙为"奉政大夫",其母程夫人为"宜人"。(《上川明经胡氏宗谱》上卷之上《诰敕》,页15a～15b)

1895年　乙未　光绪二十一年　4岁

2月7日　胡传令胡玠、胡吉庭两弟偕冯顺弟、胡嗣秠、胡适等眷属赴台南，再由台南内渡回里。18日，胡适母子等乘福星轮船自台南赴沪(《台湾日记与禀启》，250页)，21日抵上海。3月，自上海启程回绩溪。

胡传是年正月十三日日记：

介如、吉庭两弟偕内人、秠儿、糜儿、稷侄起程赴台南，内渡回里。(《台湾日记与禀启》，246页)

胡传是年二月二十六日日记：

得四弟书，报正月二十七日到上海也。(《台湾日记与禀启》，252页)

胡传是年三月十一日日记：

又得四弟、秠儿二月初十日在沪报起程回籍书各一……(《台湾日记与禀启》，254页)

胡适随母回里后，开始了9年的家乡生活。绩溪县位于北纬29°57′～30°20′、东经118°20′～118°55′之间。(绩溪县地方志编纂委员会办公室编：《绩溪县志》上册，方志出版社，2011年，105页)嘉庆《绩溪县志》记绩溪县疆域：

东至浙溪田，七十里，界浙江杭州府昌化县。
西至界首铺，五十里，界宁国府旌德县。

南至界牌岭，二十五里，界歙县。

北至丛山关，三十里，界宁国府宁国县。

东北至峤岭，九十五里，界昌化、宁国县。

东南至梅坑岭，三十里，界歙县。

西北至龙门下，七十里，界宁国、旌德县。

西南至中溪村，十五里，界歙县。

东至昌化县治，一百六十里。

西至旌德县治，七十里。

南至歙县治，六十里。

北至宁国县治，一百九十里。

西陆路五百四十里，至省城安庆府。

西北陆路六百四十里、水路六百二十里，达江苏江宁府。

西北陆路二千九百里、水路三千六百七十里，达京都。（〔清〕清恺编撰：〔嘉庆〕《绩溪县志》，黄山书社，2010年，50～51页）

绩溪县位于黄山与天目山接合部，县境及临界多山。最高点清凉峰顶峰海拔1787.4米，最低点临溪乡江村环村海拔125米。山脉、盆谷相间，属于丘陵区。年平均气温15.9℃，年平均降水量1630.3毫米。（《绩溪县志》上册，89、93、105页）

绩溪县的风俗，嘉庆《绩溪县志》有记：

……新安之俗以县名者六，而邑小士多，绩溪为最。……

徽之为郡在万山中，地高而气寒。……处其民可以义服，不可以威屈。……

…………

地瘠民庞，农居什之八九，墙阴悉成艺圃……

…………

绩溪隶于徽，而田畴不逮婺源，贸迁不逮歙、休。（〔嘉庆〕《绩溪县志》，69页）

2011年版《绩溪县志》对绩溪风俗记载如下：

> 绩溪古为吴越之境，吴俗相沿，民俗淳和敦朴，聚族而居，以坊为市。县人建宗祠家庙，修族谱家乘，以序长幼，以固家邦。乡民崇祖信神，祭祀之风盛行。无纷华靡丽之好，有勤劳俭朴之风。士多好学，耕读传家。乡农勤于稼穑，无闲游失业之人。深山僻壤，古风犹存，拘忌颇多。地方习俗，莫甚于迎神赛会。（《绩溪县志》下册，1357页）

胡适回里后，从四叔父胡玠学，开始了"九年的家乡教育"：

> 回家乡时，我号称五岁了，还不能跨一个七八寸高的门槛。但我母亲望我念书的心很切，故到家的时候，我才满三岁零几个月，就在我四叔父介如先生（名玠）的学堂里读书了。我的身体太小，他们抱我坐在一只高凳子上面。我坐上了就爬不下来，还要别人抱下来。但我在学堂并不算最低级的学生，因为我进学堂之前已认得近一千字了。
>
> 因为我的程度不算"破蒙"的学生，故我不须念《三字经》《千字文》《百家姓》《神童诗》一类的书。我念的第一部书是我父亲自己编的一部四言韵文，叫做《学为人诗》，他亲笔钞写了给我的。这部书说的是做人的道理。我把开头几行钞在这里：
>
> 为人之道，在率其性。
> 子臣弟友，循理之正。
> 谨乎庸言，勉乎庸行。
> 以学为人，以期作圣。
> …………
>
> 以下分说五伦。最后三节，因为可以代表我父亲的思想，我也钞在这里：
>
> 五常之中，不幸有变。
> 名分攸关，不容稍紊。

义之所在，身可以殉。
求仁得仁，无所尤怨。

古之学者，察于人伦。
因亲及亲，九族克敦。
因爱推爱，万物同仁。
能尽其性，斯为圣人。

经籍所载，师儒所述。
为人之道，非有他术。
穷理致知，返躬践实。
黾勉于学，守道勿失。

我念的第二部书也是我父亲编的一部四言韵文，名叫《原学》，是一部略述哲理的书。这两部书虽是韵文，先生仍讲不了，我也懂不了。

我念的第三部书叫做《律诗六钞》，我不记是谁选的了。……

……………

我念的第四部书以下，除了《诗经》，就都是散文的了。我依诵读的次序，把这些书名写在下面：

（4）《孝经》。
（5）朱子的《小学》，江永集注本。
（6）《论语》。以下四书皆用朱子注本。
……［所读书目见1900年条］

读到了《论语》的下半部，我的四叔父介如先生选了颍州府阜阳县的训导，要上任去了，就把家塾移交给族兄禹臣先生（名观象）。……

四叔的学堂里只有两个学生，一个是我，一个是四叔的儿子嗣秋，比我大几岁。……（《四十自述》，35～41页）

按，胡适四叔胡玠，字守璪，号介如，又号拙夫，谱名祥绂。邑廪生。胡传宦游江苏、台湾时，胡玠侍从左右，一切机要皆由其掌之。

1895年　乙未　光绪二十一年　4岁

生咸丰甲寅正月十五，卒光绪甲辰十月十七。(据《上川明经胡氏宗谱》所收胡玠传〔"列传""仕宦""学林"皆有其传〕;《上川明经胡氏宗谱》中卷之下《分系三·元当公派世系表》，页22a)

3月8日　胡传"接到准补台东州缺部文"。(《台湾日记与禀启》，251页)

4月17日　中日《马关条约》签订，清政府割台湾岛予日本。

5月25日　"台湾民主国"宣告成立。

5月29日　胡传呈请"开缺回籍治病"。(《台湾日记与禀启》，260页)

6月20日　胡传立下遗嘱。给妻、儿各有遗嘱一张，"每张只有几句话"。与妻遗嘱说，糜儿"天资颇聪明，应该令他读书"。给胡适的遗嘱则令胡适"努力读书上进"。(《四十自述》，34页)另，胡传与随行之次子胡嗣秬之遗嘱颇详，其记来台后履历如下：

……壬辰之春，奉旨调台湾差委;至则派查全省营伍:台湾瘴疠与琼州等! 予自三月奉檄，遍历台南北、前后山，兼至澎湖，驰驱于炎蒸瘴毒之中凡六阅月;从人死尽，而予独不死。今朝廷已弃台湾，诏臣民内渡;予守后山，地僻而远，闻命独迟，不得早自拔;台民变，后山饷源断，路梗文报不通，又陷于绝地;将死矣! 嗟乎! 往昔之所历，自以为必死而卒得免于死;今者之所遇，义可以无死而或不能免于死。要之皆命也。汝从予于此;将来能免与否，亦命也。书此付汝知之，勿为无益之忧惧也。……(《李敖大全集》第5册，204～205页)

1931年胡适为《胡钝夫先生临难示子书》作一题记：

先父自叙一篇，是他在台湾后山写给先兄嗣秬的。写成后五日——闰五月初三——先父扶病出山，到平安〔安平〕时，脚肿渐退，而不能行动，其时台湾已称民主国，刘永福不放先父行，直到他病危时，始许他行。先父六月二十八日到厦门，手足都不能动了，七月三日死在厦门，距写此文时仅两个月零五日。三十六年后(中华民国二十年)，儿子适敬记。(北京大学图书馆、"中研院"近代史研究所胡适纪念馆

编纂:《胡适藏书目录》第 2 册,广西师范大学出版社,2013 年,1271 页)

6月25日 胡传离台东,赴台南。在安平,刘永福苦留胡传在此相助,以病辞。8月15日,胡传自安平内渡。18日抵厦门。

张经甫代撰《胡铁花先生家传》:

……割台议定,诏臣工内渡,先严以军事交代统,携州印交安平忠令,于闰五月初三自州起程。中途两遇盗,社番闻之,突出数百人来救,得免。十二日脚肿渐退,而步履益艰。既抵安平,刘军门(永福)苦留相助,先严辞以病,不许。六月十八又忠[患]泄泻,继以下血,益不支,双足俱不能动,刘公始放行。二十五日扶登舟。二十八日抵厦门,寓三仙馆,手足俱不能动,气益喘。……

按,胡适在《四十自述》中记胡传死,"七月初三日他死在厦门,成为东亚第一个民主国的第一个牺牲者!"(该书31页)此说曾引起曾乃硕质疑(台北胡适纪念馆藏档,档号:HS-NK01-216-006),胡适为此于1958年6月10日专门复函曾,对此语加以解释:

……我在《四十自述》里叙述先父之死,是由于脚气病,是可以医治的。先父原想赶到上海去求医,止因为刘永福不肯放行,耽误了近两个月,直到他病危了,才被放行。他六月廿八日到厦门,七月初三日就死了。我的原意(也是我先兄和先母的意见),都觉得先父之死是由于刘永福的不肯放行。"民主国的第一个牺牲者"一句话的原意不过如此。那句话也许有语病,也许是因为话说的太含糊了,所以引起先生两次的疑虑,千万请先生恕罪。……(台北胡适纪念馆藏档,档号:HS-NK05-096-004)

8月22日 子时,胡传卒于厦门。

张经甫代撰《胡铁花先生家传》:

1895年　乙未　光绪二十一年　4岁

七月初一发电上海，促介如四胞叔措资来厦。初二日接回电，心稍慰，饮薄粥一碗，沉沉睡去。至亥刻，气益促不能言，延至初三日子时竟弃不孝等而长逝矣。

胡适1943年1月31日日记：

"偶检旧稿，得近仁叔手书一纸如下：……铁花……殁光绪乙未（1895）七月初三子时，年55。"

胡适《四十自述》记家中得胡传死讯情景：

这时候我只有三岁零八个月。我仿佛记得我父死信到家时，我母亲正在家中老屋的前堂，她坐在房门口的椅子上。她听见读信人读到我父亲的死信，身子往后一倒，连椅子倒在房门槛上。东边房门口坐的珍伯母也放声大哭起来。一时满屋都是哭声，我只觉得天地都翻覆了！我只仿佛记得这一点悽惨的情状，其余都不记得了。(《四十自述》，31～32页)

胡适《四十自述》记胡传对其影响：

我父亲死的太早，我离开他时，还只是三岁小孩，所以我完全不曾受着他的思想的直接影响。他留给我的，大概有两方面：一方面是遗传，因为我是"我父亲的儿子"。一方面是他留下了一点程朱理学的遗风；我小时跟着四叔念朱子的《小学》，就是理学的遗风；四叔家和我家的大门上都贴着"僧道无缘"的条子，也就是理学家庭的一个招牌。(《四十自述》，68页)

按，《上川明经胡氏宗谱》记胡传：

岁贡生，诰授通议大夫，钦加三品衔，赏戴花翎，台湾台东直隶州知州，统领镇海后军在任，候补知府。(《上川明经胡氏宗谱》中卷之下《分系三·元当公派世系表》，页20b)

胡近仁撰《州知州铁花胡公家传》：

……公讳传……自少纯粹，胜衣时，即已不喜甘饵，及服之红绿者。……及长，益明敏强果，遇事敢为。弱冠，入郡庠。旋以优等食饩，顾屡踬省试，数荐不售。久之，以乡贡入成均。是时……俄人扰我回部，徼吏恒戒严。公蒿目时艰，谓中国患在西北，而发端必始东北。念东北图志阙如，慨然欲游历东三省，考其形势以备非常。遂治装只身北行，时吴县吴大澂驻防宁古塔，一见奇之，曰："绝塞数千里无人烟，子孤身何以游历，宜便留我营图之。"乃遍历乜河、三姓、珲春等处，埤骑抓犁，走牡丹江冰上千余里。所至，延老兵，访扼塞，证旧图谬误。尝大雪失道，穿窝棘中，衣履尽裂，绝粮者三日，其坚苦如此。当是时，公志气豪迈卓荦，以天下为己任，惺然有磨盾勒铭之志。而吴亦厚遇公，专折特保，有"有体、有用，实足为国家干济之才，不仅备牧令之选"等语。遂以知县起家，摄五常抚民府同知，兼理儒学。遇事镜烛犀剖，吏民警服。又置梆堂皇以受词，手批口判，亭决破的，治称最。久之，以内艰归。其后客游至粤，会张文襄公督两广，方议勘琼州黎峒，以黎峒瘴恶，莫有行者。及闻公至，即请行，乃历儋、崖、雷、万等州。入山，直穿黎心，生黎欢迎，长跽献食。谓汉官自明海忠介外，无有至者。既服阕，适吴公为河督，檄赴郑工。公纤徐料量，式底式遏，潦缩其暴于野者，壤出其沦于垫者，且材精工坚，费不半原估。吴公深倚之，大工合龙，以异常出力奏保。累拜知州、花翎知府之命，部分江苏。是时，公既屡立功边徼，以强干精敏，受特达知，所至多望风倾倒。会台湾疆吏，与东人有违言，警报旁午，时余姚邵友濂，为台湾抚，遂有奏调之请。顾苏省大吏，方倚重公，特疏恳留。廷议，终以疆圉有事，有诏发往台湾。既至台，则大为诸大僚所宾敬。事无巨细，必再咨而后行。初充营务总巡，遍历全台三十一营、二十八哨。往来炎蒸瘴疠之中，校阅所至，拔其精良，教其不及，诸宿将皆惊服。寻除台东直隶州知州，兼统镇海后军州。故民少番多，常出草杀人。公外防边围，内讧奸宄，抚循野番，兽扰而儿蓄之。复

1895年 乙未 光绪二十一年 4岁

设番塾,延师教读,群番大悦。在军昧爽即起,简练军实。尝日习之熟,则猝遇非常,不至张皇矣。以州滨海无障蔽,乃迁治于阿里摆,莅任三年,军民大和,治号严办。然公于是精力瘁散,志亦益恫矣,公生平遘遇,多荒远之域,艰险崎岖,盘根错节,而亦因以见利器,如史传所记郭细侯、虞北海治绩,称于当时,诵于后世。其坚忍不拔,或未至若是,此天下之卓行也。已而,倭氛益恶,议割台,诏臣工内渡。有越人刘永福者,以台地自立,要公相助,会病作不果。既首途,遂卒厦门……公生有异禀,骨干肤立,面铁色,音中黄钟,颈有文曰公字,为人强直,自喜见义勇为。自其少时,即倜傥负大志,欲有所建立于世。家居时,倡建宗祠……又建胡氏义仓……邑中有东山书院,兵后,其产为豪绅干没殆尽,公力争于官,卒复其旧。诸所为,世或以此称公,然于公抑末已。公于学,步趋考亭杨园,琢削支鄂,一以躬行实践为主;为文章务先义理,谨守桐城家法。不事缛色繁声,旁征博引,以追时好。少游上洋,师事嘉善钟子勤孝廉,兴化刘融斋太史,肆力词章、经济,暨三礼之学,又与平湖钱蔚也、桐庐袁爽秋、德清童米孙、娄县沈约斋、宝山袁竹一、上海张经甫、镇海胡宏庵相游处。……尤耆[嗜]舆地,钩子蓃牾,绘其经纬;墨书或浓或淡,朱书如桃华,日罄数十纸……每言徼外人情风土,山川形势,险易阨塞之区,手画口谈,如悬河不彻。尤长于诗……其诗激昂慷慨,澹荡质朴,各极其妙。……公所为书皆未就,其曰《锄月轩吟草》《钝夫笔记》《近溪山房诗文集》及杂著合若干卷,皆后人掇拾所成也。……(据《上川明经胡氏宗谱》卷之上《列传》,页17b、18a～18b、19a～19b)

1896年　丙申　光绪二十二年　5岁

胡适在塾读书。

8月　《时务报》在上海创刊，梁启超任主笔。

是年或次年　胡适在家乡参加过始祖昌翼公1000岁的纪念祭典。（胡颂平编撰：《胡适之先生年谱长编初稿》第一册，台北联经出版事业公司，1984年，32页）

1897年　丁酉　光绪二十三年　6岁

胡适在塾读书。
2月11日　商务印书馆创办于上海。

1898年　戊戌　光绪二十四年　7岁

胡适在塾读书。

9月21日　慈禧太后发动政变，囚禁光绪帝，捕杀维新人士，"戊戌变法"失败。

是年　京师大学堂开办。

是年　梁启超在日本横滨创办《清议报》。

1899年　己亥　光绪二十五年　8岁

胡适在塾读书。

是年　胡适开始读小说。其1916年3月6日札记有记：

余幼时酷嗜小说，家人禁抑甚力。然所读小说尚不少。后来之文学观念未必非小说之功。此种兴趣所以未为家人塾师之阻力所摧残者，盖有二因：一以小说易得。余以一童子处于穷乡，乃能得读四五十种小说，其易求可见。二则以有近仁之助力。近仁与余每以所得小说互传观之，又各作一手折记所读小说，每相见，辄互稽所读多寡以相夸焉。

然以家人干涉之故，所读小说皆偷读者也。其流毒所及盖有二害，终身不能挽救也。一则所得小说良莠不齐，中多淫书，如《肉蒲团》之类，害余不浅。倘家人不以小说为禁物而善为选择，则此害可免矣。二则余常于夜深人静后偷读小说，其石印小字之书伤目力最深，至今受其影响云。(《胡适留学日记手稿本》之《胡适札记》〔十〕，原书无页码）

《四十自述》亦有记：

当我九岁时，有一天我在四叔家东边小屋里玩耍。……偶然看见桌子下一只美孚煤油板箱里的废纸堆中露出一本破书。……但这一本破书忽然为我开辟了一个新天地，忽然在我的儿童生活史上打开了一个新鲜的世界！

这本破书原来是一本小字木板的《第五才子》，我记得很清楚，开

始便是"李逵打死殷天锡"一回。我在戏台上早已认得李逵是谁了，便站在那只美孚破板箱边，把这本《水浒传》残本一口气看完了。不看尚可，看了之后，我的心里很不好过：这一本的前面是些什么？后面是些什么？这两个问题，我都不能回答，却最急要一个回答。

我拿了这本书去寻我的五叔，因为他最会"说笑话"……应该有这种笑话书。不料五叔竟没有这书，他叫我去寻守焕哥。守焕哥说："我没有《第五才子》，我替你去借一部；我家中有部《第一才子》，你先拿去看……"《第一才子》便是《三国演义》，他很郑重的捧出来，我很高兴的捧回去。

后来我居然得着《水浒传》全部。《三国演义》也看完了。从此以后，我到处去借小说看。五叔，守焕哥，都帮了我不少的忙。三姊夫（周绍瑾）在上海乡间周浦开店……他每到我家来，总带些《正德皇帝下江南》《七剑十三侠》一类的书来送给我。……大嫂认得一些字，嫁妆里带来了好几种弹词小说，如《双珠凤》之类。这些书不久都成了我的藏书的一部分。

三哥在家乡时多；他同二哥都进过梅溪书院，都做过南洋公学的师范生，旧学都有根柢，故三哥看小说很有选择。我在他书架上只寻得三部小说：一部《红楼梦》，一部《儒林外史》，一部《聊斋志异》。二哥有一次回家，带了一部新译出的《经国美谈》，讲的是希腊的爱国志士的故事，是日本人做的。这是我读外国小说的第一步。

帮助我借小说最出力的是族叔近仁……我同他不同学堂，但常常相见，成了最要好的朋友。他天才很高，也肯用功，读书比我多，家中也颇有藏书。他看过的小说，常借给我看。我借到的小说，也常借给他看。我们两人各有一个小手折，把看过的小说都记在上面，时时交换比较，看谁看的书多。这两个折子后来都不见了，但我记得离开家乡时，我的折子上好像已有了三十多部小说了。

这里所谓"小说"，包括弹词，传奇，以及笔记小说在内。《双珠凤》在内，《琵琶记》也在内；《聊斋》《夜雨秋灯录》《夜谭随录》《兰苕馆外史》《寄园寄所寄》《虞初新志》等等也在内。从《薛仁贵征东》《薛丁山征西》《五虎平西》《粉妆楼》一类最无意义的小说,到《红楼梦》和《儒林外史》一类的第一流作品,这里面的程度已是天悬地隔了。我到离开家乡时,还不能了解《红楼梦》和《儒林外史》的好处。但这一大类都是白话小说,我在不知不觉之中得了不少的白话散文的训练,在十几年后于我很有用处。

看小说还有一桩绝大的好处,就是帮助我把文字弄通顺了。……《周颂》《尚书》《周易》等书都是不能帮助我作通顺文字的。但小说书却给了我绝大的帮助。从《三国演义》读到《聊斋志异》和《虞初新志》,这一跳虽然跳的太远,但因为书中的故事实在有趣味,所以我能细细读下去。石印本的《聊斋志异》有圈点,所以更容易读。到我十二三岁时,已能对本家姊妹们讲说《聊斋》故事了。……(《四十自述》,46～52页)

10月4日 胡适长兄胡嗣稼之长子(名思明,谱名"惠诚")于本日丑时出生。(《上川明经胡氏宗谱》中卷之下《分系三·元当公派世系表》,页20b)

1900年　庚子　光绪二十六年　9岁

胡适在塾读书。塾师胡介如（玠）被选为阜阳儒学训导，乃由胡禹臣先生接任，胡适从禹臣先生续读以下各书：

（7）《孟子》。
（8）《大学》与《中庸》。（《四书》皆连注文读）
（9）《诗经》，朱子集传本。（注文读一部分）
（10）《书经》，蔡沈注本。（以下三书不读注文）
（11）《易经》，朱子《本义》本。
（12）《礼记》，陈澔注本。
……（《四十自述》，40页）

按，《上川明经胡氏宗谱》中卷之上《仕宦》之胡玠小传有记："光绪庚子以廪贡生援例补授颍州府阜阳县儒学训导。"（《上川明经胡氏宗谱》中卷之上《仕宦》，页2a）

又按，胡禹臣的家塾规模有所扩大。胡适《四十自述》有记："禹臣先生接收家塾后，学生就增多了。先是五个，后来添到十多个，四叔家的小屋不够用了，就移到一所大屋——名叫来新书屋——里去。最初添的三个学生，有两个是守瓚叔的儿子，嗣昭，嗣逸。"（《四十自述》，42页）

4月17日　胡适二兄胡觉之长子（名思聪，谱名"惠诏"）于本日子时出生。（《上川明经胡氏宗谱》中卷之下《分系三·元当公派世系表》，页20b）

8月14日　八国联军侵入北京。次日,慈禧太后携光绪帝仓皇出逃。
是年　敦煌石窟藏经洞被发现。

1901年　辛丑　光绪二十七年　10岁

胡适在塾读书。

是年　胡适温习朱子《小学》时，念到司马光"形既朽灭，神亦飘散，虽有剉烧舂磨，亦无所施"这段论地狱的话，"我心里很高兴，真像地藏王菩萨把锡杖一指，打开地狱门了"。(《四十自述》，73页)

是年　胡适在塾师胡禹臣先生指导下开始点读《纲鉴易知录》《御批通鉴辑览》《资治通鉴》。范缜的《神灭论》，使胡适成为一个无神论者。

胡适《四十自述》：

禹臣先生教我看《纲鉴易知录》，后来又教我改看《御批通鉴辑览》。《易知录》有句读，故我不觉吃力。《通鉴辑览》须我自己用朱笔点读，故读的很迟缓。有一次二哥从上海回来，见我看《御批通鉴辑览》，他不赞成；他对禹臣先生说，不如看《资治通鉴》。于是我就点读《资治通鉴》了。这是我研究中国史的第一步。我不久便很喜欢这一类的历史书，并且感觉朝代帝王年号的难记，就想编一部《历代帝王年号歌诀》！近仁叔很鼓励我做此事，我真动手编这部七字句的历史歌诀了。此稿已遗失了，我已不记得这件野心工作编到了那一朝代。但这也可算是我的"整理国故"的破土工作。可是谁也想不到司马光的《资治通鉴》竟会大大的影响我的宗教信仰，竟会使我变成一个无神论者。

有一天，我读到《资治通鉴》第一百三十六卷，中有一段记范缜……反对佛教的故事，说：

缜著《神灭论》，以为"形者神之质，神者形之用也。神之于形，犹利之于刀。未闻刀没而利存，岂容形亡而神在哉"。此论出，朝野喧哗，难之，终不能屈。

我先已读司马光论地狱的话了，所以我读了这一段议论，觉得非常明白，非常有理。司马光的话教我不信地狱，范缜的话使我更进一步，就走上了无鬼神的路。范缜用了一个譬喻，说形和神的关系就像刀子和刀口的锋利一样，没有刀子，便没有刀子的"快"了；那么，没有形体，还能有神魂吗？这个譬喻是很浅显的，恰恰合一个初开知识的小孩子的程度，所以我越想越觉得范缜说的有道理。司马光引了这三十五个字的《神灭论》，居然把我脑子里的无数鬼神都赶跑了。从此以后，我不知不觉的成了一个无鬼无神的人。

……大概司马光也受了范缜的影响，所以有"形既朽灭，神亦飘散"的议论；大概他感谢范缜，故他编《通鉴》时，硬把《神灭论》摘了最精采的一段，插入他的不朽的历史里。他决想不到，八百年后这三十五个字竟感悟了一个十一二岁的小孩子，竟影响了他一生的思想。

《通鉴》又记述范缜和竟陵王萧子良讨论"因果"的事，这一段在我的思想上也发生了很大的影响。……

……我当时实在还不能了解范缜的议论的哲学意义。他主张一种"偶然论"，用来破坏佛教的果报轮回说。我小时听惯了佛家果报轮回的教训，最怕来世变猪变狗，忽然看见了范缜不信因果的譬喻，我心里非常高兴，胆子就大的多了。他和司马光的神灭论教我不怕地狱；他的无因果论教我不怕轮回。我喜欢他们的话，因为他们教我不怕。我信服他们的话，因为他们教我不怕。(《四十自述》，74～78页)

胡适《我的信仰》：

我年还不满八岁，就能自己念书。由我二哥的提议，先生使我读《资治通鉴》。这部书，实在是大历史家司马光于1084年所辑编年式的中国通史。这番读史，使我发生很大的兴趣，我不久就从事把各朝代

各帝王各年号编成有韵的歌诀，以资记忆。(胡明编选:《胡适选集》，天津人民出版社，1991年，19页)

9月7日　清政府与入侵北京的八个帝国主义国家签署《辛丑条约》，赔款白银4.5亿两，本息合计9.8亿两。

1902年　壬寅　光绪二十八年　11岁

胡适在塾读书。
2月　梁启超在横滨创办《新民丛报》。

1903年　癸卯　光绪二十九年　12岁

胡适在塾读书。

正月　胡适到大姐家拜年。归途，曾有毁坏中屯三门亭神像之想。（《四十自述》，79页）

4月4日　胡适三兄胡振之之长子（名思永，谱名"惠年"）于本日卯时出生。（《上川明经胡氏宗谱》中卷之下《分系三·元当公派世系表》，页19b、20a）

6月13日　胡适致函胡觉，云：

> 弟眼疾于四月底忽复发，反眼有五翳，因此未进学堂。弟于五月初八日同母至中屯，初九日同诚厚舅至六都新建寺和尚处就疗，太阳间用针挑过数处，又检一方，令弟煎服。弟于初十日返里，母亲尚留中屯，弟药已服过六剂，红亦退清，翳已没。家内丝有三十两，姨祖母亦有十三两，夏虫于今日散子，立大姆家亦有丝四十余两，度小姨家亦有一百五六十两，大姆止有数两。伯娘于明日上古塘，明任于初九日忽然发痧，经细回婶钳过已经痊愈，其余合家人口俱各平安，望勿悬念。杨村亲外婆于十二日至上川……（台北胡适纪念馆藏档，档号：HS-NK05-048-001）

按，此函乃目下留存的胡适第一封信，未系年份，落款时间为"五月十八"。胡适后批注道："大概是壬寅年（1902）或癸卯年（1903）五月十八日写的。"（台北胡适纪念馆藏档，档号：HS-NK05-048-001）本谱暂系此函于本年，至于究系壬寅或癸卯，仍有待进一步考证。

又按，胡适多次说过，自幼受二兄胡觉提携、影响甚大，胡觉与母亲冯顺弟系其平生二大恩人。《上川明经胡氏宗谱》载胡觉谱名为"洪骓",又记:"国学生,候选知县。名国琦,字绍之,生光绪丁丑八月二十三戌时,娶汪氏,生光绪戊寅十二月十一申时,生二子。"(《上川明经胡氏宗谱》中卷之下《分系三·元当公派世系表》,页20b)

是年　胡适曾读《寄园寄所寄》。1923年2月9日胡适在清人赵吉士《万青阁全集》题记:

> 十二岁时读《寄园寄所寄》,是我第一次认得赵吉士。今天得著此书,翻读了《详稿》一卷,嫌他八股气触人可厌,本不想买他,不幸书店伙计,因为年关近了,情愿减价至六元。我若舍不得六块钱,那就未免太对不住这位小时朋友了。十二,二,九,胡适。(《胡适藏书目录》第3册,1585页)

1904年　甲辰　光绪三十年　13岁

> 4月中旬，胡适入上海梅溪学堂读书。
> 春，胡适与江冬秀小姐订婚。

年初　胡适曾在塾中学习《反切直图》。此见胡适晚年在一册《反切直图》所作题记：

《反切直图》一册，是我十三岁在家学"反切"时的课本。教师徐奋鹏先生是一个游方学者，从江西来。此书前十页（五叶半）是我自己钞的，其余是禹臣师钞的。同学的有禹臣师、近仁叔、观爽兄。此外似还有一人。适之。（《胡适藏书目录》第1册，651页）

初春　胡适与江冬秀之婚约始发动。

胡适《归娶记》：

吾订婚于江氏，在甲辰年。吾母择妇甚苛，虽不能免"合婚""对八字"之陋俗，而不废耳目之观察。吾家在乡间为世家，故吾少时，一乡年岁相等之女子，几无一人不曾"开八字"来吾家者。吾母卒无所取。癸卯之冬，曹敏斋姑公欲为其姊之孙女作媒，吾母以道远不之注意。盖其姊适旌德江村，距吾村三十里，又皆山道，交通极不便，故也。甲辰之春吾与吾母在外家（中村）看戏。吾岳母吕夫人亦来游，名为看戏，实则看女婿也。吾与吕夫人居数日，虽知其意在择婿，亦不之避。别后吾即去上海。去后数月，婚议乃定。是吾之婚事，乃由两家母亲亲自留意打听而成。作媒者初为敏斋丈,及丈去世,吾母舅敦甫公代之。故吾之定婚,乃完全"父母之命,媒妁之言"之定婚也。吾之十余年不思翻悔者,亦正以此。倘此系瞎子菩萨之婚约,则吾决不承认也。(《胡适留学日记手稿本》之《胡适札记》〔十七〕,原书无页码)

按,1918年1月6日,胡适偕新妇归省岳家,曾拜谒岳母吕太夫人之墓,有诗:

回首十四年前,

初春冷雨,

中村箫鼓,

有个人来看女婿。

匆匆别后,便轻将爱女相许。(《胡适札记》〔十七〕)

据此可知,胡适订婚,是在二月赴沪之后。而今坊间各种胡适传记作品一般认定胡适赴沪前订婚,实不确。

又按,据《上川明经胡氏宗谱》,知江冬秀出生于光绪庚寅十一月初八日(即1890年12月8日)辰时。(《上川明经胡氏宗谱》中卷之下《分系三·元当公派世系表》,页21a)

阴历二月 胡适离乡,赴上海,接受新教育。自此,结束了"九年的家乡教育",胡适在《四十自述》中总结道:

我在这九年(1895—1904)之中,只学得了读书写字两件事。在文字和思想(看下章)的方面,不能不算是打了一点底子。但别的方面都没有发展的机会。……

但这九年的生活,除了读书看书之外,究竟给了我一点做人的训练。在这一点上,我的恩师就是我的慈母。

每天天刚亮时,我母亲就把我喊醒,叫我披衣坐起。我从不知道她醒来坐了多久了。她看我清醒了,才对我说昨天我做错了什么事,

说错了什么话，要我认错，要我用功读书。有时候她对我说父亲的种种好处，她说："你总要踏上你老子的脚步。我一生只晓得这一个完全的人，你要学他，不要跌他的股。"（跌股便是丢脸，出丑。）她说到伤心处，往往掉下泪来。到天大明时，她才把我的衣服穿好，催我去上早学。学堂门上的锁匙放在先生家里；我先到学堂门口一望，便跑到先生家里去敲门。先生家里有人把锁匙从门缝里递出来，我拿了跑回去，开了门，坐下念生书。十天之中，总有八九天我是第一个去开学堂门的。等到先生来了，我背了生书，才回家吃早饭。

我母亲管束我最严，她是慈母兼任严父。但她从来不在别人面前骂我一句，打我一下。我做错了事，她只对我一望，我看见了她的严厉眼光，就吓住了。犯的事小，她等到第二天早晨我眼醒时才教训我。犯的事大，她等到晚上人静时，关了房门，先责备我，然后行罚，或跪罚，或拧我的肉。无论怎样重罚，总不许我哭出声音来。她教训儿子不是借此出气叫别人听的。

…………

我在我母亲的教训之下住了九年，受了她的极大极深的影响。我十四岁（其实只有十二岁零两三个月）就离开她了，在这广漠的人海里独自混了二十多年，没有一个人管束过我。如果我学得了一丝一毫的好脾气，如果我学得了一点点待人接物的和气，如果我能宽恕人，体谅人——我都得感谢我的慈母。（《四十自述》，55～58、63～64页）

按，胡适在家塾读书期间，胡母常常自动增加学金。《四十自述》有记：

我母亲渴望我读书，故学金特别优厚，第一年就送六块钱，以后每年增加，最后一年加到十二元。这样的学金，在家乡要算"打破纪录"的了。我母亲大概是受了我父亲的叮嘱，她嘱托四叔和禹臣先生为我"讲书"：每读一字，须讲一字的意思；每读一句，须讲一句的意思。我先已认得了近千个"方字"，每个字都经过父母的讲解，故进学堂之后，不觉得很苦。念的几木［本］书虽然有许多是乡里先生讲不明白的，但每天总遇着几句可懂的话。……

有一天，一件小事使我忽然明白我母亲增加学金的大恩惠。一个同学的母亲来请禹臣先生代写家信给她的丈夫；信写成了，先生交她的儿子晚上带回家去。一会儿，先生出门去了，这位同学把家信抽出来偷看。他忽然过来问我道："糜，这信上第一句'父亲大人膝下'是什么意思？"他比我只小一岁，也念过四书，却不懂"父亲大人膝下"是什么！这时候，我才明白我是一个受特别待遇的人，因为别人每年出两块钱，我去年却送十块钱。我一生最得力的是讲书：父亲母亲为我讲方字，两位先生为我讲书。念古文而不讲解，等于念"揭谛揭谛，波罗揭谛"，全无用处。(《四十自述》，44～46页)

又按，胡适此次赴沪，与三哥振之同行，"我去求学，他去就医"。(胡适：《〈胡思永的遗诗〉序》，载《胡思永的遗诗》，亚东图书馆，1924年)

再按，关于胡适离乡时间，据胡适《十七年的回顾》所记："我于前清光绪三十年的二月间从徽州到上海求那当时所谓'新学'。"(《胡适文存二集》卷3，亚东图书馆，1941年，第12版，1页)胡适在《〈胡思永的遗诗〉序》中说，他抵沪后刚6个星期，其三哥即病亡。笔者根据胡适《先三兄第四周年忌辰追哭》断定胡振之死亡时间为1904年5月26日（详后），而往前推42天，则为4月16日，由此可断定"二月离乡"更准确。坊间各书均称胡适春间赴沪，系据1931年胡适作《四十自述》之说。

4月16日前后 胡适抵沪。初入梅溪学堂，被编在第五班，42天后被编入第二班。胡适《四十自述》有记：

我父亲生平最佩服一个朋友——上海张焕纶先生（字经甫）。张先生是提倡新教育最早的人，他自己办了一个梅溪书院，后来改为梅溪学堂。二哥、三哥都在梅溪书院住过，所以我到了上海也就进了梅溪

学堂。……

　　梅溪学堂的课程是很不完备的，只有国文、算学、英文三项。分班的标准是国文程度。英文算学的程度虽好，国文不到头班，仍不能毕业。国文到了头班，英文算学还很幼稚，却可以毕业。这个办法虽然不算顶好，但这和当时教会学堂的偏重英文，都是过渡时代的特别情形。(《四十自述》，86～88页)

　　按，1923年3月25日胡适梅溪学堂时同学汪今鸾（原名汪金銮）致函胡适，谈及胡适入梅溪学堂时往事：

　　同学中最相得的是你和广东人郑璋、郑勋、刘一清等。我记得你初到学堂的时候，躯干不甚高，全身只见得一个大头，可是意气昂藏，大有目无余子之概。你还记得那时学堂里有个监学张先生系贵池人，这老头的相貌好似画上那位寿仙老的样子。……你也来了，这老头儿一见了你便也另眼看待，又叫你也坐在他的方桌旁，他这方桌别同学并没有坐过，仿佛是一个特别优待的坐位。……还有一天晚上，你读《史记》读到项羽乌江自刎时那首绝命诗……你忽然将头靠在桌上流泣不止，张先生问你读书为何流泣，你回答说：我不知道是甚么原故肚子里非常感触呢！张先生说：你这小孩子倒知哭他，可是了不得了。自这里以后张先生非常的看重你了，我也是很奇你了。……(《胡适遗稿及秘藏书信》第27册，175～176页)

　　又按，梅溪学堂在上海西门内蓬莱路。

5月26日　胡适三兄胡嗣秬（振之）病亡。胡适《四十自述》有记：

　　忽然学堂的茶房走到厅上来，对先生说了几句话，呈上一张字条。先生看了字条，对我说，我家中有要紧事，派了人来领我回家，卷子可以带回去做，下星期四交卷。我正在着急，听了先生的话，钞了题目，逃出课堂，赶到门房，才知道三哥病危，二哥在汉口没有回来，店里（我家那时在上海南市开一个公义油栈）的管事慌了，所以赶人来领我回去。

我赶到店里，三哥还能说话。但不到几个钟头，他就死了，死时他的头还靠在我手腕上。第三天，二哥从汉口赶到。丧事办了之后，我把升班的事告诉二哥，并且问他"原日本之所由强"一个题目应该参考一些什么书。二哥检了《明治维新三十年史》，壬寅《新民丛报汇编》……一类的书，装了一大篮，叫我带回学堂去翻看。费了几天的工夫，才勉强凑了一篇论说交进去。（《四十自述》，91～92页）

按，关于胡振之病亡时间，笔者系据胡适1908年四月十二日《先三兄第四周年忌辰追哭》。后，又得见《上川明经胡氏宗谱》，谱中对胡振之病亡时间明确记载曰：殁光绪甲辰四月十二戌时。（《上川明经胡氏宗谱》中卷之下《分系三·元当公派世系表》，页20a）此与当初笔者所断完全一致。

又按，胡嗣秠（振之），谱名"洪驲"，与胡觉（绍之）乃孪生兄弟（生光绪丁丑八月二十三日戌时），国学生。出嗣于胡传堂兄胡瑀（守珍）。娶曹氏（生于光绪戊寅正月初七日），生胡思永。（《上川明经胡氏宗谱》中卷之下《分系三·元当公派世系表》，页19b～20a）

抄录胡适撰《先三兄第四周年忌辰追哭》：

我生何不辰，五岁失所怙。
所幸有诸兄，亦复鲜长聚。
大兄幼失学，一身不自顾。
二兄任艰巨，千里远就傅。
家居惟三兄，谆谆时戒语：
为学须及时，冉冉韶华去。
韶华去不还，因循徒自误。
何期十年中，兄乃困遭遇。
惨淡复凄其，悲剧时相饫。
人生不称意，尚复何生趣。
忧患最伤人，二竖遂相累。

> 参苓能已疾，乌能祛思虑？
> 终乃来沪壖，悠悠别亲故。
> 方期觅芦扁，良药求甘露。
> 岂意此愿力，渺渺成虚度。
> 苍茫黄歇浦，竟作归魂处。
> 我时侍兄来，相处仅匝月。
> 初见医颇效，便期病全绝。
> 遂乃挟箧去，别兄往就学。
> 入学十二日，岂图成永诀。
> 闻耗急趋归，犹幸得一别。
> 可怜易箦时，犹问何作辍。
> 伤哉手足情，迢迢江汉隔。
> 相望不可见，微闻语格磔。
> 此情成追忆，欲语先呜咽。
> 天道果无知，已矣复何说。
> 往事何堪说，悲风生四野。
> 耿耿四年来，哀乐难陶写。
> 学业一无成，何以对逝者。
> 所喜永儿慧，或能绍弓冶。
> 家庭亦如故，足以慰泉下。（《胡适遗稿及秘藏书信》第11册，137～139页）

6月12日 《时报》创刊，胡适"在上海住了六年，几乎没有一天不看《时报》的"。

胡适1921年10月3日日记：

作《十七年的回顾》，为《时报》作。《时报》于我少年时狠有影响；我十四岁到上海（甲辰），《时报》初出版，我就爱看；我同他做了六年的朋友，从十四岁到十九岁，正当一个人最容易受到影响的时代。那时，出版界萧条极了；除了林琴南的小说之外，市上差不多没有什么书。《新民丛报》已近死期，《民报》还没有出来，别的杂志也没有可看的。《时报》的短评、小说、诗话，都能供给一般少年人的一种需求。我现在回想，那时受《时报》的影响，究竟还是好的多，坏的少。故我作这一篇文，也略有一点自叙的性质。(《胡适遗稿及秘藏书信》第15册，453页）

胡适在《十七年的回顾》中说，自己所以喜欢《时报》，是因为：

第一，《时报》的短评在当日是一种创体，做的人也聚精会神的大胆说话，故能引起许多人的注意，故能在读者脑筋里发生有力的影响。……

第二，《时报》在当日确能引起一般少年人的文学兴趣。(《胡适文存二集》卷3，2～3页）

在梅溪学堂期间，胡适始读梁启超的著作，始读《革命军》等书。(《四十自述》，93页）

在梅溪学堂期间，胡适与同学郑璋（仲诚）、郑铁如同室，相友善。

胡适1914年10月8日札记：

仲诚，郑璋也，潮阳人。吾甲辰入梅溪，与仲诚、铁如同室。吾去家以后，所得友以仲诚为最早，于今十年，遂成永诀！今年哭友，希古之外，又及仲诚，友生之谊，更何待言？尤可恸者，二君皆友生中不可多得之才，二十年树人，未为社会效力而骤死，惨已，惨已！(《胡适留学日记手稿本》之《藏晖札记》〔五〕，原书无页码）

是年年末，梅溪学堂送胡适、张在贞、王言、郑璋参加上海道衙门举办的毕业考试。因初步接受新思想的胡适等痛恨上海道衙门，拒考，乃离梅溪学堂。(《四十自述》，94页）

1905年　乙巳　光绪三十一年　14岁

年初　胡适入澄衷学堂。《四十自述》记在澄衷学习情况：

　　我进的第二个学堂是澄衷学堂。这学堂是宁波富商叶成忠先生创办的，原来的目的是教育宁波的贫寒子弟；后来规模稍大，渐渐成了上海一个有名的私立学校，来学的人便不限止于宁波人了。这时候的监督是章一山先生，总教是白振民先生。白先生和我二哥是同学，他看见了我在梅溪作的文字，劝我进澄衷学堂。……

　　澄衷共有十二班，课堂分东西两排，最高一班称为东一斋，第二班为西一斋，以下直到西六斋。……澄衷的学科比较完全多了，国文、英文、算学之外，还有物理、化学、博物、图画诸科。分班略依各科的平均程度，但英文、算学程度过低的都不能入高班。

　　我初进澄衷时，因英文、算学太低，被编在东三斋（第五班）。下半年便升入东二斋（第三班），第二年（丙午，一九〇六）又升入西一斋（第二班）。澄衷管理很严，每月有月考，每半年有大考，月考大考都出榜公布，考前三名的有奖品。我的考试成绩常常在第一，故一年升了四班。我在这一年半之中，最有进步的是英文、算学。教英文的谢昌熙先生，陈时豪先生，张镜人先生，教算学的郁耀卿先生，都给了我很多的益处。

　　我这时候对于算学最感觉兴趣，常常在宿舍息灯之后，起来演习算学问题。……

　　这样的用功，睡眠不够，就影响到身体的健康。……

　　澄衷的教员之中，我受杨千里先生（天骥）的影响最大。……有一次,他教我们班上买吴汝纶删节的严复译本《天演论》来做读本,这是我第一次读《天演论》,高兴的很。他出的作文题目也很特别,有一次的题目是"物竞天择,适者生存,试申其义"。……读《天演论》,做"物竞天择"的文章,都可以代表那个时代的风气。

……有一天的早晨,我请我二哥代我想一个表字,二哥一面洗脸,一面说:"就用'物竞天择适者生存'的'适'字,好不好?"我很高兴,就用"适之"二字(二哥字绍之,三哥字振之)。后来我发表文字,偶然用"胡适"作笔名,直到考试留美官费时(一九一〇)我才正式用"胡适"的名字。

我在澄衷一年半,看了一些课外的书籍。严复译的《群己权界论》,像是在这时代读的。严先生的文字太古雅,所以少年人受他的影响没有梁启超的影响大。梁先生的文章,明白晓畅之中,带着浓挚的热情,使读的人不能不跟着他走,不能不跟着他想。……

我个人受了梁先生无穷的恩惠。现在追想起来,有两点最分明。第一是他的《新民说》,第二是他的《中国学术思想变迁之大势》。梁先生自号"中国之新民",又号"新民子",他的杂志也叫做《新民丛报》,可见他的全部心思贯注在这一点。"新民"的意义是要改造中国的民族,要把这老大的病夫民族,改造成一个新鲜活泼的民族。……

《新民说》的最大贡献在于指出中国民族缺乏西洋民族的许多美德。……

《新民说》诸篇给我开辟了一个新世界,使我澈底相信中国之外还有很高等的民族,很高等的文化;《中国学术思想变迁之大势》也给我开辟了一个新世界,使我知道四书、五经之外中国还有学术思想。……

我在澄衷只住了一年半,但英文和算学的基础都是在这里打下的。澄衷的好处在于管理的严肃,考试的认真。还有一桩好处,就是学校办事人真能注意到每个学生的功课和品行。白振民先生自己虽不教书,却认得个个学生,时时叫学生去问话。因为考试的成绩都有很详细的记录,故每个学生的能力都容易知道。天资高的学生,可以越级升两班;

中等的可以半年升一班；下等的不升班，不升班就等于降半年了。……（《四十自述》，95～110 页）

按，胡适澄衷时期同学，与其相友善者，有张美品（希古）。胡适 1914 年 5 月 28 日札记有记：

得锦城一书，惊悉张美品兄（希古，台州人）亡故。……吾十四岁入澄衷学堂识希古，希古沉默寡合，独爱余，坚约为昆弟。别后数年，音问缕绝，方拟属锦城访之，乃骤得此耗，肺肝为摧！希古沉重，为友辈中罕见之人物，天独不寿之，伤哉！希古已婚，不知有子女否？其父琴舟先生，工算学，家台州。（《胡适留学日记手稿本》之《藏晖札记》〔二〕，原书无页码）

8 月 20 日　孙中山在东京创立同盟会。

是年　中国公学创办。

是年　胡适外祖冯振爽卒。（《先母行述》，《胡适文存》卷 4，238 页）

按，胡适在《我的信仰》中记其外祖：

我外祖父务农，于年终几个月内兼业裁缝。他是出身于一个循善的农家……娶了一房妻子，生下四个儿女，我母亲就是最长的。

……他每天早上，太阳未出，便到溪头去拣选三大担石子，分三次挑回废屋的地基。挑完之后，他才去种田或去做裁缝。到了晚上回家时，又去三次，挑了三担石子，才吃晚饭。凡此辛苦恒毅的工作，都给我母亲默默看在眼里，她暗恨身为女儿，毫无一点法子能减轻她父亲的辛苦，促他的梦想实现。（《胡适选集》，14～15 页）

是年及次年　胡适在家书中屡屡劝母亲令江冬秀读书、放足。

胡适《归娶记》：

吾于乙巳、丙午之际，即已作书劝吾母令冬秀读书放足。吾母极明白大义，即为我致此意于江宅。卒以家乡无女塾，未能多读书；又为物议所阻,未能早放足。至数年前始放足,以过迟故,收效甚少。吾之记此,以见吾十余年前,即已存补救之意,初无悔婚之心也。(《胡适札记》〔十七〕)

1906年　丙午　光绪三十二年　15岁

上半年，胡适仍就读于澄衷学堂。

下半年，胡适就读于中国公学。

2月13日　澄衷学堂开学。各科教习分别是：国文杨千里、理科吴荫阶、图画朱仲玙、体操郑子通、英文丁莲伯、算术郁耀卿、唱歌吴柳甫。本学期课表如下：

课程表

时 星期	第一	第二	第三	第四	第五	第六	第七
一	算术	体操	伦理	历史	英文读本	英文文法	图画
二	算术	读文	地理	历史	英文读本	英文地理	英文默书
三	算术	体操	物理	习字	唱歌	英文历史	英文作句
四	算术	作文	作文	历史	英文文法	英文默书	图画
五	算术	体操	地理	历史	英文读本	英文地理	英文演说
六	算术	读文	物理	历史	英文历史	英文作文	英文作文

（北京大学图书馆编：《北京大学图书馆藏胡适未刊书信日记》，清华大学出版社，2003年，5、56页）

按，此课程表与原格式略有不同，为便于读者阅读，本谱照时下格式重制。

又按，本谱引用胡适丙午《自治日记》，系目前留存之最早的胡适

1906年　丙午　光绪三十二年　15岁

日记。在此册日记内封上，胡适题陆子语以自警："学者所以学为人而已，非有他也。"

3月4日　西一斋自治会第一次开会。(《北京大学图书馆藏胡适未刊书信日记》，5页)

3月18日　下午，胡适与余成仁、郭传治等8人至奇芳吃茶。至棋盘街购日记本及《华英学生会话》。与余成仁及赵敬承等筹议发起一阅书社，赞成者颇多。是日日记有记：

夜间天气颇暖，辗转不能寐。一切往事皆来袭余心，益烦闷不可耐。因□自念当是心不能安静之故，因披衣起坐，取节本《明儒学案》读之。每读至吴康斋(与弼)："人须整理心下，使教莹净常惺惺地，方好。"又，"责人密，自治疏矣"。又，"人之病痛不知则已，知而克治不勇，使其势日甚，可乎哉？"等，窃自念小子心地齷齪，而又克治不勇，危矣殆哉！(《北京大学图书馆藏胡适未刊书信日记》，6页)

3月19日　胡适批改阅书社章程稿。(《北京大学图书馆藏胡适未刊书信日记》，6页)

3月20日　阅书社成立后，得总教习白振民之赞成，允以故算学三斋地假为社所，并允以学堂藏书相助。是日日记又记：

子舆氏有言："人有不为也，而后可以有为"；"耻之于人大矣"。小子自念颇具廉耻心，惟名誉心太重，每致矫揉文过之弊，欲痛革而未逮也。每念孔子"学者为己为人"之戒，胡居仁"为学在声价上做，便自与道离了"之语，辄怵惕危惧不自已。记此所以自警也。(《北京大学图书馆藏胡适未刊书信日记》，7页)

3月21日　胡适日记有记：

新读之 Outlines of the World's History，著者为美人维廉司卫顿，中皆哲学家言，解释"历史"之界说，颇有至理，余甚喜之，拟暇日

当为译成汉文也。(《北京大学图书馆藏胡适未刊书信日记》，7页)

3月23日　胡适出席集益会第五次常会，请杨千里、郁耀卿演说。被举为书记。"以身兼数职，不暇兼顾"而提出辞职。是日日记又记：

> 程子"学始于不欺暗室"一语，正是为小子好名之戒。(《北京大学图书馆藏胡适未刊书信日记》，8页)

3月24日　胡适日记有记：严佐清等发起理化研究会，欲邀胡适同为发起人，胡适"以筹款不易，仪器无从购办，不成反贻人笑"辞；"阅书社发起以来，赞成者颇众，捐助书籍者亦踊跃"。(《北京大学图书馆藏胡适未刊书信日记》，8页)

3月25日　本斋自治会开第三次常会，胡适提议数事皆得会员赞成。自治会公举胡适为西斋学生讲书会厘定章程。梅溪同学郑芳世自复旦来访。集益会开第一次特别大会，胡适提出辞职，会员不允。(《北京大学图书馆藏胡适未刊书信日记》，9页)

3月27日　胡适日记有记：

> 静坐忆及孟子"杨子为我"一章，其评论杨墨二氏皆有至理。其评杨氏则含讥其太宝贵一己之灵魂躯壳之意，其评墨氏则含有范围太滥之意，其评子莫则隐寓守经不能变之意。窃谓孟子之所谓中者，即亲亲之杀是也，杨则不及，而墨则太过，子莫知其过不及而不能行之适当，此其所以见讥于孟子也。(《北京大学图书馆藏胡适未刊书信日记》，10页)

3月28日　胡适日记有记：

> 前朱君成杰等拟发起一算术研究会，拟请张琴舟师代拟章程。此会办法余闻之朱君曰：
>
> （一）由会长按会员之算学程度分别为班次。
>
> （二）每星期开一次会，由会长（或教习）出题，交会员携归演算，

限期缴卷，由会长择其最佳之法式宣告大众。

（三）每会期由会员演说心得或质疑问难。

以上办法甚善。又诸发起人，若朱君，若严君，算术程度皆极高。此会指日当可成立也。（《北京大学图书馆藏胡适未刊书信日记》，10页）

3月29日　杨千里先生鉴于本斋国文程度不齐，故将全斋学生分为甲、乙、丙3组。其中甲组读饮冰室文，仅胡适等4人。（《北京大学图书馆藏胡适未刊书信日记》，11页）

3月30日　胡适与余成仁为集益会拟定章程十条。是日日记又记：

曾文正"做好人好官名将，俱要好师好友做榜样"一语，足见文正一生谨慎之至。惟古人有言："待文王而后兴者，凡民也；若夫豪杰之士，虽无文王犹兴。"使文正之言而尽然也，则最初之好官好人名将又何所榜样乎？（《北京大学图书馆藏胡适未刊书信日记》，11页）

3月31日　西斋讲书会第一次开会，胡适等往观。（《北京大学图书馆藏胡适未刊书信日记》，12页）

4月1日　胡适回南市的自家公义油栈，省视二兄，将集益会与自治会简章呈二兄。阅书社第一次借书。夜往棋盘街购《通史》《海天啸传奇》。（《北京大学图书馆藏胡适未刊书信日记》，12页）

4月2日　胡适昨日购得之《通史》被窃。（《北京大学图书馆藏胡适未刊书信日记》，13页）

4月3日　胡适对窃取《通史》之西四斋某生说："君不欲见我，足见君之性灵未全泪没，余甚喜悦。惟君前日所为，实为大误。盖吾所失一书耳，而君则失一身之名誉。书可复购，名誉一坏则不可复涤。且此犹无形之损失也。更就形式上言之，则吾所失一书值二元耳，君事觉，甚且开除出校，是且损半年学费矣。害人一，而害己且什佰，君何乐而为此欤？"（《北京大学图书馆藏胡适未刊书信日记》，13页）

4月4日　胡适日记有记：

曾文正"百种弊病皆从懒生"云云，实具至理。友人郭君虞裳粹于国文，性极聪颖，惟有懒病。予尝以"精神愈用则愈出"之语相勉，郭君答予以"君崇拜此语诚是，但恐君他日将坐此而促其寿命耳"。予闻之，心为之震动不已，徐思之，盖至言也。（《北京大学图书馆藏胡适未刊书信日记》，14页）

4月6日　本日为清明节假，胡适与余成仁、陈受昌往观义国赛会。（《北京大学图书馆藏胡适未刊书信日记》，14页）

4月7日　胡适回栈省二兄，"二兄为余言学生开会之不合理，反复辨论，惟谓学生者，惟自治会可开，然恃会而自治，其自治之精神亦微乎微矣"。晤程士衔。阅《吟边燕语》竟。是夜宿栈中。（《北京大学图书馆藏胡适未刊书信日记》，15页）

4月8日　自治会开第四次常会，胡适宣告会事已，复提议"每人各备一册，半以记己过，半以规人过"一事，蒙会众赞成，遂实行。全斋同学相继演说。（《北京大学图书馆藏胡适未刊书信日记》，15页）

4月9日　自本斋自治会发起后，各斋相继代兴。（《北京大学图书馆藏胡适未刊书信日记》，16页）

4月10日　胡适日记有记：

> 西国举议员（代议士）一事，予习闻之，以为随众人之意向而举之，不必被选者之知之也。又以为被选者苟自陈欲被选之意于举人者之前，则将跻于钻营者之列也。今读 Arnold Jorster 之《国民读本》，乃知其有大谬不然者，因节译其论选举（Voting）一段……（《北京大学图书馆藏胡适未刊书信日记》，16页）

4月13日　胡适日记有记：

> 集益会开第七次常会……余闻诸君演说，辄生无数感情，乃登坛演说，总论各人之演说：于余君则深明法律与道德之关系，并以治己治人及被治于人之义相勖。于汪君则就佛教景教上发一爱国之论，谓

佛教无国力以保护之，故不敢生事；近世景教则一教士俨然一国也，故敢生事。于严君则辨其"隔墙不能见光，为光线屈折之故"，为反光线反射之故。于李君则加说"七试"法。皆深得会员欢迎云。（《北京大学图书馆藏胡适未刊书信日记》，17页）

4月14日　胡适读《国民读本》（Citizen Reader）。认为其于国家政治法律，以及成人之道、自治治人之理，皆推阐无遗，又译出足为座右铭的两条。（《北京大学图书馆藏胡适未刊书信日记》，17页）

同日　国文教员杨千里在汇录成册的学生作文合集上作一题记："丙午第一学期毕业，将试验，乃裒其平日所为各科之文字，令各录一首，汇存于册，与考试卷并束而发之，俾他日自鉴其进步之锐钝也。共九题，都二十二首。三月二十有一日千里记。"（《胡适遗稿及秘藏书信》第12册，2页）胡适提交者，为《物竞天择，适者生存，试申其义》一文。杨千里之批语云："富于思考力，善为演绎文，故能推阐无遗。"这是目前留存胡适最早的文章，故全文录之：

物与物并立必相竞，不竞无以生存也，是曰物竞。竞矣，优胜矣，劣败矣，其因虽皆由于人治，而自其表面观之，壹若天之有所爱憎也者，是曰天择。惟其能竞也，斯见择矣；惟其见择也，斯永生存矣。于物则然，于人亦然，于国家亦然。橘柚与麦，同一植物也，而何以橘柚不生于北地，麦穗不秀于赤道也？曰：惟不适物竞，而不被择故。驯鹿与犀象，同一动物也，而何以驯鹿独殖于北极，犀象蕃息于热带也？曰：惟适于物竞，而为天所择故。他若黄色虫之生于沙漠，松柏之冬茂，猫之夜光，莫不各以所长，与他族角逐于天演之中，而终得胜利，遂挺然峙立以生存。呜呼！生物与天演，其关系固有若是者。

印第安人（美洲土人），人也；亚利安（欧洲民族）人，人也，而何以一则蒸蒸日上，而一则澌灭以尽也。曰：惟适于竞争与不适于竞争之故。尼革罗人（非洲土人即黑人），人也，高加索人（即白人），人也，而何以一则且为世界之主人翁，而一则永为他族执厮养役也？

曰：惟适于竞争与不适于竞争之故。呜呼！人种之关系天演，有若是者。

高丽、暹罗、安南、缅甸、印度，皆国也，日本、法兰西、英吉利，亦国也，而何以一为主国，一为藩属也？曰：惟一能竞，而一不能竞之故。波兰、埃及，国也，英、法、俄、德，亦国也，而何以一为原动力，一为被动力也？曰：惟一能竞，而一不能竞之故。呜呼！天演之关系于国家，又若此者。

今日之世界，一强权之世界也。人亦有言，天下岂有公理哉！黑铁耳，赤血耳。又曰：公法者对于平等之国而生者也。呜呼！吾国民闻之，其有投袂奋兴者乎？国魂丧尽兵魂空，兵不能竞也；政治学术，西来是效，学不能竞也；国债累累，人为债主，而我为借债者，财不能竞也；矿产全藏，所在皆有，而不能自辟利源，必假手外人，艺不能竞也。以劣败之地位资格，处天演潮流之中，既不足以赤血黑铁与他族相角逐，又不能折冲樽俎战胜庙堂，如是而欲他族不以不平等之国相待，不渐渍以底灭亡亦难矣！呜乎！吾国民其有闻而投袂奋兴者乎？（《胡适遗稿及秘藏书信》第12册，1~2页）

按，此文原藏澄衷学堂。1922年，该校《校讯》曾刊登。为此，1922年12月22日之《申报》以"澄衷校之新讯检载校友胡适之童年课艺"为题做如下报道：

十八年前，胡适在本埠澄衷学校肄业，时方十三岁，其读书能力已冠其群。日前该校职员，在藏书室内检出旧时课艺数束，有胡氏所作《唐室兴亡论》及《物竞天择，适者生存，试申述其说》两文，揭登该校发刊之每日新闻内。其批语为今国务院帮办杨千里手笔（时为澄衷教员），批云："富于思考力，善为演绎文，故能推阐无遗。"又教员项远村藏有胡君十二岁时照片一帧，拟即检出，移赠图书馆慎重保存云。

1924年，《智识》杂志又重刊此文。

4月15日 胡适省二兄，并讨论译书事。二兄言："汝以此暇时为散

1906年　丙午　光绪三十二年　15岁

步及运动之用，则足聚尔精神以为后用，若长此取多而供少，则脑且缩矣。且汝能译是书，必已能读之矣，若再译之，则仍此书也。汝能以此暇时读他种新科学书则为益多矣，何虚牝此可贵之时日为？"闻此论，胡适译书之念息。(《北京大学图书馆藏胡适未刊书信日记》，18页)

4月16日　胡适日记有记：

> 予喜规人过，而于己之过失或反不及检点，此为予一生大病。千里师尝以"躬自厚而薄责于人"相勉，顾虽深自克制，犹不能克除净尽。吴康斋曰："责人密，自治疏矣。"呜呼，此言吾其朝夕置之脑中也。(《北京大学图书馆藏胡适未刊书信日记》，18页)

4月17日　下午考英文"默书"(Dictation)、"拼字"(Spelling)。(《北京大学图书馆藏胡适未刊书信日记》，19页)

4月18日　下午考英文"会话"(Conversation)一科，得上取。(《北京大学图书馆藏胡适未刊书信日记》，19页)

4月19日　上午考算术。下午考英文"读本"(Reading)及"文法"(Grammar)二科。(《北京大学图书馆藏胡适未刊书信日记》，20页)

4月20日　上午考物理。下午考英文"地理"(Geography)、"作文"(Composition)。(《北京大学图书馆藏胡适未刊书信日记》，20页)

4月21日　上午考历史、伦理、地理。下午，考英文"历史"。是日日记又记：

> 噫，余过失丛杂，不易尽去。朱子"即此欲去之心，便是去之之药"一语，其予我以自新之道矣。
> …………
> 连日考试，惫甚。予最嗜小说，近已五日未看矣。考毕，阅《战血余腥记》一帙，竟之，始稍愈。(《北京大学图书馆藏胡适未刊书信日记》，21页)

4月22日　胡适返栈，得家书一，悉外祖父及姑公皆相继凋谢，"予幼

承二老爱抚甚笃，今不克亲其声容笑貌矣，哀痛何似耶！"（《北京大学图书馆藏胡适未刊书信日记》，21页）

4月25日　江苏学政唐春卿来视学。（《北京大学图书馆藏胡适未刊书信日记》，22页）

4月27日　集益会开第八次会选举职员，胡适仍被选为书记，"余本欲辞职，顾思选举之理，被选者无辞职之权利，乃止"。（《北京大学图书馆藏胡适未刊书信日记》，23页）

4月28日　西斋讲书会第四次会，胡适被邀前往旁听，为之说"友爱之真义""讲书之实行"二事而退。（《北京大学图书馆藏胡适未刊书信日记》，23页）

4月29日　上午胡适与同学余君、郭君游公家花园。下午2时，本斋自治会开第五次会，胡适演说三事："释治字之义""论同学宜于学问上德性上着力竞争""论选举时被选者及选人者之权利义务"。演已，公举职员。胡适以18票被选为会长。（《北京大学图书馆藏胡适未刊书信日记》，24页）

4月30日　胡适日记有记：

得郑君仲诚（璋）自复旦来函一，述近况甚失意，语极感慨。余以"失意之事，正所以练习他日处世之材能"慰之。仲诚为余至交，年十七，粤之潮人，余梅溪同学也。（《北京大学图书馆藏胡适未刊书信日记》，24页）

5月1日　胡适日记有记：

予幼嗜小说，惟家居未得新小说，惟看中国旧小说，故受害滋深。今日脑神经中种种劣根性皆此之由，虽竭力以新智识、新学术相把注，不能泯尽也。且看浅易文言，久成习惯，今日看高等之艰深国文，辄不能卒读。缘恶果以溯恶因，吾痛恨，吾切齿而痛恨。因立誓，此后除星期日及假期外，不得看小说。惟此等日，亦有限制：看小说之时限，不得逾三小时；而所看除新智识之小说，亦不看也。（《北京大学图书

馆藏胡适未刊书信日记》，25页）

5月2日　胡适日记有记：

> 余平时行事，偶拂意，则怫然，怒不可遏，以意气陵人。事后思之，辄愧怍无已，盖由于不能克己之故，即程子所谓"为气所胜习所夺"也，后当深戒之。(《北京大学图书馆藏胡适未刊书信日记》，25页)

5月3日　胡适日记有记：

> 算术研究会前以小故未及兴办，今承朱君（成杰）以定章程事相委，乃与之厘定简章八条，拟请各算术教员改正后始刊行发布也。(《北京大学图书馆藏胡适未刊书信日记》，26页)

5月4日　胡适出席集益会第八次常会。(《北京大学图书馆藏胡适未刊书信日记》，26页)

5月5日　胡适日记有记：

> 予经事不多，识力不足，故办事每不能以快刀断乱丝之手段施之，是以常失之过柔，惟自信所办事，却不存一丝"利己"之心，虽屡招人怨，顾自念吾行吾心之所安而已，不为屈也。然数年以来，吾以诚待人，而人乃以权术待我。非特此也，且以"妒忌"报我，以"多事"称我。我自抵沪以来，得友仅二人，一为郑仲诚，一为张美品，亦以此耳。言念及此，能不使人血冷耶！(《北京大学图书馆藏胡适未刊书信日记》，27页)

5月6日　胡适返栈，得悉安徽旅沪同人拟组织一"安徽旅沪学会"。二兄挈胡适往"奇芳"。(《北京大学图书馆藏胡适未刊书信日记》，27页)

5月7日　胡适致函郑仲诚。(《北京大学图书馆藏胡适未刊书信日记》，28页)

5月8日　胡适认为《国民读本》所论法律之公例六条甚切。(《北京大

学图书馆藏胡适未刊书信日记》，28 页）

5月10日　胡适以不能参加化学游艺会（于此科素未涉猎）而感"可愧"。（《北京大学图书馆藏胡适未刊书信日记》，29 页）

5月11日　胡适出席集益会的集会。（《北京大学图书馆藏胡适未刊书信日记》，30 页）

5月13日　胡适返栈，"省二兄，二兄为余言办事之要素，及旁论今昔办事之难易（指南洋公学），并纵论宋明儒之得失"。赴寰球中国学生会出席安徽旅沪学会之成立会。（《北京大学图书馆藏胡适未刊书信日记》，30 页）

5月14日　化学游艺会开会于丹桂茶园，胡适以本校招待员得与会参观。（《北京大学图书馆藏胡适未刊书信日记》，31 页）

5月16日　胡适因上操事为教习诘责：

今日天气极热。本校夏操服尚未办就，佥欲请罢操。余为言于林仲希先生（监起居），先生谓可着旧夏操衣。予往检之，则复少十件，遂不能操，及时遂相率入本斋温课。而林先生及白振民先生忽来诘责。予以"天热"覆之。白先生怒甚，谓余聚众要挟。时东一斋亦不操。白乃曰："东一不操，西一担其责；西一不操，胡洪骍担其责。"遂去。意欲重罚为首之人，后以杨师之言乃止。复欲补操。时天小雨初晴，热少退，学生遂补操。寻白复出一牌曰："胡洪骍、赵敬承（东一班长）不胜班长之任，应即撤去。"夫此事惟"先未告白振民先生"，足为余罪，至此外罪名，均非所甘认。若"不胜班长"，则每斋班长四人，余乃其副中之副也。惟余近亦不愿任事荒工课，故亦不与辩。夜间闻余君言："总教谓君强辩，谓上午托言不能操，而下午却能补操，且操后何以不病也？"予时适作一书与白，陈述午前之情形及其原因，因即引余君之言，略加辩白，惟书中之意，固不注重此数语也。（《北京大学图书馆藏胡适未刊书信日记》，32 页）

5月17日　胡适日记有记：

1906年　丙午　光绪三十二年　15岁

予昨夜寄白之书，白览毕，竟以予所引余君言来诘，气焰甚盛，谓予曰："此语我未尝说，你从何处得来？若是教习说的，我辞退教习；学生说的，我开除学生！"予告以闻之余君。白曰："我不曾对余成仁说胡洪骍一个字，可证也。"予询之余君，则谓"此乃我解释白总教之意之语，惟他说不曾对我说君一个字，此则大谬，彼实说君遁辞也"。后二人对质时，白乃改口曰："吾实说你但无病不病之语耳。"予以为二人既指实，则当无事矣，讵料竟有大不然者。(《北京大学图书馆藏胡适未刊书信日记》，32页)

5月18日　胡适日记有记：

今日白复悬一牌，使予指实其人，中有"播弄是非，诬蔑师长之咎，应由胡生一人任之"之语，可谓无理取闹。使予而欲播弄之、诬蔑之也，则曷勿陈述于众人之前以与之为难，而乃喋喋以纸笔与之辩难耶？余就答复之。下午，白再悬一牌，尤为无理，中有"胡生能保他日无此等无秩序之事否？若有之，应由何人担其责任"，予以"事之有无，当视学生之程度若何及管理法若何而后可定。若何人担其责任，则当视此事之性质如何而后定也"答复之。

下午五时半，得二兄复予一函。(予昨亦函致二兄，略述此事。)盖白乃竟于昨日函致吾兄痛诋吾，中有"将此不悛，将不能顾私情而妨公益"之语(以白尝与吾兄同学)，故吾兄来书深戒予，谓"弟所以致此者，皆好名之心为之。天下事，实至名归，无待于求。名之一字，本以励庸人。弟当以圣贤自期，勿自域于庸人也"。末使予至白处谢罪。予不欲拂吾兄意，故第三书与白，书末略陈悔意，谓此后当辞去各职以谢之也。(《北京大学图书馆藏胡适未刊书信日记》，33页)

按，此次被悬牌事件之后，胡适乃萌生离开澄衷之意。其《四十自述》有记：

我在西一斋做了班长，不免有时和学校办事人冲突。有一次，为

59

了班上一个同学被开除的事，我向白先生抗议无效，又写了一封长信去抗议。白先生悬牌责备我，记我大过一次。我虽知道白先生很爱护我，但我当时心里颇感觉不平，不愿继续在澄衷了。恰好夏间中国公学招考，有朋友劝我去考；考取之后，我就在暑假后（一九〇六）搬进中国公学去了。（《四十自述》，110页）

5月19日　胡适日记有记：

予既三复白书，白今日再悬一牌曰："胡洪骍自陈改悔，姑许其自新，前情姑不追究"云云（此非全文）。呜呼，几许笔墨，几许口舌，直为争一副光耀之面具之价值耳！

二兄复来一书，谆谆以轻妄相戒。

余前固云"辞职"矣，今当践其言，遂作一意见书报告本斋同学以辞职事，复以二兄戒予之书遍示同学，顾同学卒不允予之请也。（《北京大学图书馆藏胡适未刊书信日记》，33页）

5月20日　自治会开会，同学陈昌力驳胡适辞职之说。胡适日记又记：

返栈，二兄为余言好名之病，复以朱子《近思录》授予，命予玩味之，谓当择其切于身心处读之，其"太极""无极"等说，可姑置之也。（《北京大学图书馆藏胡适未刊书信日记》，34页）

5月21日　胡适日记有记：

……予因请同学举人代予，乃不意予复得大多数，次为郭君。予因以"今日选举，本以求代，若复举予，则又何必举也"语之。以时迫不及决而罢。（《北京大学图书馆藏胡适未刊书信日记》，34页）

5月22日　胡适日记有记：

予一生大病根有三：（一）好名，（二）卤莽，（三）责人厚；未尝不自知之，每清夜扪心，未尝不念及而欲痛改之。阳明云："未有知而

1906年　丙午　光绪三十二年　15岁

不行者，知而不行，只是未知。"噫，骈也，乃竟欲见呵于子王子钦？（《北京大学图书馆藏胡适未刊书信日记》，35页）

5月24日　胡适因不满意安徽旅沪学会章程，乃开始作一驳议寄方守六君及发起诸人。（《北京大学图书馆藏胡适未刊书信日记》，36页）

5月25日　胡适作成寄方守六及学会发起诸人之书成，凡3000言，其中要点如下：

（一）先就学界入手，不膻他界。

（二）各校代表人不可废，且必兼纠察之职。

（三）学界外，各业各举一代表，每次与会旁听。

（四）纠察有名无实，可废去。其第一项及第二项职任，则归各校代表任之。其第三项职任，则另立一会场纠察任之。

（五）当注意调查。

（六）会计一职当另设，不得由书记兼任。（《北京大学图书馆藏胡适未刊书信日记》，36页）

5月26日　因参与筹备次日之运动会，胡适未上课。（《北京大学图书馆藏胡适未刊书信日记》，37页）

5月27日　上午，胡适参加运动会。下午出席安徽旅沪学会第二次会议：

下午至颐园，以安徽旅沪学会假座于此开第二次会也。是日选举职员，乃仍旧贯。予前所议改之处，均未改正；予寄方君之书，亦未宣布，予大愤。选举时，规则复紊乱无序。其尤可笑者，则职员皆由发起人指出数人，由全体公决，似乎出于被选者之情愿，乃举定后复有辞职者，则不知何故也。是日计正会长为李经方（伯行，李文忠子），副则方守六也。此次新入会者有四十七人，二兄与程士衔君，皆今日入会者也。（《北京大学图书馆藏胡适未刊书信日记》，37页）

5月28日　胡适致函方守六，"询其何以不用吾议"。致函郑仲诚，拟

61

于后日往访。日记又记：

> 下午返栈，以致方守六君书与二兄观之，二兄为予删其太激处，八时乃付邮。是夜宿栈中，二兄语吾"《新民丛报》六号所载《责任心与名誉心之利害》一篇，足为尔药石，盍取而研究之"。二兄复以《二程粹言》二册授予，令玩味之。(《北京大学图书馆藏胡适未刊书信日记》，38页)

5月29日　下午，胡适自栈中返校。(《北京大学图书馆藏胡适未刊书信日记》，38页)

5月30日　胡适与余成仁、卢侠乘火车至吴淞晤郑仲诚。"郑君劝吾下半年权再居澄衷，俟他日觅得好学校，当与吾同学，情甚恳挚也。"又导胡适等游海滨，参观复旦新校址。(《北京大学图书馆藏胡适未刊书信日记》，39页)

5月31日　胡适日记有记：

> 今日上课，适杨师有喉病，故国文科无工课。看《新民丛报》：《责任心与名誉心之利害》篇，心大感动，不自已。是篇立论，注重责任心。因忆昔者拿坡仑与英名将纳耳逊战于脱拉发加（Trafalgar），英军垂败矣，纳耳逊乃诏其军曰：吾英人当各尽其职守也（England expects every man to do his duty）。于是士气复振，遂大败法军法舰队及西班牙之舰队，歼焉。噫，"责任心"（Duty）之权力固如是其大耶！(《北京大学图书馆藏胡适未刊书信日记》，39页)

6月1日　胡适日记有记：

> 前日旅沪学会由方守六君提议，每县各举代表一人，予甚不表同情，因作书与之辨论此事，其要点如左：
>
> （一）不必举。代表之原理，以团体太大，故公推一二人以代表之。今每县多者不过二十人，少者仅一人（或无之）。即以第一会会员而论，

1906年　丙午　光绪三十二年　15岁

其间仅八十六人，若以县分之，则须举四十一代表人，以四十一人代表八十余人，则曷若直接与议之为愈也？故不必举也……

（二）不能举。代表必深悉选举者之利害。今商、学界不分，则利害不同，趋向异宜。苟一县之人，二界皆有之，则将举学界人乎？抑举商界人乎？故不能举。

（三）当用二界分举法

甲、学界：各校分举（性质稍异）。

乙、商界：各业分举。

集益会开会，予本拟演说，后以时迫不果。然是日予实未能预备，即演说亦不能善美，不如不演也。

得方君守六来书，谓予所言，实获彼心；惟予不于开会时出席建议，致失事机……约予十二日上午九时至振华一晤，予以十二日以欢送征兵事，九时恐无暇，乃改约八时。（《北京大学图书馆藏胡适未刊书信日记》，40、55页）

6月3日　7时半，胡适至振华晤方守六，谈2时，所谈无足记者。惟方劝胡适学演说，为胡适乐闻。11时半，与同学列队往学宫出席欢送征兵大会。（《北京大学图书馆藏胡适未刊书信日记》，41页）

6月5日　胡适日记有记：

偶读《学记》至"记问之学，不足以为人师"句，未尝不生大感触。夫本校教员有不藉记问而足为人师者乎？无有也。学堂且开预备室，以使其记问，呜呼，真人师哉？真人师哉？昔二兄言中国文学三十年后将成为绝学，吾始闻而疑之，今观于今日之为人师者而大惧，惧吾兄之言果验也。（《北京大学图书馆藏胡适未刊书信日记》，42页）

6月7日　胡适作《欢送征兵之感情》一文。（《北京大学图书馆藏胡适未刊书信日记》，43页）

6月8日　胡适阅江苏学会简章，"见其完备善美处，直非安徽学会会

章所可比拟也"。(《北京大学图书馆藏胡适未刊书信日记》, 43 页)

6月10日　自治会开会, 胡适演说"慎独"及"交际之要素"二事。(《北京大学图书馆藏胡适未刊书信日记》, 44 页)

6月11日　放学后, 胡适与同学余君、郭君、张锦城等同诣郊外散步, 共议开一学艺会, 定讲演及成绩二门。此议于13日被白振民否决。(《北京大学图书馆藏胡适未刊书信日记》, 44 页)

6月15日　西一斋同学公推胡适与同学郭君前往观瞻宝山县学堂春季游艺会。(《北京大学图书馆藏胡适未刊书信日记》, 46 页)

6月17日　胡适与同学郭君乘火车至宝山, 观瞻春季游艺会。(《北京大学图书馆藏胡适未刊书信日记》, 46 页)

6月18日　胡适开始作《宝山县学堂游艺会记》。(《北京大学图书馆藏胡适未刊书信日记》, 47 页)

6月21日　胡适续作《宝山县学堂游艺会记》, 未能成。(《北京大学图书馆藏胡适未刊书信日记》, 48 页)

6月30日　下午, 胡适往观震旦游艺会。(《北京大学图书馆藏胡适未刊书信日记》, 48 页)

7月1日　胡适与"同学中最相契"之张美品、张锦城、郭传治、余成仁、孔仁卿、赵寿铭合拍一照。(《北京大学图书馆藏胡适未刊书信日记》, 49 页)

按, 胡适丙午年《自治日记》末有"友人住所录", 该"录"还有以下朋友: 赵铸、杨锡仁、朱成杰、陆树勋、葛文庆、陈钟英、赵敬成、陈受昌、孙颂臣。由此可见胡适澄衷时期交游之一斑。此外, 胡适还有一位交往数十年的朋友张慰慈亦系其澄衷同学。(见胡适1917年6月20日《日记》)

7月16日　放暑假。学堂告示余成仁"下学期毋庸来校"。(《北京大学图书馆藏胡适未刊书信日记》, 49 页)

7月17日　胡适回栈。至棋盘街购《初级英文范》等书。(《北京大学图书馆藏胡适未刊书信日记》, 50 页)

1906年　丙午　光绪三十二年　15岁

7月19日　胡适家中失火。(《北京大学图书馆藏胡适未刊书信日记》,51页)

7月20日　同乡汪宝开来谈里中近事,谈及胡近仁不得意,等等。(《北京大学图书馆藏胡适未刊书信日记》,51页)

7月22日　胡适日记有记:"《新闻报》所载之《眼中留影》小说,余看至廿六日为止,以下以栈中不定此报,故未能看,因至汪美春借来一观,以救此小说癖也。"(《北京大学图书馆藏胡适未刊书信日记》,52页)

7月24日　胡适用小说体作《马车御者》一篇。(《北京大学图书馆藏胡适未刊书信日记》,53页)

7月25日　胡适拟与程士衡合译Carpenter's *Geographical Reader*。阅《弟子箴言》。(《北京大学图书馆藏胡适未刊书信日记》,54页)

7月26日　"检残书,得书七十余部,牌帖十余幅。"(《北京大学图书馆藏胡适未刊书信日记》,54页)

夏　胡适考入中国公学。(胡适:《中国公学校史》,《吴淞月刊》第3期,1929年9月,56页)

按,1930年7月17日,胡适作有《祝马君武先生五十生日》,注云:君武先生曾做中国公学的"总教习",我考进中国公学,是他出题看卷。入校后,我住的房,同他的房紧对门。我和同住的钟文恢诸人,常去看他。他待学生最好。不久他出国,有留别中国公学同学诗,中有"中国待牛敦"之句。(《胡适手稿》第10集卷3,台北胡适纪念馆印行,1970年,266页)

又按,《胡适手稿》第1集、第2—4集、第5—6集、第7—10集分别印行于1966年、1968年、1969年、1970年,以下不再标注出版年。

10月28日　《竞业旬报》创刊。该报自创刊号至第3期,连载胡适的《地理学》,署名"自胜生"。

11月16日　是日印行之《竞业旬报》第3期,登载胡适的《说雨》,署名"自胜生"。同期,还开始连载胡适《敬告中国的女子》(署名"希疆",

连载至第 5 期止）、《真如岛》（署名"希疆""铁儿""冬心"，续载于第 4、6～10、24～28、35、37 期）。

同日 《竞业旬报》第 5 期登载胡适的《毅斋杂译》，署名"适之"。

12月5日 胡适长兄胡嗣稼之次子（名思齐，谱名"惠深"）于本日巳时出生。(《上川明经胡氏宗谱》中卷之下《分系三·元当公派世系表》，页20b）

1907年　丁未　光绪三十三年　16岁

> 春，胡适因脚气病向中国公学告假，开始对古体诗歌发生兴趣。
> 夏，回绩溪故里养病，与胡近仁时有诗词唱和。
> 10月，返上海，仍就读于中国公学。

正月　胡适游苏州。(《四十自述》，138页)有诗《挽王汇川》：

今年岁正始，揽胜到苏州。

下榻劳贤主，先驱导远游。

凄凉闻噩耗，儿女有遗忧。(君有子未周岁，有女未嫁。)

何日苏台畔？携尊奠故邱。(《胡适家书手迹》，26页)

春　参观爱国女校运动会，有《观爱国女校运动会纪之以诗》。(诗载《竞业旬报》第15期，1908年5月20日，署名"铁儿")

春　胡适因脚气病向中国公学告假休养。时住上海南方瑞兴泰茶叶店养病，第一次对古体诗歌发生很大兴趣。

阴历三月　胡适与中国公学全体同学到杭州旅行。(《四十自述》，138页)《西湖钱王祠》(载《竞业旬报》第17期，1908年6月9日，署名"铁儿")、《西台行》(载《竞业旬报》第29期，1908年10月5日，署名"铁儿")当系杭州纪游诗。

阴历四月　胡适有《游万国赛珍会感赋》，诗前有小序：

丁未四月，上海中外士商，悯江北灾民之流离无归也，因创为万

国赛珍会以助赈,得资甚众。今年各省皆告灾,香港人士以此法集款,亦有成效。而上海之慈善事业,则已再鼓而衰矣!写旧作一章,聊志感喟。词之不文,非所计也。(《竞业旬报》第24期,1908年8月17日,署名"铁儿")

6月20日 《神州日报》刊登中国公学捐助皖北水灾的《收捐报告》。该报告称,中国公学第一次助捐皖北水灾大洋364元,小洋235角。胡适捐2元。此次捐款的主要经手人为胡适、朱经农等4人。其中经胡适之手的捐款为22位教职员所捐的235元,包括胡适本人在内的38位同学捐助的74元,共309元。

阴历五月 胡适因脚气病回绩溪养病。(《四十自述》,139页)

阴历六月 胡适有《追哭先外祖冯振爽公》:

凄其风雨近黄昏,旧地重来欲断魂。

十年往事何堪问,母子今皆失怙人。(《胡适遗稿及秘藏书信》第11册,134~135页)

9月23日 有写给胡近仁的诗四首(胡适将离乡返沪,是为留别诗),诗末附注:"予与近仁先生交,几及十年,亦莫知其交谊之所由始,唯觉与年俱进耳。今年夏,予归自沪渎,先生昕夕过从,其乐何极。今且别矣,敬赋此为赠,用以自附于赠言之义云尔,词章云乎哉!""其一"说二人"忘年交谊孰堪伦","同是天涯沦落人"。"其三"云:"怜君潦倒复穷愁,愧我难为借箸谋。吟到泪随书洒句,那堪相对共悲秋。"(《胡适家书手迹》,17~18、11、14~15页)胡适临行前,又有一首:

十载联交久,何堪际别离!

友师论学业,叔侄叙伦彝。

耿耿维驹意,依依折柳辞。

天涯知己少,怅怅欲何之!(《胡适家书手迹》,7~8页)

9月　胡适为胡近仁《奈何天居士吟草》作序，云：

　　《奈何天居士吟草》者，吾友近仁先生课余吟咏之稿本也。
　　近仁于予为叔辈，其家居处境至艰，尤不得于骨肉之间，故其怨望之情时流露言外。然近仁特以自抒其牢骚而已，未尝为泰甚之辞，其亦犹《诗·出自北门》之自写穷愁，而以"天实为之"终之之意，所谓怨而不怒者，非耶。
　　吾乡地僻，数十年来，章句之学，尚无其人；至于诗词，更无论矣。即近仁所师亦不解此。顾近仁乃能独树一帜，以能诗闻，非所谓得天独厚者耶，非所谓不囿于流俗者邪。嗟夫！近仁之为诗也，其得天之厚，既如此；其不沮于境遇，不囿于流俗，又如彼。然则其诗之价值更何待鄙人之哓哓耶？（《胡适家书手迹》，21～22页）

10月14日　胡适返抵上海。（《胡适家书手迹》，24页）

11月14日　夜，胡适感慨身世，成一律：

　　生年今十六，所事竟何成？
　　苦虑忧如沸，愁颜酒易赪。
　　伤心增马齿，起舞感鸡声。
　　努力完天职，荣名非所营。（《胡适家书手迹》，27页）

又有《题秋女士瑾遗影》，其中有云："生前曾卜邻，相去仅咫尺。云何咫尺间，彼此不相识。"（《胡适家书手迹》，27～28页）

11月　胡适致函胡近仁，抄示近作律诗一首，又谈及购买《元遗山诗集》等书。所作律诗如下：

　　别后深相忆，书来慰寂寥。
　　赠言铭肺腑，佳句例琼瑶。
　　秋菊有佳色，寒松吼怒涛。
　　正宜勤问学，努力制牢骚。（潘光哲主编：《胡适中文书信集》第1

册,"中研院"近代史研究所出版,2018年,13～14页)

是年　胡适又有《送石蕴山归湘》《读小说〈铁锚手〉》《霜天晓角·长江》等诗作。

是年　胡适有《弃父行》:

《弃父行》,作者极伤心语也。作者少孤,生十六年,而先人声音笑貌,仅于梦魂中得其仿佛。年来亟膺家难,益思吾父苟不死者,吾又何至如此?是以知人生无父为至可痛也。嗟夫!吾不意天壤间乃有弃父之人,其人非不读书明理也,其弃其父也,非迫于饥寒困苦不能自存也。嗟夫!吾又乌能已于言耶!吾故曰《弃父行》作者极伤心语也。

贵易交,富易妻,不闻富贵父子离。
商人三十始生子,提携鞠养恩难比。
儿生六岁教儿读,十七成名为秀士。
儿今子女绕床嬉,阿翁千里营商去。
白首栖栖何所求?只为儿孙增内顾。
儿今授徒居乡里,束脩不足赡妻子。
儿妇系属出名门,阿母怜如掌上珍。
掌上珍,今失所,婿不自立母酸楚。
检点奁中三百金,珍重私将与息女。
夫婿得此欢颜开,睥睨亲属如尘埃。
持金重息贷乡里,三岁子财如母财。
尔时阿翁时不利,经营惨淡还颠踬。
关山屡涉鬓毛霜,岁月频催齿牙坠。
穷愁潦倒始归来,归来子妇相嫌猜。
道是阿翁老不死,赋闲坐食胡为哉?
阿翁衰老思粱肉,买肉归来子妇哭:
"自古男儿贵自立,阿翁恃子宁非辱?"

翁闻斯言赫然怒,毕世劬劳殊自误。

从今识得养儿乐,出门老死他乡去。(原载1908年8月27日《竞业旬报》第25期,署名铁儿。又载1929年6月15日《吴淞月刊》第2期)

按,此系作者怀父诗。但1914年8月29日,胡适作一札记,追记1907年所作《弃父行》,内容与此大同小异。但诗序却云诗中所叙系里中"族人某家事",今抄录于此,供读者对照参考:

余幼时初学为诗,颇学香山。十六岁闻自里中来者,道族人某家事,深有所感,为作《弃父行》。久弃置,不复记忆。昨得近仁书,言此人之父已死,因追忆旧作,勉强完成,录之于此:

弃父行(丁未)

"富易交,贵易妻",不闻富贵父子离。
商人三十初生子,提携鞠养恩无比。
儿生七岁始受书,十载功成作秀士。
明年为儿娶佳妇,五年添孙不知数。
阿翁对此增烦忧,白头万里经商去。
秀才设帐还授徒,修脯不足赡妻孥。
秀才新妇出名门,阿母怜如掌上珍。
掌上珍,今失所,婿不自立母酸楚。
检点奁中三百金,珍重携将与息女。
夫婿得此愁颜开,睥睨亲属如尘埃。
持金重息贷邻里,三年子财如母财。
尔时阿翁时不利,经营惨淡终颠踬。
关河真令鬓毛摧,岁月频催齿牙坠。
穷愁潦倒重归来,归来子妇相嫌猜。
私谓"阿翁老不死,穷年坐食胡为哉!"
阿翁衰老思粱肉,买肉归来子妇哭:
"自古男儿贵自立,阿翁恃子宁非辱?"

翁闻斯言勃然怒，毕世劬劳徒自误。

从今识得养儿乐，出门老死他乡去。(《胡适留学日记手稿本》之《藏晖札记》〔三〕，原书无页码)

1908年　戊申　光绪三十四年　17岁

> 上半年，胡适仍就读于中国公学。
> 自4月始，任《竞业旬报》主笔。
> 10月，中国公学下令解散全体罢课学生，胡适积极参与创办中国新公学，并任教职。
> 年末，因家境困迫，辍学自养。

1月18日　《神州日报》刊登《中国公学年终试验成绩表》。胡适所在的高等预科甲班21名同学中，最优等2人，优等4人，中等6人，下等5人，胡适等3人不及格。

3月下旬或4月上旬　胡适致函程乐樨，云：

……兄近居思诚能相安否？……盖以兄起程之日，即家大、二兄抵沪之日。家大、二兄既抵沪，即有奸人构隙其间。家大兄原是糊涂虫，闻之几致阋墙。弟所处地位非数数进言之地位，现在只有不复系念，听其自然已耳。吾绩现象如何？有进步之希望否？国事弥不堪问，苏杭甬大失败，二辰丸案又大失败，正如吾乡俗语所谓好像一个棉花团，任人搓捏，欲方则方，欲圆则圆者也。唉！《竞业旬报》已开办，定三月十日出版。《中国公报》则以资本不足故暂缓开办。俟旬报出版，当奉寄数份，用饷吾乡人士。何如？式如、蕙君皆已来。蕙君入青年会，式如仍在本校，际覃尚未来，不省何故？公学近日几起大风潮，苟非监督明白事理，则公学已破坏矣。……兄在思诚，任何课目？近况奚

73

似？幸即相告。前议《绩溪报》能行否？弟拟以"新绩溪"名之，兄谓何如？（《胡适遗稿及秘藏书信》第20册，344～347页）

4月11日　《竞业旬报》复刊，胡适任主笔。

4月21日　胡适在《竞业旬报》第12期发表《生死之交》。

4月　胡适有《口号》《沁园春·春游》等诗。(《胡适遗稿及秘藏书信》第11册，136～137页）

5月30日　《竞业旬报》第16期开始连载胡适的《姚烈士传》，迄26期连载完毕。

7月　胡适有《赠别黄用溥》。(《胡适遗稿及秘藏书信》第11册，139页）

按，《竞业旬报》第27期（1908年9月16日印行）登载此诗时，诗名改作《赠别黄用溥先生》。诗中"执手泪阑干"改作"相向泪阑干"。

7月31日　胡适禀母亲，力言今年不可婚娶：

……此事今年万不可行。一则男实系今年十二月毕业……二则下半年万不能请假。……三则吾家今年断无力及此。……二哥现方办一大事，拮据已甚，此事若成，吾家将有中兴之望……若大人今年先为男办此事，是又以一重担加之二哥之身也。且男完婚，二哥必归，而此间之事将成画饼矣。……四则男此次辞婚并非故意忤逆，实则男断不敢不娶妻，以慰大人之期望。即儿将来得有机会可以出洋，亦断不敢背吾母私出外洋不来归娶。儿近方以伦理勖人，安敢忤逆如是，大人尽可放心也。……儿此举正为吾家计，正为吾二哥计，亦正为吾一身计，不得不如此耳。若此事必行，则吾家四分五裂矣，大人不可不知也。若大人因儿此举而伤心致疾或积忧成痾，则儿万死不足以蔽其辜矣。大人须知儿万不敢忘吾母也。五则大人所言惟恐江氏处不便，今儿自作一书申说此中情形……大人务必请舅父再为男一行，期于必成……六则合婚择日儿所最痛恶深绝者……为人父母者，固不能不依此办法，但儿既极恨此事，大人又何必因此极可杀、极可烹、鸡狗不如之愚人蠢虫瞎子之一言，而以极不愿意、极办不到之事，强迫大人所生所爱之儿子耶？以儿思之，此瞎畜生拣此日子，使儿忤逆吾所最亲敬之母亲，其大不利一；使儿费许多笔墨许多脑力宛转陈辞以费去多少光阴，其不利二；使吾家家人不睦，其大不利三；使母亲伤心，其大不利四；使江氏白忙一场，其不利五；使舅父奔走往来，两面难为情，其不利六。有大不利者六，而犹曰今年大利，吾恨不得火其庐、牛马其人而后甘心也。

············

……今并万言为一句曰："儿万不归也。"（《胡适遗稿及秘藏书信》第21册，1～7页）

按，是年胡适复函胡近仁，有云：

日前，乃以儿女之私，辱吾叔殷殷垂示，侄非草木，宁不知感激遵命。……生平有二大恩人，吾母吾兄而已。罔极之恩，固不待言。而小人有母，尤非他人泛泛者比，侄乌忍上逆吾母之命，而作此忍心之事。总而言之，予不得已也！……近来心中多所思虑，郁郁终年，无日不病。……近作若干首，录呈乞政。今年工课繁重，殊无暇及此。偶有所感，便一为之。六、七月来，得诗不过二十首耳。近来读杜诗，颇用一二分心力。忆得百十首，馀无所成，颇用自愧。……（《胡适家书手迹》，3～4页）

又按，胡适《归娶记》云：

戊申之秋，吾母已择定婚期，决计迎娶。吾以不欲早婚故，飞函阻止之。费了许多心力，才得止住。然两家都已为婚嫁之预备。今次婚时，吾家所用爆竹，尚多十年前陈物。（吾本不欲用爆竹，以其为十年故物，故不忍不用之。）女家嫁妆，亦十年前所办。奁中刀剪，多上锈者；嫁衣针线，有坏脱者矣。独爆竹愈陈年乃愈响耳！（《胡适札记》〔十七〕）

再按，1918年，胡适在一首《新婚杂诗》的《小序》中说："吾订

婚江氏，在甲辰年。戊申之秋，两家皆准备婚嫁。吾力阻之，始不果行。"诗中写道："记得那年，你家办了嫁妆，我家备了新房，只不曾捉到我这个新郎！"（胡适：《尝试集》第四版，亚东图书馆，1922年，31页）

8月17日 胡适在《竞业旬报》第24期发表《上海的中国人》《适盦评话·顾咸卿》《婚姻篇》等文（最后一文又在下期续载）。

8月27日 胡适在《竞业旬报》第25期发表《消夏丛撼》《时闻》（数十则）、《中国第一伟人杨斯盛传》等文，并自是期开始连载《无鬼丛话》（续载第26、28、32期）。

9月6日 胡适在《竞业旬报》第26期发表《论家庭教育》《西洋笑话（杂文撼译）》《介绍〈国民白话报〉〈须弥日报〉》等文。

9月16日 胡适在《竞业旬报》第27期发表《赠鲁楚玉》《东洋车夫》《积少成多》《世界第一女杰贞德传》等诗文。

阴历八月 胡适有《秋日梦返故居觉而怃然若有所失因纪之》：

秋高风怒号，客子中怀乱。抚枕一太息，悠悠归里閈。入门拜慈母，母方抱孙弄。

齐儿（大兄次子，方二岁）见叔来，牙牙似相唤。拜母复入室，诸嫂同炊爨。问答乃未已，举头日已旰。

方期长聚首，岂复疑梦幻？年来历世故，遭际多忧患。耿耿苦思家，听人讥斥鹦。（《胡适遗稿及秘藏书信》第11册，141页）

9月25日 胡适在《竞业旬报》第28期发表《中国的政府》《论毁除神佛》《读〈爱国二童子传〉》等文。

同日至10月5日间 胡适有《电车词》。（《胡适遗稿及秘藏书信》第11册，141页）

按，作者标注此诗作于"九月"，因九月初一乃公历9月25日，而此诗又于10月5日印行之《竞业旬报》第29期发表，故此诗必作于此10日之内。

1908年　戊申　光绪三十四年　17岁

10月3日　中国公学下令解散全体罢课学生，胡适积极参与创办中国新公学，并任教职。

胡适《四十自述》：

……退学的那一天，秋雨淋漓，大家冒雨搬到爱而近路庆祥里新租的校舍里。厨房虽然寻来了一家，饭厅上桌凳都不够，碗碟也不够。大家都知道这是我们自己创立的学校，所以不但不叫苦，还要各自掏腰包，捐出钱来作学校的开办费。有些学生把绸衣、金表，都拿去当了钱来捐给学堂做开办费。

十天之内，新学校筹备完成了，居然聘教员，排功课，正式开课了。校名定为"中国新公学"；学生有一百六七十人。在这风潮之中，最初的一年因为我是新学生，又因为我告了长时期的病假，所以没有参与同学和干事的争执；到了风潮正激烈的时期，我被举为大会书记，许多记录和宣言都是我做的；虽然不在被开除之列，也在退学之中。朱经、李琴鹤、罗君毅被举作干事。有许多旧教员都肯来担任教课。学校虽然得着社会上一部份人的同情，捐款究竟很少，经常费很感觉困难。李琴鹤君担任教务干事，有一天他邀我到他房里谈话，他要我担任低级各班的英文，每星期教课三十点钟，月薪八十元；但他声明，自家同学作教员，薪俸是不能全领的，总得欠着一部份。

…………

……从此以后，我每天教六点钟的英文，还要改作文卷子。十七八岁的少年人，精力正强，所以还能够勉强支持下去，直教到第二年（一九〇九）冬天中国新公学解散时为止。

以学问论，我那时怎配教英文？但我是个肯负责任的人，肯下苦功去预备功课，所以这一年之中还不曾有受窘的时候。我教的两班后来居然出了几个有名的人物：饶毓泰（树人）、杨铨（杏佛）、严庄（敬斋），都做过我的英文学生。后来我还在校外收了几个英文学生，其中有一个就是张奚若。（《四十自述》，152～154、156页）

10月5日　胡适在《竞业旬报》第29期发表《上海电车大桥望黄埔》《赠别汤保民》等诗作，又发表《论承继之不近人情》《爱情之动人》《本报之大纪念》等文。

按，同日之《安徽白话报》刊登胡适的《论承继之非理》与《论承继之不近人情》大同小异。

又按，《本报之大纪念》对读者提出两点希望：

第一，要希望列位能够实行本报的话。……我们这个报，本来是想对于我们四万万同胞，干些有益的事业，把那从前种种无益的举动，什么拜佛哪！求神哪！缠足哪！还有种种的迷信，都一概改去，从新做一个完完全全的人，做一个完完全全的国民，大家齐来，造一个完完全全的祖国，这便是兄弟们的心思，这便是我们这个报的宗旨。……第二，要希望列位看官帮助我们这个报，达我们的目的。……我们这个报的目的，是要使全国的人，个个尽明白事理，个个尽痛改从前恶俗，个个都晓得爱我们的祖国，但是这种目的，断非这几本报所能达到的，所以兄弟今天要希望列位看官里面那些热心志士，大家帮助一臂之力，多开几个演说会，把我们报里的道理，时时演说一番，一来呢，可以提醒那些看报的人，二来呢，可以使那些没有看报或是不会看报的人，也可懂得这种道理，也可以和那些看报的人得同样的利益。

10月15日　胡适在《竞业旬报》第30期发表《军人美谈》《饮食上的卫生》等文以及译诗《六百男儿行》等。

同日　《竞业旬报》第30期有《中国公学大解散的善后》之报道：

本报前期曾将学生意见书登出，大概情形，想看报诸公明白。现在二百余人在爱而近路庆祥里，赁了几所房屋，暂且栖身，十五日午后同人开会，演说这独立新中国公学的方法，大众虽琐尾依离，团体自十分坚固，颇有誓要做个好榜样，把监督看看的意思，上海俗话"纵算呒啥"。

1908年　戊申　光绪三十四年　17岁

10月25日　胡适在《竞业旬报》第31期发表译诗《缝衣歌》。

同日　《竞业旬报》第31期有《中国新公学成立了》之报道：

中国学生解散，本报记之再三，其中情形，谅看报诸公，也可以知道了。现以听得他们组织的学堂，诸事已有头绪，不久就要成立了，定名叫做中国新公学。开课的日期，是在本月二十五日。该学生从出校以来，团体愈加坚固，同学中也能够自治，毫无越犯规则的事。办事的人，又终日奔走，不辞劳瘁，誓以力去前弊，为同胞创一中国唯一之学校。唉！同胞呀！这才可以算得中国的公学呢！

该学生能有如此毅力，记者实在佩服得了不得，记者深望办事诸公，协力同心，始终不懈，更愿我中国同胞，群去扶助，共成伟业，则中国教育前途，庶几有大大的希望呢？（胡适著，季羡林主编：《胡适全集》第21卷，安徽教育出版社，2003年，89～90页）

10—11月间　胡适有《寄邓佛衷日本》。（《胡适遗稿及秘藏书信》第11册，142页）

按，邓佛衷系中国公学学监。

11月4日　胡适在《竞业旬报》第32期发表《新侦探谭》《中国爱国女杰王昭君传》。

同日　胡适、许怡荪联名在《安徽白话报》第4期发表《绩溪二都校头巨棍周星之历史》，历数周横行乡里、欺压良善、鱼肉百姓之种种恶行。

11月14日　光绪皇帝去世。溥仪登基，载沣监国摄政。次日，慈禧太后去世。

同日　胡适在《竞业旬报》第33期发表《答丹斧十杯酒》《秋柳》等诗作，又发表《苦学生》《革命党的好口供》《上海白话（一）》《徽州谈》等文。

11月24日　胡适在《竞业旬报》第34期发表《白话（一）·爱国》，并自是期开始连载《读〈汉书〉杂记》《金玉之言》等文。又发表《对于中

79

国公学风潮的感言》。胡适在此文中说:"我从来没在这报上说一句中国公学的丑话。一来呢,我自己怎么好说自己新学堂的好处,说人家的歹处。二来呢,那边老公学,也有我许多好朋友在内,我不忍得罪他们,我狠原谅他们。"但今天看了《神州日报》一封老中国公学学生的来函,"不得不说几句公道话儿"。胡适先抄录此函:

《神州日报》大主笔台鉴:顷阅贵报披览之下,不胜骇异,夫事理之真是真非,本难确定,人惟各就其一方面观之,乃有彼此异同种种之观念,同人等对于本校此次风潮亦然,故因意见之不同,遂致取舍之各别,愿去者去,愿留者留,本求学之心思,作自由之行动,何以劝为?膳宿费同人等已于开学前缴清,从何而免?至选书手杂役拔充学生一节,于同人之名誉,大有妨碍云云。中国公学学生吴中杰、林襄、田毓瑞、张世毅暨同学一百三人同顿。

又说:

有一天,是公学风潮的第二天,学堂里不许我们开会,我们那里敢违抗,我们只好在草地上开会,开会的时候,有一个人走上来,大声演说,那个人说:"嗳哟!诸君,我们为什么给人家逼到这步地位呀!唉!诸君。"那个人说到这里,把手在桌子上拍了几下,几乎把桌子都拍碎了。他又说:"诸君,唉!今天到底是一种何等悲惨的情形,我自己也不知怎样,我心中觉到怪难过的(列位注意这心中两个字,勿忘记)。嗳哟!诸君,我心中十分难过,难道你们不觉得吗?唉!难道诸君心中不觉得吗?"说到这里,那个人两只眼睛里的热泪便纷纷滚下来了,那个人这一哭不打紧,那时听演说的二百七八十人,都哭起来了,那时我做了一个小小的书记员,坐的离演说台最近,那个人把桌子一拍,已经把我的铅笔都震折了,后来那个人一哭,又把我的眼泪也惹出来了。我坐的最近,我哭的最利害,那个人这一哭便把我们的团体,结得铁城一般,我们中国新公学所以得有今日,千辛万苦,挨饿挨冻，总不解散，这都是那个人一哭之功。我狠有良心的，我永永不没了那个人的功劳。列位要晓得，那个人是谁，那个人便是今天写信到《神州日报》的张世毅，便是从前我们三十六个纠察员之一的张☐☐，便是那天大会声泪俱下的张☐☐，我用这个☐☐二字，我不是不知道他的名字，唉，我狠有良心的，他这个人，对于我们，立了这样大功，他，他是狠谦虚的，他不肯自己居功，所以我们散学那一天，他也搬出学堂，等到我们新公学开成了，他因为不肯居功，所以他又搬进老公学去了。列位，你想天下那里再有这样谦虚的人，我看狠难得的了。

那四位代表之中，别的姑且不说，你看这位张世毅先生，这么一位谦谦君子，大约狠有代表资格的了。那封信上说的"因意见之不同，遂致取舍之各别，愿去者去，愿留者留，本求学之心思，作自由之行动"。你看，张先生的行为，大约狠配说这话的了，为什么呢？因张先生是谦谦君子，是不肯居功的，我们好大喜功的人，自然是意见不同了，我的同学，大家狠唾骂张先生，其实我是狠晓得张先生的历史的……

同日 《竞业旬报》第34期有《野蛮极了》之报道：

中国新公学成立了，只苦的是没有钱。从前学生所有已缴之学费膳宿费，那边老公学中，一个钱都不肯退出。新公学的干事员，去向他们讨取，那些王敬芳们，都说等董事会议决，方可定夺。好容易等到昨天，董事会开会了，会所在四马路一品香，会长张謇、熊秉三诸君，都赞成退费，说不退费狠失名誉的。只有那中国公学的监督夏道台，一力咬住，不肯退费。那些董事可也没得法了，只好说道：夏老先生，这个退费不退费，都是你的权柄，你老大才斟酌罢，我们不便与闻了。于是乎便散会了，是费退不成了，夏老先生这个制人死命的法可行了，然而野蛮极了。

11—12月间　胡适有《读〈十字军英雄记〉(林译)》：

岂有鸩人羊叔子？焉知微服武灵王？

炎风大漠苍凉甚，谁更持矛望夕阳？（《胡适遗稿及秘藏书信》第11册，143页）

按，此诗在《竞业旬报》第36期（1908年12月14日）发表时，改诗名为"题《十字军英雄记》"。1916年，又将正文改作：

岂有鸩人羊叔子？焉知微服武灵王？

炎风大漠荒凉甚，谁更横戈倚夕阳？（胡适1916年9月16日札记，见《胡适札记》〔十二〕）

12月　胡适有《慰李莘伯被火》。

按，此诗初稿收入《胡适遗稿及秘藏书信》第11册之143页，在《竞业旬报》第36期发表时，个别字句与初稿略有不同。

12月4日　胡适在《竞业旬报》第35期发表《白话（二）·独立》《吃茶记》《闻所闻录》等文，并自是期开始连载胡传的《钝夫诗草》。

12月14日　胡适在《竞业旬报》第36期发表《白话（三）·苟且》。

12月23日　胡适自《竞业旬报》第37期开始连载《曹大家〈女诫〉驳议》，又在本期发表《本报周年之大纪念》，述一年来国内大事等，又号召国人：

第一，革除从前种种恶习惯。

第二，革除从前种种野蛮思想。

第三，要爱我们的祖国。

第四，要讲道德。

第五，要有独立的精神。

12月30日　胡适致函程玉樨，谈因家境困迫等情，决计暂辍学，专为糊口之计。又谈及旅沪同乡近况，等等：

> 弟来年以家境之困迫，人事之错迕，遂决计暂且辍学，专为糊口之计，鄙意此为万不获已之举。盖不如此，则弟读一日书，中心一日不安，吾寿或且日促一日。且弟年尚少，一二年后俟境遇少裕，再来读书，正复不晚。年来以此问题大费踌躇，今决计向此途，此心反觉泰然自得。此时种种留学西洋研究文学之妄想已不再入梦矣。明年啖饭处大约仍在上海，近拟与新公学订约教授戊己两班英文，每日四时，月可得八十元，此外或尚可兼任外事。惟此约尚未订定，故行止尚未大定，大约上海一方面居其多数。盖弟意在上海有三利：人地两熟，一也；可为吾绩旅沪旅淞诸人作一机关部，二也；课余之暇尚可从人受学他国文字，三也。弟来年境况大略如是。
>
> ……奉上《竞业》十三册，其中有署适之、铁儿、适盦、蝶儿、冬心、胡天者皆拙作也。……吾邑来沪诸人无不争自濯磨，争自树立，殊足为桑梓庆，此皆思诚所结之果。思诚以外之人如蕙君、际冔皆不能及此诸人。此可见办学之效果矣。
>
> 鄙意思诚宜日益扩张，注重国文。而稍习英文、算学，以为来沪预备，则十年之后吾绩桃李尽出思诚矣。近闻有范围收小之说，此自画其进步也。
>
> 尊处诸先生似不宜出此。
>
> 足下试以鄙意商之诸公何如？橘仙先生和易近人，所谓万顷之陂者，非耶。胡绍庭敏而好学，一日千里，此诚吾家千里驹也。许绍南热诚感人，少年之中大不易得。程乐亭、章洛声、程敷模、程干诚，亦皆兢兢好学，惟际冔年来有退无进……
>
> ……意君（即干诚）今年将与弟同居度岁，今胡、章、程诸人皆将一一归去，仅我与橘丈师弟三人而已。……
>
> ……绩溪杂志，尚不知何日始可出现？
>
> 兄藏有《绩溪县志》一书，拟乞见借一观。……（《胡适遗稿及秘

藏书信》第 20 册，348～353 页）

是年　胡适有《赠同学古绍宾君》。（《胡适遗稿及秘藏书信》第 11 册，169 页）

是年　胡适有《读大仲马〈侠隐记〉〈续侠隐记〉》：

从来桀纣多材武，未必武汤皆圣贤。

太白南巢一回首，恨无仲马为称冤。

1916 年 9 月 16 日又改作：

从来桀纣多材武，未必汤武真圣贤。

那得中国生仲马，一笔翻案三千年！（《胡适留学日记手稿本》之《胡适札记》〔十二〕，原书无页码）

是年　胡适始识范鸿仙。（胡适 1915 年 2 月 22 日札记，见《藏晖札记》〔七〕）

是年　胡适有翻译英国诗人 Thomas Compbell 之《军人梦》《惊涛篇》。（前一首之初稿收入《胡适遗稿及秘藏书信》第 11 册之 145～146 页，发表于 1908 年 10 月 25 日印行之《竞业旬报》第 31 期；后一首发表于 1908 年 11 月 14 日印行之《竞业旬报》第 33 期）

1909年　己酉　清宣统元年　18岁

> 是年，胡适执教中国新公学至11月新、旧公学合并为止。
> 1月，胡适主编《竞业旬报》第40期毕，即不再与闻此刊事务。

1月2日　胡适在《竞业旬报》第38期发表《白话（四）·名誉》。

1月3日　胡适应友人之约前往复旦公学访友，小住两日。5日偕胡绍庭、程干诚返沪。（胡适致许怡荪函，光绪三十四年十二月十五日，载《胡许通信集》〔抄件〕，编号1）

按，本谱引用《胡许通信集》所收胡、许往来信札，均据梁勤峰先生提供之该书手抄本复印件，以下不再特别注明。

1月6日　胡适致函许怡荪，贺许新婚，又云："别后日益无聊，四顾茫茫，更无可语者，每一念及足下诸人天伦之乐，燕婉之好，辄神魂栩栩欲飞，足下闻之，得毋笑其徒作临渊之羡耶？"又谈及近日到复旦公学访友事。（胡适致许怡荪函，编号1）

1月12日　由胡适编辑之《竞业旬报》第39期刊登胡适《赠别古仲熙归粤》《赠别怡荪归娶》《赠意君》诗三首（均署名"藏晖"），以及译诗《晨风篇》(署"铁儿"译，作者为美国诗人Henry Longfellow）。《赠别怡荪归娶》有句：

归来君授室，飘泊我无家。
自顾无长策，青门学种瓜。

《赠意君》有句：

> 我方苦穷途，推解辱高谊。
> 清谈清夜徂，抑郁同一醉。

1月22日 胡适在《竞业旬报》第40期刊登"铁儿启事"：

> 鄙人今年大病数十日，几濒于死。病后弱质，殊不胜繁剧，《旬报》撰述之任现已谢去，后此一切，概非鄙人所与闻。此布。

按，自胡适宣告脱离《竞业旬报》之后，该报又印行一期（即第41期），此后该报停刊。自此，胡适乃搬入中国新公学居住。

阴历二月 胡适姨母玉英卒。舅父冯诚厚（敦甫）"自恨为妹主婚致之死，悼痛不已，遂亦病"，11月9日卒。（《胡适文存》卷4，239页）

胡适《先母行述》：

> ……[舅父]念母已老，不忍使知，乃来吾家养病。舅居吾家二月，皆先母亲侍汤药，日夜不懈。
>
> 先母爱弟妹最笃，尤恐弟疾不起，老母暮年更无以堪；闻俗传割股可疗病，一夜闭户焚香祷天，欲割臂肉疗弟病。先敦甫舅卧厢室中，闻檀香爆炸，问何声。母答是风吹窗纸，令静卧勿扰。俟舅既睡，乃割左臂上肉，和药煎之。次晨，奉药进舅，舅得肉不能咽，复吐出，不知其为姊臂上肉也。先母拾肉，持出炙之，复问舅欲吃油炸锅巴否，因以肉杂锅巴中同进。然病终不愈，乃舁舅归家。先母随往看护。妗氏抚幼子，奉老亲；先母则日侍病人，不离床侧。已而先敦甫舅腹胀益甚，竟于己酉九月二十七日死，距先玉英姨死时，仅七阅月耳。（《胡适文存》卷4，239～240页）

3月27日 中国新公学全体合影，胡适有题诗：

> 百六健男子，相携入画图。

回环多旧雨，蕉萃到今吾。

榛莽凭谁辟？颠危好共扶。

艰难惭此意，落日下平芜。（《胡适遗稿及秘藏书信》第11册，148页）

4月5日（清明节）后，胡适有《纪梦》诗：

已过清明节，乡思入梦魂。

无端亲战伐，忽已到家园。

死别成追忆，相逢尚抱孙。

时危艰百虑，耿耿此心存。（《胡适遗稿及秘藏书信》第11册，147～148页）

6月18日　胡适在《庄谐杂志》第2卷第14期发表《摆伦年谱》（未完），第15期续刊。

春夏间　胡适有诗颇多。据其《胡适杂记》（《胡适留学日记手稿本》之《胡适杂记》〔十六〕，1917年9月17日条，原书无页码），在程干诚处发现手抄之《己酉杂稿》共22首。胡适认为这些诗多不足留存，只有3首可存：

　　　　酒　醒
酒能销万虑，已分醉如泥。
烛泪流干后，更声断续时。
醒来还苦忆，起坐一沉思。
窗外东风峭，星光淡欲垂。

陆菊芬"纺棉花"（菊部四之一）
永夜亲机杼，悠悠念远人。
朱弦纤指弄，一曲翠眉颦。
满座天涯客，无端旅思新。
未应儿女语，争奈不胜春！

晨风篇（Day break）　　郎菲罗（Longfellow）原著

晨风海上来，狂吹晓雾开。
晨风吹行舟，解缆莫勾留。
晨风吹村落，报道东方白。
晨风吹平林，万树绿森森。
晨风上林杪，惊起枝头鸟。
风吹郭外田，晨鸡鸣树巅。
晨风入田阴，万穗垂黄金。
冉冉上钟楼，钟声到客舟。
黯黯过荒坟，风吹如不闻。

8月24日前　胡适有致胡绍庭、许怡荪函：

二兄前嘱登报，就令弟无端受人教训，此冤更从何处诉耶？今将覆函寄呈一观。弟意此函太利害，二兄以为何如？望见告，俾可更改。又此函寄至何地，亦望调查见告，无任感激！（胡适致胡绍庭、许怡荪函，编号2）

按，此函所谈内容，因相关材料缺乏，无从查考。此函只注"宣统元年"，未有月日，因被编在胡适亲自审定的《胡许通信集》之七月二十日（公历8月24日）函之前，故系于此。

8月26日　《安徽白话报》发表胡适翻译的小说《国殇》（署"适之"译述）。

9月4日　中国新公学开学，胡适所教功课，起初每日4时。

当日（阴历七月二十日）胡适致许怡荪函：

此间今日开学，上课之期恐在下月，弟每日四时。尚有新班，每日二时，彼等欲弟兼任，弟未有以应也。如能得相当之价值（每月百元），则弟或为利动，勉力为之，亦未可知。今日世界，有钱则凡事皆

1909年　己酉　清宣统元年　18岁

可为耳。（胡适致许怡荪函，编号3）

9月13日胡适禀母云：

儿每日授课四时以外……（《胡适遗稿及秘藏书信》第21册，8页）

按，据胡适致许怡荪另一函（未注时间），知胡适每日上课5小时。胡函云："贱恙已愈，已于星期一上课，每日五时（新加一时），虽稍觉吃力，然尚颇能支持。"（胡适致许怡荪函，编号6）

同日　胡适复函许怡荪，寄许鱼肝油一瓶；又谈及开学授课情形；又谈及当日见杨千里，询悉《东京竹枝词》并非曼殊所作，作者名"曼陀"（姓郁，名庆云，杭州人），非苏子谷；又谈及胡与兰生令亲偕游李文忠祠事；又请许怡荪再来函时勿再以"兄"相称；又谈及《表忠观碑》残缺，等等。（胡适致许怡荪函，编号3）

按，《胡许通信集》在此函之后，又有抄示许怡荪、胡绍庭《所思》诗一首。此诗未注写作年月。抄录于此：

所思在何处？门外紫荆花。灼灼花盈树，枝叶纷槎枒。
便如藐姑仙，绿衣垂绛纱。儿时戏花下，流连忘日斜。
前年作客回，葳蕤尚含葩；今年忆花时，漂泊已无家。
白云一回首，念此空咨嗟。树尔诚有知，今年应不华。
无计避炎热，真欲去人寰。华年悲逝水，藉子作名山。
旧雨时相忆，浮云终日闲。吴淞明月夜，应亦念云鬟。

9月13日　胡适禀母云：下半年仍在中国新公学，有暇则"时时研习他国文字，以为出洋之预备"。当加紧筹款以补贴家用，"儿在此所苦出息甚微，校中又万分拮据，以致今年未寄一钱"。对舅父病状骇异不已，万不可妄服仙方或祈禳求愈。胡觉昨日赴川沙料理店事。希望江冬秀能习字、读书。要胡思聪慎选小说，不可看淫书及字过小之书，等等。(《胡适遗稿及秘藏书信》第21册，8~9页)

9月28日　胡适致函许怡荪，云："此次来淞，厚扰兄及绍庭诸兄，念之甚愧。"承嘱买地图，因伊文思前书已罄，只得代购有图无说之一种。又谈及朱经农蹈海事：

> 今日此间有一大悲大痛之惨剧出现，则朱君经农蹈江而死之消息是也！朱君今晨四时出门，不知所往，遗书二纸，一呈其戚，一致公学，函中有"人之将死其言也善"云云。现已投报捕房，沿江大索，竟不能得其尸，则生死尚不可知也。朱君为人，天性极厚，处事纯用血性，天资亦极高，友朋中殊不可多得，不幸遽为吾辈而死！使此事而确，则吾毕生将永永无快乐之中秋节矣。伤哉，伤哉！惟弟意朱君天性极挚，尝为弟言，其上有老母，下有弟妹，今其母卧病湘中，日夕望儿子之归，况朱君尚未婚，其夫人亦在南京读书，朱君对于一家责任极重，岂肯一瞑不视？上何以对堂上，下何以对闺中？此岂天性极厚者所忍出哉？弟每以此种思想少杀悲怀。然此君即不死，亦必读书奉母以终老，决不肯再为冯妇矣。实则弟亦极望此君读书奉母以终身，殊不愿其穷年碌碌为他人忙也。然此亦弟理想如此，究不知吾经农生死何如也。……
>
> 乐亭病体如何？甚以为念……绍庭、士范、蜀川诸兄均不另。
>
> …………
>
> ……书成已封，忽得消息，言朱君已于西门外觅得，幸无恙，校中欢喜欲狂……（胡适致许怡荪函，编号5）

按，此函未注年、月、日，但函中云，"使此事而确，则吾毕生将永永无快乐之中秋节矣"，故将此函系于中秋（9月28日）。

又按，朱经农于1916年赴美留学。胡适在是年6月9日札记有记：

> 经农为中国公学之秀，与余甚相得，余庚戌《怀人诗》所谓"海上朱家"者是也。革命后，国中友人，音问多疏，独时时念及汤保民及经农二人。今闻其来，喜何可言？惜不能即相见耳。（《胡适留学日记手稿本》之《胡适札记》〔十一〕，原书无页码）

1909年　己酉　清宣统元年　18岁

10月28日　胡适复函胡近仁,安慰其赴省考优失败事,又谈及今冬将回里一行,又谈及"迩来情况,无足告语左右者"等。(《胡适家书手迹》,34页)

11月上旬　胡适得中国新公学与旧公学合并消息,自己"万不容再归旧校",下半年行止无定,请许怡荪帮忙"作借箸之筹":

> 十九日因序翁强邀同往南市,故与偕往,中途大雨,衣履皆湿,遂不能归,是夜在新舞台看戏,次日归校。序翁乔梓即于二十夜动身。
>
> 前所云子承先生一事,弟尚在五里雾中,足下便中能来此间一谈否?
>
> 弟在外五日,今日始知新公学与旧公学合并消息。此事实出于万不得已。惟弟现在不上不下,万不容再归旧校,故下半年行止尚无定处,此亦大可虑之事。以大势而论,或竟于下半年内与诸君远别,亦未可知,静夜思之,殊难为怀。足下老成持重,想不难为弟作借箸之筹,尚乞有以教我,则幸甚矣。
>
> 仲诚何时归粤?钟英已动身否?便乞示知。
>
> …………
>
> ……绍庭足下不另。
>
> …………
>
> 今日下午吃酒,大醉而卧……(胡适致许怡荪函,编号8)

11月13日　中国新公学与老中国公学合并。胡适未回合并后的中国公学,遂失业,"心灰意冷,百无聊赖",开始了一段堕落的生活。(胡适:《己酉日记》第五册卷首《自志》,载《胡适遗稿及秘藏书信》第14册,2页;《四十自述》)胡适有《十月题中国新公学教员合影》《十月再题中国新公学合影》:

十月题中国新公学教员合影

也知胡越同舟谊,无奈惊涛动地来。

江上飞鸟犹绕树，尊前残蜡已成灰。

昙花幻相空余恨，鸿爪遗痕亦可哀。

莫漫劳劳作刍狗，且论臭味到芩苔。

（胡适：《中国公学时代的旧诗》，《吴淞月刊》第 2 期，1929 年 6 月 15 日）

十月再题中国新公学合影　时公学将解散

无奈秋风起，艰难又一年。

颠危俱有责，成败岂由天？

黯黯愁兹别，悠悠祝汝贤。

不堪回首处，沧海已桑田。

此地一为别，依依无限情。

凄凉看日落，萧瑟听风鸣。

应有天涯感，无忘城下盟！

相携入图画，万虑苦相萦。

（《胡适遗稿及秘藏书信》第 11 册，150～151 页）

是年　胡觉赴京谋事，胡适有《送二兄入都》：

落木萧萧下，天涯送弟兄。

销魂犹伫望，欲哭已吞声。

意气开边塞，艰难去帝京。

远游从此始，慷慨赴长征。

回首家何在，朱门已式微。

无心能建树，有室可藏晖。

黯黯愁霜鬓，朝朝减带围。

凄其当此夜，魂梦逐帆飞。

（《胡适遗稿及秘藏书信》第 11 册，149 页）

是年　留存的胡适诗作还有：《菊部四律其一》《秋柳》《读〈儒林外史〉》

等。这些诗均收入《胡适遗稿及秘藏书信》第11册，多数以《中国公学时代的旧诗》为题发表于《吴淞月刊》第2期（1929年6月15日）。这些诗，多述胡适当时愁苦之意，如《登楼》有句："无因一回首，惆怅几时休。"《题谢（尹）文（之孝）赵（建藩）三君合影》诗有句："哀时词客知何益，几度诗成一泫然。"《已见一律》有句："人生少小且行乐，何用忧思鬓发摧。"《和德贞见寄》有句："何时携手金焦上，一洗年来万斛愁。"

按，胡适就读中国公学时，能填词，作文亦能通顺，唯写字太差。1948年9月30日，胡适与夏鼐等夜谈，谈到他在中国公学读书时，"即能做诗填词，欲拟杜即拟杜，欲仿宋即仿宋，文章亦能写得通顺，惟学字最差劲，临帖摹碑，皆不成功，老师汤某亦谓其学字失败……惟作文稿时一笔不苟且……经此训练后，乃敢为人写屏幅对联"。（夏鼐：《夏鼐日记》卷四，华东师范大学出版社，2011年，206页）

是年　胡适诸兄主分析家产，胡母被迫从之。感于妹、弟亡故，家事衰弱，胡母致疾。

胡适《先母行述》：

先是吾家店业连年屡遭失败，至戊申仅余汉口一店，已不能支持内外费用。己酉，诸兄归里，请析产，先母涕泣许之；以先长兄洪骏幼失学，无业，乃以汉口店业归长子，其余薄产分给诸子，每房得田数亩，屋三间而已。先君一生作清白吏，俸给所积，至此荡尽。先母自伤及身，见家业零败，又不能止诸子离异，悲愤咯血。时先敦甫舅已抱病，犹力疾为吾家理析产事。事毕而舅病日深，辗转至死。先母既深恸弟妹之死，又伤家事衰落，隐痛积哀，抑郁于心；又以侍弟疾劳苦，体气浸衰，遂得喉疾，继以咳嗽，转成气喘。（《胡适文存》卷4，240页）

1910年　庚戌　宣统二年　19岁

2月，胡适始执教华童公学。3月22日，因醉酒殴伤巡警而被拘于巡捕房，旋辞华童公学教职，专心准备庚款留美考试。

7月，胡适在北京应第二届庚款留美考试并被录取。自留美考试时，"胡适"之名始使用。

8月16日，自沪放洋，9月入康奈尔大学农学院。

1月24日　上午，胡适至存厚里上课。下午，徐滨来。上课。访唐维桢。夏森林来访。王云五来访，力劝胡适迁居（以此间系藏垢纳污之地）。夜，与许政及黄子高同出。（《胡适遗稿及秘藏书信》第14册，2～3页）

按，1月24日乃胡适《己酉日记》第五册之始，胡适有《自志》：

余自十月一日中国新公学沦亡以来，心绪灰冷，百无聊赖，凡诸前此所鄙夷不屑为之事，皆一一为之，而吾日日之记载，乃致辍笔至七八十日之久，爰以知恒之一字之不易言也。今岁云莫矣，天涯游子，寒窗旅思，凡百苦虑，无可告语，则不能不理吾旧业，而吾第五册之日记，遂以十二月十四日开幕矣。（《胡适遗稿及秘藏书信》第14册，2页）

1月25日　胡适致函橘丈，辞绩溪教育会邀其担任东山堂长之请。程瑶笙来访。下午上课。陈钟英、程干诚、郑仲诚来。临《砖塔铭》。与程干诚同访橘丈。5时与林恕、许政同至小华园，赴程瑶笙约。（《胡适遗稿及秘藏书信》第14册，3～4页）

1月26日　上午上课。下午见朱经农、黄子高。上课。唐维桢、贾徵偕上海名伶陈祥云（小喜禄）来。夜，与李继尧、李永清、徐子端、吴恂昌、许政等7人于雅叙园叫局吃花酒，席散后又与吴恂昌、贾徵观剧春贵部。(《胡适遗稿及秘藏书信》第14册，4～5页)

1月27日　送许政归湖州。读狄更斯《贼史》2册竟。守瑶叔来。程干诚来。(《胡适遗稿及秘藏书信》第14册，6页)

1月28日　但怒刚与翁芸舫偕来。程干诚来，陈祥云来。夜与唐维桢流连妓家。(《胡适遗稿及秘藏书信》第14册，6～7页)

1月29日　程干诚来。下午，与林恕、贾徵、唐维桢打牌。夜，观剧春贵部。(《胡适遗稿及秘藏书信》第14册，7页)

1月31日　胡适日记有记：

岁云莫矣，返观今年所行事，大半受人之愚，于"慷慨"二字上吃亏不少。今年尽岁迫，余乃受人敲炙，至无以偿食金。昔者夏森林问我近况奚似，余答以迩来所赖，仅有三事，一曰索，索债也；二曰借，借债也；三曰质，质衣物也。此种景况，已不易过；今则并此三字而亦无之，则惟有坐毙而已耳。

连日百无聊赖，仅有打牌以自遣。实则此间君墨、仲实诸人亦皆终日困于愁城恨海之中，只得以呼卢喝雉为解愁之具云尔。与意君同至长发栈晤小山君。(《胡适遗稿及秘藏书信》第14册，7～8页)

2月1日　下午，访建藩。夜，访胡希彭。(《胡适遗稿及秘藏书信》第14册，8页)

2月2日　访子勤不遇。夜，至新闻报馆访汪惕铭。(《胡适遗稿及秘藏书信》第14册，8页)

2月3日　打牌。(《胡适遗稿及秘藏书信》第14册，9页)

2月4日　夜访胡节甫未遇。(《胡适遗稿及秘藏书信》第14册，9页)

2月5日　夜，送程干诚回通州。读马通伯《抱润轩集》。(《胡适遗稿及秘藏书信》第14册，10页)

2月6日　下午与陈祥云、唐维桢、贾徵诸人饮，醉。(《胡适遗稿及秘藏书信》第 14 册，10 页)

2月7日　下午，子勤来久谈。夜，访胡节甫告贷。是日胡适日记有记：

今日已不易度矣。吴仲实、君墨皆奇穷，余之房金饭金亦皆未付。昨日谢卓然为我假得五元，徐子端还我三元，今日胡希彭还我八元，然尚不足。曩日曾求助于亮孙、意君，亦许相助，不知有效否。(《胡适遗稿及秘藏书信》第 14 册，11 页)

2月8日　陈祥云来。谢卓然来。程干诚借与 20 金。夜访胡节甫，借款 250 元。(《胡适遗稿及秘藏书信》第 14 册，11 页)

2月9日　己酉除夕。晨，命仆为但怒刚赎衣（前告贷于但，但适无钱，乃质衣以应）。访子勤、汪惕铭，均不遇。将欠款 200 元托人转交汪惕铭。归途在一旧书肆中购得《巾箱小品》4 册、《读书乐趣》4 册、《说诗乐趣》4 册、《芸窗异草》12 册。6 时子勤来访。王云五来访。是夜在唐维桢家小饮。饭后与贾徵同出。是日有《岁暮杂感一律》：

客里残年尽，严寒透画帘。
霜浓欺日淡，裘敝苦风尖。
壮志随年逝，乡思逐岁添。
不堪频看镜，颔下已纍纍。(《胡适遗稿及秘藏书信》第 14 册，13 页)

2月10日　庚戌元旦。下午，胡适与贾徵、唐维桢诸人打牌。令仆持帖至各处贺年。(《胡适遗稿及秘藏书信》第 14 册，14 页)

2月11日　但怒刚、淡春谷、王云五来访。作长函与二兄。夜与贾徵赴春贵部观剧。曲终至杏苑楼，柬邀陈祥云来小饮。(《胡适遗稿及秘藏书信》第 14 册，14 页)

2月12日　午间陈祥云招饮。王云五来访不遇，约 5 时晤谈。往访时知王云五荐胡适至华童公学教授国文，月薪 60 元。在王云五处遇李怀湘。

(《胡适遗稿及秘藏书信》第 14 册，15 页）

> 按，胡适本年 2 月 28 日日记有记：华童为工部局所设，专收贫民子弟，校舍建筑犹在澄衷、浦东之上。惟仪注太繁……（《胡适遗稿及秘藏书信》第 14 册，22 页）

2 月 13 日　是日日记有记："新年以来又入窘乡矣。"下午 5 时与子端等赴五龙日升楼吃茶。（《胡适遗稿及秘藏书信》第 14 册，15 页）

2 月 14 日　上课。王云五来谈。但怒刚来访。至唐维桢家小饮，陈祥云亦在座。夜与唐维桢同出购物，至游艺社小坐。作书致许政。（《胡适遗稿及秘藏书信》第 14 册，16 页）

2 月 15 日　作函致橘丈、子勤、许怡荪、胡绍庭、程乐亭、程玉樨、季沆、程士范、张蜀川、仲希、汤保民诸人。得张慰慈贺函。与吴恂昌同出访友未遇。打牌。掷升官图。（《胡适遗稿及秘藏书信》第 14 册，16～17 页）

2 月 16 日　作函致许政。建藩来访。下午打牌。夜，观剧春贵部。（《胡适遗稿及秘藏书信》第 14 册，17 页）

同日　胡适致函许怡荪，云：

> 火车一别，便已相隔千里，念之黯然。至于天伦乐事，旅邸百忧，则尤不堪念及矣。别后已在沪得一事，教授汉文，月仅得六十元。弟意如各地皆不得消息，则且暂就此席，而另兼一事，兄以为何如？弟现仍居旧地，桑梓故人不及一一问讯，幸为我寄声问好也。（胡适致许怡荪函，编号 9）

2 月 17 日　作函致夏森林。下午打牌。与吴恂昌、贾徵夜话。（《胡适遗稿及秘藏书信》第 14 册，17 页）

2 月 18 日　作函致汉卿。程士范来访，饭后与程同访橘丈小谈。路遇宋耀如。（《胡适遗稿及秘藏书信》第 14 册，17～18 页）

2 月 19 日　致函王云五。善相叔来访。夜与贾徵等观剧天仙部。（《胡适遗稿及秘藏书信》第 14 册，18 页）

2月20日　作家书及致友人书。善相叔来访。陈祥云、薛纯甫来。夜与唐维桢同出游。(《胡适遗稿及秘藏书信》第14册，18页)

2月21日　胡适与朱经农同访唐维桢。但怒刚来访。(《胡适遗稿及秘藏书信》第14册，19页)

2月22日　得许政一片。与李怀湘同访王云五、吴趼人，均不遇。后于广志小学适遇吴趼人，久谈。晚，胡、李再访王云五，畅谈，"云五劝余每日以课余之暇多译小说，限日译千字，则月可得五六十元，且可以增进学识。此意余极赞成，后此当实行之"。(《胡适遗稿及秘藏书信》第14册，19～20页)

2月23日　胡适作长函寄许政。夏森林、李怀湘来访。夜与林恕、贾徵出游。(《胡适遗稿及秘藏书信》第14册，20页)

2月24日　胡适赴华童公学助考新生，遇李怀湘等多位同事。又与李怀湘同访王云五。下午，但怒刚、张慰慈先后来访。(《胡适遗稿及秘藏书信》第14册，20页)

2月25日　胡适赴华童公学助考新生，考毕与李怀湘久谈。(《胡适遗稿及秘藏书信》第14册，20～21页)

2月26日　赴华童公学。下午访客有胡二梅、李怀湘、潘允升等。(《胡适遗稿及秘藏书信》第14册，21页)

2月27日　程瑶笙来访。打牌。夜与李怀湘同出选择教本，又共商榷教授用本，"共列一表，至漏三下始归"。(《胡适遗稿及秘藏书信》第14册，21～22页)

2月28日　赴华童公学行开学礼。是日乃胡适执教该校第一日。(《胡适遗稿及秘藏书信》第14册，22页)

3月1日　上课。贾守瑶来。夜在丽仙部观世伶玉、世俐玉二女伶合演《富贵图》，后戏作诗一首。(《胡适遗稿及秘藏书信》第14册，23～24页)

3月2日　上课。程干诚来。(《胡适遗稿及秘藏书信》第14册，23页)

3月3日　上课。郑仲诚来访。与程干诚同访橘丈。夜与友人观剧春贵部。剧终又邀陈祥云同饮于杏苑楼。(《胡适遗稿及秘藏书信》第14册，

23页）

3月4日　上课。朱经农与徐荫阶来访。(《胡适遗稿及秘藏书信》第14册，24页）

3月5日　上课。夜与林恕、程干诚、唐维桢观剧春贵部。(《胡适遗稿及秘藏书信》第14册，24页）

3月6日　上午整理上年所作旧诗，得五言律12首，七律4首，七绝十余首。下午，与唐维桢外出。得大兄函。(《胡适遗稿及秘藏书信》第14册，24页）

3月7日　夜与唐维桢同至丽仙部观剧。剧终后又与陈祥云等同至杏苑楼小饮。(《胡适遗稿及秘藏书信》第14册，25页）

3月8日　上课。是日日记记所授诸生极难驾驭情形："……年长者已近二十，幼者仅十一二岁，然皆懵然无所晓，且极难驾驭，非施以夏楚不为功。盖此种人初无家庭教育，野蛮之行，习与性成，教者虽唇敝舌焦，而一日暴之，十日寒之，终无所补。甚矣，为小学师之不易也。"(《胡适遗稿及秘藏书信》第14册，25页）

3月9日　上课。是日访客有程士范、张蜀川、子勤、吴恂昌等。(《胡适遗稿及秘藏书信》第14册，25页）

3月10日　上课。读王次回《疑雨集》。吴恂昌友人欧阳二倩（立裴）来访。(《胡适遗稿及秘藏书信》第14册，26页）

3月11日　上课。与李怀湘共午饭。(《胡适遗稿及秘藏书信》第14册，26页）

3月12日　上课。欧阳二倩及其兄南杰（立袁）来访。夜，吴恂昌招饮于妓者花瑞英家。(《胡适遗稿及秘藏书信》第14册，26～27页）

按，关于妓女花瑞英，胡适在1928年5月16日日记中粘贴5月12日《晶报》载玉成《张石铭身后一公案》一文（记富商张石铭与花瑞英之离奇离合）后，又记道：

宣统二年（1910）春间，我同林君墨都叫过花瑞英的"局"，那时

她还是初出来的第一年。我曾为集一联云："倚槛观花瑞,攀林搴落英。"上许敬宗,下谢灵运。(《胡适的日记》手稿本第7册,原书无页码)

3月13日　上午访客有郑仲诚、陈钟英、程干诚、但怒刚。下午,纯铭、咏春来访。读西剧《夜未央》。夜,独至春贵部观《蝴蝶杯》。(《胡适遗稿及秘藏书信》第14册,27~28页)

3月14日　上课。夜与程干诚同访程松堂、程石堂于上海旅馆,同出饮于雅叙园。(《胡适遗稿及秘藏书信》第14册,28~29页)

3月15日　上课。晚七时,访友于上海旅馆。与诸友人聚饮于妓者白玉茹家。(《胡适遗稿及秘藏书信》第14册,29页)

3月16日　上课。胡适为在存厚里从学之学生二人上课,约定每日晚6时半至8时半。夜与唐维桢同至花瑞英家、陈彩玉家打茶围、打牌,通宵不寐。(《胡适遗稿及秘藏书信》第14册,29~30页)

3月17日　勉强上课。自下午4时直睡至次日7时半。作书与王云五。(《胡适遗稿及秘藏书信》第14册,30页)

3月18日　上课。汪容章来访。作书致季沆、贾徵。(《胡适遗稿及秘藏书信》第14册,30页)

3月19日　上课。汪容章来久谈。夜与唐维桢、吴恂昌同出游。(《胡适遗稿及秘藏书信》第14册,31页)

3月20日　上课。郑仲诚、陈钟英、纯铭、郑毓如(琦)、严伯经来访。夜,严伯经招饮于富贵春。席终后,与吴恂昌同赴邓硕麟君约,饮于花瑞英家。(《胡适遗稿及秘藏书信》第14册,31页)

3月21日　上课。曹绣君、陈祥云来访。打牌。(《胡适遗稿及秘藏书信》第14册,31页)

3月22日　上课。夜,唐国华招饮于迎春坊,后又去"打茶围",大醉独归。归途殴伤巡警,被拘押于巡捕房。胡适次日日记:

盖予昨夜以车归时,车中不知如何竟堕于地上,想系车夫见予醉,遂相欺凌,推予堕车,乃取予马褂帽子而去。予既堕地,又不知如何竟将一履脱下，遂手执一履踽踽独行。至文监师路文昌阁左近，遇一巡捕，其人见予不冠不履，浑身泥迹，遂以灯照予面，见予已受伤。予遽问其人："此为华界抑系租界？"其人答以租界。予复问："汝乃租界巡警耶？"答曰："然。"予遽以手中皮鞋力批其颊。其人大怒，遂与予相搏。予醉中力大，巡捕亦不能胜，遂致并仆于地（今日其人尚浑身泥迹），相持至半点钟之久。其人力吹警笛，值夜已深，无一人来援。（《胡适遗稿及秘藏书信》第14册，33～34页）

3月23日　胡适在会审公堂受讯，由郑铁如带来罚款5元而获释。当日，函辞华童公学教职。其后，病卧数日，病愈后又患疰腕病。（胡适当日及次日《日记》；《四十自述·怎样到外国去》；《藏晖室日记》之"庚戌第二册"）

胡适当日日记：

晨，始醒。醒时觉未盖被，但以裘覆身上，乃大骇怪。又觉裘甚湿，急起坐，但见身卧一室，榻广盈丈，以厚板为之。恍忽莫知身在何所。见室门外有蓬垢之人往来其间，因询之。其人见予皆大笑，谓予昨夜宿"外国旅馆"矣。予审视门外，见有铁阑，且见有巡捕蹀躞往来，始悟予昨夜必酒后寻衅，为巡警所拘。但不识予一人来耶，抑同席者皆来耶？俄而有人来引予出。询以何事被拘，其人言醉后殴伤巡捕，故拘致于此耳。时予浑身内外，皆湿气蒸腾，泥泞遍体。其人出一皮鞋授予，始知二足尚跣，足上亦有泥痕。其人引予至写字房，令予以冷水洗面。室中有玻镜，自照之，则头面皆泥，几不复自识矣。泥既洗去，始见额颊之间有伤痕数处，亦不知何以致此。已而警长出，询予姓名，予一一告之。其人乃告予以肇事情形，既而为予殴伤之巡捕亦来，遂同至会审公堂受讯。予在旁听718号巡捕历历言昨夜情形，如听人说故实，几欲失笑。（《胡适遗稿及秘藏书信》第14册，32～33页）

按，此次醉酒殴警事，对胡适刺激极大，其在《四十自述》中追记：

那天我在镜子里看见我脸上的伤痕，和浑身的泥湿，我忍不住叹了一口气，想起"天生我材必有用"的诗句，心里百分懊悔，觉得对不住我的慈母——我那在家乡时时刻刻悬念着我，期望着我的慈母！我没有掉一滴眼泪，但是我已经过了一次精神上的大转机。(《四十自述》，175～176 页)

3月26日　胡适二兄胡觉之次子（名思敬，谱名"惠诒"）于本日巳时出生。(《上川明经胡氏宗谱》中卷之下《分系三·元当公派世系表》，页20b)

5、6月间　胡适致函姚康侯，谈到自新公学解散以来"于学问一途有退无进，殊无足以奉告者"，又将自译之 Longfellow 诗呈姚指正。(《胡适遗稿及秘藏书信》第 19 册，309 页)

6月7日　习代数。偕来沪就医的程乐亭赴曹子卿处就诊。

同日　下午，出门视弼臣疾，访吴恂昌。

同日　夜饭后，与许怡荪、程干诚夜话。习代数 Factor。读英文《不如归》一章。(《胡适遗稿及秘藏书信》第 14 册，37～38 页)

6月8日　习代数。章希吕来。弼臣之姊丈来。下午，习代数。致函朱经农求贷，以端午节近，负债甚繁，四处告急。夜视弼臣疾。与许怡荪同访汪孟邹，又同观剧天仙部。夜读《不如归》二卷。(《胡适遗稿及秘藏书信》第 14 册，38～41 页)

6月9日　习代数。朱经农来。房金（欠15元）、饭金（欠48元）俱来索。因心绪恶劣不能读书，与程干诚、郑铁如下象棋。致函但怒刚、胡觉求贷。(《胡适遗稿及秘藏书信》第 14 册，41～43 页)

同日　胡适有《题郑铁如小影即以赠别》：

旧雨半零落，犹余郑子真。
灌夫宜忤俗，鲍叔自怜贫。
往事都陈迹，新图妙入神。
无因一惆怅，送汝大江滨。(《胡适遗稿及秘藏书信》第 11 册，

158页）

6月10日　习对数。但怒刚来。与程干诚、郑铁如下象棋。下午，胡觉来谈良久。

是日，亦无心习科学，圈读周美成《片玉词》一卷。谢卓然自苏州来。（《胡适遗稿及秘藏书信》第14册，43页）

6月11日　"是日至难度矣。晨兴，即以函告急于怒刚，得五金；二哥昨送十金来，今日又送十金来，始克勉强过去。"夜与诸人打牌。（《胡适遗稿及秘藏书信》第14册，44页）

6月12日　胡适作《沁园春·题绩溪旅沪学生八人合影》，词中有"还携手，倩写生青镜，图我昂藏"之句，又有"不朽功名，群贤事业，努力他年惠梓桑"之句。程乐亭、胡慕侨来。汪孟邹来，镜蓉来。下午，客去习代数。夜，与诸人观剧迎贵部。（《胡适遗稿及秘藏书信》第11册，158～159页；《胡适遗稿及秘藏书信》第14册，45～46页）

6月13日　习代数。读《林畏庐集》。夜，出门为程干诚购物。至汪裕太茶庄与汪杰甫谈2时许。至天仙部观剧，与吴恂昌谈甚久。（《胡适遗稿及秘藏书信》第14册，48～50页）

6月14日　习代数。与程干诚下棋。（据《日记》；《胡适遗稿及秘藏书信》第14册，50～51页）

6月15日　习代数。夜，与许怡荪、程干诚、郑铁如打牌，通夕不寐。（《胡适遗稿及秘藏书信》第14册，51页）

6月16日　习代数。但怒刚来。夜，打牌。（《胡适遗稿及秘藏书信》第14册，51～52页）

6月17日　习代数。夜，送程干诚去通州。（据《日记》；《胡适遗稿及秘藏书信》第14册，52页）

6月18日　温对数。下午胡觉来。与许怡荪往访汪孟邹，小坐；又同访橘丈久谈。（《胡适遗稿及秘藏书信》第14册，52～53页）

6月19日　读希腊史。程乐亭、胡慕侨、胡绍庭、橘丈、印翁、汪孟

邹来访。胡觉来。(《胡适遗稿及秘藏书信》第 14 册，53 页)

6 月 20 日　读希腊史。下午，与许怡荪同出购物。访铁崖，久谈。夜，与许怡荪同出浴。(《胡适遗稿及秘藏书信》第 14 册，53～54 页)

6 月 21 日　读希腊史。与李鸿钧下棋。夜访胡节甫，晤曹怀之，久谈。访橘丈、吴恂昌，皆不遇。与许怡荪夜话，通夕不寐。(《胡适遗稿及秘藏书信》第 14 册，54～56 页)

6 月 22 日　送许怡荪登舟。下午但怒刚来，胡觉来，胡绍庭来。读罗马史。(《胡适遗稿及秘藏书信》第 14 册，56 页)

6 月 23 日　读罗马史。与程干诚同出购物。夜访橘丈、吴恂昌，皆不遇。(《胡适遗稿及秘藏书信》第 14 册，56～57 页)

6 月 24 日　读罗马史。下午，访石堂翁于上海旅馆，橘丈、胡慕侨、程乐亭、章希吕、汪孟邹皆在座，久谈。"石堂翁慨然以百金相假，为予作资斧之需。"下午，胡觉来。夜出购物。(《胡适遗稿及秘藏书信》第 14 册，57～58 页)

按，胡适次年 6 月 8 日日记记云"乐亭为松堂翁之子，余去岁北上，即蒙以百金相假，始克成行"，当指此处所记"石堂翁慨然以百金相假"之事。(《胡适留学日记》第一册，40 页)

6 月 25 日　晨出购物，便道访石堂翁。下午，但怒刚来。读罗马史。(《胡适遗稿及秘藏书信》第 14 册，59 页)

6 月 26 日　购物。夜在新舞台与胡觉见面，并观《新茶花》。(《胡适遗稿及秘藏书信》第 14 册，59～60 页)

6 月 27 日　胡适整理北游行装。夜，曹麟伯为胡适兄弟饯行。(《胡适遗稿及秘藏书信》第 14 册，60～61 页)

同日　胡近仁致函胡适，述其析产后"江河日下之势"。前接胡适来函，悉"故人爱仆之心有加无已"。又告胡母对其赴京参加留洋考试不以为然，深怪此事孟浪。又怪胡适近几个月来无家信，胡母特别关照自己对胡适申说此情。希望胡适将入京果为何事，何时回申，详函禀母。(中国社科院近

1910年　庚戌　宣统二年　19岁

代史所藏"胡适档案",卷号1534,分号1)

6月28日　夜,胡适与二兄胡觉登"新铭轮"赴北京,参加第二届庚款留美考试。是夜,致函许怡荪:

> 别后三日,石堂翁即抵申,果蒙践诺,遂于二十二夜趁新铭轮北上。惟此次考试,以肄业馆校舍未成,故所考学生试后即放洋……期限极匆迫。此举乃大出意外,恐考试或更不易,则弟摈弃必矣。然事已如此,但有冒险向前,成败一任之机会,不能勉强也。蜷伏斗室,船尚未开,草此奉闻。……(胡适致许怡荪函,编号10)

6月30日　胡适禀母亲,谈此次参加留美考试之初衷及将来之打算:

> ……儿今年本在华童公学教授国文。后,二兄自京中来函,言此次六月京中举行留学美国之考试,被取者留在京中肄业馆预备半年或一年,即行送至美国留学。儿思此次机会甚好,不可错过。后又承许多友人极力相劝,甚且有人允为儿担任养家之费。儿前此所以不读书而为糊口之计者,实为养亲之故。而比年以来,穷年所得,无论儿不敢妄费一钱,终不能上供甘旨,下蓄妻孥,而日复一日年复一年岁不我与,儿亦纍纍老矣。既不能努力学问,又不能顾瞻身家,此真所谓"肚皮跌筋斗,两头皆落空"者是也。且吾家家声衰微极矣,振兴之责惟在儿辈,而现在时势,科举既停,上进之阶惟有出洋留学一途。且此次如果被取,则一切费用皆由国家出之。闻官费甚宽,每年可节省二三百金,则出洋一事于学问既有益,于家用又可无忧,岂非一举两得乎。儿既决此策,遂将华童之事辞去,一面将各种科学温习,以为入京之计。儿于四月中即已将此事始末[末]作书禀告大人。……儿此举虽取与否,成败尚不可知,然此策实最上之策,想大人亦必以为然也。儿此行如幸而被取则赶紧归至上海,搬取箱箧入京留馆肄业,年假无事当可归来一行。如不能被取,则仍回上海觅一事糊口,一面竭力预备以为明年再举之计。年假中亦必回家一行……(《胡适遗稿及

秘藏书信》第 21 册，104～118 页）

7 月 3 日　胡适与胡觉抵达北京。5 日，胡觉往奉天，任海城牛海税局一等收支员。在京期间，胡适住胡觉友人杨景苏寓。（1910 年 7 月 12 日胡适禀母函，《胡适遗稿及秘藏书信》第 21 册，99 页；7 月 18 日胡适致许怡荪函，编号 11）

7 月 12 日　胡适禀母亲：如若考取，八月内即须放洋；若考取，当匆匆返里一行，若未考取，则回沪谋一事糊口，同时预备明年再考。目前所用乃友人所筹，"故今年家用分文未寄"。若考取，因有 500 元治装费，故家用可无忧；若不能考取，南归后即当赶紧设法筹寄。（《胡适遗稿及秘藏书信》第 21 册，99～103 页）

7 月 15 日　胡适参加第二届庚款留美考试初试。

7 月 18 日　胡适致函许怡荪：

……弟二十七日抵京，考期定于十五，二十，二十一，二十二等日。此次考试人数不过三百余人，如额数多，尚有几分希望。

昨向友人处借得《十三经注疏》读之，始知讲经非从古注入手不可。古注虽亦有大谬之处，然参考众说，可得其真意；再以《朱子集注》参观之，以新文法旁证之，说经之奥，尽于此矣。甚望足下先从经入手，以史辅之，一二年后根柢定矣，然后从事文艺，乃为有根据之学问。弟此次无论取与不取，南归时必购《十三经注疏》用心读之，期以一年毕业。如能被取，则携之渡海。此外再带一部《通鉴》，一部《四史》，词集十种，诗集十种，文集十种，足矣。七月之初可以抵沪。如不得啖饭之地，则决意投考邮传部高等实业学校四五年级，届时如经济不足，尚须告贷友朋。足下想赞成此意，尔时恐尚须乞兄援助也。（胡适致许怡荪函，编号 11）

7 月 20 日　胡觉复函胡适，云：悉胡适在京旅况畅适，且得杨景苏不时教诲、提点，甚为欣慰。"明日为考期之始，想已预备妥当，渴盼好音"，望发榜后即日飞函来告。又谈道：倏忽最为误事，聪明人尤易受此病，以后望于恒敬二字时时体验省察，自能渐收日进之功。余刻兼总局经征事，虽稍繁，然应历之阶级。每月可得六七十元，年可得千元，惟百物昂贵，应酬难省。(《胡适遗稿及秘藏书信》第22册，563～564页)

7月22日　胡适参加游美考试复试。次日体检。

1910年8月5日《申报》报道：

游美学务处此次考试游美学生，第一场试卷均经校阅，凡平均分数及格者悉予录取，饬于二十日起至二十二日每日上午六时前赴法政学堂听候考试各种科学，并于廿三日上午八时检察体格，取录学生二百七十二名列下……

按，据此可知7月15日考试系"第一场"，也可说成"初试"，初试录取272名参加20—22日的正式考试。

8月5日　胡适致函许怡荪云，此次应试"初无把握"，能考中"可谓侥幸之至"，"然此皆出足下力劝吾行乃有以致此，念之感激无地"。又云将于8月16日自沪放洋，已无法回里辞别母亲，希望抵沪后续谈并"有事奉恳"。(胡适致许怡荪函，编号12)

同日　天津《大公报》刊出包括胡适在内的"游美学务处第二次考取赴美学生姓名单"，共70名：

杨锡仁	赵元任	王绍礽	张谟实	徐志芗	谭颂瀛	朱 篆
王鸿卓	胡继贤	张彭春	周厚坤	邓鸿宜	沈祖伟	区其伟
程阆运	钱崇澍	陈天骥	吴家高	路敏行	周象贤	沈 艾
陈廷寿	傅 骕	李松涛	刘实伟	徐志诚	高崇德	竺可桢
程延庆	沈溯明	郑达宸	席德炯	徐 墀	成功一	王松海
王 预	谌 立	杨维桢	陈茂康	朱 进	施赞元	胡宣明
胡宪生	郭守纯	毛文钟	霍炎昌	陈福习	殷源之	符宗朝

王裕震	孙　恒	柯成楸	过宪先	廓翼堃	胡　适	许先甲
胡　达	施　鉴	李　平	计大雄	周开基	陆元昌	周　铭
庄　俊	马仙峤	易鼎新	周　仁	何　斌	李锡之	张宝华

按，8月9日之《申报》亦刊出此录取名单。

在京期间　胡适得十字诗："垂杨新拂道，乔木自参天。"

按，此据胡适1917年9月17日所记杂记。杂记又为此诗加注云："盖当时新人物极少，各部大员如庆王、那桐、邹嘉来，皆老朽之人物也。其时适京中诸大街新种杨柳，长一二尺而已。而道旁人家院子中之数百年大树往往有之。故以为喻。"又感叹道："今旧地重来，则向之诸老朽皆已不见，而'新人物'乃遍地皆是。宜若可以有为矣。而卒成今日之现状者何耶。"(《胡适杂记》〔十六〕)

8月8日　胡适致函许怡荪云，若许来沪，"犹得相见"。（胡适致许怡荪函，编号13）

按，据胡适在横滨致许怡荪函（编号14），胡、许二人并未在沪相见。

8月　梅光迪为胡适作序一篇，述胡、梅相识、交往情形，并奉赠言：

自余寄迹吴淞江上，同游中颇与绩溪胡绍庭意相得。绍庭数为余言其宗友适之负异才、能文章，余心志之而未由一识其面也。去秋，适之过淞视绍庭，时与余与绍庭同舍而居，因得由绍庭以介于适之。今年仲夏，余约一二友人，北上应游美之试，遇适之于舟中，彼此惊喜过望。由是议论渐畅恰，而交益以密。每浪静月明，相与抵掌扼腕，竟夜不少休止，令余顿忘海行之苦。入都后，君尤数数过我，而余亦踰时不见君即不欢。君既被选赴美，乃谓余必以一言相赠。余惟庚子之役，吾国几不国矣。卑辞下气，而求城下之盟，国乃仅存，而吾民

1910年　庚戌　宣统二年　19岁

之呼号惨痛，岁耗巨资，以应异族之需者，亦以得苟延残喘，不为犹印之民之续也。则夫此累累者，即谓之吾人救国赎命之资可矣。以救国赎命之资，易而为君等谋教育，在美人好义之心固不可没，而吾国人之所责望于君等，则救国之材，而四百兆同胞所赖以托命者也。君奇士，兹其行也，直驱趋共和之祖国，暇时与彼土贤豪长者游处，究其道国之详异，日学成归来，焉知事功不能与华盛顿相映，其无负于吾国人之责望也必矣。至于历涉数万里，耳目震骇乎乾坤之广大，而精神漾浴于海国之苍茫，其能发为文章大放厥辞，犹其余事也。

拙序一首，敬请

适兄赐鉴

弟　迪拜赠

(《胡适遗稿及秘藏书信》第33册，480～481页)

8月15日　夜，胡适大醉，丢失英洋百余元。(胡适致许怡荪函，编号17)

按，此丢失之款，失而复得。(胡适致许怡荪函，编号17)

8月16日　胡适自上海搭轮赴美。胡觉(特意由奉天赶来)及学友张慰慈、郑仲诚均来送别。(《胡适札记·归国记》〔十五〕)船过日本长崎、神户、横滨时均登岸游览。在横滨，作一短函与许怡荪。舟中，作有《去国行二章》(载《留美学生年报》第二年本，1913年1月)。9月10日抵旧金山，中经芝加哥，18日抵康奈尔大学所在地绮色佳(Ithaca)。(《胡适家书手迹》，36页)

胡适致许怡荪函：

在沪太匆匆，不曾写一详信与兄，深以为憾。所藏书因家兄已来沪，不便检出，中心尤歉仄不已，俟抵美后再作道理。此行去国，乃不能一执手为别，憾何如！松堂翁处已有信去道谢矣。(胡适致许怡荪

函，编号 14）

1952 年 12 月 27 日胡适在台东县演讲"中学生的修养与择业"：

民国前二年，考取官费留美，家兄特从东三省赶到上海为我送行，以家道中落，要我学铁路工程，或矿冶工程。他认为学了这些回来，可以复兴家业，并替国家振兴实业。不要我学文学、哲学，也不要学做官的政治法律，说这是没有用的。……（《胡适作品集》第 25 册，206 页）

8 月 23 日　胡适在日本写信给许怡荪，信已不得见，惟见胡适在信封上所留数语：

此系要信，望即转寄切勿耽搁。适之寄自日本　七月十八日
此行一无所苦，极可告慰，惟恨不能有佳文以纪此行也。

适白

十九日

按，此函承吴元康先生提供，又见收藏家李威洲等编《信札侦探社》第二辑，信札桢探社出品，2015 年，第 27 页。谨此向吴先生表示诚挚谢意。

9 月 22 日　胡适被康奈尔大学农学院录取。（周质平：《胡适与韦莲司：深情五十年》，北京大学出版社，1998 年，13 页）

9 月 25 日　胡适致函胡绍庭、章希吕、胡慕侨、程士范，谈来美行程，又谈及康奈尔大学"依山傍湖，风景绝佳"；自己已入康奈尔大学，专习农科 Agriculture；凡农科学生概不纳费，一年可省百五十金；美国风俗极佳，"此间夜不闭户，道不拾遗，民无游荡，即一切游戏之事，亦莫不泱泱然有大国之风……"又谈及过日本长崎、神户、横滨等城市之感想：

规模之狭，地方之龌龊，乃至不如上海、天津远甚。居民多赤身

裸体如野蛮人，所居屋矮可打头、广仅容膝，无几无榻，作书写字，即伏地为之。此种岛夷，居然能骎骎称雄于世界，此岂吾人之大耻哉！今日韩已合并矣。韩之不祀，伊谁之咎！吾国人犹熟视若无睹然，独不念我之将为韩续耶！（《胡适家书手迹》，36～37页）

9月　胡母谕胡适，希胡适"时加保护身体"，又云：

汝此次出洋，乃汝昔年所愿望者，今一旦如愿以偿，余心中甚为欣幸。从此上进有阶，将来可望出人头地。但一切费用皆出自国家，则国家培植汝等甚为深厚，汝当努力向学，以期将来回国为国家有用之材，庶上不负国家培植之恩，下以有慰合家期望之厚也。……

至于家中诸事，余自有布置，毋劳挂念。余之身体历年为家计所迫，颇觉不舒。今年以来汝二兄得海城之差，汝得偿出洋夙愿，吾家家声从此可期大振，心境为之泰然。……汝二兄来信，亦曾言及可以相助，汝尽可不必记念。至于每月之学资，既承国恩优给，若有羡余，则寄家用；若实不能抽寄，当即禀明，不必勉强……

汝到美后，学中功课及美国风俗当随时禀告……（中国社科院近代史所藏"胡适档案"，卷号648，分号1）

秋　胡适有《海天二律》：

　　一　寄吾母
海天无所恋，耿耿只亲恩。
夜读熊丸苦，遥思荻字存。
邴原今断酒，董子不窥园。
持此慰堂上，离忧何足论。

　　二　寄吾二兄
远来还一诀，执手心烦冤。
廿载为昆弟，几时长晤言？

逝将亲稼穑，相与老田园。

脉脉频回首，凄其望里门。（《胡适遗稿及秘藏书信》第 11 册，161 页）

10 月 11 日 胡适致函胡近仁，谈及留洋之举"对于家庭抱歉殊深"，惟其二兄"爱弟甚殷，期望弥切，故对于适之去国异常欣慰"；又谈及"此行携有古籍千三百卷，惟苦暇日无多，不能细细研读，甚恐他日学殖荒落，有手生荆棘之惧也"；又询及他行后其母"不深见责否"；又拜托胡近仁随时将乡里新消息函示。（《胡适中文书信集》第 1 册，44 页）

同日 胡适作有《翠楼吟·庚戌重九》。（载《留美学生年报》第三年本，1914 年 1 月）

10 月 29 日 胡适致函许怡荪，谈行程、入康奈尔大学习农科等事。又谈及：

吾兄近况如何？颇以为念。湖上读书之计果能实行否？弟意今日读书种子已极寥落，吾辈为实地工夫，须先肆力"经学"，然后读"史"，读"子"；至于文学，则经史之效果耳；经明史熟，义理精辟，发而为文，自然含英咀华，仪态万方。弟迩来甚悔从前用功皆是逐末忘本，此行虽携有千三百卷书，而苦无力，不能遍读，只有引领四顾，责望于故人耳。在京时闻家兄友人谈论国学，颇为弟痛下针砭，故此行所携书以经子为最多，集部仅昌黎临川二家而已。至此闻大学教师讲英文作文之法，以 Observation 为第一要义。Observation 者，一事一物，不肯轻易放过：花鸟之态，霜露之情，风云之变，以至于发肤之状，须眉之细，媸妍之辨，俯仰之差，莫不穷精极思以求其状态。试观战国策士所为说辞，其所以能娓娓动人者，以其尽物之性，尽人之情也。此论颇中肯，惟终觉不易做到。吾兄方致力于古学，闻此说又以为何如？幸有以教我也。（胡适致许怡荪函，编号 15）

同函又寄《九日登高》一词，又希望许多多"惠书"等。（胡适致许怡

荪函，编号 15）

按，许怡荪于"庚戌冬月十七日"复函胡适云：

……读足下舟中来书，深以堂上甘旨为念，辞意悲恻，但余自顾能力棉薄，亦且无从奉寄，比即函商乐亭君，幸乐君允拨三十元，已于八月送交府上令侄收矣。余此次返里再奉三十元，以应府上年终开用，仍尚足送交令侄手收。有负故人委托，负疚滋深，实亦不得已也。乐君处足下有信可道及之。

读此次来书，见足下之孟进，无任心折。唯余历观古来所谓大人者，必有不屑不为之志，其刚劲之风，直令顽廉而懦立。即如尊先大人之行谊，至今父老言之，犹足令人兴起。故足下此行，问学之外，必须拔除旧染，砥砺廉隅，致力省察之功，修养之用，必如是持之有素，庶将来涉世不致为习俗所靡，而趾美前徽，允为名父之子也。窃欲附古人赠言之义，至言之无文，所不恤也。

承教作文之法，余前读《水浒传》，见金人瑞先生批"计骗金枪手"一回中，有所谓"色泽之法，果能此道，赋海亦不难矣"。读时甚韪其言，然大非易事，诚有如足下所云者。

《重九词》低徊故国，情见乎辞，声调亦佳，在足下词中可称绝唱。（许怡荪复胡适函，编号 1）

10 月　胡适在 *Musings of a Chinese Mystic: Selections from the Philosophy of Chuang Tzǔ*（with an introduction by Lionel Giles. 纽约，1910）扉页签注：Suh Hu, October, 1914。并钤有"嗣穈藏书"朱文圆印。1960 年 8 月 8 日又有题记：Miss Clifford Williams returns this volume to me on August 8, 1960, H.S.。该书 82、83 页间夹有胡适的札记 1 张，上记："J. Legge: 'In his attracting and uniting them to himself in such a way, there must have been that which made them involuntarily express then words (of condolence), and involuntarily wail, as they were doing.' 适按 involuntarily 近是矣。下文不无为诸家谬注所误。"（《胡适藏书目录》第 4 册，2840～2841 页）

11月20日　胡母谕胡适，告家中人口平安，家用有其兄承担，希胡适专心向学，并要胡适时常寄信：

> 刻下想到美京多时。入何种学堂习何等学业想必有信寄在途中矣。家中人口平安，余身体亦甚强健，家中诸事余尚可以支持，家中用度有汝兄担承，汝尽可放心不必挂念，以分向学之心。总之余之希望无他，只要汝认精习学，将来毕业回华，为国家有用之人，则余心慰矣。汝到美后宜勤寄安信，每月至少必须一次，每年必照两相片寄家。……（《胡适遗稿及秘藏书信》第22册，5～6页）

11月29日　胡母谕胡适，询在美住宿情形，希胡适自知珍卫。"该绮色佳城距美京若干里？距上海若干里？同行之人均在一学堂否？所租之屋有华人同住否？下次来信当详细叙明为要。美为文明之邦，居处饮食自必合于卫生，惟以吾华人之习惯，一旦改弦易辙，未免不适体宜，汝当刻刻谨慎，自知珍卫，则余心慰矣。"又令胡适戒酒，之前酒后在上海遗失的银票已找回，可写信由胡节甫去领。又云："余近年来因家事运多乖，心中有郁郁不舒之苦。自得汝出洋留学之报告，吾家家声可期复振，心境顿觉怡然。至于家中诸事，余尚可以持支，家用有汝兄担任……汝尽可放心，勿以家事而分向学之心，一意习学以期将来回家为国家有用之材……"（《胡适遗稿及秘藏书信》第22册，7～9页）

11月30日　胡适致函许怡荪，谈自己课业、读书情形，又询许湖上读书情形，又劝许读《富兰克林传》：

> ……弟居此颇能相安，饮食起居都能如意，虽时有小病，然幸不为害。……
>
> 弟所习英文现已读 Dickens, Scott, Eliot, Thackeray 四家小说，下月即须读诗。弟素喜文学，今得此机会，喜可知矣。德文亦弟所乐习，近在一班中每试必冠其群，亦颇自喜。……此外则 Botany, Biology 二科亦极有趣。此间上等人待吾国人极有礼，时邀至其家为夜会，谈笑

为乐,此亦观风觇国者所不可少,惟苦不得暇耳。星期日弟等有一Bible Class,请名人讲演耶氏经典,以迩来学者皆以耶教为西方文明之源,故不可不加以研究也。此外如稍有暇暑,即以读书。近方读《左传》,颇有所得。近拟先将《十三经注疏》细读一过,然后再及他书:一则弟前此经学根底太浅,故汲汲求为弥缝之计;二则吾辈今日为中西文明沟通之计,不可不多读经。此事足下以为何如?

湖上读书之计,能实行否?此间大学,教授之法,全是自修。譬如读英文,则指定今日读自某页至某页——德文亦然——明日上课但择书中要义诘问一二,初无讲解之事。故弟意人苟能立志学问,即僻处山谷亦可有成。譬如弟之来此,但名为游学,实则与自修无异。天涯贱子,中心但祝足下立志坚刚,一意于学,能居湖上更佳;不然,则居乡里,闭户自课,亦未尝不可也。(胡适致许怡荪函,编号16)

按,许怡荪于"腊月初七日"复函胡适,谈及自己及程乐亭、章希吕诸友近况,又云:

顷接足下阴历十月二十九日所赐手书,情致绵密,慰勉备至,临风敬诵,感极涕零。……每得读足下手书,不禁使我神王,而窃用以自多也。足下之爱我,至矣厚矣,蔑以加矣,无如姿凡质鲁,丹成无日,有负故人厚望耳。……(许怡荪复胡适函,编号2)

同日 胡近仁复函胡适,云:胡适母亲对胡适此次出洋格外愉快,请自己代达数言:"汝留学在美,一切家事均可不必关心,盖予甚愿尔专究学问,外以报答国家,内以振作门楣。"希望胡适能体察此心意。又希望胡适勤写家书,虽无要言可说,亦须时达平安字样。里中诸长辈及外祖母等自胡适考派出洋后大都为胡适喜慰,宜各致其书一二次,以慰各长辈之期望。又胡适回国之期现虽有数年,但甚愿胡适回国时对于里中各亲友之情意务须周到(此胡母再四言之者)。又,胡适素嗜酒,今在海外,宜当谨慎此物。闻胡适在沪动身时曾失去钞票百数十元,问信中何以未谈及,望将此事永作殷鉴也("闻此钞票业已被该公司捡得,君何不函致该公司领回")。江冬

秀自夏秋未曾一至吾家，然消息不时常通，等等。(《胡适遗稿及秘藏书信》第 30 册，323～327 页)

11 月下旬　胡觉有复胡适函，以胡适在美已安顿并见闻日广，并入康奈尔大学专习农科为慰。叹胡适频年为家境所限，又无名师益友以相砥砺，所成不广。今得此求学机会，"万望从此矢志向上，专心力学，以收桑榆之效。至家中各事，有余力任，尽可不必置怀"。如有余款，可暂存银行，或购买图书仪器，不必急于还债，亦不必兼顾家中，总以全副精神贯注于学问为上务。又谈及自己职场颇顺。又谈及得胡适家书和照片后，胡母甚宽慰，"堂上原系明白识大体之人，非寻常女流可比"。(中国社科院近代史所藏"胡适档案"，卷号 688，分号 5)

12 月 17 日　胡适在 Sonnets, The Passionate Pilgrim, etc.（by William Shakespeare. —Philadelphia: Henry Altemus Company, 出版年不详）扉页题记："My Birthday Present. S. Hu, December, 1910."（邹新明：《胡适留美期间读书藏书系年（一）》，《胡适研究通讯》2016 年第 4 期，16 页）

12 月 28 日　胡母谕胡适：不必担心家用，只专心向学即可：

> 知汝身在异国，心中不无离别之感，此大不可，大丈夫志在四方……余虽为女流，闻汝被取为留美学生，心中实深欣慰。况今日五洲交通，汽车汽船至为便利。……汝既出洋，本为学业，不但汝一身荣辱所关，吾村吾家荣辱所关，当刻刻以学业不振为虑，其他尽可置之度外也。家中人口如常，余体亦甚强健……勿以家计分其心也。余与汝别已数年，心中不无思念，然如果能专心致志以期学业有成，将来归国，余何等荣耀，汝当勉力勿负余期望也。政府所给金钱，如有羡余，或储存作预备，需或汇寄家用，均听汝便，但不可浪费，是为至要。……（中国社科院近代史所藏"胡适档案"，卷号 648，分号 4）

1911年　辛亥　宣统三年　20岁

是年，胡适仍就读于康奈尔大学农学院。

1月

1月7日　胡适致函许怡荪，云：出洋前一日丢失之英洋百余元失而复得，二兄胡觉亦答应代筹家计，故向许借贷事可作罢论。若许愿看其"北行""东行"两游记，可寄上。现正准备期末大考等。（胡适致许怡荪函，编号17）

1月10日　胡觉致函胡适，谈自己近况，又云：

> 今岁家用，余已寄足。堂上亦代弟寄去柒拾元，谅已敷用。家中来信，大小平安，望弟勿念。弟前信所云欠杨景苏廿元，瑞兴太拾元，已由余代为还清。弟在申所失之洋，为洋人所拾，送存电车公司，待弟亲付函据领取，余前信已详言之，想已照办。此款如弟不用，可即归还瑞生和，以免久欠，被人议论。弟在美饮食起居，均能相适，欣慰之至。惟用功宜简宜专，望弟不必广取泛习，致蹈苟且之弊。农学最为今日中国通用之学，盖南方虽有人满之患，然北方如东三省、内外蒙古、新疆伊犁等处，地旷人稀，以面积计，十分未垦其三。将来如能移南方之人力财力，贯注于北方，既可固我边围，又可大辟利源。现各省咨议局，颇有注意于此者……吾弟将来学成归国，大可有为。惟须从事于大农之学，若沾沾于一艺一事之长，无济也。至森林之学，

亦为切要，能兼习之，尤为合宜。余意如斯，未知吾弟以为如何？望详告我，不厌烦琐也。

祖国近日全无进步。……政府之腐败，日甚一日……俄谋蒙古，日图满洲，愈逼愈紧，而我当轴者懵然不顾……恐二三年后，中国之地图又将改色重绘。……

大哥屡次来信，均言栈中生意欠佳，且到处添设分号，全不顾力量是否能支，致陷困难之地，年关恐难安度。……弟子身海外，望格外保重。书信宜勤，每年能寄二次小照至家，使堂上得以展睹心慰尤妙。……（中国社科院近代史所藏"胡适档案"，卷号692，分号10）

1月15日　胡适复函许怡荪：

……蒙殷殷垂诲，勉以好为名父之子，弟且感且愧。自省东行以来，已及半载，虽与"鞠生"断绝，而省察之功，都无进境；思虑之棼，习俗之污，都未能克治：每一念及，惭汗交下。来书"祓除旧染，砥砺廉隅"八字，当书之座右，奉为箴铭，黾勉力行，庶收桑榆之效。尚望足下时时痛下针砭，令远人时得提撕警觉之功，则受赐多矣。

来书所言代筹薪水之奉一事，极所感激；爱人之亲，较之身受，尤宜铭志。……如足下所许之三十元未及拨去，可请勿寄去；因此中有一层家庭为难之处……

胡适又拜托许代向程乐亭致意（程允借30元，但不知是否已经寄出，故不便向其道谢）。又关心程之病体。再建议许读富兰克林自传。（胡适致许怡荪函，编号18）

1月26日　胡母谕胡适：照片洗好即寄来，家中大小如常，家用已由胡适兄长寄来。对兄长所寄教言，"当铭座右"。谕胡适要诸事谨慎，要将勤学问、善卫生当作第一要务等。（《胡适遗稿及秘藏书信》第22册，14～15页）

1月30日　辛亥元旦。考生物学。（《胡适留学日记》第一册，1页）

按，本年引用《胡适留学日记》，均据1947年商务本。

同日 胡适禀母亲，"追记入学以来之事"，"以为家人笑谈之资"：

（一）体育 外国大学有体育院，中有种种游戏，如杠子、木马、跳高、爬绳、云梯、赛跑、铁环、棍棒之类，皆为习体育之用。大学定章，每人每星期须入此院练习三次。儿初一无所能，颇以为耻。因竭力练习，三月以来，竟能赛跑十围，爬绳至顶，云梯过尽，铁环亦能上去，棍棒能操四磅重者，舞动如飞。现两臂气力增加，儿前此手腕细如小儿，今虽未加粗，然全是筋肉，不复前此之皮包骨头矣。此事于体力上大有关系……现儿身体重一百十磅……

（二）交际 美国男女平权，无甚界限。此间大学学生五千人，中有七八百女子，皆与男子受同等之教育。惟美国极敬女子，男女非得友人介绍，不得与女子交言……此间有上等缙绅人家，待中国人极优，时邀吾辈赴其家坐谈。美俗每有客来，皆由主妇招待，主人不过陪侍相助而已。又时延女客与吾辈相见。美国女子较之男子尤为大方，对客侃侃谈论，令人生敬……

（三）饮食 此间食宿分为二事，如儿居此室，主人不为具食。须另觅餐馆。每日早餐有大麦饭（和牛乳）、烘面包（涂牛油）、玉蜀黍衣（和牛乳）之类。中晚两餐，始有肉食，大概是牛羊猪之类。至礼拜日，始有鸡肉。美国烹调之法，殊不佳，各种肉食，皆枯淡无味，中国人皆不喜食之。儿所喜食者，为一种面包，中夹鸡蛋，或鸡蛋火腿，既省事，又省钱，又合口味……儿所居之屋，房东是一老孀，其夫为南美洲人。南美洲地本产米，故土人皆吃饭，其烹肉烧饭之法，颇与中国相同。十一月中，主妇用一女厨子，亦是南美洲人，遂为同居之房客设食。同居者，有中国人七人，皆久不尝中国饭菜之味，今得日日吃饭食肉，其快意可想，儿亦极喜，以为从此不致食膻酪饮矣。不意主妇忽得大病，卧床数日，遂致死去。死后其所用之厨子亦去。如是此种中国风味之饮食，又不可得矣。(《胡适遗稿及秘藏书信》第21

册，85～91页）

同日　胡适购得《五尺丛书》。有诗一首：

永夜寒如故，朝来岁已更。

层冰埋大道，积雪压孤城。

往事潮心上，奇书照眼明。

可怜逢令节，辛苦尚争名。（《胡适留学日记》第一册，1页）

1月31日　胡适作诗悼汤保民之母：

雪压孤城寒澈骨，天涯新得故人书。

惊闻孙绰新庐墓，欲令温郎悔绝裾。

秋草残阳何限憾，升堂拜母已成虚。

埋忧幸有逃名策，柘涧山头筑隐居。（《胡适留学日记》第一册，2页）

2月

2月1日　读英文诗。作植物学报告。得王云五一函。（《胡适留学日记》第一册，2页）

2月2日　考英文。温德文。读《时报》十数纸。（《胡适留学日记》第一册，2页）

2月3日　考德文。温植物学。（《胡适留学日记》第一册，2页）

2月4日　考植物学。作家书。（《胡适留学日记》第一册，3页）

2月5日　读《左传》两卷。摹《元次山碑》。（《胡适留学日记》第一册，3页）

2月6日　写字二张。读狄更斯《双城记》。（《胡适留学日记》第一册，3页）

2月7日　写字一张。下午与Mr. Ace入城购拉丁文法一册，此君许以

相教故也。(《胡适留学日记》第一册，4页)

同日 胡适复函许怡荪，云：自己独处异国，此间中国学子大半习工程，虽亦有一二俊义之士，然余皆碌碌，无足与语者，国文根柢尤浅。外国学生中亦有勤苦者，然真有学问者甚少，而习气极深，每道一语，辄杂以誓言，令人生厌。"试思此境，岂非寂寞之尤者耶！"又云：

> 来书又言苦意志薄弱，将读 Bible，此大误也。弟在此有 Bible Class，读之数月，毫无趣味，惟 Matthew 之五六七三章，及 John 之一二三诸篇（皆新约）稍有精义名言，旧约之 Proverb and Psalms 亦尚可观，然以之为鞭策精神之方，则远不如我国之宋明理学书也。今寄上 Benjamin Franklin 自传一册，兄试读之，当有大效力。……此书可作为英雄传记读，可作为理学书读，可作为座右铭读，可作为美国立国精神史读。……

又告现在大考已毕，在假期（共7日）中，因大雪不出门，惟习字、读经，或打牌消遣。又将旧历元旦所作诗及悼汤保民母丧诗抄示。又云：别后已不复饮酒，近又戒绝纸烟，此皆许怡荪所谓"拔除旧习"也。（胡适致许怡荪函，编号19）

2月8日 晨访 Gould 医生。读《古诗十九首》。(《胡适留学日记》第一册，4页)

2月9日 夜赴学生会所举编辑人会。(《胡适留学日记》第一册，4页)

2月10日 晨往访 Dr. Gould。往市区定购目镜，下午复往取之。(《胡适留学日记》第一册，4～5页)

2月11日 访 Dr. Gould。是夜会宴于 Alhambra。(《胡适留学日记》第一册，5页)

2月12日 读拉丁文10课。写颜字二纸。(《胡适留学日记》第一册，5页)

2月13日 第二学期开始。下午，生物学实习。作字。德文新读一书。(《胡适留学日记》第一册，5～6页)

2月14日　上课。昨今两日皆每日7时，颇忙碌。此次大考，生物学得95分，植物学得83分。(《胡适留学日记》第一册，6页)

2月15日　上课。胡适当日记道："无忘威尔逊教授之讲演！"(《胡适留学日记》第一册，6页)

按，1933年12月22日夜，胡适曾在此条下补注：

气象学教授威尔逊先生是日在班上说："世界气象学上有许多问题所以不能解决，皆由中国气象学不发达，缺少气象测候记载，使亚洲大陆之气象至今尚成不解之谜。今见本班有中国学生二人，吾心极喜，盼望他们将来能在气象学上有所作为。"大意如此。此条所记即指此。于今二十余年，我与同班之王预君皆在此学上无有丝毫贡献，甚愧吾师当年之期望。所可喜者，近年有吾友竺可桢君等的努力，中国气象学已有很好的成绩了。(《胡适留学日记》第一册，6～7页)

同日　晚，胡适赴 K. A. 会夜宴，主人为 Mr. Watson。来宾有休曼校长(President Schurman)及会员。(《胡适留学日记》第一册，6页)

2月16日　上课。读莎士比亚一生事迹。此间中国学生会拟著《康南耳》一书，由诸人分任，胡适负责康奈尔大学发达史部分。(《胡适留学日记》第一册，7页)

2月17日　上课。作《中国虚字解》六纸。读莎氏 Henry IV。胡适认为，"Shakespeare"当译"萧思璧"。(《胡适留学日记》第一册，7～8页)

2月18日　上课。是夜，胡适在学生会以《虚字》为题作演说，为胡适第一次以英文演说。记 "Shakespeare's Wife"。(《胡适留学日记》第一册，8页)

2月19日　写字。作家书。夜读德文。(《胡适留学日记》第一册，8页)

2月20日　胡适以昨夜遗精，访 Dr. Wright，医云无害。请该医全面检查后，心始释然。作植物学报告。(《胡适留学日记》第一册，8～9页)

2月21日　上课。(《胡适留学日记》第一册，9页)

2月22日　上课。夜赴青年会欢迎会，中西学生到者约五六十人。(《胡

适留学日记》第一册，9页）

　　同日　长兄胡耕云致函胡适云，汉口生意去年亏空，拟开之茂元酒店正装修，不久开市。又嘱胡适保重身体，"吾家出头守祖先之志，只吾弟一人耳"。（杜春和编：《胡适家书》，河北人民出版社，1996年，488～489页）

2月23日　上课。（《胡适留学日记》第一册，9页）

　　同日　胡适复函胡近仁：

　　……老叔爱我无已，令我得闻此事，感谢感谢。宾兴一说竟是笑话，适虽贫，然何致出此下策？考试之举又官府申送，又非国家定例，何能领宾兴之款？且适与县城章、胡诸绅已有宿怨，叔所素知。今岂可再令此种小人笑我为贪鄙无耻哉？已有书致仁里程玉樨君……托其代为取消此说，并声明非出鄙意，并以附闻，适有生以来习遭坎坷，四岁失父，遂成孤零。十余年来，幸有一母一兄提携、育养，以有今日。十余年来，心中目中，梦魂中，亦惟有此二人而已，其他戚属但恨为伦理所羁，否则适且唾弃之不暇，更安能顾覆之耶？适在此数月甘旨之奉尚未有分文，彼独何心而遽及于此？岂国家津贴士子之金钱而可以为养活废民游手民蠹国蠹之用哉？每一念及令人恨恨。……（《胡适中文书信集》第1册，54～55页）

2月24日　上课。读莎士比亚 Henry IV。（《胡适留学日记》第一册，10页）

2月25日　上课。下午与刘千里出外散步。夜赴世界学生会（Cosmopolitan Club）。（《胡适留学日记》第一册，10页）

2月26日　写植物学与生物学报告。英文须作一辩论体之文，胡适命题曰《美国大学宜立中国文字一科》。（《胡适留学日记》第一册，10页）

　　同日　胡适致函许怡荪，告第一学期毕，现第二学期已上二礼拜之课。又云：

　　弟初志习农，后以本年所习大半属文学，且自视性兴之近，颇有

改习 arts 之意，今则立定志向，不再复易矣。其故：盖以弟若改科，必专习"古文文字"……然此是小技，非今日所急。今日所急者，在于尽一分实力于国人，使国人收一分效力，享一分幸福，"文学救国"，今非其时，故不欲为。且丈夫壮年非肆志文章之时。……而吾郡为农国，可以有为，故弟现决意学农科。他日归来，视力所能及，先从一乡入手，作一老农，以其余力作一学堂教习，再办一个小小的报纸，可以逍遥陇亩，可以言论自由，又可以教育人才，十年之后，收效必有可观者；四十年后，然后闭户读书，偿我素愿；每一念及，辄为神王。足下闻之，得无笑我狂乎？惟语言文字之学，身在异国，习之较易，弟亦不欲失此机会，当以余力及之。近除英德文字之外，私习拉丁。方吾习德文时，觉有与吾国文字有相合之处甚多，今进而益古，则觉吻合之处日益多。此种思想，自信甚有价值。因吾国文字乃世界最古之文，通行最久最普者，其中源流结构，一字之从来，一句一读之结构，皆具有无限趣味之历史。弟拟先习拉丁文，再习希腊文，再略一研究 Hebrew and Egyptian，期于明白古今文字变迁之大势，然后返观吾国文字源流，想必有明白晓畅，豁然贯通之一日。此间每年夏季有"夏课"，以一学期之课于六星期中毕之，弟拟每夏季除正课外专习古今文字……

………

友朋之中，真能打定主意，及真有高尚之思想者，甚不可多得，大率皆苟安而已，可胜浩叹！

又询及郑仲诚、程乐亭、叶德争等近况，以及其"劣叔"以其留美请领"宾兴费"之事。（胡适致许怡荪函，编号20）

2月27日　上课。因德文读本《虚馨传》，英文 *Henry IV*，需时甚多，又实习之时间多在星期一与星期二两日，故颇觉忙迫。(《胡适留学日记》第一册，10～11页)

2月28日　上课，读《国粹学报》三册。读 *Henry IV* 及 *Hühnchen*。(《胡适留学日记》第一册，11页)

3月

3月1日　上课。写字。读 *Henry IV*。(《胡适留学日记》第一册, 11页)

3月2日　上课。拟成辩论文之纲目。(《胡适留学日记》第一册, 11页)

3月3日　读毕 *Henry IV*。上课。(《胡适留学日记》第一册, 11页)

3月4日　上课。写字。写生物学报告。(《胡适留学日记》第一册, 11页)

3月5日　Mr. Ace 邀胡适参观讨论中国情状的讨论会, 会中人邀胡适讲中国宗教情状, 胡适乃讲"三教源流"。(《胡适留学日记》第一册, 12页)

3月6日　作辩论文。写植物学报告。(《胡适留学日记》第一册, 12页)

3月7日　上课。读《虚馨传》毕。(《胡适留学日记》第一册, 12页)

按, 胡适藏书中, 有一本 *Leberecht Hühnchen*（von Heinrich Seidel. —Boston: D. C. Heath & Company, Publishers, 1910）。扉页有题记:"此书天趣盎然, 短篇小说中不可多得之作也。适之。"《虚馨传》文末记有胡适读书日期"March 6, 1911. S. Hu"。(《胡适藏书目录》第4册, 2410页)

3月8日　英文及德文均有小考。新课本: *Kleider Machen Leute*（德）, *Romeo and Juliet*（英）。读美国独立檄文,"觉一字一句皆扪之有棱, 且处处为民请命, 义正词严, 真千古至文。吾国陈、骆何足语此!"(《胡适留学日记》第一册, 12～13页)

3月9日　读林肯 Gettysburg 演说。(《胡适留学日记》第一册, 13页)

3月10日　上课。读达尔文 *Origin of Species*。(《胡适留学日记》第一册, 13页)

3月11日　上课。至芭痕院读 Smith's *China and America* 一册。读莎士比亚《罗密欧与朱丽叶》。(《胡适留学日记》第一册, 13页)

同日　胡母谕胡适: 江冬秀于正月初来帮忙; 江母多病, 问候信可寄给江子隽、江仁甫或江子传。传言胡洪骏在汉口痛改前非等。(《胡适遗稿及

秘藏书信》第 22 册，19～21 页）

3 月 12 日　赴中国讨论会。读 Smith's *The Uplift of China*。(《胡适留学日记》第一册，14 页）

3 月 13 日　上课。作一书寄胡觉。(《胡适留学日记》第一册，14 页）

3 月 14 日　上课。夜读《罗密欧与朱丽叶》。认为："此书情节殊不佳，且有甚支离之处。然佳句好词亦颇多，正如吾国之《西厢》，徒以文传者也。"是日日记又记："是日闻生物学教员言美国今日尚有某校以某君倡言《天演论》致被辞退者，可谓怪事！"(《胡适留学日记》第一册，14 页）

3 月 15 日　上课。英文试卷得 91 分。是日始习游泳。(《胡适留学日记》第一册，15 页）

3 月 17 日　读《罗密欧与朱丽叶》完。背诵该书《窥艳》一节。认为此书《初遇》《窥艳》《晨别》《求计》《长恨》诸节极佳。此剧有楔子（Prologue），颇似中国传奇。(《胡适留学日记》第一册，15 页）

3 月 18 日　作《*Romeo and Juliet* 一剧之时间的分析》。夜与金仲藩观戏于兰息院。所演为悲剧 *The White Sister*，"神情之妙，为生平所仅见。今而后知西国戏剧之进化也"。(《胡适留学日记》第一册，15～16 页）

3 月 19 日　读生物学。夜读德文。(《胡适留学日记》第一册，16 页）

同日　胡适在 *The Prefaces, Proverbs and Poems of Benjamin Franklin*（by Paul Leicester Ford.—New York and London: G. P. Putnam's Sons, [n. d.]）扉页题记："穷人李郘之日历，弗兰林外集之一，辛亥二月十九日，先人诞辰，购此以为纪念。适，识于美国绮色佳城。"(《胡适藏书目录》第 4 册，2532 页）

同日　胡母谕胡适：去岁胡适出洋前丢失之款已托人领出并寄回家中，家中开销勉强可以。又谈及族中修族谱等事。(《胡适遗稿及秘藏书信》第 22 册，22～25 页）

同日　胡觉致函胡适，谈自己职业变更等情，又述及汉口、川沙店业之不景气，又云："祖国近日无一好消息。英侵占云南之片马；法亦欲起而效尤；俄竟增兵胁约；而政府昏庸如故，将来又不知丧地几许。余自至东三省后，细察情形，日人事事布置周密，所未成熟者，不过十分之一分。将来此一分全满后，恐东三省地图之颜色又将改变。日美感情本劣，故日人朝夕危虑，不惜倾全国之财以扩充海军，以作太平洋战事之预备。现日美新约立后，感情渐见亲密，吾国愈孤立无助矣。"(《胡适遗稿及秘藏书信》第22册，571～575页)

3月20日　上课。连日读德文甚忙。(《胡适留学日记》第一册，16页)

3月21日　上课。"植物一"已学毕。(《胡适留学日记》第一册，16页)

3月22日　购Webster大字典一部，价20元。读Keats' "The Eve of St. Agnes"诗。改前日所作辩论体文。(《胡适留学日记》第一册，16页)

3月23日　致函郑仲诚、马君武，"颇多感喟之言，实以国亡在旦夕，不自觉其言之哀也"。(《胡适留学日记》第一册，17页)

3月24日　英文小试。是日日记："连日日所思维，夜所梦呓，无非亡国惨状，夜中时失眠，知'嫠不恤其纬，而忧宗周之陨'，是人情天理中事也。"(《胡适留学日记》第一册，17页)

3月25日　复函汤保民。是日日记："余前评《赖芬传》(W. D. Howells' *The Rise of Silas Lapham*)，以为书名《振起》(Rise)，而其中事实，皆言赖芬衰落之状，书名殆指其人格之进境(Rise)也。今日教员宣读著者Howells来书，正是此意，余不禁为之狂喜。"(《胡适留学日记》第一册，17页)

3月26日　温植物学。(《胡适留学日记》第一册，18页)

3月27日　上课。下午适野为生物学之实习，道遇大雨。夜温植物学，晏睡。有马小进君者以一诗见寄，因以一诗答之。(《胡适留学日记》第一册，18页)

3月28日　考植物学。温气象学。(《胡适留学日记》第一册，18页)

3月29日　考气象学。读莎士比亚 *Much Ado About Nothing*。得家书及长兄书。(《胡适留学日记》第一册，18页)

3月30日　作一文。读《哈姆雷特》。夜读德文 *Kleider Machen Leute* 完。(《胡适留学日记》第一册，19页)

按，胡适藏书中，有一本 The Tragedy of Hamlet, Prince of Denmark （by William Shakespeare. —Boston: D. C. Heath & Company, Publishers, 出版年不详）。扉页有题记："此吾友陈钟英之书也，庚戌将出都，向钟英假得是书，舟中读之。七月匆匆去国，遂携之东行。辛亥用作校课，细细校读，并加丹黄，是册遂不能归赵矣。书此以志吾故人之思。适之。"扉页内页有胡适题记："萧氏哀剧之一《汉纳特》，适之。"（《胡适研究通讯》2016年第4期，18页）

3月31日　读生物学。读 Much Ado About Nothing。是夜大学学生演是剧于兰息院，胡适往观。（《胡适留学日记》第一册，19页）

4月

4月1日　夜，世界学生会有"中国之夜"，由中国学生作主人，招待会员及来宾。成绩极好。（《胡适留学日记》第一册，19页）

同日　叶德真复函胡适，告得胡在美讯息，欣慰之至。函中云："足下谓弟倍于他人，在弟之于足下亦作如是观，此实性情朋友固尤胜肉骨弟兄。"又自述近况等。（《胡适遗稿及秘藏书信》第37册，199～202页）

4月2日　写生物学讲义。温德文。自是日起就餐于A. C. C. 会所。（《胡适留学日记》第一册，19页）

4月3日　考德文，甚不满意。读生物学。（《胡适留学日记》第一册，20页）

4月4日　考生物学。德文新读 Lessing's Minna von Barnhelm。（《胡适留学日记》第一册，20页）

按，胡适藏书中，有一本 Minna von Barnhelm（von Gotthold Ephraim Lessing. —New York: Henry Holt & Company, 1906）。扉页有题记："德国名剧之一，赖辛著《明娜传》，一名《军人福》。适之。"扉页后页有胡适题记："此剧为赖氏名著，德国曲本进化，是剧实其先河。氏盖以

全力经营，故全书无一懈笔，真不朽之作。他日当译之，以为吾国戏曲范本云。适之。"(《胡适藏书目录》第4册，2451页)

4月5日　上课。因复活节放假5日，读Andrew White自传。(《胡适留学日记》第一册，20页)

4月6日　此间中国学生举行运动会，胡适跑百码赛跑2次，"此亦生平创见之事也"。(《胡适留学日记》第一册，20页)

4月7日　读 *Minna Von Barnhelm* 英译本毕。读《哈姆雷特》。读《左传》。(《胡适留学日记》第一册，21页)

同日　张锦城复函胡适，告近况，又谈及国势大坏，不仅列强近逼，最可忧者是"人民心死"，又托胡适在美购寄杂志等。(《胡适遗稿及秘藏书信》第34册，457～459页)

4月8日　读《左传》毕。读康奈尔大学创办者康奈尔君（Ezra Cornell）传。(《胡适留学日记》第一册，21页)

4月9日　读杜诗。与刘寰伟君往游Buttermilk Falls。(《胡适留学日记》第一册，21页)

4月10日　作《康南耳传》，未完。(《胡适留学日记》第一册，21页)

4月11日　上课。下午读《哈姆雷特》。读Minna传。夜读英文诗数十首。(《胡适留学日记》第一册，22页)

4月12日　上课。是日习农事，初学洗马，加笼辔，驾车周游一周。读《周南》。(《胡适留学日记》第一册，22页)

4月13日　上课。是日日记有记：

> 读《召南·邶风》。汉儒解经之谬，未有如《诗》笺之甚者矣。盖诗之为物，本乎天性，发乎情之不容已。诗者，天趣也。汉儒寻章摘句，天趣尽湮，安可言诗？而数千年来，率因其说，坐令千古至文，尽成糟粕，可不痛哉？故余读《诗》，推翻毛传，唾弃郑笺，土苴孔疏，一以己意为造《今笺新注》。自信此笺果成，当令《三百篇》放大光明，永永不朽，非自夸也。(《胡适留学日记》第一册，22～23页)

按，胡适在三月曾致函许怡荪，亦谈及读《诗经》之感想：

近读《毛诗注疏》大有心得，唾弃毛传，土苴郑笺，涂抹孔疏，自成一家新注；自视此注可使《三百篇》放大光明，永永不朽，非自夸也，自信眼光心力着着在诸腐儒之上，故能迎刃而解，挥洒自如，连日真有不知手之舞之足之蹈之之乐。驰书相告，亦令故人知我喜心翻倒耳。（胡适致许怡荪函，编号22）

4月14日　作一文论"Ophelia"。赴学生会。（《胡适留学日记》第一册，23页）

4月15日　上课。读《哈姆雷特》毕。赴世界会之"德国夜"（German Night）。有影片60张，写德国学生事业极动人。作一文论《哈姆雷特》，未毕，认为该书系佳构，然亦有疵瑕。（《胡适留学日记》第一册，23页）

4月16日　写成《〈哈姆雷特〉论》。读 Minna Von Barnhelm。（《胡适留学日记》第一册，24页）

4月17日　上课。作植物学笔记。读 Minna Von Barnhelm。（《胡适留学日记》第一册，24页）

4月18日　上课。是日植物课为"花"。（《胡适留学日记》第一册，24页）

4月19日　英文小试。（《胡适留学日记》第一册，25页）

4月20日　读《警察总监》（The Inspector-General，俄人Gogol所著），认为该书写俄国官吏现状，较李伯元《官场现形记》尤为穷形尽相。（《胡适留学日记》第一册，25页）

4月21日　胡适前作《Ophelia论》，颇得教师称许。读Bacon's Essays: "Studies"; "Dissimulation and Simulation"。观演俄剧 The Inspector-General。（《胡适留学日记》第一册，25～26页）

4月22日　上课。读《诗》：王、郑、齐、魏、唐、秦诸国风。（《胡适留学日记》第一册，26页）

同日　胡适第一次致函江冬秀，感谢其来胡家帮忙，勉励江冬秀继续读书：

1911年　辛亥　宣统三年　20岁

　　此吾第一次寄姊书也。屡得吾母书，俱言姊时来吾家，为吾母分任家事。闻之深感令堂及姊之盛意。出门游子，可以无内顾之忧矣。吾于十四岁时，曾见令堂一次，且同居数日，彼时似甚康健。今闻时时抱恙，远人闻之，殊以为念。近想已健旺如旧矣。前曾于吾母处，得见姊所作字，字迹亦娟好，可喜，惟似不甚能达意，想是不多读书之过。姊现尚有工夫读书否？甚愿有工夫时，能温习旧日所读之书。如来吾家时，可取聪侄所读之书，温习一二。如有不能明白之处，即令侄辈为一讲解。虽不能有大益，然终胜于不读书坐令荒疏也。姊以为何如？吾在此极平安，但颇思归耳。草此奉闻，即祝无恙。（《胡适遗稿及秘藏书信》第21册，291～292页）

4月23日　胡适日记有记：

　　在世界会午餐时闻席间人言，昨夜菲律宾学生有演说者，宣言菲人宜自主。今日席上人谈及，尚有嗤之以鼻者。有某君谓余，吾美苟令菲人自主，则日本将攘为己有矣。余鼻酸不能答，颔之而已。呜呼，亡国人宁有言论之时哉！如其欲图存也，惟有力行之而已耳。（《胡适留学日记》第一册，26页）

4月24日　上课。读培根文。（《胡适留学日记》第一册，26页）

4月25日　上课。是日植物课为野外实习。夜读培根文。日记评培根：培根有学而无行，小人也。其文如吾国战国纵横家流，挟权任数而已。（《胡适留学日记》第一册，27页）

4月26日　上课。读 Minna Von Barnhelm。（《胡适留学日记》第一册，27页）

4月27日　上课。作气象学报告，论空气之流动。作培根文提要2篇。（《胡适留学日记》第一册，27页）

4月28日　上课。作培根《友谊论》提要。（《胡适留学日记》第一册，27页）

4月29日　打牌。夜赴世界会之"美国夜"（American Night）。(《胡适留学日记》第一册，28页）

4月30日　读生物学。打牌。读 Emerson's *Friendship*，"甚叹其见解之高"，以视培根，"真有霄壤之别"。(《胡适留学日记》第一册，28页）

4月　胡适致函许怡荪，告胡母已收到许怡荪所许寄之30元。又云：自己居此极相安，惟国势日趋于危亡，奈何，奈何！迩来日夜思维，都为亡国惨境，吾辈真欲作丁令威矣！伤哉！此间留学诸君有"海军捐"之举，不知国人对此有何感情。今日国力万不可不图，海陆军万不可不设，否则今日可亡，明日亦可亡，人欲如何便如何耳，掷笔一叹！（胡适致许怡荪函，编号21）

5月

5月1日　生物学野外实习。读 *Minna Von Barnhelm*。(《胡适留学日记》第一册，28页）

5月2日　作一文，评培根与爱麦生之《友谊论》。(《胡适留学日记》第一册，29页）

5月3日　胡适复函许怡荪，云：许之来函，"情深而文茂，既慰离索之思，又征孟晋之功，且感且佩。怡荪勉之，吾乡文学之坠绪，责在足下；足下勉为其难，适当擷拾海外之芝草琼浆以为吾子之后盾耳"。又告近以《御纂七经》与《注疏》参阅，觉宋儒说诗大胜汉唐。朱子真是我国文学功臣；然亦有大谬处。"弟自信可以使《三百篇》大放光明者，以能扫除汉宋一切窠臼也。"又告自己颇疑《尔雅》亦出汉儒伪作，颇有证据。（胡适致许怡荪函，编号23）

5月4日　读培根之《建筑》与《花园》两文，"皆述工作之事。惟此君为英王进土木之策，其逢迎之态，殊可嗤鄙"。(《胡适留学日记》第一册，29页）

5月5日　作一文评培根《财富篇》，此文与小考同等。读《豳风》。

"《豳风》真佳文。如《七月》《鸱鸮》《东山》,皆天下之至文也。"(《胡适留学日记》第一册,29页)

同日 长兄胡耕云致函胡适,云今年生意不好。自己自析产以来,入不敷出,虽心血用尽,但难以支应家用。新开之酒馆亦"亏血二百余两"不得不闭门。又谈到其子胡思明受教育事。(中国社科院近代史所藏"胡适档案",卷号687,分号2)

5月6日 读艾迭生与斯提尔(Addison and Steele)之《旁观报》(*The Spectator*)论文集。打牌。夜赴中国学生会。(《胡适留学日记》第一册,30页)

5月7日 作一文论培根,以中国人眼光、东方思想评培根一生行迹,颇有苛词。(《胡适留学日记》第一册,30页)

5月8日 上课。读《旁观报》。(《胡适留学日记》第一册,30页)

5月9日 上课。作植物学报告。(《胡适留学日记》第一册,30页)

5月10日 读《旁观报》,极喜欢其中的"Westminster Abbey" and "Visions of Mirzah"两篇。读 Johnson's《Addison 传》。(《胡适留学日记》第一册,31页)

5月11日 上课。夜读《小雅》至《彤弓》,因作《言字解》一篇。(《胡适留学日记》第一册,31页)

同日 胡适作有《诗经言字解》,指出:言字是一种挈合词(严译),又名连字(马建忠所定名),其用与"而"字相似。言字又作乃字解。言字有时亦作代名之"之"字。(《留美学生年报》第二年本,1913年1月)

> 按,1916年2月24日胡适在札记中记道:
>
> 尝谓余自去国以来,韵文颇有进境,而散文则有退无进。偶检旧稿,得辛亥所作《〈诗经〉言字解》读之,自视决非今日所能为也。去国以后之文,独此篇可存,故以附于此而记之,以识吾衰退,用自警焉。(《胡适留学日记手稿本》之《胡适札记》〔十〕,原书无页码)

5月12日 Minna Von Barnhelm 已读毕。今日读歌德(Goethe)之 *Hermann and Dorothea*。读 Addison and Steele 二人传。打牌。(《胡适留学日

记》第一册，31页）

5月13日　英文小考。作 Addison and Steele 二人传。至 Percy Field 看联合运动会（Track）及棒球（Baseball）。（《胡适留学日记》第一册，32页）

5月14日　作生物学报告。夜与刘千里诸人打牌。（《胡适留学日记》第一册，32页）

5月15日　生物学课观试验脑部，"以蛙数头，或去其头部，或去其视官，或全去之，视其影响如何，以定其功用"。（《胡适留学日记》第一册，32页）

5月16日　植物学课往野外实习，行道甚远。读歌德之 Hermann and Dorothea。读《旁观报》。（《胡适留学日记》第一册，33页）

同日　胡母谕胡适：江冬秀于今年正月初十接来胡家，三月二十二日返家，大约秋后再来。渠在胡家颇勤谨。又要求胡适每年上下两季寄照片来。又嘱胡适珍重身体等。又告胡适长兄在汉口甚忙碌，胡思明进汉口徽州会馆学堂，胡思聪在家读书。又提及胡思齐、胡思永等。又提及胡之小姨新得一男丁，胡惠平许配与程洪安等。（《胡适遗稿及秘藏书信》第22册，29～32页）

5月17日　读 Hermann and Dorothea。改所作诸文。夜往听 Prof. John A. Lomax 演说，题为 "Cowboy Songs in America"。（《胡适留学日记》第一册，33页）

同日　胡适复函许怡荪，谈国事及自己寂寞情形，云：

……国事已不堪问，今日中国无拳无勇，今日可亡，明日亦可亡，此实非吾民之过，乃政府无能之过也。何也？以弟东行所见，日人之委琐贫困，远胜吾民，而日本敢称雄东亚，则其政府敏捷之效也。美国为世界最杂之国，其国民皆来自欧洲（此不但指过去，即今日亦然），今视其人亦未必真有高尚人格，不过政制开明，教育普及耳。今日立国，兵力为上，外交次之，内治次之，道德教育尤为太平时之产品，非今日之急务也。（此非过激之言。）使吾国甲午之后，即极力再兴海军，至于今日，当可成大舰队。既有所恃，然后徐图内政，即一旦有事，尚可一战。战而胜，中国从此称雄；即有不胜，亦可支持一二年，使世界之民同受其害，则战事自有了结之一日，而吾国荣誉亦可少增……较之束手待人宰割，其为成败得失，不待言矣。故今日第一要事，乃是海军，其次则陆军之炮弹……其次则大政治家，大演说家，皆可以兴国，至于树人富国，皆是末事。足下试思吾言，当知非激论也。至于吾人具此七尺之躯，一腔之血，则自有吾辈死所，终不能伈伈俔俔，以苟生耳。近颇思著一书，曰《已亡之中国》，或即名曰《祖国》，悬写亡国以后之惨状，及志士戮力之状，惟苦无暇，夏间拟为草创格局，如有成绪，当以相示也。

　　……弟居此已近一年，中国学生虽多，然甚少可与语者。至于外人相见，但问中国情形，如老妪问事，琐屑可厌。有热心宗教者，则曰"中国待耶苏而兴，吾辈宜以耶教救中国"云云，则亦唯唯应之；然中心耿耿，每日无不引为大耻，"此国是何人之国？而需他人之助耶？"总之：四顾茫茫，无与为欢，而异俗尚酬对，又不得不作假面目向人。此中苦境，谁则知之？古诗"弃置勿复陈，客子常畏人"，念之掷笔一叹！（胡适致许怡荪函，编号24）

5月19日　作诗《孟夏》。夜读Macaulay所著Addison的传记。（《胡适留学日记》第一册，34页）

孟　夏

　　孟夏草木长，异国方知春。平芜自怡悦，一绿真无垠。柳眼复何有？长条千丝纶。榆钱亦怒苣，叶叶相铺陈。大树百尺余，亭亭高入云。小草不知名，含葩吐奇芬。昨日此经过，但见樱花繁；今来对汝叹，一一随风翻！西方之美人，蹀躞行花间：飘飘白练裙，颤颤荼蘪冠。人言此地好，景物佳无伦。信美非吾土，我闻王仲宣。况复气候恶，旦夕殊寒温：四月还飞雪，溪壑冰嶙峋；明朝日杲杲，大暑真如焚。还顾念旧乡，桑麻遍郊原；桃李想已谢，杂花满篱樊；旧燕早归来，喃喃

语清晨。念兹亦何为？令我心烦冤。安得双似兔，飞飞返故园。（胡适致许怡荪函，编号25）

5月20日　郭守纯邀胡适往 Cayuga 湖上荡舟游览。夜，赴中国留学生年宴。（《胡适留学日记》第一册，34页）

5月21日　读 Hermann and Dorothea。（《胡适留学日记》第一册，35页）

5月22日　上课。作植物学报告。（《胡适留学日记》第一册，35页）

5月23日　上课。读气象学。（《胡适留学日记》第一册，35页）

5月24日　英文小考。气象学小考。（《胡适留学日记》第一册，36页）

5月25日　上课。读 Hermann and Dorothea。夜读 Macaulay's Leigh Hunt。（《胡适留学日记》第一册，36页）

5月26日　上课。读《说文》。（《胡适留学日记》第一册，36页）

5月27日　是日为康奈尔大学"春朝"（Spring Day）假期。赴 Spring Day 会场。下午，读英文诗数家。（《胡适留学日记》第一册，36页）

5月28日　读 Macaulay's Byron。（《胡适留学日记》第一册，37页）

5月29日　上课。夜作一英文小诗（Sonnet），题为"Farewell to English Ⅰ"。（《胡适留学日记》第一册，37页）

5月30日　上课。植物学野外实习。（《胡适留学日记》第一册，37页）

5月31日　上课。Adams 邀胡适游 Gorge。（《胡适留学日记》第一册，37～38页）

6月

6月1日　上课。（《胡适留学日记》第一册，38页）

6月2日　写生物学讲义。读 Thackeray's《Swift 论》。Swift 即著《海外轩渠录》（《汗漫游》）者。Thackeray 即著《新妇人集》者。（《胡适留学日记》第一册，38页）

同日　胡近仁致函胡适，告胡适岳家希望将胡适婚事"母家作嫁，夫家作接"之原委。又谈及胡适家中颇为拮据,胡绍之已卸事,胡母嘱胡适寄家信时多备一二,以便弥缝。胡母又嘱胡适在社会交际时要谨慎,男女交际,尤要留心。又谈及修族谱时族人因嫡庶分别发生纠纷之事等。(《胡适遗稿及秘藏书信》第30册,330～333页)

6月3日　本学期英文科,胡适得免考,颇自喜。(《胡适留学日记》第一册,38页)

6月4日　温德文。(《胡适留学日记》第一册,39页)

6月5日　考生物学。下午考德文。夜打牌。(《胡适留学日记》第一册,39页)

6月6日　作书复长兄。(《胡适留学日记》第一册,39页)

6月7日　温气象学。考气象学。下午看《水浒》。认为"此书真是佳文。余意《石头记》虽与此异曲同工,然无《水浒》则必不有《红楼》,此可断言者也"。(《胡适留学日记》第一册,39页)

同日　胡适复函许怡荪,告:得程乐亭死耗后,心绪恶劣。又对许习法律深以为然。(胡适致许怡荪函,编号26)

6月8日　读植物学。为程乐亭之谢世伤感不已。(《胡适留学日记》第一册,40页)

6月9日　温植物学。(《胡适留学日记》第一册,41页)

6月10日　考植物学。第一学年结束。作书寄程松堂,亦不作慰词,"夫天下岂有劝为人父母者不哭其子者哉?"(《胡适留学日记》第一册,41页)

同日　胡母谕胡适:"余在家如常,诸大小亦皆清吉。"去年胡适赴美前在沪遗失之款,已经领回。关于迎娶江冬秀一节,"并非余起",乃出自岳家。购买《图书集成》,需费洋50元。(《胡适遗稿及秘藏书信》第22册,33～35页)

6月11日　读《王临川集》。(《胡适留学日记》第一册,42页)

6月12日　读《马氏文通》,"大叹马眉叔用功之勤,真不可及,近世学子无复如此人才矣。若贱子则有志焉而未之逮也"。打牌。(《胡适留学日记》第一册,42页)

6月13日　第一次出门旅行，游 Pocono Pines。中国基督教学生会在此开夏令会，次日起至19日止。(《胡适留学日记》第一册，42页)

6月14日　参加夏令会之中国学生来者约30人，有张履鳌、曹云祥等。游湖上。是夜开会，穆德（Dr. John R. Mott）演说，极动人。(《胡适留学日记》第一册，43页)

6月15日　穆德演说两次。有 Prof. Hildebrand 之经课及 Dr. Beach 之讨论会。游湖上。夜会。与陈君谈。与胡宣明谈。(《胡适留学日记》第一册，43页)

6月16日　李佳白（Dr. Gilbert Reid）经课。洛克乌德（Mr. Lockwood）演说。朱友渔演说。(《胡适留学日记》第一册，43页)

6月17日　经课。讨论会，题为"孔教之效果"，李佳白主讲。Dr. Beach 言，中国今日有大患，即无人研求旧学是也。此君大称朱子之功。Mr. T. R. White 演说"国际和平"（International Peace）。下午为欢迎茶会。(《胡适留学日记》第一册，43～44页)

同日　胡适复函章希吕：

……［得程乐亭死耗后］日益无聊。又兼课毕，终日无事，每一静坐，辄念人生如是，亦复何乐？此次出门，大半为此，盖欲借彼中宗教之力，稍杀吾悲怀耳。乐亭已矣！吾辈生者，失一分功之人，即多一分责任。今方求负责任之人而不可得，而忍见沉毅少年如乐亭者夭折以死耶！……顷见怡荪已有长诗哭之，适心绪如焚，不克有所作，仅集《文选》句成一联。弟能为我倩人书之否？

……适连日聆诸名人演说，又观旧日友人受耶教感化，其变化气质之功，真令人可惊。适亦有奉行耶氏之意，现尚未能真正奉行，惟日读 Bible，冀有所得耳。

来书言有"无恒"之病，此为今日通病，不止弟一人而已也。治之之法，在于痛改。其法大概如下：

（一）读书非毕一书勿读他书。

1911年　辛亥　宣统三年　20岁

（二）每日常课之外，须自定课程而敬谨守之。

（三）时时自警省。如懈怠时，可取先哲格言如"人而无恒，不可以作巫医。（古谚）""德不进，学不勇，只可责志。（朱子）""精神愈用则愈出。（曾文正）"之类，置诸座右，以代严师益友，则庶乎有济乎？

……适有去 Cornell 之志，不知能实行否？（《胡适留学日记》第一册，45～46页）

6月18日　讨论会，题为"祖先崇拜"（Ancestor Worship）。经课。Father Hutchington 说教，讲《马太福音》第20章1至16节，极明白动人。下午陈绍唐为胡适陈说耶教大义约3时之久，胡适大为所动，"自今日为始，余为耶稣信徒矣"。是夜 Mr. Mercer 演说其一身所历，甚动人，胡适为之堕泪，听众亦皆堕泪。会终有7人起立自愿为耶稣信徒，其一人即胡适。（《胡适留学日记》第一册，44页）

> 按，1919年胡适追记：
>
> 此书所云"遂为耶氏之徒"一层，后竟不成事实。然此书所记他们用"感情的"手段来捉人，实是真情。后来我细想此事，深恨其玩这种"把戏"，故起一种反动。但是这书所记，可代表一种重要的过渡，也是一件个人历史的好材料。（《胡适留学日记》第一册，49～50页）

6月19日　祈祷集会。事务会。美国基督学生夏令会之欢迎茶会。运动比赛。（《胡适留学日记》第一册，50页）

6月20日　中国留美学生耶教会结束，自是日开始留此为美国学生会之客。早晚俱有讲道会。（《胡适留学日记》第一册，50页）

6月21日　早有 Talbot 主讲之讲道会。Elkington 以舟迎胡适等中国学生赴其家做客。（《胡适留学日记》第一册，50～51页）

同日　胡适复函许怡荪云，程乐亭死后，日益无聊。旧同学陈绍唐已受洗，信道甚笃，可见宗教能变化气质。又记昨日讲道会情形：

昨日之夜，有 Mercer 者，为 Matt 之副，其人自言在大学时染种种恶习……无所不为，其父遂摈弃之，逐之于外。后此人流落四方，贫不能自活，遂自投于河以死。适有水巡警救之，得不死，而送之于一善堂。堂中人劝令奉耶教。后此人大悔前行，遂力行善以自赎。数年之后，一日有会集，此君偶自述其一生所历，有一报纸为登扬其词。其父于千里之外偶阅是报，知为其子，遂自往觅之。既至，知其子果能改行，遂为父子如初。此君现卒成善士，知名于时。此君之父为甚富之律师，其戚即美国前任总统也。此君幼时育于白宫……则所受教育不言可知，而卒至于此，一旦以宗教之力，乃举一切教育所不能助，财产所不能助，家世所不能助，友朋所不能助，贫穷所不能助之恶德，而一扫空之，此其功力岂可言喻！方其言述其父再见其子时，抱之于怀而呼曰：My boy, my boy……予为大哭不已，时听者无不大哭。会终有七人……起立自言愿为耶教信徒，其一人即我也。是会在一小屋之中，门矮可打头，室小如吾南林里所居之半，拾门外落叶枯枝为炉火，围炉而坐，初无宗教礼仪之声容节奏，而感人之深一至于此，不亦异乎？现弟尚留在此，三日后即归 Ithaca 城。

函中又述自己有去康奈尔大学之意，又抄示挽程乐亭联。（胡适致孙怡荪函，编号27）

6月22日　Fosdick、Hurry 等演讲。下午，胡适、陈绍唐、胡宣明君荡舟于 Naomi 湖。（《胡适留学日记》第一册，51页）

6月23日　今日归。1时至 Scranton。过 Elmira。8时至 Buffalo。（《胡适留学日记》第一册，51页）

6月24日　上午参观尼亚加拉大瀑布。下午3时归 Buffalo。（《胡适留学日记》第一册，51～52页）

6月25日　胡适禀母亲，函寄尼亚加拉大瀑布图。（《胡适遗稿及秘藏书信》第21册，65～67页）

6月26日　访宪生诸君于湖上别墅，下午始归。（《胡适留学日记》第

一册，52页）

6月27日 作《康南耳传》未完。(《胡适留学日记》第一册，52页）

6月28日 今日始习打网球。夜打牌。阅《国风报》。(《胡适留学日记》第一册，52页）

6月29日 写字一纸。打球。夜读周昀叔（星誉）《鸥堂日记》三卷。(《胡适留学日记》第一册，53页）

6月30日 作《康南耳传》未完。读《马太福音》第一章至第五章。(《胡适留学日记》第一册，53页）

夏 胡觉复函胡适，谈自己滞留沪上近情，仍拟往奉天。又云："弟劝余舍东北而往西北，此固白圭氏人弃我取之意，然势有所格，则事难如愿。西北情形，大异东北，路途遥远，交通困难。以新疆言之，由京前往陆路八千余里，按站而行，非半岁不能达，川资既需数百金，家用亦当筹足一年。否则待远方之接济至，而全家已成饿莩矣。若云借贷，世态炎凉，只有锦上添花，安肯雪中送炭。故余为目前计，不得不择稳途而行……弟年轻阅历尚浅，不知中国之情形，事事惟尚皮毛，全无实际，不论如何热心之人，一入官场，未有不变热心为灰心者，真无可如何也。"关于胡适请其代决改科事，胡觉云："文学在西洋各国固为可贵而难能，然在中国则明珠暗投，无所见长，以实际言，似农学较为切用，且于将来生计，亦易为力。惟弟天性于文学为近，此则事难两全，鱼与熊掌之择，固非隔膜者所能代为妄断也。至弟谓西洋农学利用机器，非千亩百亩不为功，因谓中国地多零畸，不甚合宜，此乃拘于家乡山僻之情形，未见黄河以北及关外蒙古等处之沃野千里，一望无际，地旷人稀，正需机器乃始有济也。"又不以胡适准备明年暑假回国省亲之想法为然："何则？数万里出洋求学，学未成而归，岂不有负初志？纵使仍可重往，然往返之间，耗金钱几许，耗光阴几许，弟岂全未思耶！"希望胡适效仿日本维新志士出外游学"学若无成死不还"之气概，希望胡适务其大者远者，毋效妇人女子之所谓孝也。又不以胡适欲购买《图书集成》之想为然，认为胡适阅历浅，全不知经济艰难。此书杂乱无绪，无甚可取，而价非数百番不可得，是所益者少而所损

者大。与其出此价购书，不如移而多购有用之西籍，其功当胜此倍蓰。希望胡适"常体堂上之心，自知保身爱身"。(《胡适遗稿及秘藏书信》第22册，556～562页)

7月

7月1日　初购希腊文法读之。读《马太福音》五章至七章。读班洋(Bunyan)之《天路历程》(*The Pilgrim's Progress*)。(《胡适留学日记》第一册，53页)

7月2日　读《马太福音》八章至九章。作书寄李辛白。打牌。(《胡适留学日记》第一册，53页)

7月3日　在餐馆中偶遇留学威斯康辛大学之休宁人金雨农，因与偕访金仲藩。(《胡适留学日记》第一册，54页)

同日　胡母谕胡适，关心胡适在美饮食、起居、学业；江冬秀三月归去，七月再来。希望时常写信来。(《胡适遗稿及秘藏书信》第22册，36～38页)

7月4日　读 Plato's *Apology of Socrates*。夜8时至湖上观美国独立纪念日庆祝会。(《胡适留学日记》第一册，54页)

7月5日　往暑期学校注册。下午打牌。(《胡适留学日记》第一册，54页)

7月6日　暑期学校第一日，化学(8时至下午1时)。打牌。(《胡适留学日记》第一册，54页)

7月7日　上课。打牌。(《胡适留学日记》第一册，55页)

7月8日　打牌。(《胡适留学日记》第一册，55页)

7月9日　读《马太福音》。(《胡适留学日记》第一册，55页)

7月10日　上课。化学实验。左手拇指被玻璃管刺伤。(《胡适留学日记》第一册，55页)

7月11日　读 Fosdick's *The Second Mile*。作成《辛亥五月海外哭乐亭程君》：

1911年　辛亥　宣统三年　20岁

人生趣其终,有如潮趣岸。去日不可留,后澜(去声)催前澜。忽焉而襁褓,忽焉而童卯。逡巡齿牙衰,稍稍须鬓换。念之五内热,中夜起长叹。吾生二十年,哭友已无算。今年覆三豪(粤乱,吾友二人死之,与乐亭而三也。山谷诗云,"今年鬼祟覆三豪"),令我肝肠断!于中有程子,耿耿不可澴。挥泪陈一词,抒我心烦惋。惟君抱清质,沉默见贞干。贱子亦何幸?识君江之畔。于今且三岁,相见亦殊罕。相逢但相向,笑语不再三。(与君交数年,闻君语未及百语也。)似我澹荡人,望之生敬惮。方期崇令德,桑梓作屏翰。岂意吾与汝,生死隔天半!兰蕙见摧残,孤桐付薪爨。天道复何论,令我皆裂肝!去年之今日,我方苦忧患:酒家争索逋,盛夏贫无幔;已分长沦落,寂寂老斥鹦。君独相怜惜,行装助我办。资我去京国,遂我游汗漫。一别不可见,悠悠此长憾!我今居此邦,故纸日研钻。功成尚茫渺,未卜雏与鷃。思君未易才,尚如彩云散。而我独何为?斯世真梦幻!点检待归来,辟园抱瓮灌。闭户守残经,终身老藜苋。(胡适致许怡荪函,编号28)

7月12日　上课。读 H. Begbie's *Twice-born Men*。作成《程乐亭小传》,并函寄许怡荪,程传云:

……君程姓,名干丰,居绩溪十一都之仁里。其先代以服贾致富,甲于一邑,累叶弗坠。父松堂先生,敦厚长者,好施而不责报,见侵而不以为忤,当国家初废科举,即出资建思诚学校,近又建端本女学,以教育其乡之子女,吾绩风气之开,先生有力焉。君为人少而温厚,悱恻有父风,为思诚校中弟子,与其弟三四人晨趋学舍,皆恂恂儒雅,同学咸乐亲之。日夕罢学,则与同学胡永惠、胡平及其诸姑之子章洪钟、章恒望数人促膝谈论,以道义学行相砥砺。

君深于英文,尤工音乐,同学有所质问,辄极其心思为之讲解,往复晓谕,不能自已,盖其爱人之诚,根于天性如此。既卒业,而有母丧。后半载,始与其友数人入金陵某校;旋去而之上海,读书于复

旦公学。

　　君既遭母丧，意气即惨然弗舒，至是益憔悴，遂病。而读书仍不少辍，尝曰："为学宜猛进，何可退也？"至庚戌之夏日，益不支，家人乃促之归。归未一年而死。年二十一。君生平笃于朋友恩谊，其卒也，同学皆哭之如手足云。胡适曰："呜呼！余识乐亭在戊己之际，已丧母矣，形容惨悴，寡言笑，嗣后虽数数相见，其所与吾言才七八十语耳，盖其中怀惨痛有难言者，不知者以为乐亭矜重难合，而乌知此固前数年沉毅佳侠抵掌谈论不可一世之少年耶！"许怡荪曰："呜呼！余与乐亭六载同学，相知为深，孰谓乐亭之贤而止于此！夫以乐亭与其尊甫之恻怛好义，天不宜厄之，而竟死，可伤也！"胡适曰："许君之言诚也。"遂以为传。（胡适致许怡荪函，编号28）

7月13日　上课。读《陶渊明诗》一卷。（《胡适留学日记》第一册，58页）

7月14日　化学第一小试。读拉丁文。夜游公园，因天雨避入舞厅内。是为胡适见跳舞之第一次。（《胡适留学日记》第一册，58～59页）

　　按，胡适藏书中，有一本 The Foundations of Latin（by Charles E. Bennett.—Boston and Chicago: Allyn and Bacon, 1903）。扉页有题记："S. Hu, July, 1911. Ithaca, N. Y.. 边立著《拉丁文法》，适之。"（《胡适研究通讯》2016年第4期，21页）

7月15日　读拉丁文。读《谢康乐诗》一卷。作书寄友人。夜赴暑期学生之欢迎会。（《胡适留学日记》第一册，59页）

7月16日　游湖上别墅。读拉丁文。（《胡适留学日记》第一册，59页）

7月17日　上课。化学试卷得百分。读拉丁文。（《胡适留学日记》第一册，59页）

7月18日　上课。作化学算题。夜听 Prof. Sprague 演说 "Milton"。（《胡适留学日记》第一册，59页）

7月19日　上课。"偶与沈保艾谈，以为吾辈在今日，宜学中国演说，其用较英文演说为尤大，沈君甚以为然，即以此意与三四同志言之，俱表同意，决于此间组织一'演说会'。"(《胡适留学日记》第一册，60页）

7月20日　上课。写化学讲义。(《胡适留学日记》第一册，60页）

同日　胡母谕胡适，告家中大小俱各平安，嘱胡适在饮酒方面要谨慎等。(《胡适遗稿及秘藏书信》第22册，39～40页）

7月21日　化学第二小试。是夜胡适邀演说会同志聚会，议进行大旨。打牌。(《胡适留学日记》第一册，60页）

7月22日　往照相馆摄一小影。打牌。读美国短篇名著数种。(《胡适留学日记》第一册，60页）

7月23日　晨10时，康奈尔中国演说会第一会，胡适演说"演说之重要"。是日有参观者六七人。(《胡适留学日记》第一册，60页）

7月24日　上课。打牌。演化学算题。(《胡适留学日记》第一册，61页）

7月25日　上课。作书复叶德争。打牌。(《胡适留学日记》第一册，61页）

7月26日　上课。演化学算题。(《胡适留学日记》第一册，61页）

同日　郑仲诚致函胡适，提到欲投考北洋大学，勉励胡适以博士学位为目标。(《胡适遗稿及秘藏书信》第39册，137～140页）

7月27日　上课。写化学讲义。(《胡适留学日记》第一册，61页）

7月28日　化学第三小考。(《胡适留学日记》第一册，61页）

7月29日　读《马太福音》。读 Samuel Daniel 情诗数章。打牌。(《胡适留学日记》第一册，61页）

7月30日　演说会第二次会，胡适主席。(《胡适留学日记》第一册，62页）

7月31日　上课。演算题。(《胡适留学日记》第一册，62页）

8月

8月1日　上课。读 George Eliot's *Silas Marner*。(《胡适留学日记》第一册，62页）

8月2日　读 Silas Marner，认为"此书虽亦有佳处，然不逮 The Mill on the Floss 远甚"。(《胡适留学日记》第一册，62页)

8月3日　读 Silas Marner 之第十二回 "The Discovery of Eppie"。(《胡适留学日记》第一册，62页)

8月4日　化学第四小考，极不称意。打牌。(《胡适留学日记》第一册，63页)

8月5日　打牌。(《胡适留学日记》第一册，63页)

8月6日　演说会第三次会，胡适演说"祖国"。(《胡适留学日记》第一册，63页)

8月7日　上课。(《胡适留学日记》第一册，63页)

8月8日　上课。今日读 Silas Marner 毕。作家书。作书与胡近仁。(《胡适留学日记》第一册，63页)

8月9日　演算题。(《胡适留学日记》第一册，64页)

8月10日　上课。爱国会举胡适为主笔。(《胡适留学日记》第一册，64页)

同日　胡母谕胡适，述家中拮据情形，"汝在外面学中，公家所入旅学之款，究意每月除去房食一切当需之项"，果有盈余望汇寄若干来家应用。待胡绍之有款寄来，可止寄。胡传一生行述，今托胡昭甫拟好，胡星五传述，前胡思聪抄录后寄示一阅。希望胡适作书致谢。宗祠、修谱之事因嫡庶相争几乎半途而废，今幸节甫公特来里劝息，其事大约十月廿六日完结。"《图书集成》守焕侄当在可与不可之间，且吾家现在并无闲款以购其物，此事可暂置之勿论耳。"(《胡适遗稿及秘藏书信》第22册，41～43页)

8月11日　上课。下午晤 Brown 君夫妇。(《胡适留学日记》第一册，64页)

8月12日　读狄更斯《双城记》。(《胡适留学日记》第一册，64页)

8月13日　演说会第四次会，胡适演说"克己"。该会自下星期起暂停。韩安(字竹平)自西方来，以爱国会事，周游东方诸校。温化学。(《胡适留学日记》第一册，65页)

1911年　辛亥　宣统三年　20岁

8月14日　化学大考。读《双城记》。(《胡适留学日记》第一册，65页)

8月15日　上课。读《双城记》完。韩安来谈甚久。学生会特别会，为爱国会事也。(《胡适留学日记》第一册，65页)

8月16日　今日为暑期学校课最末一日。(《胡适留学日记》第一册，65页)

8月17日　读爱麦生文（Emerson's Essays）。读《五尺丛书》中之 Tales，"此书如吾国之《搜神》《述异》，古代小说之遗也"。(《胡适留学日记》第一册，66页)

8月18日　读马可梨（Macaulay）之 History 及 Johnson。打牌。(《胡适留学日记》第一册，66页)

8月19日　读密尔顿（Milton）之《快乐者》。与魏作民诸君游湖上别墅。(《胡适留学日记》第一册，66页)

按，是年8月胡适读 Milton 的 Minor Poems，有笔记，现存中国社科院近代史所"胡适档案"中，卷号 E-62，分号1。

8月20日　下午独游 Cascadilla 谷。读密尔顿之《快乐者》及《沉思者》。(《胡适留学日记》第一册，67页)

8月21日　读密尔顿稍短之诗。下午至藏书楼作《康南耳传》。(《胡适留学日记》第一册，67页)

8月22日　作《康南耳传》毕，凡五六千言。(《胡适留学日记》第一册，67页)

8月23日　下午，与同居诸人泛舟湖上。夜打牌。(《胡适留学日记》第一册，67页)

8月24日　打牌两次。读密尔顿小诗。(《胡适留学日记》第一册，67页)

8月25日　作《康南耳传》结论，约300字，终日始成。打牌。(《胡适留学日记》第一册，68页)

8月26日　读德文诗歌 Lyrics and Ballads。打牌。(《胡适留学日记》第一册，68页)

8月27日　金旬卿来，谈其纽约旅行事。与王益其谈气象学建设事。(《胡适留学日记》第一册，68页)

8月28日　拟于明日起著《德文汉诂》一书，以赡家。读 Lyrics and Ballads。(《胡适留学日记》第一册，68页)

8月29日　晨读王安石《上仁宗皇帝言事书》，喜其议论之深切著明，以为《临川集》之冠。访 Prof. Wilson，承其导观气象所（Weather Bureau）一切器械。夜读 King Lear。(《胡适留学日记》第一册，69页)

8月30日　打牌。读 The Tempest。(《胡适留学日记》第一册，69页)

8月31日　上午，访王益其。(《胡适留学日记》第一册，69页)

9月

9月1日　理什物。读 Macbeth 毕。(《胡适留学日记》第一册，69页)

9月2日　被举为赔款学生会中文书记，并兼任会报事。读 Dryden's All for Love 毕。(《胡适留学日记》第一册，70页)

9月3日　读仲马小说。改《康南耳传》结论。打牌。(《胡适留学日记》第一册，70页)

按，胡适作《康南耳君传》发表于1915年3月《留美学生季报》春季第1号。1962年2月7日在美国的任以都将此影印本寄给胡适。胡适重读了一遍，改正了十五六处。(台北胡适纪念馆藏档，档号：HS-NK05-177-001，HS-NK05-177-002，HS-NK05-177-003)

9月4日　今日为劳动节（Labor Day）。打牌。(《胡适留学日记》第一册，70页)

9月5日　读小说。打牌。与金涛谈，相戒不复打牌。(《胡适留学日记》第一册，71页)

9月6日　迁居世界学生会所。(《胡适留学日记》第一册，71页)

9月7日　得马君武函，知杨笃生投海殉国。译 Heine 小诗一首。(《胡

适留学日记》第一册，71页）

9月8日　复函马君武。读《荀子》一卷，小说一卷，陶诗数首。写去国后之诗词《天半集》。（《胡适留学日记》第一册，72页）

9月9日　读《荀子》第二卷。读 The Fortunes of Nigel，小说也。与匈牙利人 A. Janitz 谈。预备明日演说。（《胡适留学日记》第一册，72页）

同日　郑仲诚致函胡适，谈入北洋大学就读状况及自己读书计划。（《胡适遗稿及秘藏书信》第39册，141~145页）

9月10日　演说会第五次会，胡适演说"辩论"。与诸君讨论下次辩论会择题事。读《荀子》半卷。读 The Fortunes of Nigel。（《胡适留学日记》第一册，72页）

9月11日　读 The Fortunes of Nigel 毕。（《胡适留学日记》第一册，72页）

9月12日　至车站迎陈钟英。同来者4人：裘维莹、杨孝述、章元善、司徒尧。与陈钟英及诸人闲谈终日。（《胡适留学日记》第一册，73页）

9月13日　读《荀子》半卷。夜开欢迎会，欢迎新来诸君。（《胡适留学日记》第一册，73页）

9月14日　与陈钟英诸人闲谈，又同游农院。（《胡适留学日记》第一册，73页）

9月15日　读 The Man in the Iron Mask。（《胡适留学日记》第一册，74页）

9月16日　读小说。与陈钟英往见注册主任 Hoy。夜与陈钟英闲步至 Happy Hour 看影戏。（《胡适留学日记》第一册，74页）

9月17日　演说会第一次举行辩论，题为"中国今日当行自由结婚否？"。胡适为反对派，以助者不得其人，遂败。读小说。（《胡适留学日记》第一册，74页）

同日　胡母谕胡适，希望胡适嗣后每月务须发信两次，万不可少。照片自出洋至今未得一片，每年上下两季须各拍一张。胡传传述并星五公事迹前已抄录寄美，望胡适致函胡昭甫申谢。胡觉至申已久，今已月余未有信来，实为记念。家用极为拮据，前函着胡适若有盈余望酌量汇寄，谅已

149

筹度，念念。宗祠族谱将次印成，转瞬十月廿六日将至，一切用度须提前准备。交秋后雨水太多，加以天气过凉，收成必致减。又嘱胡适慎重交友。（《胡适遗稿及秘藏书信》第 22 册，44～46 页）

  9 月 18 日 读小说。作书。读《荀子》。购 C. Lamb 尺牍二帙读之。（《胡适留学日记》第一册，74 页）

  9 月 19 日 读 Lamb 尺牍。删定《气候学论》。下午往观 Ithaca Fair。（《胡适留学日记》第一册，75 页）

  9 月 20 日 作家书。（《胡适留学日记》第一册，75 页）

  9 月 21 日 读《荀子》。下午至 Fair 观飞行机。（《胡适留学日记》第一册，75 页）

  同日 汪孟邹复函胡适，云：

>   自去冬接函，旋复一函后，迄今未通一问……日前各报所登留学美国农科裘昌运家书一通，说农务处颇详。举凡耕种收获，一切无不各有机器，割麦机日可割五十亩之多，别机利便，亦可想见。且价并不太昂……闻之神往者久之。望兄详以告知，如有的确合用于吾国之机，而价又不甚昂者，希各择要索取样本寄来，以便商诸里中自治公所，汇款托办，至盼至感。我国农务应参以新法，而据学自日本农科友人，则谓日本此科甚为幼稚，西欧各国则地土又各不相同，适合于吾国施之而无碍者惟美。拟请吾兄择二三友人于有暇之时编辑农务各书，务求切实可用，将于上海印行。至印行之费与其事务，则由我社担任，其利益则斟酌支配之。（《胡适遗稿及秘藏书信》第 27 册，250～253 页）

  9 月 22 日 读 Sophocles'（希腊人，495～406 B. C.）*Oedipus the King* 一剧。读《荀子》。（《胡适留学日记》第一册，76 页）

  同日 胡适将新迁之居——"世界学生会房屋"之图与康奈尔大学风景图两种邮寄母亲。（《胡适遗稿及秘藏书信》第 21 册，83～84 页）

  9 月 23 日 上午拍球；下午预备演说，定下学期课程。（《胡适留学日记》

第一册，76页）

同日　胡母谕胡适，收到8月16日函，知胡适平安，甚为欣慰，希望胡适寄照片。又谈及今年大雨过多（百年未遇），禾苗受伤，收成必减。若有余款当寄回供家用。（《胡适遗稿及秘藏书信》第22册，47～48页）

9月24日　读《马太福音》两卷。（《胡适留学日记》第一册，76页）

9月25日　在藏书楼阅书，为作《本校发达史》之材料。（《胡适留学日记》第一册，76页）

9月26日　至藏书楼读书。作校史第一章未成。致函梅光迪。M. B. Haman、Felix Kremp来谈。（《胡适留学日记》第一册，77页）

9月27日　注册。下午作校史第一章成。购读 Henry George's *Progress and Poverty*。（《胡适留学日记》第一册，77页）

9月28日　以昨夜腹痛，看医生。今日为上课之第一日，休曼校长演说。（《胡适留学日记》第一册，77页）

9月29日　仍腹泻。上课。夜读 Wordsworth's *Tintern Abbey*。（《胡适留学日记》第一册，78页）

9月30日　上课。听 Prof. Strunk 讲 *Tintern Abbey*。（《胡适留学日记》第一册，78页）

同日　梅光迪复函胡适，纵论秦汉以来之中国学术，又云："迪与足下回国后当开一经学研究会，取汉以来至本朝说经之书荟萃一堂，择其可采者录之，其谬妄者尽付之一炬。而诸经尤以己意参之，使群经皆可用；次第以及诸子百家，务使学而即用，不仅以注解讲说了事。如曲礼，当使学校中用为德育教科，实行演习，推而及于社会，有不遵者即为人所不齿。其余冠婚丧祭乡饮酒养老，及学校制，皆可实行。射礼，可易以兵操剑术拳法，名异而实同。此事若办到，吾恐欧美文明又差我一等耳。"又借颜习斋、李恕谷之书与胡适。又云："……迪治中学，欲合经史子词章为一炉，治西学合文学、哲学、政治为一炉。来书所云，固已先得我心也。天下事须认真题目，今日国人无论为学为国皆错认题目，虽有班马之才，亦作不中题之文耳。不能与足下聚首，大为憾事。迪了［孑］然一身，彷徨无所依，私

心症结欲诉诸左右者，非笔墨所能尽，明年暑假定当来足下处一游，想足下不我拒也。盘、沈二君皆已识，中人在此者不下三十余，求其狂妄如足下万一者竟不可得。盖如足下之狂妄，正所谓梦梦我思之者也……"（《胡适遗稿及秘藏书信》第 33 册，387～395 页）

10月

10月1日　至 Sage Chapel 听 Anderson 讲道。读 Wordsworth 诗。（《胡适留学日记》第一册，78 页）

10月2日　听 Prof. Northrop 讲英文，谓欲作佳文，须多读书。（《胡适留学日记》第一册，79 页）

10月3日　得梅光迪所寄《颜习斋年谱》，"读之亦无大好处"。（《胡适留学日记》第一册，79 页）

10月4日　上课。读 Wordsworth 诗。（《胡适留学日记》第一册，79 页）

10月5日　上课。读 De Quincy's *On The Knocking at the Gate in Macbeth*。（《胡适留学日记》第一册，79 页）

10月6日　今年每日俱有实验课。自今日为始，辍读演说及英文诗二课，而留英文散文一科。（《胡适留学日记》第一册，80 页）

同日　胡母谕胡适，告收到照片，外祖母甚高兴。来函所云月中当寄美金卅元约英洋 80 元回家，想此款现在必已寄在途中。今年家用所以急迫，实因胡觉自三月中回申之后至今未曾寄款回家。所以前二次家书中均令酌量以速筹寄应用。惟积年家用拮据，前寄美金之数约核所需不过勉敷开支而已，今约定嗣后每年需寄洋 200 元，万不可少。如胡觉日后得事有家用寄来，再行停止。又谕胡适：在外，公家所入之款要用者固不能省，但不可再如前之散漫，当撙节。又谈及胡觉在上海痔疾严重，用去洋数百元等情。（《胡适遗稿及秘藏书信》第 22 册，49～52 页）

10月7日　上课。下午看影戏。夜学生会第一次会，新职员为金涛、刘仲端、林亮功、程义藻等。会毕访邹树文。（《胡适留学日记》第一册，80 页）

1911年　辛亥　宣统三年　20岁

10月8日　"未读一书，未作一事。"（《胡适留学日记》第一册，80页）
同日　梅光迪复函胡适，论学：

……细观尊意，其回护程朱与诋毁习斋处，皆强词夺理，不能道其所以然。如习斋言行皆甚鄙陋，不知足下何所指？且即习斋一生言行观之，其不合于圣人之徒者亦鲜矣。其万里寻亲骨，则为孝子；其不事科举，则为高士……其慨念种族不忘故国，则无愧于亡明遗老；至其讲经济政治亦不让同甫、介甫。

足下谓习斋居敬工夫与宋儒无异，此则正所以为习斋。盖居敬之学非程朱倡之为圣学者，无不如是也。且程朱居敬与习斋亦大有迳庭。程朱居敬，乃半日静坐，半日读书；冥目打坐，活现一个老衲样子。足下以为冥目静坐，亦孔子之所谓居敬，大学之所谓正心诚意乎！

足下又谓六艺非孔子所创，乃古者人人所必需之学，是固然矣。又谓自秦火后，六艺久亡，程朱不言及此，非程朱之罪；习斋之为此，适见其陋。迪则谓孔子集群圣之大成，诸经多其手订，又为教育大家，故凡古人学术，吾辈皆推本于孔子，亦何不可；且六艺之教具在经书，非失传也。……

足下又谓习斋所传授如拳法、兵法、天文、地理、水学、火学，似程朱所不及；然此种学问非一人所能传授，其所传授仍不外乎纸上空谈，云云。自程朱以诵读章句为儒，此种学问已视为非儒者分内事。习斋痛诵读章句之为腐儒，不足为世用，故慨然肩此重任。凡古者儒者所当为之事，习斋皆为之。虽其所得不可谓精深，然当时师友甚少，罕可与共学者；又一人精力有限，若所谓纸上空谈者，不知何所指？足下以为凡一种学问必须见诸世用，始不得谓之空谈乎！则孔子仆仆一身，终无所遇，吾人今日所知于孔子者，亦不过几篇鲁论及手订之经书，亦纸上空谈耳。

足下谓朱注为千古第一伟著，足下徒排斥汉儒说经而推尊晦庵。迪以为晦庵说经之谬误与汉儒兄弟耳。足下何独薄于汉儒而厚于朱子

乎？吾今敢大声疾呼，晦庵实为千古叛圣第一罪魁，其《纲目》尤刺谬不可思议，其知人论世尤荒谬绝伦。……

足下推尊同甫、介甫而独毁习斋，夫此三人者固相似，皆有经世实用之人，皆与晦庵为大敌。知三人之学之有用，则知晦庵之学之无用，二者不可并立者也。

足下又谓习斋读书甚少，特以习斋有减诵读之语，遂以为其束书不观乎。然习斋固博极群书，著作等身者也。其与所往还者，如孙夏峰、王五公、李刚主、王昆绳皆名儒奇士。特以当时信其学者少，故传授不广。门第中能光大其学者，惟刚主，而刚主学力尤伟，著述尤富，当时如方望溪、毛西河皆极推重之。迪观二先生真能直接孔孟，高出程朱万倍。吾辈日日言复古，以为二千年来学者不得古学之用，宋有理学，宋乃亡于异族；有明有理学，有明亦如之。果使冥目静坐之学有用者，其结果当不至如今日。幸有颜李两先生者，推翻伪学以复古为学。今欲以古学救国，舍两先生之学其谁学耶？

足下又谓程朱心性之学为世界哲学之一大派，又谓为人类最高尚之智识。迪窃谓程朱心性之学远不如内典之精，安足言哲学！至其发挥个人道德，正其毒人之原，盖其只顾个人，人我之界太严，而后天下无肯为公共社会办事者矣。

足下又笑《习斋年谱》之文俗不可耐。无论习斋非文学家，且以程朱之语录较之，习斋之文岂不高出彼上乎！足下又谓迪为世俗所渐染，遂屏程朱之书勿书，此亦迪所不能心服者。……

迪所谓程朱冥目静坐非圣学者，非谓吾人不学程朱即可放荡恣纵，不以居敬为事，不以正心诚意为事也。特以吾人居敬与正心诚意工夫当学孔孟，不必半日读书半日静坐，养成槁木死灰之人也。迪"呶呶不休"，冒渎左右固知罪矣；然揣足下之意，不肯纳吾言者，母〔毋〕以足下素为程朱，不肯一旦舍此而就彼乎？《李先生年谱》及《瘳忘编》即行奉上，乞足下平心静气观之，求两先生与程朱异同之故，再以孔子之说正之，或不至将两先生学说一概抹杀也。

所示学诗之法，谢谢。足下视迪不以寻常之交，极所感激；惟以区区之所贡于足下者，方谓获我同情，为吾人讨论中一段佳话，将来为祖国学术史上添一新公案，而足下以一笔抹杀之，是则私心之所不甘者也……(《胡适遗稿及秘藏书信》第33册，313～322页)

10月9日　上课。读Burke's *The Age of Chivalry is gone*！写地质学报告。(《胡适留学日记》第一册，80页)

10月10日　上课。下午地质学野外实习。读Thackeray's *Roundabout Papers*。(《胡适留学日记》第一册，81页)

10月11日　上课。夜，世界学生会常会，有人提议宾客不宜太滥一事。(《胡适留学日记》第一册，81页)

10月12日　上课。闻武昌革命军起事。(《胡适留学日记》第一册，81页)自是日起，日日关注武昌起义消息。

10月13日　作英文记一篇。上课。(《胡适留学日记》第一册，81页)

10月14日　上课。种果学野外实习。(《胡适留学日记》第一册，82页)

10月15日　康福（Prof. Comfort）有《圣经》课。(《胡适留学日记》第一册，82页)

10月16日　上课。夜，温习地质学与化学。(《胡适留学日记》第一册，82页)

10月17日　上课。地质学小试。化学小试。下午地质学野外实习。(《胡适留学日记》第一册，82页)

10月18日　上课。致函康奈尔大学图书馆馆长Harris，论添设汉籍事。(《胡适留学日记》第一册，83页)

10月19日　上课。(《胡适留学日记》第一册，83页)

10月21日　下午至Percy场观康奈尔大学与Washington和Jefferson College比球。(《胡适留学日记》第一册，83页)

10月22日　演说会开会，胡适演讲Ezra Cornell之事迹。经课，Prof. Comfort主讲。(《胡适留学日记》第一册，83页)

10月下旬　胡觉复函胡适,喜告武昌起义后国内响应之大好形势。(《胡适遗稿及秘藏书信》第22册,611页)

按,稍后,胡觉又致一函与胡适,谈武昌起义后形势:武昌革党于上月十九起事,新军响应,占据省城,总督潜逃,汉口、汉阳均为所得,举动极为文明,各国钦佩,声明愿守中立。又谈及清政府起用袁世凯征调大军与起义军决一雌雄。又谈及南方各埠平静如常等。(《胡适遗稿及秘藏书信》第22册,616～617页)

10月23日　作一写景文字。温种果学。(《胡适留学日记》第一册,84页)

10月24日　野外实习至南山。(《胡适留学日记》第一册,84页)

10月25日　上课。偶读 Newman 文而喜之。(《胡适留学日记》第一册,84页)

按,胡适藏书中,有一本 Short Story Classics: Volume One, Russian (by William Patten. —New York: P. F. Collier & Sons, 1907)。扉页有题记:"《短篇小说汇刻》俄国之部第一。"(《胡适研究通讯》2016年第4期,23页)

10月26日　上课。至花房(Green House)实习。(《胡适留学日记》第一册,85页)

10月27日　致函林恕。(《胡适留学日记》第一册,85页)

10月28日　夜赴学生会,归赴世界学生会 Smoker ("Smoker"者,无女宾,可以饮酒、吸烟,故名)。(《胡适留学日记》第一册,85页)

10月29日　赴康福之经课。下午有辩论会。夜作植物生理学报告。(《胡适留学日记》第一册,85页)

10月30日　胡适日记有记:

今日为重九,"天涯第二重九"矣。而回首故国,武汉之间,血战未已;三川独立,尚未可知;桂林长沙俱成战场;大江南北人心皇皇不

自保：此何时乎！（《胡适留学日记》第一册，85～86页）

11月

11月3日　胡觉致函胡适，谈辛亥革命后国内最新形势，"大局现悬于袁氏一人之手，举足便有轻重，不知袁氏心将谁居？"又云：

  余居租界，固可无虑，惟经济问题，最为困难耳。余去岁所得，今夏至申，闲居已久，加以妾母病亡，及痔疾剧发，一切日用及殡敛医药之费，已耗去一千八百余元，故目下拮据异常。值此时局，借贷无门，典质十文不值一文，真无可奈何！家中屡嘱寄洋（今岁祠堂落成，故用费较大），实无以应。望弟在美一切费用，极意节省，十二月前须汇美洋二百元至申……以便转寄至家，庶可支持，否则将成饿莩。如感一时难以凑足此数，或向友人暂移应急，亦权宜之一端。因中国遭此时局，余又连出变故，以致无可设法，因以增弟之累，否则余断不出此。惟愈速愈好，千万勿延。

  大兄不听余言，与明侄尚居汉口，自北军战胜楚戮后，人民被其荼毒者，不知凡几，刻尚无音信，不知存亡，心殊忧急……

  时艰远隔，悬想愈为深切，惟望善自珍摄，以为家门之砥柱，不胜幸甚……（《胡适遗稿及秘藏书信》第22册，578～579页）

11月6日　胡适致马君武一明信片，云：

君武足下：

  祖国之乱已不可收拾矣。此邦舆论多右民党，以此邦来自由之邦，故尔尔也。欧洲各国舆论如何？兄现尚游历否？久不得书，想甚忙碌。弟今年亦甚忙，日来以故国多事，心绪之乱不可言状，如何！如何！草草奉白，即祝无恙。

弟　适　顿首

（张伟：《满纸烟岚》，上海教育出版社，2007年，9页）

按，此函承吴元康先生提供，谨此向吴先生表示诚挚谢意。

11月17日 胡觉致函胡适，谈近期辛亥革命后国内最新形势。又云自己被举为司法部文牍员，近改为典狱长。大兄现避居武昌，自北军战胜后，汉口全市被焚，两仪栈亦在劫内。"前嘱寄洋至家一层，实处万难之地，否则断不忍言以增弟累。现接家书，知弟前已寄出美金卅元，若是，则再寄三四十元，已可敷用。"（《胡适遗稿及秘藏书信》第22册，612～615页）

11月23日 梅光迪复函胡适，云：

来书所言极是，足下既以为吾两人所争非重要，自此可不必争矣。然迪仍有数语欲贡诸左右，非敢言争也，寸衷之所执欲就有道君子以商可否耳。

正心诚意之学，迪无间然，即证之西人学说，亦若合符节。然正心诚意在致知格物，非冥目静坐之谓也。心不必强使之正，意不必强使之诚，只须致知格物，而自收正诚之功矣。致知格物泛言之，如为君者，日思所以治国利民之道，己饥己溺，不使一夫不获其所，则为君者之心自然正，意自然诚矣。他如为子者，日思所以事亲之道，为父者日思所以教子之道，亦莫不然。即如足下治农学，日在试验场中较量种植之品，考查肥料之功用，是足下之致知格物也，即足下之正心诚意也。盖心中不能无事，时时有正当之事牵住，一切邪念妄念自不得而生。西人正心诚意之学多主此说。……

恕谷专以孟子"必有事焉"一语为正心诚意工夫，与西人之说正合。颜李与程朱之不同处即在此，程朱之正心诚意与《大学》不合者亦在此。必循程朱之法静坐观心，是以心中无事为主。……颜李学说独得先圣精髓而与西人合，其所常称道者，如视思明听思聪等语，今日西人之所以强盛者岂有外乎此哉？……迪窃谓颜李之能坐言起行与否不得而知，至以其书与其修己功夫论之，三代后似未有第三人也。

迪非欲与足下辨，特以所见如此，望足下一为定其是非得失耳。(《胡适遗稿及秘藏书信》第33册，327～333页)

11月25日　胡母谕胡适，胡传传述前稿决计不刊，而以胡近仁另撰稿刊入宗谱。武昌起义后，胡家在汉口之两仪栈在九月十二日被焚，"稼男与明孙只空手逃出，现耽搁在鄂城……"，甚为胡耕云日后生计忧虑。"据尔闰月来信云下月拟汇家用之说，家中极望款到……嗣后尔在外所入公家之款，一切除费用外，其余酬应总以节省以顾家需为第一要义。盖因尔二兄今年在申赋闲日久，毫无出息，以致分文未寄家用，故家中殊为拮据耳……"家中人俱平安。(《胡适遗稿及秘藏书信》第22册，53～56页)

12月

12月3日　胡母谕胡适，告汇款45元已寄到。胡绍之在上海县署民国军政府得一职位，每月仅洋30元。胡耕云、胡思明父子已到上海……(《胡适遗稿及秘藏书信》第22册，57～58页)

12月10日前后　胡觉复函胡适，谈及武昌起义后国内形势：除直隶、山东、河南以外，均为民军所控，本月13日南京收复。汉阳为北军所夺，各省多派军士往援武昌。又以武昌的军事形势为忧，因倘若武昌失守，则各省之民军必然气馁。民军各省纷告独立，而无统一之机关，各省各自为政，外人亦无从承认。长兄胡耕云偕胡思明逃至武昌，一身之外，荡然无存。又谈及家用紧迫，希望胡适迅速筹寄："惟年底家用十分紧迫，前嘱筹寄之洋，未知能有此力否？如实无法可想，即作罢论。"又谈及胡适公费问题："现在大局变动，弟虑学费不能继付，此层自在意中。但赔款学生与各省公费学生究有分别。满政府一日未倒，断难置诸不理。即使不幸如弟所虑，窃意，美人好义，必有以处此，断不能任其流落也。惟此乃余之理想。倘竟不然，望弟速付信告知，以便代为另筹方法，千万勿延。海天万里，诸望珍重。"又谈及自己近被荐举为上海审判厅刑厅推事，月薪百元。又虑袁

世凯之异动："袁氏近日之举动，颇有惹人注意之处……使袁氏果有向汉之心，即共和可望。否则，另存野心，欲帝制自为，将来中原之角逐，恐非一二年所能定，而外人必将乘机而起，真可虑也。"又谈及胡传家传事。（《胡适遗稿及秘藏书信》第22册，584～589页）

12月12日　胡嗣昭致函胡适，告月初南京克复，沿江均为汉族所有，九月十八日安庆独立等。（《胡适遗稿及秘藏书信》第30册，516～517页）

12月15日　胡适复函章希吕，云：

……欧美学校谓卒业之日为"Commencement Day"，译言"肇始之日"也。……盖学问无穷，人生有限，终无毕业之期，此校卒业之日，即他种事业肇始之时。卒业之学生，或另入他种更高等学校，或辍学执业谋生养家，其实皆新事业肇始之时也。故不名之曰卒曰毕，而名之曰肇始，此其之意深可思也。今弟卒业在即，卒业之后，倘能再习高等学问，固属佳事，即不能如此，而改就他事，或作教师，或谋公益，亦何尝不可贺乎……天下学问不必即在校舍讲堂之中，不必即在书中纸上，凡社会交际、观人论世、教人授学，治一乡一国，皆是学问也。社会乃吾人之讲坛，人类皆吾人之导师，国家即吾人之实验室也。果能持己以诚，卑以接物，虚怀而受，放眼以观，则何适而非问学，何适而非学校乎？……所以详言之者，诚恐弟问学之心太切，或不作此种观念，故不敢不为弟一陈之耳！

荒陋如适，又久废学，近读怡荪之文，未尝不兴望尘莫及之叹也。来书于海上报纸舞台之盛，颇有微词，适虽不能遍读各报，然于告白栏中，颇能窥见其数之多，又闻京津报纸，亦复如是。以适所见，此种喧轰之气，终不能持久，一二年后，此无数之报馆将一一销声绝迹，其终存者，必一二杰出之报也。此天演淘汰之公理，无幸免者。……（《胡适家书手迹》，46～50页）

12月31日　胡觉致函胡适云，孙中山获选大总统，不愧当今之人杰。但此次选举，于共和之义未能尽符，且清帝尚未逊位，日后之结局实难预料。又云:"孙中山久游外洋,于祖国情形未能十分透彻,将来一切措施与方针,苟有扞格,则受影响甚大也。"又谈及自己已由上海审判厅刑厅推事改为典簿,月薪仅60元。前信嘱胡适寄家用,实为不得已之举,倘在外难为,则不必勉强。又询胡适功课、体气如何,并嘱勤寄家书,等等。(《胡适遗稿及秘藏书信》第22册,580～583页)

1912年　壬子　中华民国元年　21岁

1月1日，中华民国临时政府成立于南京，孙文就任临时大总统。

2月19日，胡适由农科改文科，由康奈尔大学农学院转入该校文理学院。

1月

1月1日　中华民国临时政府成立于南京，孙文就任临时大总统。

1月4日　胡嗣昭复函胡适，谈武昌首义后国内形势，又勉胡适继续在美研究学术等。(《胡适遗稿及秘藏书信》第30册，518～522页)

1月　胡适在 The Cornell Era 发表 "A Republic for China" 一文，大要是：

The New Year bells, as Tennyson sang, did "Ring out the old, ring in the new". Amidst their merry chimes there was brought forth, in the ancient land of China, a republic. Liberty rejoices in it. China's sons are rejoicing in it. Yet the world hesitates to join in our voices of rapture and gratification. There are still sneers and laughter at the idea of a republic for China. It is in the defense of this "chosen music" of Liberty for China that I venture to submit to our American friends a justification of that new birth in China.

The world seems to have the misconception that democracy is entirely a new thing to the Chinese. I call it a misconception because, though China

1912年　壬子　中华民国元年　21岁

has been under monarchical government for thousands of years, still, behind the monarchs and the aristocrats there has been dominating in China, a quiet, peaceful, oriental form of democracy....

...

That the people are to be regarded most has been the essence of the laws of China....

The power of the Chinese rulers has always been limited, not so much by constitutionalism as by the ethical teachings of our sages.... There were ministers and censors to censure, and revolts to dread. Such was the Chinese despotism: such was the democracy or "people's strength" in China.

So much for the past. Now let us look into the China of today. There are on the Manchu throne the baby Emperor, the Regent, and the Empress Dowager. There are numerous Manchu princes who are born nobles and born officials. But among the Chinese there is no class of nobility. There are no princes, no lords, no dukes.... And there is no recognized royal family to set up in place of the departing royal house. Thus, as Dr. Wu further remarks, "with the Manchu throne removed there is left a made-to-order republic".

...

We have thus far seen the impossibility of the establishment of a monarchical government in China today. For several years China has had her provincial assemblies and her national senate. The Chinese have learned to elect representatives. They now decide to have a republic. Their decision is a wise one, for the world is tending toward democracy.... China simply responds to the world's mighty, irresistible call. She has rung the first bell of Liberty in that great continent: of Asia....（周质平编：《胡适英文文存》第 1 册，台北远流出版事业股份有限公司，1995 年，6～8 页）

按，此文又收入胡适著、周质平编《胡适英文文存》第 3 册（外语教学与研究出版社，2012年，1～5页）。该书有中文提要如下：

在辞旧迎新的新年钟声中，胡适思考中国的命运。他认为民主在中国思想文化传统中源远流长，对中国而言并非新生事物；呼吁顺应世界潮流，在中国建立民主共和国。（该书第1页）

又按，本谱后文引用周质平先生编的《胡适英文文存》，凡引自1995年台北远流出版事业股份有限公司的，简称"远流版"，凡引自2012年北京外语教学与研究出版社的，简称"外研社版"，以示区别。

同月　Lyman Abbott 赠送其著 *In Aid of Faith*（by Lyman Abbott—New York: E. P. Dutton & Company, 1886）与胡适，并题记："Mr. S. Hu, with regards of his friend Lyman Abbott, Jan., 1912."（《胡适研究通讯》2016年第4期，23页）

2月

2月16日　梅光迪致函胡适，谈及：

足下论程朱极合吾意。孔子之学无所不有，程朱仅得修己一面，于政治伦理各方面似多误会。故自宋以后，民生国计日益凋敝，社会无生气，书生无用，实程朱之学陷之也。足下论阳明极透澈，论大同小康亦详尽，论孔子不论来世谓其诚实，尤令吾叹赏。可见其他宗教家专以天堂地狱惑人，乃骗子耳。迪近日稍读哲学之书，以孔子与他人较，益信孔子之大，以为此老实古今中外第一人。吾辈论一事当求其原，如吾国迷信祭祀之俗，在今日已流弊太深，然试推古人立法之意，实有极深哲理，在拙作颇详言之，不知足下以为何如？

…………

……吾最爱之适之，责任何等重大，将来转移一世之风气，振起一世之人心，吾能执鞭以从适之后，有荣多矣。

……迪甚厌此间，决于秋间他去，拟于中美各校中择一中人稀少之地。足下若来此，迪甚不赞成。此间哲科平常，政治科亦无起色，惟计学科甚好。又费用甚繁，不减东方中人庸妄者太多。足下来中美不必来此，最好是芝加哥，该校学科皆远出此间，费用亦相等。迪或于秋间往芝加哥习群学，否则亦必择一距芝加哥不远之处。足下若西来，明年此时吾二人不患不能常常相见……（《胡适遗稿及秘藏书信》第33册，341～353页）

2月19日　胡适由康奈尔大学农学院转入该校文理学院。（《胡适与韦莲司：深情五十年》，13页）

3月

3月5日　梅光迪复函胡适，谈到胡适的日记、函、片均收到。极赞成胡适改科，认为胡适属"稼轩同甫之流"，勉胡适将来在中国文学史上开一新局面，"足下之改科乃吾国学术史上一大关键"。又谈及自己的治学心得与求学计划。（《胡适遗稿及秘藏书信》第33册，334～337页）

3月7日　梅光迪复函胡适，对某报所报道留学生意见颇不以为然。认为不应以污蔑祖国名誉来逢迎外人。赞赏胡适将中国学术传播异域。（《胡适遗稿及秘藏书信》第33册，338～340页）

3月11日　胡嗣昭复函胡适，谈及安徽在孙少侯主持下已渐就绪，惟财政困难到极点，所有善后事宜颇难措手，等等。（《胡适遗稿及秘藏书信》第30册，523页）

3月24日　汪孟邹复函胡适，对胡适欲翻译《农学发凡》及组织农事编译社感到高兴：

兄拟译《农学发凡》一书，并拟组织农事编译社，闻之喜极。民国新造，实业必大有可望，但吾国关于实业各书缺少出版，即以农事言之，现仅新学会社一家出有多种，但均译自东籍，据经营农业者云，不甚合用。吾兄与诸君子留美习农，实有编译农书销行本国之责

任。加以吾兄英汉文并佳，不惟畅发所学，炼意所译各书当以浅近易知，切实可行为主。因吾国农业幼稚，无取乎高深也。虫学亦至关紧要，应译若干种为是，至若发行印刷各务，敝社可以担任，可以勿念。昨日邮上群益《英汉词典》一部，至若《农政全书》，已函告敝申社购就即寄矣。(《胡适遗稿及秘藏书信》第27册，255～257页)

4月

4月1日，美国政治社会科学院（The American Academy of Political and Social Science）授予胡适会员证书。(中国社科院近代史所藏"胡适档案"，卷号2385，分号1)

4月11日　胡母谕胡适，谈及收到两次汇款美金60元，不知数目对否。(《胡适遗稿及秘藏书信》第22册，57～58页)

4月19日　胡母谕胡适，谈及：江冬秀旧腊回母家，嘱其今年二月内来，果于上月廿八到宅。询据其母近来身体较前康健，而有前谈迎接之事，今作罢论，准待胡适随后返国再办理。(《胡适遗稿及秘藏书信》第22册，61～63页)

4月30日　胡母谕胡适，谈及：胡嗣稼去秋逃至上海后并未回里，现在汉口借贷开一小酒店，不过勉敷日用，家用竟分文不能顾，胡适若方便能周济其家用则甚善。江冬秀此次来胡家时带来一名使女等。(《胡适遗稿及秘藏书信》第22册，64～69页)

5月

5月19日　胡母谕胡适，谈及：嗣后须要每月寄信两次，举凡起居饮食、每日功课考程、天时年岁均可详写。(《胡适遗稿及秘藏书信》第22册，70～71页)

6月

6月6日　胡适禀母亲，寄上放大照片一张。"儿居此极平安，惟苦甚忙……此外则事事如意……友朋亦日多。此间有上等人家，常招儿至其家坐谈，有时即饭于其家。"白特生夫妇对自己尤好。又云："家中诸侄辈现作何种事业？儿以为诸侄年幼，其最要之事乃是本国文字，国文乃人生万不可少之物，若吾家子弟并此亦不之知，则真吾家之大耻矣。"（《胡适遗稿及秘藏书信》第21册，80～83页）

6月18日　胡母谕胡适：宜常作家书报平安，"约定每月二次，不许再少"；胡绍之年来未寄分文，"家中现在极形迫切"，"盖余每年家用总要洋二百元之左，此款全要坐靠吾男汇来……望见信从速先行汇寄若干"。又谈及胡适参加"世界会"时，"犹宜谦逊，不可满足为是"。又谈到各房人口、亲戚均各平安，江冬秀曾来胡家助忙。乡间有剃发者，学界仍旧，等等。（《胡适遗稿及秘藏书信》第22册，73～74页）

6月21日之前　胡适禀母亲，告大考已毕，暑假中拟稍事旅行，以增见闻。21日拟游"北田"，约住10日可归。7月中当居此。8月十几当往游维廉城，赴中国国学生会大会，归途须至纽约一游。因居美两年，尚未到过世界第一大城纽约。自纽约归时，约在8月之末。9月中当闭户读书，为来年计。开学之期，约在9月月底矣。此邦年假仅有10日，而暑假乃至百余日之久。家中大小现都平安，家用一时尚不能寄，如需钱可暂时挪借，俟自己筹得款时再行寄归。（《胡适遗稿及秘藏书信》第21册，19～22页）

6月22日　胡适禀母亲，昨日抵达北田，拟于此作10日之游，又云：

> 儿前屡次作书，欲令冬秀勉作一短书寄儿，实非出于好奇之思，不过欲藉此销我客怀，又可令冬秀知读书识字之要耳，并无他意。冬秀能作，则数行亦可，数字亦可，虽不能佳，亦复何妨。以今日新礼俗论之，冬秀作书寄我，亦不为越礼，何必避嫌也。（《胡适遗稿及秘

藏书信》第 21 册，22～24 页）

7月

7月24日　胡母谕胡适，略谓：胡嗣稼在汉口开一小酒店，生意极微，勉敷开销，家用久不寄。胡觉今年至今亦洋、信未寄等。又谈及近年雨水充足，可望丰收等。（《胡适遗稿及秘藏书信》第 22 册，77～79 页）

8月

8月17日　胡母谕胡适，叙及家人、亲戚近状颇详，谈及胡适二姊大前年十二月病殁等。（《胡适遗稿及秘藏书信》第 22 册，81 页）

8月31日　胡适禀母亲，介绍绮色佳、大学及凯约嘉湖等。（《胡适遗稿及秘藏书信》第 21 册，30～36 页）

9月

9月4日　胡母谕胡适，关于胡适来函所云在美留学少留一年与多留一年之其中关系甚大一节，"余思此次被选出洋，本属难得之事。今既出洋矣，一转瞬间已逾两载，幸在彼邦服习水土，学业日异日新，此最可喜之事。家中自汝前岁去国后，期望汝归来者当在乙卯之岁；今毕业多留一年既有此天壤问题，则一年之中亦如转瞬之间，又何乐而不为乎！余意如是，仍望汝自为酌定可也"。又谈及胡觉今年至今分文未寄，其昔年在申所纳之妾六月十三日病故，所遗子女 3 人乏人抚养等。（《胡适遗稿及秘藏书信》第 22 册，82 页）

9月25日　入校办注册事。下午，印度人 Setna 君来访。夜，往戏园观南君夫妇（Sothern and Marlowe）演《哈姆雷特》。事后，胡适撰有观此剧之颇详札记。（《胡适留学日记手稿本》之《藏晖日记·留学康南尔之第

三年》，原书无页码）

9月26日　第一日上课：哲学史、美术哲学。下午，旁听 Prof. Burr 之中古史，"甚喜之"。夜译《割地》(即《最后一课》)，未成。(《藏晖日记·留学康南尔之第三年》)

9月27日　上课：伦理学、英文、美术史、中古史。日记又记：

英文课，予初意在学作高等之文，今日上课，始知此科所授多重在写景记事之文，于吾求作论辨之文之旨不合，遂弃去。

美术史一科甚有趣。教师 Brauner 先生工油画，讲授时以投影灯照古代名画以证之。今日所讲乃最古时代之美术，自冰鹿时代（Reindeer Stage，约耶纪元前八九千年）以至埃及、巴比伦，增长见闻不少。(《藏晖日记·留学康南尔之第三年》)

9月28日　上课。致函叶德争。(《藏晖日记·留学康南尔之第三年》)

9月29日　听 H. E. Fosdick 讲经。下午，听 Dr. Moore 演说"青年卫生"。夜译《割地》成，寄叶德争，令载之《大共和》。(《藏晖日记·留学康南尔之第三年》)

按，1958年11月21日胡适给吴相湘的信中说："我在美国留学时，钱芥尘、叶德争曾约我为《大共和日报》寄稿，我因为有养母的需要，故允为寄点翻译的稿子。"(台北胡适纪念馆藏档，档号：HS-NK05-035-003)

9月30日　上课：伦理、美国政治。下午，美国政党。(《藏晖日记·留学康南尔之第三年》)

10月

10月1日　上课：心理学，第一课讲师为心理学巨子 Prof. Titchener。世界大同会总会书记 Louis P. Lochner 自麦狄森来。夜，世界会开会欢迎

Lochner 君，即以送总会长 George W. Nasmyth 往游欧洲。送 Lochner 君登车往纽约。(《藏晖日记·留学康南尔之第三年》)

10月2日　上课。致函郑仲诚。夜至车站送 Nasmyth 夫妇往游欧洲。日记又记：美术哲学科所用书名 *Apollo*，为法人 S. Reinach 所著，记泰西美术史甚详，全书附图600幅，皆古今名画名像之影片，真可宝玩之书也。(《藏晖日记·留学康南尔之第三年》)

10月3日　上课。作学生会会计报告。(《藏晖日记·留学康南尔之第三年》)

10月4日　上课。夜有世界会董事会，作报告。读心理学。日记又记：

……上午有 Prof. N. Schmidt 演说"石器时代之人类"，辅以投影画片，写人类草昧之初种种生活状态，观之令人惊叹。吾人之祖宗，万年以来，种种创造，种种进化，以成今日之世界，真是绝大伟绩，不可忘也。今日大学文艺院特请校中有名之教师四人每星期演讲一次，总目为"文明之史"，自草昧之初以迄近世，最足增人见闻，当每次往听之。(《藏晖日记·留学康南尔之第三年》)

10月5日　上课。下午，拟赔款学生致黄监督书稿一道，金仲藩为写之。夜，学生会选举新职员，胡适被推为书记，辞之。(《藏晖日记·留学康南尔之第三年》)

同日　胡母谕胡适，以胡适在演说中获奖为慰，又勉其"一意上进，不可满足"。关于胡适前来函说得博士学位后归国事，胡母表示：若论自己心意，总望胡适早一年归来俾得早一年相见为是。若论此次出洋受苦，所为乃学业深浅、位之高下。今在美多留少留问题，既有此大关系，以自己决之，似宜以功名位次为重，不必拘之以早归、迟归，失此好机会也。况此事尚早，且至后年再望胡适自为决定，自己不遥制也。家中用度，前曾有信关知，每年非洋二百元不可。今年用款，前接来信云在秋间寄来，现在等需之至，望见信即速筹寄，以应燃眉之急，切勿延误，至要至要。(《胡适遗稿及秘藏书信》第22册，83～85页）

1912年　壬子　中华民国元年　21岁

10月6日　检阅会中所藏旧杂志中所载滑稽画，择其优者集为一编，将为作一文，论"海外滑稽画"，送叶德争发表。午与新西兰人A. McTaggart同出散步。(《藏晖日记·留学康南尔之第三年》)

10月7日　上课。录世界会会员姓名住址录。读Apollo。(《藏晖日记·留学康南尔之第三年》)

10月8日　上课。写会员录。至藏书楼读书。(《藏晖日记·留学康南尔之第三年》)

10月9日　上课。听Oscar Straus演说。下午读书。夜有世界会议事会。(《藏晖日记·留学康南尔之第三年》)

10月10日　上课。日记又记：

今日为吾国大革命周年之纪念，天雨濛笼，秋风萧瑟，客子眷顾，永怀故国，百感都集。欲作一诗纪之，而苦不得暇，志之以写吾悠悠之思云尔。(《藏晖日记·留学康南尔之第三年》)

10月11日　上课。作书致友人。夜读Apollo 10篇。(《藏晖日记·留学康南尔之第三年》)

10月12日　上课。夜与金仲藩访中国来客。日记又记：

得家书……知二哥新丧爱妾，所遗子女数人，无人抚养。吾兄此时处境当有非人所能堪者，作书慰之，并劝其归。写至"羁人游子，百不称意时，当念莽莽天涯中尚有一个家在"一语，不禁凄然欲绝者久之。慈亲许我多留一二年，言期我归在乙卯（1915）。吾前知吾母为天下贤母，吾终留耳。(《藏晖日记·留学康南尔之第三年》)

10月13日　经课第一会，康福先生仍为主讲。下午，往听一人演说。夜，与菲岛友人Locsin往访此间最大写真馆主Robinson，胡适认为他胸襟极恢廓，蔼然可亲。(《藏晖日记·留学康南尔之第三年》)

10月14日　上课。夜，与印度盘地亚君闲谈。忽思著一书，曰《中国社会风俗真诠》，篇目如次：

一、绪论

二、Ancestral Worship

三、Family System

四、Marriage

五、Conservatism

六、Position of Woman

七、Social Ethics

八、The Confucian Ethical Philosophy

九、The Chinese Language & Literature

十、The New China（《藏晖日记·留学康南尔之第三年》）

10月15日　上课。下午至藏书楼读 A. H. Smith: *Characteristics of the Chinese*。夜读 E. A. Ross: *The Changing Chinese*。（《藏晖日记·留学康南尔之第三年》）

10月16日　上课。 读 Paul. S. Reinsch: *Intellectual and Political Currents in the Far East*。（《藏晖日记·留学康南尔之第三年》）

10月17日　上课。夜，往听此间进步党演说大会，有 Judge Hundley of Alabama 演说。（《藏晖日记·留学康南尔之第三年》）

10月18日　上课。往听 Prof. Sill 演说 "The Civilization of Crete"。下午往听 Dr. Johnson 奏风琴。夜，出席世界会董事会。（《藏晖日记·留学康南尔之第三年》）

10月19日　上课。郑莱自哈佛来。下午作文，未成。夜有世界会 "Smoker"，来者甚众。（《藏晖日记·留学康南尔之第三年》）

10月20日　晨与郑莱同出访友。 赴康福先生经课。夜读报。作一报告论上两星期中美国三大政党之竞争。（《藏晖日记·留学康南尔之第三年》）

10月21日　上课。夜赴理学会听人讲"债负之道德"，甚得益。（《藏晖日记·留学康南尔之第三年》）

10月23日　上课。下午下山听共和党政谈会，有共和党候选纽约省长

Job E. Hedge 演说。写信。(《藏晖日记·留学康南尔之第三年》)

10月24日　上课。日记又记：

> 自警曰：胡适，汝在北田对胡君宣明作何语，汝忘之耶？汝许胡君此后决不吸纸烟，今几何时，而遽负约耶？故人虽不在汝侧，然汝将何以对故人？故人信汝为男子，守信誓，汝乃自欺耶？汝自信为志人，为学者，且且能高谈性理道德之学，而言不顾行如是，汝尚有何面目见天下士耶？自今以往，誓不再吸烟。又恐日久力懈也，志之以自警，兼志吾过，以示后人。

> The only way to prevent what's past is to put a stop to it before it happens. —Kipling.

> Once to every man and nation
> Comes the moment to decide,
> In strife of truth with falsehood,
> For the good or evil side. —Lowell

> 不知其过而不改，犹可言也。知而不改，此懦夫之行，丈夫之大耻。人即不知，汝独不内愧于心乎？汝乃自认为懦夫耶？知过而不能改者，天下最可耻之懦夫也。亏体辱亲，莫大于是矣。(《藏晖日记·留学康南尔之第三年》)

10月25日　上课。下午在藏书楼读 Grote: *History of Greece*。日记有记：

> 忽念及罗马所以衰亡，亦以统一过久，人有天下思想而无国家观念，与吾国十年前同一病也。罗马先哲如 Epictetus and Marcus Aurelius 皆倡世界大同主义，虽其说未可厚非，然其影响所及，乃至见灭于戎狄，可念也。又耶教亦持天下一家之说，尊上帝为父而不尊崇当日之国家，亦罗马衰亡之一原因也。

> （注）吾作此言，并非毁耶，实当日实情。后世之耶教始知有国家，

其在当日，则但知有教宗（Church）耳。(《藏晖日记·留学康南尔之第三年》)

10月26日　上课。夜有学生会常会。办书记事。(《藏晖日记·留学康南尔之第三年》)

10月27日　晨，赴康福先生经课，讲保罗悔过改行一节。下午作文。夜读上星期报纸所记三大政党之事。(《藏晖日记·留学康南尔之第三年》)

10月28日　上课。至藏书楼读 Andrew D. White's *Seven Great Statesmen* 中之《石台传》。(《藏晖日记·留学康南尔之第三年》)

同日　胡母谕胡适：胡适二嫂等已经到沪，胡觉将往北方谋事，胡嗣稼经营小酒店不过勉敷开销。已去函请江冬秀再来胡家。(《胡适遗稿及秘藏书信》第22册，87页）

10月29日　上课。下午读书。夜与南非人法垒闲谈，夜分始睡。(《藏晖日记·留学康南尔之第三年》)

10月30日　上课。晚，胡适发起"游戏投票"选举美国总统，共有53人投票，其中民主党 Wilson 得34票，进步党 Roosevelt 得13票，共和党 Taft 得4票，社会党 Debs 得2票。胡适分析投票结果：一、中国人所择 Wilson 与 Roosevelt 势力略相等，皆急进派也，而无人举 Taft 者。又举社会党者2人，皆中国人也；此则极端之急进派，又可想人心之趋向也。二、南美洲（如巴西）皆举 Wilson 而不举罗氏，则以罗氏尝夺巴拿马于哥伦比国，迫人太甚，南美之人畏之，故不喜。三、菲岛之人争举 Wilson，以民主党政纲许菲岛8年之后为独立国，故举之。四、暹罗共有3人，皆举罗氏，则以此3人皆不关心美国政治，但震惊罗氏盛名而举之。五、吾国人所写票，有一人作 Roosvelt，犹可原也；其一人作 Roswell，则真不可恕矣。罗氏为世界一大怪杰，吾人留学是邦，乃不能举其名，此又可见吾国人不留心舰国之事，直可耻也。(《藏晖日记·留学康南尔之第三年》)

10月31日　上课。夜读书。(《藏晖日记·留学康南尔之第三年》)

1912年　壬子　中华民国元年　21岁

11月

11月1日　上课。听Prof. N. Schmidt演讲摩西及犹太诸先知,"甚动人"。夜读美术史。(《藏晖日记·留学康南尔之第三年》)

11月2日　上午上课。看本校与哈佛大学长途赛跑。下午读书。夜往访L. E. Patterson之家,夜深始归。(《藏晖日记·留学康南尔之第三年》)

11月3日　晨,赴康福先生经课。下午,作读报报告。与法垒诸人同出散步。夜续作报告。(《藏晖日记·留学康南尔之第三年》)

11月4日　上课。(《藏晖日记·留学康南尔之第三年》)

11月5日　上课。今日为美国选举日期,夜入市观之。是日重读Plato's *Apology*, *Crito* 和 *Phaedo* 三书。(《藏晖日记·留学康南尔之第三年》)

11月6日　胡适有《水龙吟·送秋》:

> 无边枫赭榆黄,更青青映松无数。平生每道,一年佳景,最怜秋暮。倾倒天工,染渲秋色,清新如许。使词人憨绝,殷殷私祝:秋无恙,秋常住。
>
> 凄怆都成虚愿,有西风任情相妒。萧飕木末,乱枫争坠,纷纷如雨。风卷平芜,万千残叶,一时飞舞。且徘徊,陌上溪头,黯黯看秋归去。

(《藏晖日记·留学康南尔之第三年》)

11月7日　上课。今日为康奈尔大学前校长Dr. Andrew Dickson White 80寿辰。午正,全校学生齐集文艺院门外冒雨为其祝寿。夜中读书,忽思发起一"政治研究会",使吾国学生得研究世界政治。(《藏晖日记·留学康南尔之第三年》)

11月8日　上课。致函叶德争,作家书。读心理学,夜分始睡。(《藏晖日记·留学康南尔之第三年》)

11月9日　上课。夜与金仲藩往访Brown夫妇。(《藏晖日记·留学康南尔之第三年》)

11月10日　赴康福先生经课。是日日记记梁启超归国：

阅《时报》，知梁任公归国，京津人士都欢迎之，读之深叹公道之尚在人心也。梁任公为吾国革命第一大功臣，其功在革新吾国之思想界。十五年来，吾国人士所以稍知民族主义及世界大势者，皆梁氏之赐，此百喙所不能诬也。去年武汉革命，所以能一举而全国响应者，民族思想政治思想入人已深，故势如破竹耳。使无梁氏之笔，虽有百十孙中山、黄克强，岂能成功如此之速耶！近人诗"文字收功日，全球革命时"，此二语惟梁氏可以当之无愧色云。（《康晖日记·留学康奈尔之第三年》）

同日　下午，胡适往听 Prof. N. Schmidt 演说伊斯兰教历史。夜读美国政治。（《藏晖日记·留学康南尔之第三年》）

11月11日　上课。将组织"政治研究会"事质之同人，已得10人赞成。夜读哲学史。（《藏晖日记·留学康南尔之第三年》）

同日　胡适作"The Woman Suffrage Movement in China"（《中国女子参政权》）一文于《外观报》登出，是为以英文稿卖文之第一次。原文如下：

The impression has gone forth that women in China have already been granted equal suffrage with men. The rumor obtained because, when the provisional Assembly was in session at Nanking, the ancient Chinese capital, a number of native suffragettes marched into the Assembly and petitioned that the suffrage be immediately granted to women. This being refused, the ladies acted exactly as their British sisters have done—they shouted and shrieked and smashed windows. They petitioned the Assembly again and again. Finally, in order to free itself from further friction, that body passed a resolution expressing an opinion in favor of equal suffrage. Now the Assembly was only a provisional body, and hence could not make any final decision on this question for the nation; but it did recommend favorable action to the National Assembly, then being organized to represent the country after the definitive union of the north and the south, a body soon to be superseded by a regularly elected Parliament. But the suffragettes took a different view. They acted as if the suffrage had already been granted to them. When the National Assembly opened its sessions, last June, at Peking, the capital, a petition was presented reminding that body of the provisional Assembly's promise. But the petition was in vain, if we may judge from the Suffrage Act passed in July, which will soon be tested by an actual popular election to a permanent Parliament. The Act made no provision for women's votes. Even the vote to male citizens was granted only under strict limitations. Any male citizen of the Chinese Republic over twenty-one years old may vote if he has resided two years in his election district and has paid a direct tax exceeding two silver dollars, or owns real estate valued at more than five hundred silver dollars, or is the graduate of a primary school. But no citizen may vote if the Government had suspended his citizenship, or if he is an illiterate, a bankrupt, an insane person, or—last but not least—an opium-smoker.（*The Outlook*, November 9th 1912 Issue, p.516）

11月12日　上课。下午读柏拉图《共和国》。夜看戏，戏名"Officer 666"。(《藏晖日记·留学康南尔之第三年》)

11月13日　上课。至藏书楼读书。(《藏晖日记·留学康南尔之第三年》)

11月14日　上课。下午与金仲藩闲谈。至邹秉文处读上海报纸。(《藏晖日记·留学康南尔之第三年》)

11月15日　上课。夜有世界会董事会。读心理学。(《藏晖日记·留学康南尔之第三年》)

11月16日　上课。午有政治研究会第一次组织会，会于胡适室。会员凡10人。议决每两星期会一次，每会讨论一题，每题须两会员轮次预备演说一篇，所余时间为讨论之用。每会轮会员一人为主席。会期为星期六日下午2时。第一次会题为"美国议会"，胡适与过探先分任之。夜有中国

学生会，会时，胡适起立建白二三事，颇有辩论。听 Prof. Orth 演说 Francis Grierson 事迹。(《藏晖日记·留学康南尔之第三年》)

11月17日　赴康福先生经课。下午往听人演说佛教。(《藏晖日记·留学康南尔之第三年》)

11月18日　上课。下午读心理学。(《藏晖日记·留学康南尔之第三年》)

11月19日　上课。曾在中国海关任事甚多年的英国人 J. O. P. Bland 来美到处游说，"诋毁吾民国甚至，读之甚愤"，乃投书《纽约时报》。(《藏晖日记·留学康南尔之第三年》)

11月20日　上课。读美术史。(《藏晖日记·留学康南尔之第三年》)

11月21日　上课。往听 J. O. P. Bland 演说 "The Unrest of China"，质问之：

予起立质问其人何故反对美人之承认吾民国。彼言列强不能承认吾民国，以吾民国未为吾民所承认也。We cannot recognize a Republic which has not been recognized by the people concerned. 吾又问其人何所见而云吾民未尝承认吾民国乎？其人忽改口曰，吾固未尝作此语也。予告以君适作此语，何忽忘之？彼言实未作此言，吾自误会其意耳。实则此言人人皆闻之，不惟吾国学生之在座者皆闻之，即美国人在座者，事后告我亦谓皆闻之。其遁辞可笑也。(《藏晖日记·留学康南尔之第三年》)

11月22日　上课。以 Bland 连日在各地演说诋毁中国，中国学生会开特别会议谋抑制之策，胡适建议举一通信部，译英美各报反对吾国之言论，以告国中各报，以警吾国人士，冀可稍除党见之争，利禄之私，而为国家作救亡之计。(《藏晖日记·留学康南尔之第三年》)

11月23日　上课。读书。看东美十一大学野外赛跑。夜有世界会茶会。中国学生政治研究会会于胡适室。(《藏晖日记·留学康南尔之第三年》)

11月24日　赴康福先生经课。下午读柏拉图《共和国》。(《藏晖日记·留学康南尔之第三年》)

11月25—30日　"此一星期虽有假期两日，而忙极至无暇寝食，日记

遂废，可叹也。"(《藏晖日记·留学康南尔之第三年》)

11月　胡适在 The Apology, Phaedo and Crito of Plato, The Golden Sayings of Epictetus, The Meditations of Marcus Aurelius（by Plato, Epictetus, Marcus Aurelius. —New York: P. F. Collier & Sons, 1909）扉页签记："Suh Hu."(《胡适研究通讯》2016年第4期，24页)

12月

12月1日　上午作文准备演说。12时下山至车站迎任鸿隽、杨杏佛。下午4时在 Barnes Hall 演说"孔教"。是夜，任鸿隽、杨杏佛宿于胡适住所。(《藏晖日记·留学康南尔之第三年》)

12月2日　胡适为任鸿隽觅屋。(《藏晖日记·留学康南尔之第三年》)

12月3日　上课。是夜，胡适应理学会之邀，演说中国子女与父母之关系。Prof. G. L. Burr 和 Prof. N. Schmidt 二君稍质问一二事。(《藏晖日记·留学康南尔之第三年》)

12月4日　有一小考。(《藏晖日记·留学康南尔之第三年》)

12月5日　上课。在任鸿隽处读朱蒂煌日记。(《藏晖日记·留学康南尔之第三年》)

12月6日　上课。与任鸿隽、杨杏佛同听 Schmidt 讲波斯古代之火祆教。(《藏晖日记·留学康南尔之第三年》)

12月7日　上课。下午，政治研究会第二会会于胡适住所，所论为英、法、德国会制度。夜有世界会万国大宴。读《稼轩词》四卷。(《藏晖日记·留学康南尔之第三年》)

12月8日　听 Robert E. Speer 演经。译报一节。(《藏晖日记·留学康南尔之第三年》)

12月9日　上课。复函许怡荪：

来书有云："每当愤恨之来，辄觉此身已成赘疣，卒卒欲无明日；

而茫茫四顾，无可告语者，亦徒有终日怛咤而已。"此何为者耶？足下亦自知受病所在，在于神经过敏，此非不治之病也。治之之药，在于凡事勉为乐观。凡论一事，徒事叹嗟，亦复何益？徒损人意志耳。吾辈生世遭时，都不可谓为不幸：有足衣足食之家，有求学之际会，有可以有为之时世，诚可深自庆幸。至于悠悠之口，亦何足校量！吾辈宜悯其愚昧，作之导师，不宜屏绝弃置之。至于国事，以海外远人观之，则后望方长，未可遽作灰心之语。今日国事要在人人尽力为祖国服劳，则新国之兴，方有未艾。

若国中明达之士夫，但知闭户詈人，而不知天下事有可为者；但知呫呫书空，责人无已时，而己则袖手远遁，以为政治皆龌龊之行，而政客乃人类之最无耻者；果尔，则天下好人虽多，何补于亡？其亡也，非亡于龌龊无耻之小人也，实亡于高蹈远遁之好人耳！在昔君主专制时代，士之不遇于时，犹可说也（孔子亦有手无斧柯之叹）；若在今日群龙无首之时，则吾与足下之担负与孙中山、袁项城等耳。足下祈天之忱恳切动人，然与其祈天，何如责己？吾与足下自放弃责任耳，足下将谁责耶？

来书言："见一麻纷以为蛇，其有能知真理者，赴而辨之，以为非蛇，则群然噬之，其人至不容于众口。"此言诚是也。然吾与足下独不能以一笔一舌助此主非蛇之说者耶？

来书又言："令此辈长据要津，预国权，秉笔政，适所以导民志于非僻耳，宁有幸乎？"然谁实为之，而令此辈得以预国权秉笔政乎？吾与足下及其他无数量之好人皆不得辞其旁观之咎矣。怡荪须知我之作此书，初不欲驳击来书，徒以明达如怡荪亦复逶迤作厌世语，深有所触，故不得不一吐之，欲怡荪凡事皆作希冀之想。譬之初升之日，倪背日而立，则但见吾影耳，终然亦不能见日。处事亦然。苟吾人遇事徒事咨叹，则前路茫茫，但有长夜之漫漫，平旦之来，杳不可知矣。且今日国事方艰，需才孔亟，以足下忧时之切，不可不有所效力于祖国。足下既不为有名之英雄，独不能为无名之英雄耶？

1912年　壬子　中华民国元年　21岁

桑梓之间百无可言，每一念之，便欲乘兔飞去。近复闻吾邑内政之乱益不可问，甚至议员以吃鸦片被逐，此吾辈之责也。眼中人物无如足下者，足下其有意于是乎？足下既不欲躬自投身政治，亦宜以一笔一舌为乡人作导师，为乡中为政者作诤友，足下之负担不可辞也。

近来颇信欧人哲学之一派，名"功利派"。……此派所主张之功利，非个人之功名利禄也，乃人类之幸福，社会之乐利是也。派中巨子如穆勒 John Stuart Mill……所持为最大多数之最大幸福，此乃博爱主义之实行家。至于天道盈虚，祸福之来，初不之恤矣。适一二年前颇有宗教思想，近多读书，始信神道设教犹是第二等。第一等人物在于无所为而为。非真无所为也，其所为在于完一己之人格，尽一己之天职，他无求焉。《戴记》云："太上贵德，其次务施报。"夫施一粥一棺，而斤斤图报于今生来世，与作善而求天国之福同一施报同一鄙陋也。来书有"作善昌后"之说，故略申己意备一说，不能详也。曾涤生有"不论收获，但问耕耘"之语，又云"无所于祈，何所为报？"（《圣哲画像记》）皆即此意。曾氏《圣哲画像记》之卒章论此说甚详，足下想尝见之。

来书谓"践履笃实，侧身诚挚，为人生最真切之事"，此言是也。海外故人敬拜嘉言之赐矣。

适现已改习文科，亦不专习文学，所习有文学、哲学、政治、经济。近日主意欲以前三年半为博览工夫，期于开拓心胸，建立基础；然后以三年之工为精约工夫，专治二门，政治而兼哲学；六年半之后（或七年），可以稍有学问门径矣。

家慈已有书来，嘱安心留此，勿汲汲归去，与足下之教言若符合节，爱我者之深心厚意，令我乡思都消，适终留耳。（胡适致许怡荪函，编号第29）

12月11日　胡适与人谈宗教事，告以"吾不信耶教中洗礼及'communion'之类，辨论久之，亦不得归宿"。（《藏晖日记·留学康南尔之第三年》）

12月12日　胡适访康福先生。(《藏晖日记·留学康南尔之第三年》)

同日　胡母谕胡适，谈家人近况，又云：今年家用无款所进，窘迫可知。胡适夏间来信云在秋后汇寄，现年关将近，不知已再汇出否。"念甚盼甚，特此字嘱。"(《胡适遗稿及秘藏书信》第22册，88～90页)

12月13日　夜，胡适往Patterson家，坐甚久。(《藏晖日记·留学康南尔之第三年》)

12月14日　下午与任鸿隽、杨杏佛入市购衣。夜作《不列颠之夜》。读纽约《独立报》，认为主张承认中华民国的文章"甚厚我"。(《藏晖日记·留学康南尔之第三年》)

12月15日　经课。下午读英文诗数篇。作书寄友人。(《藏晖日记·留学康南尔之第三年》)

12月16日　夜与友人同往访A. P. Evans之家，小坐。归途同至戏园看影戏（John Bunyan小传及所著 The Pilgrim's Progress）。胡适记日后日记之"章程"：

> 自此以后，有事值得一记则记之，否则略之。
>
> 自今日为始，凡日记中所载须具下列各种性质之一：
>
> 一、凡关于吾一生行实者。
>
> 二、论事之文。
>
> 三、记事之有重要关系者。
>
> 四、纪游历所见。
>
> 五、论学之文。(《藏晖日记·留学康南尔之第三年》)

同日　胡母谕胡适，函寄家人合影照片一张。又催促汇寄家用。(《胡适遗稿及秘藏书信》第22册，91～93页)

12月21日　中国学生政治研究会第二次会，论"租税"。胡明复、尤怀皋任讲演。

自是日至次年1月6日，为年终假期。(《藏晖日记·留学康南尔之第三年》)

12月22日 胡母谕胡适云，家中每年用款，非洋二百元不能过。据来信云学费减，每月改为美金60元，似是除用度外无甚多余之概。但家中今年以来因乏来路，已经移挪不少，若全恃借贷，实亦为难，况值年终。即便寄款，亦已不及矣。总之，望胡适在外面除当用不能省者，于不急之用处，望加意紧手，以济家事，庶几家外两相顾。（中国社科院近代史所藏"胡适档案"，卷号651，分号4）

12月24日 夜，胡适参加Consolation Party。会毕，又去天主堂观弥撒礼，是为胡适平生第一次入天主教之礼拜堂。（《藏晖日记·留学康南尔之第三年》）

12月25日 Patterson夫妇招胡适饭于其家。日记有记：

……同饭者数人，皆其家戚属也。饭毕，围坐，集连日所收得节日赠礼一一启视之，其多盈一筐云。西国节日赠品极多，往来投赠，不可胜数。其物或书，或画，或月份牌。其在至好，则择受者所爱读之书，爱用之物，或其家所无有而颇需之者，环钏刀尺布帛匙尊之类皆可，此亦风俗之一端也。赠礼流弊，习为奢靡，近日有矫其弊者，倡为不赠礼物之会，前日报载会中将以前总统罗斯福为之首领云。

Patterson夫妇都五十余矣，见待极厚，有如家人骨肉。羁人游子，得此真可销我乡思。前在都门，杨景苏夫妇亦复如是，尝寄以诗，有"怜我无家能慰我，佳儿娇女倍情亲"之语。此君夫妇亦怜我无家能慰我者也。此是西方醇厚之俗。（《藏晖日记·留学康南尔之第三年》）

12月26日 世界大同会（Cosmopolitan Club）年会在Philadelphia召开，是夜，胡适与Gonzalez同行前往。（《藏晖日记·留学康南尔之第三年》）

12月27日 晨8时抵Philadelphia，总会会计Sato（日人）来迎。抵彭省大学宿舍，遇会长J. R. Hart jr.、康福先生以及梅贻琦、Schmidt、张仲述、Oxholm、裴昌运、郑莱、Das、Emerson、Welsh、严家驹、Monteiro、Barros。下午会于大学博物院讲室，由各职员及干事员报告。夜有Mrs. J. B. Lippincott开欢迎会于其家。夜，会长Hart君分干事股（Committee），胡适

为宪法部。(《藏晖日记·留学康南尔之第三年》)

12 月　胡适在友人所赠 Daily Strength for Daily Needs（by Mary W. Tileston. —Boston: Little, Brown & Company, 1912）签记："胡适。"此书扉页有赠书者题记："Mr. Suh Hu, Christmas, 1912. C. A. P.."(《胡适研究通讯》2016 年第 4 期，25 页）

是年或次年　胡母冯顺弟一病几不能起，她病中着人寻一个照相的来，照了一张相片，吩咐家中人说："我的病要不能好，你人千万别对我家糜说。其有信来，仍旧照我在时一样，托灶松叔（近仁）写回信，总别让其晓得我病了。等其学完来家，再把我这张照相给其。其见着照相，也算见着我一样了。"(《胡适杂记》，1919 年 7 月 17 日，载《胡适遗稿及秘藏书信》第 14 册，88 页）

是年　胡适有致胡绍庭函，云：

祖国风云，一日千里，世界第一大共和国已呱呱堕地矣！去国游子翘企西望，雀跃鼓舞，何能自已耶！

足下与诸同乡现作何事？故乡音问如何？吾皖得孙少侯为都督，可谓得人。弟居此平安，可告慰故人。现官费学生皆有朝不保夕之势。然吾何恤哉！吾恨不能飞归为新国效力耳！(《胡适家书手迹》，41～42 页）

1913年　癸丑　民国二年　22岁

是年，胡适仍就读于康奈尔大学文学院。
是年，胡适任《留美学生年报》总编纂。
4月，始以札记代日记。
5月，被举为康奈尔大学世界学生会会长。

1月

1月14日　江冬秀第一次致函胡适，谈及因自己识字不多，故未及时复信。又云：

> 惟念吾哥自前岁初秋出洋以来，今经三载，每闻学期考试，屡列前茅，合家欣然喜慰。现在虽距博士位期尚待，然而有志事必竟成，可为预贺。至家母前因体弱多病；幸自今春以来，较前渐见康健，加以嫂氏去年五月所生之女，现在已能语步，殊慰膝前之乐。家兄现仍在里，大约开春再行出外也。……（《胡适遗稿及秘藏书信》第22册，267～268页）

1月16日　叶德真复函胡适，谈近年上海戏剧界的变化，赞成胡适关于戏剧改良的主张：

> 来书所论"今日吾国剧界有几件开宗明义的要事尚未改良，一、唱工宜去也；二、自白宜去也；三、宜有局势；四、宜有首尾也"一节，

每与弟意不谋而合,取呈件阅之当知非谬。"局势"二字,弟亦尝讲求,若《黄勋伯》《潘烈士》等剧本,无可论之价值,《新茶花》第一二本……不可谓全无局势。三四本以下欺人矣。……

……足下尝设一问题,谓补救吾国市上无一册剧本出售(近有出售且不止一本,特不能畅销,不足称多,又鲜佳品耳),当用何术。此可以一言决之,惟学者卖心力耳,著剧译剧皆可也。此虽根本问题,然处今日吾国人士对于新剧之观感,二者皆无补于改良戏剧事业。著剧译剧得学者心力已成,求剧本行销非先得人乐观新剧不可,非有人才能演此剧本不可。然而今日吾国演剧人才如何?新剧与一般人感情如何?且新旧不容,势成天然,演旧剧界更恃金钱把持完全,新剧更无发达之望。故欲成此事业,非得大资本家辅助不可。有钱余可以自建剧场,选人材编译剧本。夫如是广可改移一般人心理,不虑旧剧牵制失败,社会收新剧改良之效。就现状而论……恐一时万难办到。他日足下归来,或更有长策。(《胡适遗稿及秘藏书信》第 37 册,217～220 页)

1 月 《留美学生年报》第二本刊登胡适的《赔款小史》(附《美国退还庚子赔款记》)。该文指出:吾国今日之大患,不在于赔款,而在于忘赔款;今日之大耻,不在于赔款,而在于忘赔款之国耻。文章详述自鸦片战争以来之中国历次赔款。

2月

2 月 2 日 胡适在绮色佳 First Baptist Church 讲演 "The Ideal Missionary"。胡适说:

...To-day almost all the churches in this country are educating their young people in their mission-study classes with the hope that someday they may also be sent out as laborers into His harvest.

So there has been a strong tendency in this country to get as many missionaries as possible. But as the peoples of the world are daily drawing nearer and nearer to each other, and as the ferocity and narrow-mindedness of these peoples are being softened by coming into contact with the nations of the world, the dangers which a missionary used to encounter are becoming less and less, and, I am sure, the number of missionaries will greatly increase in the near future. The obstacles are being removed. Take the case of my own country, China. Only a few years ago it was considered as a heroic adventure to become a missionary to China. Those who came brought with them their lives ready to cast down at any moment. But time has changed. To-day the doors of China are thrown widely open to all who care to come with their good tidings. Recently we read that when the Sixth Annual Convention of the Y. M. C. A. was held at Pekin, the four hundred delegates to that Convention were received by President Yuan Shih-Kai at a formal reception and were addressed by him. So you see that the Government is welcoming and praising the missionaries. To-day it is just as easy or as hard to earn a living in China as in this country. It seems to me there is no fear that the laborers will be "few". On the contrary, I believe that the number of missionaries will increase as time goes on.

…Speaking from my own observations, I should like to expect three qualities in a missionary, namely:

First, he must be a good Christian;

Secondly, he must be a good student; and

Thirdly, he must not be dogmatical.（据台北胡适纪念馆藏档，档号：HS-NK05-197-002）

2月5日 梅光迪致胡适一明信片，对胡适关于孔教的演讲倾倒之至。云大考结束休息一日后即作长函与胡适讨论。胡适观点与自己不约而同之

点甚多。劝胡适多读哲学书以采此邦文明真相，惟此校哲学科无名手。(《胡适遗稿及秘藏书信》第33册，403页)

2月6日　胡适致函许怡荪，云：

> 弟居此为六学期矣，一切都相安，所苦者忙耳。目下大病为务外，校课之外颇任外事，现一身任数事，欲脱亦不能自脱，又复时时在外演讲，虽有时亦可为祖国争一毫面子，然究是空名，无实在效力也；拟自今以后极力戒此已任之事至任满为止，未任之事决不揽以自累，庶乎稍以余力读书作文耳。
>
> ……………
>
> 足下近读何书？尚读英文否？私心甚愿足下温习英文，每日以一二点钟为读英文之时间，所费日力无几，而收效无穷。盖吾辈生今之世，除本国语言文字之外，宜通一国外国文，以为参考互证之资料，又可以自娱悦，盖多通一国语言，正如新辟一世界，其中宝藏无穷，可以问学，可以燕乐，矧英文为世界最大语言之一，有极优美之文学哲理可供吾辈探求耶？足下如肯读英文，可买一册《新约》(New Testament) 读其第一书及第三书 (Matthew and Luke)，日读一二页，不为多也。此皆世界奇文，不可不读。足下日手一字典读之，初读似觉甚苦，十日半月之后，日见效矣。如足下欲读近世英文，可以书见告，当为择一二书寄来。
>
> 来书言治政治者不可不习法文，此言是也。弟明年（即下学期）当治法文，但恐稍迟耳。
>
> 吾乡政事如何？当道者为何如人？民心如何？士夫颇肯任事否？羁人每翘企西顾，中心悬悬，甚愿吾伯叔昆弟好为之。昔者治乱之枢机在乎执政者，今也不然，一乡一邑之治乱，皆吾民之责耳，皆维一乡一邑之士夫是赖耳。前书颇欲足下出而任事，至今思之颇笑其愚，然区区之私，固甚愿吾乡之明达君子都出而为吾民谋公益也。(胡适致许怡荪函，编号30)

同日 胡适复函章希吕，告：现住加州的罗英虔来东时，当尽力照料。昨日又得来书，云所借程乐亭之款当照嘱缓寄，感谢其母舅之厚意。自去年官费每月由 80 元减至 60 元，颇拮据。《哀友录》已读过，益增哀思。自己已弃农改习哲学、文学，旁及政治，今所学都是普通学识，毕业之后，再当习专门工夫，大约毕业之后，不即归来，且拟再留三年始归。然当入他校，或者哈佛大学，或哥伦比亚大学，或威斯康辛大学尚未定，因康奈尔大学不长于政治文学也。(《胡适家书手迹》，53～55 页)

2 月 7 日 胡母谕胡适，"家内各房大小人口均各清泰"，又谈到家计艰难，胡绍之自去年所入"尚不敷其自需"，全年分文未寄，"故不得不仰赖汝处筹汇，以资家计耳。又念尔在外，当用之用万不能省，而筹款多寡亦须斟酌。总宜家外两相关顾，则余中心亦得安慰耳"。又嘱胡适务必勤寄家信及照片。(《胡适遗稿及秘藏书信》第 22 册，94～95 页)

2 月 胡适在 The Travels of Marco Polo, the Venetian（著者不详. ——London: J. M. Dent &Sons, Ltd., New York: E. P. Dutton & Company, 1911）扉页题记："S. Hu, Feb., 1913.《马可颇罗游记》，适之。"(《胡适研究通讯》2016 年第 4 期，25 页)

同月 胡适在 The Poetic and Dramatic Works of Alfred Lord, Tennyson（by Alfred Tennyson. ——Boston and New York: Houghton Miffin Company, Cambridge: The Riverside Press, 1898）扉页题记："Suh Hu, Feb., 1913.《邓耐生诗集》。"(《胡适研究通讯》2016 年第 4 期，25 页)

3 月

3 月 7 日 胡适禀母亲，得知家用急迫，当设法筹寄，等等。(《胡适遗稿及秘藏书信》第 21 册，29～30 页)

3 月 26 日 胡适禀母亲，寄旧报给家人消遣。(《胡适遗稿及秘藏书信》第 21 册，178～179 页)

3 月 30 日 郑仲诚致函胡适，谈及在留美学生学报上看到胡适的文章

颇为惊喜，又谈及国事艰难，宋教仁被刺案尤令人痛心，等等。（中国社科院近代史所藏"胡适档案"，卷号1392，分号3）

3月　胡适在 The Chief Elizabethan Dramatists, Excluding Shakespeare: Selected Plays（by William Allan Neilson. —Boston and New York: Houghton Mifflin Company, 出版年不详）扉页题记："民国二年三月，伊里沙白朝名剧选刊，适之。"（《胡适藏书目录》第3册，2193页）

4月

4月16日　胡母谕胡适，江冬秀于上月二十日归宁，大约五月再来。胡觉之妻、子赴沪后，家中颇寂寞，故令胡适三嫂曹细娟来同住。胡觉已得丹阳县总务课长职位，月薪80元，胡嗣稼新租店面等。（《胡适遗稿及秘藏书信》第22册，96～97页）

4月30日　梅光迪致胡适一明信片，云：得被选为某会会员，喜何可言？吾喜足下在此邦真能代表吾族少年。尚望足下努力，他日在世界学人中占一位置，为祖国吐气。来书言事繁人苦，足下肯做事，肯负责任，迪方奖励之不暇，吾人在此正好"练习办事手段"（此先君语），以为将来为世用地步。然足下若因事太多患其劳，可直将其稍轻而无大关系……迪谨以先君诏迪之语奉赠足下："宜练习办事手段，而尤以卫生为第一要义"……（《胡适遗稿及秘藏书信》第33册，401～402页）

4月　胡适在 The Poetical Works of Matthew Arnold（by Matthew Arnold. —New York: Thomas Y. Crowell & Company, 1897）扉页题记："Suh Hu, Ithaca, N. Y., April, 1913.《阿那诗集》。"（《胡适研究通讯》2016年第4期，25页）

同月　自是月开始，以札记代日记：有事则记，有所感则记，有所著述亦记之，读书有所得亦记之，有所游观亦略述之。目的是"备他日昆弟友朋省览"。（《胡适留学日记手稿本》之《藏晖札记》〔一〕，原书无页码）其第一篇札记乃讨论"国家与世界"：

吾今年正月曾演说吾之世界观念，以为今日之世界主义，非复如古代 Cynics and Stoics 哲学家所持之说，彼等不特知有世界而不知有国家，甚至深恶国家之说，其所期望在于为世界之人（a citizen of the world），而不认为某国之人。今人所持之世界主义则大异于是。今日稍有知识之人莫不知爱其国。故吾之世界观念之界说曰："世界主义者，爱国主义而柔之以人道主义者也。"

按，胡适的《藏晖札记》〔一〕封面题"起民国二年十月八日　终三年二月廿八日"。

5月

5月12日　胡母谕胡适，得悉已与《大共和报》订约，每月将笔资洋元寄来作家用等情，对此深感欣慰。又告家中各房大小人口俱各平安，各亲戚亦均无恙。(《胡适遗稿及秘藏书信》第22册，99页)

5月　胡适被举为康奈尔大学世界学生会会长。(1914年5月20日札记，《藏晖札记》〔二〕)

同月　胡适在 The Poems of William Morris（by William Morris. —New York: Thomas Y. Crowell Company, 1904）扉页题记："Suh Hu, 1913, May, Ithaca, N. Y.. 毛力师诗选。适之。"(《胡适研究通讯》2016年第4期，25页)

6月

6月1日　饶毓泰致胡适一明信片，告因旅费不继暂滞留于芝加哥等。(中国社科院近代史所藏"胡适档案"，卷号1576，分号1)

6月10日　胡适在 Chinese Students' Monthly 发表 "Cornell Welcomes the Delegates to the Ninth Conference of the Eastern Section" 一文，大要是：

We, the Chinese students of Cornell, are very happy that this university has been chosen as the meeting place for the Ninth Annual Conference of the Eastern Section of the Alliance. We extend to all our fellow students a very hearty welcome to partake with us the enjoyment of the beautiful lakes and cataracts of Cornell.

......

The Cornellians are preparing to welcome you. The authorities of Cornell University have been kind enough to grant us the privilege of using the Woman's Dormitory to accommodate you. The members of the Cornell Chinese Students' Club have appointed a special committee to devise means to treat and entertain you, besides preparing themselves to meet you on Percy Field. We shall do our best to make your stay at Cornell one of the most pleasant events in your life.（据台北胡适纪念馆藏档，档号：HS-NK05-197-003）

6月14日　胡适复函许怡荪，对许东渡留学之决心毅力，甚为心折，又云：

去国三年，观察所得，以为"留学"为吾国今日第一大患。遣派留学之举一日不止，吾国之高等教育一日不能进步；本国之高等教育一日不进，则所学所授都是舶来之进口货，吾国固有之文明将日就消灭，而入口之货生吞活剥，不合吾民族精神，十年后但存一非驴非马之文明，思之大可惧也！故弟迩来极主张停止留学，他日当著论言之。然留学亦未尝无有益处……则留学之大益，在于开拓心胸，振作精神。当吾去国时，心目中无一非悲观，无可振作意气者，一年之内，所作去国诗歌无非丧气语，然吾今日则大异于是矣。吾今日所持主义，曰："天下无不可为之事"。今日之世界，何事何物非人力所为？……今人力所及，真能役使雷电供人仆隶，机械云乎哉？蒸汽云乎哉？夫神奇至于雷电，人力所及犹可役使之，天下事固在人为之耳。故吾今日所持主义，以为天下无不可为之事。其谓天下事不可为者，皆亡天下者也，懦夫也,怯汉也,天下之罪人也。吾之为此言,初非谓天下事皆易为也。天下事固不易为,然不可不为。惟以天下事为不可为而不为,则天下事真不可为矣。吾去国三年,所得在此一大观念,此为吾生一大转机,记之以告故人,欲与故人共勉之耳。足下过长崎神户,见其"板屋栉比,矮如鸡栖",其民贫财尽之态,不言可喻,然日本今日为世界第一等强国,此独人力所致乎?……

来书盛称我所作"赔款小史",实则此文殊非惬意之作,非古非骈,无一是处,偶一检读,愧汗都下,足下之奖掖,适增吾惭耳。《年报》中之《诗经言字解》,自视为说经创作,意颇喜,而足下乃弃此称彼,颇为吾文抱不平也。……

弟在此都安适如意,今年被举为 Phi Beta keppa 会员。此会为此邦最古之名誉会,惟成绩最优,名誉最佳之学子始得被选为会员。吾国学子前此惟胡敦复得此荣誉。……

今年《留美学生年报》系弟为总编纂,约秋间可出版……

自去年以来,官费减至每月六十元,拮据已极,家中用度久不能筹寄。近与上海《大共和日报》约,每月为作文,月得二十元,即令寄为舍间家用。惟此报近以宋案一意偏袒政府,颇鄙薄之,故久不寄稿去。吾之作文,虽为金钱主义,然亦有所不为耳。

国事纷乱已极,真可痛恨;然吾辈今日既爱莫能助,亦只得付之一叹,吾辈且各尽所能作分内事,为他日救国预备,徒事悲观无益也。

(胡适致许怡荪函,编号31)

7月

7月2日　叶德真函告胡适:稿酬已交付胡适本家。请胡适续寄《美国政党论》。谢寄英文小说。郑仲诚与王碧云月前举行婚礼。自己将于10月结婚,向胡适求贺词。(《胡适遗稿及秘藏书信》第37册,226～228页)

7月7日 胡母谕胡适：关于胡适归期，"若论汝自去祖国，至甲寅年已是五载矣。以余之念汝，似觉为日已遥，而汝外祖母明年为古稀加一，时时系念于汝，又宜以早日归来，以慰倚闾之望；更以汝岳母时常多病，极望以早日完姻了此向平之愿为是。论其阶级，多留二年与夫少留二年，博士、硕士位置，又相悬如是之甚。且国家耗费金钱，考选学生出洋留学，将来回国必以毕业文凭位置录用，若半途废弃，殊为可惜。因之回环思想，余实难决。总之，此主由汝自为决定，余不遥制也。"又谈到《大共和报》已寄到笔资两次，计英洋40元。（《胡适遗稿及秘藏书信》第22册，100页）

7月30日 胡适禀母亲，谈及：知上海之款已收到一月，甚望后此可源源而来，庶家中可无薪水之忧，而自己亦安心在外矣。今夏习夏课之外尚有外事，又须卖文，故忙极，未能多作家书；又寄上得全家照片时所作诗一首。诗云：

出门一首得家中照片作

出门何所望，缓缓来邮车。马驯解人意，踟蹰息路隅。
邮人逐户走，歌啸心自如。客子久凝伫，迎问"书有无"？
邮人授我书，厚与寻常殊。开缄喜欲舞，全家在画图。
中图坐吾母，貌戚意不舒。悠悠六年别，未老已微癯。
梦寐所系思，何以慰倚侣？对兹一长叹，悔绝温郎裾。
图左立冬秀，朴素真吾妇。轩车来何迟，累君相待久。
十载远行役，遂令此意负。归来会有期，与君老畦亩。
筑室杨林桥，背山开户牖。辟园可十丈，种菜亦种韭。
闭户注群经，誓为扫尘垢。我当授君读，君为我具酒。
何须赵女瑟，勿用秦人缶。此中有真趣，可以寿吾母。（《胡适遗稿及秘藏书信》第21册，136～141页）

8月

8月3日　胡适将新摄照片函寄母亲，又禀：夏课将毕，夏课完后即可毕业；拟再读三年以拿博士学位。又询江西战事是否波及家乡等。(《胡适遗稿及秘藏书信》第21册，142～144页)

8月5日　*The Times-Tribune* 应胡适的要求，刊登其来函：

In reading a Pekin dispatch to the Daily, I noticed the following: "Many provinces hostile to new form of government in China." The statement is wrong and misleading. For the present uprising in China is not hostile to the new form of government—the republic. But, on the contrary, it is a revolt against the present government, which, though republican in name, has not satisfied the radicals who want to have a true and thorough democracy.

Space and time do not permit me to speak more in detail about this uprising. Suffice it to say that this is not a mere partisan struggle, nor a fight for personal ambition. It is a struggle between radicalism on one hand, and a reactionary government on the other. Personally, I do not like to see bloodshed again in my country and at this critical time, but, since the struggle has begun, my sympathy goes to those who are fighting for the principle to which the Chinese republic was dedicated.

8月30日　胡母谕胡适：以50日未得来信，甚为牵念，务必时时来信。江冬秀仍住胡家等。又谈及家乡干旱严重等。(《胡适遗稿及秘藏书信》第22册，101页)

9月

9月6日　胡母谕胡适，谈及《大共和报》又寄到笔资一次，总计3次。

又谈到中国内乱和南北战争幸未波及家乡，然南京、上海、江西等处，因交战伤杀生命不少，各处商务均受影响，以及在战城市被北军并土匪抢劫者实不堪言状。又谈到家乡干旱严重等情。(《胡适遗稿及秘藏书信》第22册，102页）

9月25日　胡适被康奈尔大学研究生院录取。(《胡适与韦莲司：深情五十年》，13页）

9月　胡适在 Short Story Classics: Volume Three, German（by William Patten.—New York: P. F. Collier & Sons, 1907）扉页题记："《短篇小说汇刻》德国之部第三。"胡适在多篇小说后有评语。其中"Good Blood"一篇后胡适题记："此篇原名'Das Edle Blut'，译英文则为'The Noble Blood'，然英文'noble blood'常含天潢血胤之义，故英人译之为'The Good Blood'以别之，而吾国之'好血''贵血''高贵之血'皆不雅驯，则又须译为'热血'。若有人再从汉文直译为英文，则须为'The Hot Blood'，见者将莫不大笑矣，此可见译事之难也。元年九月，适之。"(《胡适研究通讯》2016年第4期，25～26页）

同月　胡适在 Short Story Classics: Volume Four, French（by William Patten. —New York: P. F. Collier & Sons, 1907）扉页题记："《短篇小说汇刻》法国之部第四。" P.1064 "The Price of Life" 篇后有胡适批注："此篇极诙诡（诙字前有圈掉的谑字），然气势贯注有突如其来之神。" P.1146 "The Vendean Marriage" 篇后有胡适批注："此则颇似吾国小说所记战士受擒结婚之事，然何等磊落大方也。" P.1182 "The Marquise" 篇后有胡适批注："读此篇令人有知己之感，江州司马青衫之泪，犹是自伤沦落若此。公爵夫人则真是怜才侠意，无一毫私见存乎其中也。中有情书甚动人。"(《胡适研究通讯》2016年第4期，26页）

10月

10月8日　读巴立特（Elihu Burritt, 1810—1879）事迹及所著书，以

为此人系"怪才"。夜,世界会有议事会,胡适主席,此胡适生平第一次主议事席,始觉议院法之不易。作札记论"道德观念之变迁":

> 道学课论道德观念之变迁:古代所谓是者,今有为吾人所不屑道者矣。古人所谓卫道而攻异端,诛杀异己,如欧洲中古教宗(Church)焚戮邪说,以为卫道所应为也,今人决不为此矣。耶教经典以为上帝为男子而造女子,非为女子而造男子,故女子宜屈服于男子,此说今人争嗤笑之矣。不特时代变迁,道德亦异也。即同一时代,欧人所谓是者,亚人或以为非;欧亚人所谓非者,斐、澳之土人或以为是。又不特此也,即同种同国之人,甲以为是者,乙或以为非……即同一宗教之人,亦有支派之异……凡此之类,都以示道德是非之变迁。是故道德者,亦循天演公理而演进者也。然则道德是非将何所取法乎?善恶果无定乎?抑有定乎?其无定者是非乎?抑人心乎?人心是非观念之进退,其有所损益于真是非乎?抑天下固无所谓真是非真善恶者耶?则将应之曰:天下固有真是非真善恶,万代而不易,百劫而长存。其时代之变迁,人心之趋向,初无所损益于真是非也。事之真是者,虽举世非之,初不碍其为真是也……梭格拉底曰:"知识者,道德也。"(Knowledge is Virtue)道德不易者也。而人之知识不齐,吾人但求知识之进,而道德观念亦与之俱进,是故教育为重也。

> 按,1917年1月,胡适又在此札记后批注曰:"此说亦有可取之处。然吾今日所持,已与此稍异矣。"(《藏晖札记》〔一〕)

10月9日 胡适读《外观报》论爱尔兰Ulster省反抗与英分离事,读竟,于此问题之始末十得八九。(《藏晖札记》〔一〕)

同日 胡适读Ashley's *An Introduction to English Economic History and Theory*之第末篇论"The Canonist Doctrine",甚有所得。札记有记:"昔E. A. Ross著*The Changing Chinese*,其开篇第一语曰:'中国者,欧洲中古之复见于今也。'(China is the Middle Ages made visible)初颇疑之,年来稍知中古

文化风尚，近读此书，始知洛史氏初非无所见也。"(《藏晖札记》〔一〕)

同日 胡适有感于任鸿隽之弟自戕和昔年杨笃生投海，有札记，认为任、杨二人均有志之士，足以有为，其志可哀，其愚可悯。又云：

> 余年来以为今日急务为一种乐观之哲学，以希望为主脑，以为但有一息之尚存，则终有一毫希望在。若一瞑不视，则真无望矣。使杨、任二君不死，则终有可为之时，可为之事。乃效自经于沟壑者所为，徒令国家社会失两个有用之才耳，于实事曾有何裨补耶？此邦有一谐报，自名为《生命》，其宣言曰：Where is Life, there is Hope。("生命所在，希望存焉。")此言是也。然诸自杀者决不作此想也。故吾为下一转语曰："希望所在，生命存焉。"盖人惟未绝望，乃知生之可贵；若作绝望想，则虽生亦复何乐？夫人至于不乐生，则天下事真不可为矣。(《藏晖札记》〔一〕)

10月10—11日 读爱尔兰戏剧家 J. M. Synge 短剧二本：*Riders to the Sea*., *In the Shadow of the Glen*。(《藏晖札记》〔一〕)

10月11日 读《嘉富尔传》，有札记：今日读 Andrew D. White 之 Cavour 传，甚喜之。意大利建国三杰玛里尼、加里波的与嘉富尔，各有所长，各行其是。玛主共和，以笔舌开其先；嘉主统一宪政国，以外交内政实行之；加亦主民主，以一剑一帜实行之。三子者不同道，其为人杰则一也。一者何也？新意大利也。(《藏晖札记》〔一〕)

10月12日 胡适往访胡彬夏女士，与偕访 Prof. C. S. Northup。札记有记：

> 归途女士语余，以为生平奢望唯在得良友。余亦以为吾国男女界限之破除，其最良之果，在于一种高洁之友谊。女士聪慧和蔼，读书多所涉猎，议论甚有见地，为新女界不可多得之人物。余前与郑莱、胡宣明诸君谈，恒以吾国学子太无思想为病，相对叹咤，以为今日大患，在于国人之无思想能力也。今日与女士言亦及此。女士谓此亦有故，

盖晚近之留学生年齿较稚，思力未成熟，其肤浅鄙陋本无足责。此论殊忠厚，可补吾失，不观乎美国之大学生乎？其真能思想者能有几人耶？念此又足起我乐观之望矣。(《藏晖札记》〔一〕)

同日　夜，俄国学生 Gahnkin 造访，谈甚久。此人谈到抵美时，贫无可学，自纽约步行至此；又谈到俄国学制非曾读其国诸大文豪之诗文者，不得入大学或专门学校。(《藏晖札记》〔一〕)

10月16日　胡适有札记：Winston Churchill's *The Inside of the Cup*，以近日宗教问题为主脑，写耶教最近之趋向，"畅快淋漓……盖晚近说部中之最有力者也"。(《藏晖札记》〔一〕)

同日　另一札记云：西文诗歌多换韵，甚少全篇一韵者。(《藏晖札记》〔一〕)

10月20日　胡适在札记中详细记述纽约省长 William Sulzer 被劾去位事，又评论道：

凡服官行政之人，必先求内行无丝毫苟且，然后可以服人，可以锄奸去暴，否则一举动皆为人所牵掣，终其身不能有为矣，可不戒哉！吾国古训："政者，正也。子率以正，孰敢不正？"又曰："以身先之。"此等金玉之言，今都成迂腐之谈。呜呼！吾安敢窃议异国政治之得失耶！吾方自哀吾政偷官邪之不暇耳！(《藏晖札记》〔一〕)

10月22日　胡适禀母亲，谈及：闻浙江派兵来徽保护商民，颇慰；自己久不为《大共和报》作文，不知彼处是否继续付钱，如已停付，当另行筹款；决定再留此三年，民国五年夏间归来。(《胡适遗稿及秘藏书信》第21册，37～38页)

11月

11月17日　胡适在札记中摘录《外观报》关于"五十年来黑人之进步"

之有关数据。

11月20日　胡适在 The Nicomachean Ethics of Aristotle（by D. P. Chase. —London: J. M. Dent & Sons Ltd.; New York: E. P. Dutton & Company, 出版年不详）扉页题记："Suh Hu, Nov. 20, 1913. 阿里士多德之伦理学，适。"（《胡适研究通讯》2016年第4期，26页）

11月30日　胡适复函许怡荪，云：

> ……国事云雨翻覆，念之便欲裂眦抵掌，然适乃是乐观信徒，今但存"一息尚存，此志不容少懈"之志耳。孙中山出亡，吾极为不平；此公真有可崇拜处，即有瑕疵，不能掩其大德也。
>
> 国内孔教会一举，研究如何进行？持何宗旨？欲立孔教为国教耶？抑仅为讲学计也？月来为此事颇费思索，以为欲解决此问题，须先知：（一）何谓孔教？（二）何谓国教？足下身任支会事，必能有以教我也。
>
> …………
>
> 来书所云"书目问答"之举，命意甚善，若读书不多，不能率尔操觚，暇时当乞此邦学者相助共成之，但不知何日能成耳。
>
> 适现已毕业，近专习哲学，拟一年之后他徙，惟尚未定耳，归期则在民国五年之秋。（胡适致许怡荪函，编号32）

12月

12月17日　胡适在 The Bible and Criticism（by W. H. Bennett, Walter F. Adeney. —London: T. C. & E. C. Jack）扉页题记："Birthday Present to myself., Suh Hu, Dec. 17, 1913."《新旧约评》。（《胡适研究通讯》2016年第4期，27页）

12月23日　胡适与任鸿隽、杨杏佛共煮茶夜话，戏联句，成七古一首，极欢始散。拟"明日余开一茶会，邀叔永、杏佛、仲藩、钟英、元任、宪先、垩生、周仁、荷生诸君同叙，烹龙井茶，备糕饼数事和之；复为射覆、谜语、

猜物诸戏"。并拟数谜。(《藏晖札记》〔一〕)

12月26日　戏作《耶稣诞日》一诗。(《藏晖札记》〔一〕)

12月27日　俄国人 Gahnkin 来访,谈托尔斯泰临终时事。(《藏晖札记》〔一〕)

12月　H. H. Pandya 赠送 *The Ramayana and the Mahabharata*（by Romesh C. Dutt. —London: J. M. Dent & Sons Ltd., New York: E. P. Dutton & Company, 1910）与胡适,并题记:"To my friend Mr. S. Hu, with best wishes. H. H. Pandya.... Dec., 1913." 胡适题记:"《古印度纪事诗》,印度友人盘地亚赠,胡适。"(《胡适研究通讯》2016年第4期,27页)

1914年　甲寅　民国三年　23岁

是年，胡适仍就读于康奈尔大学文学院。

2月4日，康奈尔大学授予胡适文学士（Bachelor of Arts）学位，6月行毕业礼。

5月，胡适著"A Defense of Browning's Optimism"一文在"卜朗吟奖赏征文"中获奖。

9月初，胡适出席"东美中国学生年会"，被选为1915年东部总会会长。

1月

1月4日　胡适有札记，论我国女子所处地位高于西方女子：

> 忽念吾国女子所处地位，实高于西方女子。吾国顾全女子之廉耻名节，不令以婚姻之事自累，皆由父母主之。男子生而为之室，女子生而为之家。女子无须以婚姻之故，自献其身于社会交际之中，仆仆焉自求其耦，所以重女子之人格也。西方则不然，女子长成即以求耦为事，父母乃令习音乐，娴蹈舞，然后令出而与男子周旋。其能取悦于男子，或能以术驱男子入其彀中者乃先得耦。其木强朴讷，或不甘自辱以媚人者，乃终其身不字为老女云。是故，堕女子之人格，驱之使自献其身以钓取男子之欢心者，西方婚姻自由之罪也。（《藏晖札记》〔一〕）

1月16日　胡适在 Essays of William Hazlitt（by Frank Carr. —London, New York: The Walter Scott Publishing Company，Ltd.，1915）扉页题记："Gift from S. Z. Kwank to Suh Hu. Jan. 16, 1914."（《胡适研究通讯》2017年第1期，18页）

1月20日　胡适在 The Americans（by Hugo Münsterberg, translated by Edwin B. Holt. —New York: McClure, Philips & Company, 1904）扉页签记："Suh Hu, Jan. 20, 1914. 吾以原价五分之一得此书于旧书肆，适之。"（《胡适研究通讯》2017年第1期，18页）

1月23日　胡适致函许怡荪，主要谈宗教问题，认为这是"今日一大问题，非深加研究不易解决"：

> 今之政客，或重兴孔，或重兴耶，其言多不能成理。此问题须分作数层，然后可以入手：
> 第一，立国究须宗教否？
> 第二，中国究须宗教否？何故？
> 第三，如须有宗教，则以何教为宜？
> （甲）复兴孔教耶？
> （乙）恢复佛教耶？
> （丙）介绍耶教耶？
> 第四，如须复兴孔教，究竟何者是孔教？
> （甲）何者为可靠之孔教经典？
> （一）孔教之书，《诗》是一部古诗选，不关教旨。《书》是古史，亦非孔教教典。《易》不纯是孔氏作，其书可谓为理论哲学，其关于人生日用伦理道德者极少。《春秋》是孔子时之近世史，其书全赖传释，而三传互相牴牾，吾辈将何所适从耶？《礼记》显是后人所作，乃是一部丛书，夹七夹八，疵瑕互出，惟决非孔子之书也。
> （二）四书则惟《论语》稍可据，然不足为宗教经典。《孟子》是奇书，然是政治哲学耳。《大学》《中庸》都是《礼记》篇目，宋人始

表而出之，其书诚有价值，然是一种伦理学书耳。

（三）此外则《周礼》是一代法律，《仪礼》是风俗指南耳，未必足据。《仪礼》所记，但可供考古之用耳。

（乙）"孔教"二字所包何物？

（一）专指四书中之精义耶？

（二）抑并五经之微言也？

（三）今日所习祀祖先，祭天地山川，皆是古代宗教之遗，虞、舜时已行之，至商、周而益盛，此可谓为孔教耶？

（四）孔教并包宋儒之理学否？——程、朱、陆

（五）孔教并包明儒之理学否？——王阳明

第五，今日所谓复兴孔教者，将为二千五百年来之孔教欤？

第六，吾辈将昌明孔、孟之学说乎？抑将恢复孔教之礼制欤？……抑将合二者而行欤？抑将革新吾国礼制，使适于今日之用乎？

第七，吾国古代学说如管子、晏子、荀子，独不可与孔孟并尊耶？

第八，如不当有宗教，则将以何者易之？

（甲）伦理学说耶？泰东耶？泰西耶？抑东西合一耶？

（乙）法律政治耶？

…………

……今世界趋势，无论何种宗教，皆渐趋重精神，而轻仪式。……孔教之福吾国，不在其仪式，而在其精神。精神者何？其伦理学说深入人心，为世教之准则，为风俗之导师是也。今日吾辈须知"礼"者，因时而变者也。……今日礼制，但有革新，不容复古，此理不容异议也。……今日吾辈之先务，在于因时制宜，不在于株守旧说，亦不在茇卖批发之革新政策也。

来书谓"三代之时，以礼治国，故经国之要，尽在三礼"。此说亦误也。古代之礼即今日所谓法律，故《周礼》虽名为礼，实周代之宪法也。……其书先言立国之大纲，次言分部设官之法，与今各国宪法无大异也。又如《礼记》中《王制》，分明是法律。其如各礼书如《曲

礼》《内则》，可谓为 Common Law 也。须知礼与法之别，在于礼是积极的，命令的；而法则消极的，禁止的也。……礼是法之原，法是礼之变相。以今日世界进步学说之眼光观之，则法是礼之进步。礼之病在于无限，而法则有限。……以礼治国，乃文人妄言。三代何尝以礼治国耶？……以礼治国，乃是不可得之事，纸上空谈可也。法治乃是不可免之道。至后世儒生始倡"以礼治国"之说，孔子有"道之以德，齐之以礼"之说，但言道德教育之功，初不谓可废法而徒任礼也。且礼之一字，其意至广，孔子所谓礼，或非徒《曲礼》《仪礼》之礼，若《仪礼》之礼，今人效之，但成笑柄耳。……

讲学亦非易事。来书言将专重阳明。阳明之学自成哲学一派，不可谓此即是孔教也。吾辈不讲学则已，如讲学，则宋明都不可偏重。弃明重宋，固非；重明而鄙薄宋儒，又岂为持平哉？讲学是少数人事，与宗教无与也。

至于宣道，似是为多数人说法矣，然必待以上种种问题一一解决后始可言宣道，否则将何所传宣耶？

……今日之言宗教者，言孔教者，其大病所在，在于不知宗教究是何物，又不知宗教之实在势力，尤不知孔教究是何物，而日日空言，何所裨益哉？陈焕章博士之《孔教会报》，吾未之见，然其所著英文书则肤浅之作也。康南海则尤顽固矣，甚至欲以孔子配天，而存拜跪叩头之制以崇孔子，适以辱孔子耳。吾至今尚未得一善法，然当时时研究之，暇时当有所著述论此问题也。……

来书中附一诗……吾意足下学诗，切不可从律诗入手，当从五言古诗入手。先读《古诗十九首》，以下至陶渊明而止。六朝之诗，但可读鲍明远，其他人则弱矣。唐人五古可读李杜。尝创论之：文至骈而坏，诗至律而坏，今日欲言文学革命，须废骈文与律诗始有救耳。（胡适致许怡荪函，编号33）

按，胡适此函注"民国三年正月"，然此函大要记于1914年1月

23 日之札记，故将此函系于是日。

同日　胡适作《大雪放歌》，和任鸿隽。(《藏晖札记》〔一〕)

同日　胡适在札记中粘贴尊孔的"大总统命令"(11 月 26 日)，认为其可笑，"非驴非马"。(《藏晖札记》〔一〕)

1 月 24 日　胡适在札记中记友人 Louis P. Lochner 寄书力劝胡适戒烟。(《藏晖札记》〔一〕)

1 月 25 日　胡适在札记中记友人但怒刚惨死。(《藏晖札记》〔一〕)

同日　胡适有札记，论今日我国急需之三术：

今日吾国之急需，不在新奇之学说，高深之哲理，而在所以求学论事观物经国之术。……有三术焉，皆起死之神丹也：

一曰归纳的论理，

二曰历史的眼光，

三曰进化的观念。(《藏晖札记》〔一〕)

同日　胡适有札记：

余近来读书多所涉猎而不专精，泛滥无方而无所专注，所得皆皮毛也，可以入世而不足以用世，可以欺人而无以益人，可以自欺而非所以自修也。后此宜痛改之。(《藏晖札记》〔一〕)

同日　胡适札记记近来所关心之问题：(一)泰西之考据学，(二)致用哲学，(三)天赋人权说之沿革，皆得其皮毛而止，真可谓肤浅矣。(《藏晖札记》〔一〕)

1 月 28 日　胡适在札记中追记其在康奈尔大学基督教青年会讲演"宗教之比较研究"事：

……余亦受招主讲三题：(一)古代之国教。(二)孔教。(三)道教。余之滥竽其间，殊为荣幸，故颇兢兢自惕，以不称事为惧。此三题至需四星期之预备始敢发言。第一题尤难，以材料寥落，无从摭拾也。

然预备此诸题时，得益殊不少；于第一题尤有心得。盖吾人向所谓知者，惟约略领会而已。即如孔教究竟何谓耶？今欲演说，则非将从前所约略知识者一一条析论列之，一一以明白易解之言疏说之。向之所模糊领会者，今经此一番炉冶，都成有统系的学识矣。余之得益正在此耳。此演说之大益，所谓教学相长者是也。(《藏晖札记》〔一〕)

同日　胡适有札记：

余壁上有格言云："If you can't say it out loud, keep your mouth shut." "汝果不敢高声言之，则不如闭口勿言也。"〔胡适于此有红笔批语：不敢高声言之者，以其无真知灼见也。〕……此与孔子"知之为知之，不知为不知，是知也"同意。余年来演说论学，都奉此言为主臬，虽有时或不能做到，然终未敢妄言无当，尤不敢大言不惭，则此一语之效也。(《藏晖札记》〔一〕)

1月29日　胡适在札记中追录前数日因大风寒所作诗，此诗用三句转韵体，乃西文诗中常见之格，在中国诗中，胡适认为系"创见"。(《藏晖札记》〔一〕)

同日　胡适又作札记论"乐观主义"：此诗以乐观主义作结，盖近来之心理如是。吾与友朋书，每以"乐观"相勉，自信去国数年所得，惟此一大观念足齿数耳。又译英国诗人卜朗吟（Robert Browning）的乐观主义诗句。(《藏晖札记》〔一〕)

1月　《留美学生年报》第三年本刊登编辑员胡适、经理员陈承拭《启事》：

按本年年报早应出版，适祖国内乱，海上印刷诸肆以道远不欲承印此报，故延迟至今，始克出世。延误之罪，记者与经理员都不得辞其责。前此诸册，皆有图画，今以节省刊资之故，一律删去，以所有诸图，皆尝见《学生会月报》，正不必复出也。又前此所收之投稿，其有已成明日黄花，或已刊登他报者，今皆未登入。又前此有"留美学

生调查表"一门，今以出版过迟，所调查之各项，亦大半事过境迁，无裨实用，故亦删去。留美学生会今年由总会书记刊调查表，详载姓名、住址，可补本报之缺也。(《胡适全集》第 20 卷，518 页）

同月　胡适在《留美学生年报》第三年本发表《政党概论》，述及政党之起源、功用、势力三问题。胡适认为，政党的功用有四：撷拾舆论，条理贯串，树为党纲者也；代表国民公意者也；教育国民，使留意国政大事者也；推举各官职之候选人者也。政党势力有三种根据地：以官禄为钓饵；以言论为鼓吹；以投票人之选举票卜最后之胜负。

同月　《留美学生年报》第三年本发表胡适整理的《美国大学调查表》。

同月　《留美学生年报》第三年本发表胡适的《藏晖室杂录》，内容包括：美国大学及专科学校学生人数；美国学生总数（1911 年份）；美国学生最多之大学（4000 人以上）；美国藏书最富之大学；美国富豪捐产兴学之慷慨；美国 1911 年份出版书籍；美国十年来出版书籍比较表；世界大国出版书籍表（1911 年份）；美国报纸总数（1912 年份）；世界报纸约数；华人入美境之调查。

同月　胡适在《留美学生年报》第三年本发表《非留学篇》，大意谓：

(一)

留学者，吾国之大耻也；
留学者，过渡之舟楫而非敲门之砖也；
留学者，废时伤财事倍而功半者也；
留学者，救急之计而非久远之图也。
…………
……一国之派遣留学，当以输入新思想为己国造新文明为目的。……留学之政策，必以不留学为目的。……

（二）

……

……吾国数十年来之举，一误于政府之忘本而逐末，以留学为久长之计，而不知振兴国内大学，推广国内高等教育，以为根本之图。国内高等教育不兴，大学不发达，则一国之学问无所归聚，留学生所学，但成外国入口货耳。再误于留学生之不以输入文明为志，而以一己之衣食利禄为志。其所志不在久远，故其所学不必高深；又蔽于近利而忘远虑……

（三）

……今日教育之唯一方针，在于为吾国造一新文明。吾国之旧文明，非不可宝贵也，不适时耳！不适于今日之世界耳！……

教育方针既定，则留学之办法亦不可不变。盖前此之遣留学生，但为造官计，为造工程师计，其目的所在，都不出仕进、车马、衣食、利禄之间；其稍远大者，则亦不出一矿一路之微耳。初无为吾国造新文明之志也，今既以新文明为鹄，则宜以留学为介绍新文明之预备。盖留学者，新文明之媒也，新文明之母也。以浅陋鄙隘之三四年毕业生，为过渡之舟，则其满载则归者，皆其三四年中所生吞活剥之入口货耳。文明云乎哉！文明云乎哉！！吾故曰：留学方法不可不变也。

改良留学方法之道奈何？曰：第一须认定留学乃是救急之图，而非久长之计……久长之计乃在振兴国内之高等教育。是故当以国内高等教育为主，而以留学为宾；当以留学为振兴国内高等教育之预备，而不当以高等教育为留学之预备。今日之大错，在于以国内教育仅为留学之预备……敬拟二策：一曰慎选留学，所以挽救今日留学政策之失也；二曰增设大学，所以增进国内之高等教育为他日不留学计也。……

……

……吾国今日处新旧过渡、青黄不接之秋，第一急务，在于为中国造新文明。然徒恃留学，决不能达此目的也。必也一面亟兴国内之

高等教育，俾固有之文明，得有所积聚而保存，而输入之文明，亦有所依归而同化；一面慎选留学生，痛革其速成浅尝之弊，期于造成高深之学者，致用之人才，与夫传播文明之教师。以国内教育为主，而以国外留学为振兴国内教育之预备，然后吾国文明乃可急起直追，有与世界各国并驾齐驱之一日……

同月　胡适在 Ancient Law: Its Connection with the Early History of Society and its Relation to Modern Ideas（by Henry Summer Maine. —London: George Routledge & Sons, Limited）扉页题记："Suh Hu, Jan., 1914.《古律》。"(《胡适研究通讯》2017 年第 1 期，18 页）

同月　胡适在 Heredity（by J. A. S. Watson. —London: T. C. & E. C. Jack; New York: Dodge Publishing Company, 出版年不详）扉页签记："Jan., 1914, Suh Hu."(《胡适研究通讯》2017 年第 1 期，18 页）

2月

2月3日　胡适译毕拜伦（Byron）《哀希腊歌》。(《藏晖札记》〔一〕）

　　按，稍后胡适致函许怡荪云：拟将此译诗函寄许，欲刊一单行本，或并全稿售与书肆为养家之费。询许能代向上海一询否？此本共十六章，每章有英文原文，（一）胡之译本，（二）译注，（三）附马君武、苏曼殊二译本。该函又谈及夏间拟译一二书为老母养赡，不知能有售处否？并将拟译之书征询许之意见。又询但懋辛究竟生死如何等。（胡适致许怡荪函，编号 34）

同日　胡适与任鸿隽、金仲藩同观社会名剧《梅毒》，胡适在札记中认为：演者都佳，串医生者尤为特色，第二幕最佳。(《藏晖札记》〔一〕）

2月4日　康奈尔大学授予胡适文学士（Bachelor of Arts）毕业证书。（中国社科院近代史所藏"胡适档案"，卷号 2384，分号 4；《胡适与韦莲司：深

情五十年》，13页）

同日　胡适应 Prof. Barnes 之邀，夜往旁听绮色佳城之"公民议会"（Common Council）。对议事内容，胡适作有札记。又云：

> 此等议会真可增长知识，砚国者万不可交臂失之。吾去年在美京，每得暇辄至国会旁听，尤数至众议院，然所见闻，不如此间之切实有味也。（《藏晖札记》〔一〕）

同日　胡适针对国内"政治会议"所通过大总统郊天祀孔法案评论道：此种政策，可谓舍本逐末，天下本无事，庸人自扰之耳。（《藏晖札记》〔一〕）

2月9日　胡适在札记中以例说明《说文》有许多字不满人意。（《藏晖札记》〔一〕）

2月19日　胡适在札记中粘贴宋教仁被刺案剪报多件。同日又有札记记应桂馨死。2月27日札记又记赵秉钧死。（《藏晖札记》〔一〕）

2月　胡适有"杂俎"三则：音乐神童；卖酒者与禁酒者的广告；离婚案。（《藏晖札记》〔一〕）

同月　胡适札记记美国有色人种之大官：黑人贝克纳（G. E. Buckner）现为美国驻 Liberia 公使，美洲土人派克（Parker）现为财政部收发主任，皆为此二种人中之居高位者。（《藏晖札记》〔一〕）

同月　胡适在 *Platon*（by Wilhelm Windelband. —Stuttgart: F. R. Frommanns Verlag, 1910）扉页题记："Suh Hu, Feb., 1914.《柏拉图》，此万字式纸乃吾国所有，今遽见之于此，如见故人也。适之。"（《胡适研究通讯》2017年第1期，18页）

3月

3月12日　胡适有札记，谈"养家"：

> 余前为《大共和》作文，以为养家之计，今久不作矣。此亦有二故：

一则太忙，二则吾与《大共和》宗旨大相背驰，不乐为作文也。惟吾久不得钱寄家，每得家书，未尝不焦灼万状，然实无可为计。今图二策，一面借一款寄家而按月分还此款，一面向大学申请一毕业生津贴（Scholarship）。二者皆非所乐为也，而以吾家之故不能不为之。(《胡适留学日记手稿本》之《藏晖札记》〔二〕，原书无页码）

按，胡适的《藏晖札记》〔二〕封面题"民国三年 起三月十二日 终七月七日"。

同日 胡适又有札记，记"母之爱"：

得家书，叙贫状，老母至以首饰抵借过年。不独此也，守焕兄家有《图书集成》一部，今以家贫，愿减价出售，至减至八十元；吾母知余欲得此书，遂借贷为儿子购之。吾母遭此窘状，犹处处为儿子设想如此。(《藏晖札记》〔二〕)

3月13日 胡适有札记，论"言"字。(《藏晖札记》〔二〕)

3月14日 胡适自商人Fred Robinson处借得美金200元，以百金寄家，以90金还债。(《藏晖札记》〔二〕)

同日 胡适在 Hedda Gabler; The Master Builder（by Henrik Ibsen. — New York: Charles Scribner's Sons, 1907）扉页题记："Suh Hu，March 14, 1914. 伊伯生名剧（一）海姐传，（二）大匠。"书末有胡适注明阅读日期："March 17, 1914, S. Hu."（《胡适研究通讯》2017年第1期，21页）

3月25日 作诗《雪消记所见》。(《藏晖札记》〔二〕)

4月

4月1日 学生会会长郑莱委胡适为哲学教育群学部委员长。(《藏晖札记》〔二〕)

4月10日 胡适在札记中记道：Frederick G. Henke（Willamette University，Salem，Oregon）在《哲学杂志》发表论"王阳明中国之唯心学者"殊有心得，拟他日与之通讯。(《藏晖札记》〔二〕)

4月11日　因入春后忽又雪，胡适乃和前诗。(《藏晖札记》〔二〕)

> 按，本札记下又记一条："请毕业生津贴 Graduate Scholarship，已得之。"因此条未记写作日期，故记于此。

4月17日　胡适禀母亲，寄呈去冬胡适雪后照片一张，又抄寄咏雪诗2首。(据《胡适遗稿及秘藏书信》第21册，160～162页)

4月　胡适在 Coningsby（by Benjamin Disraeli. —London: J. M. Dent & Sons Ltd., New York: E. P. Dutton & Company，出版年不详）扉页签记："Suh Hu，April, 1914."（《胡适研究通讯》2017年第1期，19页）

同月　胡适在 The Analogy of Religion Natural & Revealed（by Bishop Butler. —London: J. M. Dent & Sons Ltd., New York: E. P. Dutton & Company, 1906）扉页签记："Suh Hu, April, 1914."（《胡适研究通讯》2017年第1期，19页）

5月

5月7日　胡适往 Syracuse，赴其地 Cosmopolitan Club 年筵。此次赴筵，事前未知须演说，故毫未预备。及至，会长 De Barros 以所延演说者2人都以病不能来，乃坚令胡适演说。胡适于电车中略思片刻，定题曰"What Cosmopolitanism Means to Me"。演说大获成功。会议主席 Flick（Syracuse University 史学总教）"许为彼生平所闻最佳演说之一"。此为胡适生平作临时演说之第一次。(《藏晖札记》〔二〕)

同日　胡适作《论英诗人卜朗吟之乐观主义》（"A Defense of Browning's Optimism"）在"卜朗吟奖赏征文"中获奖，得美金50元。胡适在9日札记中记道：

予久处贫乡，得此五十金，诚不无小补。惟予以异国人得此，校中人诧为创见，报章至着为评论，报馆访事至电传各大城报章，吾于"New York Herald"见之。昨日至Syracuse，则其地报纸亦载此事。其知我者，争来申贺，此则非吾意料所及矣。（去年余与胡达、赵元任三人同被举为Phi Beta Kappa会员时，此邦报章亦传载之，以为异举云。）此区区五十金，固不足齿数，然此等荣誉，果足为吾国学生界争一毫面子，则亦"执笔报国"之一端也。（《藏晖札记》〔二〕）

"A Defense of Browning's Optimism" 一文大要：

I

While Browning's optimistic messages have been hailed by many as the voice of a new prophet heralding the coming of a new age, they have at times received no little adverse criticism....

These criticisms have already been forcibly answered by Mr. G. K. Chesterton. (Robert Browning, in *English Men of Letters*, PP.183-186.) "Browning", says Mr. Chesterton, "is a great poet of human joy for precisely the reason of which Mr. Santayana complains: that his happiness is primal and beyond the reach of philosophy". The world of the poet is never the same as the world of the philosopher.... So Mr. Chesterton concludes that the supreme value of Browning as an optimist, lies in this that beyond all his conclusions and deeper than all his arguments, he was passionately interested in and in love with existence: that he was a happy man....

This defence, forcible and convincing as things Chestertonian usually are, however, still leaves some room for the students of Browning's poetry to seek justifications of his optimism from the point of view of philosophy. Although it is true that Browning's poetry, like every one else's, ultmately rests upon the primitive feelings, yet I am inclined to think that, in characterizing Browning's optimism as a purely temperamental joy in existence, we are doing him a great injustice. For, it seems to me, the greatness of Browning's optimism lies, not only in its appeal to our common sense, to our primeval love of existence, but in this that it is also supported by philosophical reasoning. However subtle Browning's philosophy may sometimes appear to us, the fact remains that his optimism is at least reasoned—rational in Browning's own way of thinking.... What I mean to say is that Browning's optimism is not incapable of being defended by arguments other than the poet's passionate interest in existence. I believe that the optimism of Browning is not the mere childish hopefulness of a care-free Pippa; nor does it only consists in the indifferent utterances of the speaker in At the "Mermaid"....

...

Browning's arguments for optimism consist in certain fundamental ideas such as the spiritual function of love, the goodness and "all-potency" of God, the spirituality and the potentiality of perfection in man, the ultimate triumph of good and the ultimate success of "apparent failure". Many of his early poems, from Paracelsus to The Ring and the Book, are permeated with these ideas. His later poems, from Balaustion's Adventure to Asolando, are attempts either more fully to expound the ideas already expressed in his early poems, or to defend them from any possible adverse opinion which might be of sufficient weight to justify repudiation.

In the following pages I purpose, first, to consider the different arguments advanced by the advocates of pessimism, and, secondly, to formulate from Browning's poems the answers which he could have made to each and every one of them in defense of his optimism. In doing so, we shall have to face three distinct views of pessimism. The advocates of all three agree that life is not worth living because it does not reallize the highest good which, they think, mankind aspires to attain. They differ, however, in their conception of the highest good, the summum bonum of life. According to one view. it is knowledge; according to another, virtue; and according to the third, happiness. For convenience' sake, we shall call the first view Intellectual Pessimism; the second, Moralistic Pessimism; and the third, Hedonistic Pessimism. These we shall examine singly in the following pages.

II

The Intellectual Pessimist despairs of life because it does not help him to attain the highest knowledge....

...

Browning agrees with the Pessimists that knowledge is unattainable.... What we call knowledge is no more than "mere surmise". True and certain knowledge is impossible....

...

At times Browning himself also held a rather sceptical view of knowledge....

...

At other times, and especially in his early poems, however, his attitude towards knowledge was more hopeful....

...

Browning, however, could never believe with the Pessimists that, since knowledge is impossible, life is therefore not worth living. For life is not mere knowing. Man is not destined to become a mere store-house of knowledge. He has also an emotional side which he ought to develop. He has feelings: he must love and hate. Knowledge and love are "halves of one dissevered world", and "must never part"....

Thus, while knowledge may be one of the objects of life, it is by no means the highest good. For man develops, morally and spiritually, apart from, and in spite of the intellectual attainment. The Socratic doctrine that knowledge is virtue, is, from Browning's point of view, not always valid....

...

So Browning would advice the Pessimists:

"Let us say—not 'Since we know, we love',

But rather 'Since we love, we know enough'."

...

III

We shall now deal with the Moralistic Pessimists, who regard the whole world as morally intolerable, and, accordingly, wish to be delivered from it. To them the world is glowing with the fire of Corruption and Immorality, in which all innocence and honesty and kindness—a very insignificant minority—are to be tortured and destroyed....

...

Browning admits that evil does exist in this world....

...

He sees imperfection, but he sees deeper than imperfection. He seeks to find the presence of good in each and every evil. He therefore descends into the criminal world to look for the "veriest" personifications of malice, brutality, irrationality and meanness, in whom he endeavors to find a spark of soul, "a God though in the germ". Hence his poetry is crowded with crimes and criminals. From amidst the fires of hell, the poet comes away with his conviction unscathed and unshaken, that after all:

"The maker of all the worlds is good".

The poet's faith is based upon his conception of a rational universe....

...

Love is the world reason. It is the principle that governs the relations between man and man, and between man and God. With this all-pervading principle, the world is no chaos. No, it is a cosmos, a "plan", a "design".

...

But, the Pessimists will ask, if the world is of rational design, what, then, is God's purpose in permitting evil to exist in the universe?

...

Browning's answer to this difficult question is two—fold. First, the existence of evil enriches life by adding to its variety, without which life would be very insipid and prosaic....

...

Secondly, aside from its use as the contrast of goodness and as a variety of life, evil serves as a test of character. It makes man. The truly virtuous man grows in the combat with evil....

...

Thus to the Moralistic Pessimists Browning would fain offer this advice: "Do your best, whether winning or losing it." Meet the Devil on the battle-field, and be not dismayed....

...

However corrupt and immoral this world may seem to us at times, there are sufficient good signs to comfort and encourage us who pledge to make it better.

...

IV

...The Hedonistic Pessimist tells us that life is not worth living because it is devoid of happiness which, he thinks, is the highest good of life. Life, says he, consists of aimless cravings, which, if not satisfied, are always painful. Satisfactions, if there be any, only temporarily relieve us from pain, and do not last long. We soon begin to have new longings and desires. Only Death ends all!

Life, the Pessimist tells us, yields more pain than pleasure. For, he reasons, pain alone is real and positive. Pleasure—the temporary cessation of pain—is merely negative.

Now, first of all, Browning strikes a death blow at Hedonistic Pessimism by denying that Happiness is the highest good of life....

...

..."There is in man a HIGHER than Love of Happiness: he can do without happiness, and instead thereof find Blessedness!" It would be, says Browning,

"Poor vaunt of life indeed,

Were man but formed to feed

On joy, to solely seek and find and feast."

Thus the major premise of Hedonistic Pessimism falls to dust. Let us now see what the other arguments may mean, if examined in the light of philo-sophical optimism. First, the Pessimist says, life consists of endless cravings and strivings which are always painful. Yes, Browning would answer, it is true that life is a continuous strife. But strifes are by no means bad! It is by struggling that man becomes man and removed from the developed beast....

...

Again, you say, these strivings produce more pain than pleasure. How do you prove it? By statistics, or by mere subjective feeling? You say that pain alone is positive and real, while pleasure is only freedom from pain. Browning holds just the opposite view: he thinks that all pain is temporary and that plea-sure is positive and lasting. He could never believe that there ever existed any pain but could be relieved by pleasure or even by the mere thought of plea-sure.

...

Having thus far examined the different views of pessimism together with the possible answers with which Browning might have repudiated them, I shall conclude by discussing in particular one of the ideas on which Browning lay most stress, namely, the spiritual function of love....

Moreover, I am inclined to think that love—unselfish love—is the best and the only antidote for pessimism. Love is the only foundation upon which a philosophy of Hope can be built. Love, it is to be understood, does not mean merely the passionate affections between man and woman. It should be construed in its broadest sense.... It is the source of Joy and the mother of Hope. Love unselfishly, and thou wilt forget all the pains and evils that there may be in the world. Love ungrudgingly, and thou wilt see virtue and hope everywhere. Many pessimists there are, but one disease plagues them all: the disease of selfishness, of egoism.... It is not of egoism alone that the egoist complains most: he complains of everything that does not satisfy him. He complains of the misery of the world, of the hopelessness of life, of the impossibility of knowledge and power, of the multiplicity of wicked people, and of the preponderance of pain over pleasure. The more he loves his own life and his own happiness, the more wicked and miserable and hopeless the world appears to him....

...

The egoist expects much from the world, and, when disappointed, becomes a pessimist. Not so with the altruist, the person that loves! He is seldom disappointed, and never despairs. "Love seeketh not his own, is not provoked, taketh not account of evil."...(《胡适全集》第 35 卷，27～52 页）

5月11日　胡适禀母亲，寄呈放大照片一张。谈及秋间可毕业，仍须留此一年，可得硕士学位，然后转入他校，再留二年可拿博士学位。又谈及"家用一事，已在沪设法"，并拟多作文补贴家用。(《胡适遗稿及秘藏书信》第 21 册，43～46 页）

1914年　甲寅　民国三年　23 岁

5月12日　胡适禀母亲，告得"卜朗吟奖赏"美金50元。(据《胡适遗稿及秘藏书信》第21册，124～126页)

5月14日　晚，康奈尔大学前校长 Andrew Dickson White 宴请获奖之9位学生，并有演讲。校长夫人盛赞胡适对"My country—may it ever be right，but right or wrong, my country"观点的意见。胡适认为，凡涉及国际事，不管国内国外理应奉行一个是非标准。(《藏晖札记》〔二〕)

按，胡适的观点刊登于 *Ithaca Journal*，此剪报粘贴于胡适5月15日札记中。胡适观点如下：

It appears to me that the fallacy of the saying "Right or wrong, my country" lies in the fact that there is a double standard of morality. No one will deny that there is a standard of justice and righteousness—among the civilized people at least. Suppose "my country" should tax me unconstitutionally, confiscate my property unjustly, or have me imprisoned without a trial. I would undoubtedly protest, even if it were done in the name of the law of "my country".

But when we come to international affairs, we immediately discard that standard of justice and righteousness, and we declare with no little pride, "Right or wrong, my country". Am I not right in saying that we are applying a double standard of morality—one to our fellow countrymen and another to foreign or "outlandish" people? It seems to me that unless we adopt one standard of righteousness both within and without our country, we have no common ground on which we can argue.

又按，是年7月26日，胡适又作札记：

吾前记"My country, right or wrong, my Country!"一语，以为其意谓"但论国界，不辩是非"也。二十二夜演说"大同"，引此言以为狭义爱国心之代表。演说后，有 Ms. 语余，谓彼读此语，但以为"无论吾国为是耶非耶，吾终不忍不爱之耳"，初非谓"吾国所行即有非理，

吾亦以为是"也。此意已足匡余之不逮。今日遇 Prof. M. W. Sampson，亦前夜在座者，偶语及此，先生亦谓此言可左右其义，不易折衷，然其本意谓"父母之邦，虽有不义，不忍终弃"。先生举一例为证："譬之兄弟同出，弟醉辱人于道，受辱者拔剑报之，其兄当卫醉弟耶？抑置之于不顾耶？抑助受辱者殴其弟耶？其人诚知其弟之非，而骨肉之义不得不护之，宁俟其酒醒乃责其罪耳。当前世纪之中叶，欧人相率弃国来美，入籍为美国人，其去国之原因，大率以专制政府压制为多，然其悻悻然去之者，未必皆是也。"此言是也。吾但攻其狭义而没其广义。幸师友匡正之耳。(《藏晖札记》〔三〕)

又按，11 月 25 日，胡适在札记中记下"My country, right or wrong"一语的出处。

5 月 19 日　胡适在世界学生会年会作卸去会长职务演说，题为"Lest We Forget"，主要内容为"世界和平及种族界限"两大问题，"听者颇为动容"。(《藏晖札记》〔二〕) 演讲大要如下：

I

There has been a growing tendency among our members to assume an antagonistic attitude towards the peace movement. There are some who think that this club, as well as the whole Cosmopolitan movement, should sever all connections and associations with the peace movement. They think that the club exists for no other purpose than the cultivation of friendship, the routine work of "National Nights", and the enjoyment of a good time. Peace, they think, is a political question. My dear fellow Cosmopolitans, this attitude is, to my mind, an erroneous one. It deprives this Club of one of its ideal for which it was founded. This Cornell Cosmopolitan Club has always stood for peace.

It is expressly stated in our constitution that one of the duties of the Club shall be to promote friendly and commercial relations, and a higher standard of order and justice between different nationalities. What can these words mean but the great movement for the establishment of international peace and good will? For peace cannot last, unless there are "friendly and commercial relations and a higher standard of order and justice between different nationalities".

...

...For, my dear fellow cosmopolitans, we can do a lot for peace. We are young and are in the most formative period of our life. What we learn now, we cannot unlearn hereafter; what we now pledge to do, we can do. But we must open our eyes to the great problems of mankind. We must nourish our mind with high and noble ideals. We must be radicals: we must be idealists. We must so train ourselves that, when we enter the world, we shall be able to do our own thinking, to guide public opinion, to break down prejudices, to bring about international understanding and good will, to benefit humanity. All these we can do, if we only recognize that peace is one of our ideals, and if we only have faith in our ideals.

II

I call the second part of my talk, "the persistency of race prejudice", by which I mean to say that race prejudice is no new thing, but is one of those old devils that has persisted in our midst.

It has persisted even among some of our members.

...As my last official utterances in this Club, I wish to impress upon your mind two remedies:

First, and perhaps the most effective remedy for race prejudice is the respect for personality—the respect for what a man is, and not for what he has....

Secondly, my advice is, "Be Independent"....（周质平编：《胡适未刊英文遗稿》，台北联经出版事业公司，2001年，3～6页）

按，周质平先生将此文编入《胡适未刊英文遗稿》时，曾加一中文提要，主要内容如下：

1914年5月19日，胡适在康奈尔大学国际学生会所作会长离职演说，主要论点有二：

其一是呼吁会员们不要对和平运动持敌意的态度，并指出美国大学生对公共事物和国家大事缺乏兴趣，而在亚洲国家，学生一向是重要运动的领袖人物和支持者。美国学生对棒球的兴趣远在总统选举和妇女投票之上。这在胡适看来是美国大学生活中，一个重大的缺失。

其二则沉痛指出至今种族歧视在国际学生会会员中仍有顽强的势力。许多人一再说道，我们这个俱乐部里犹太人太多，这是他们对这个俱乐部缺乏兴趣的原因。今年，我请了一个黑人学生来参加我们的一些余兴活动，有些会员告诉我，这一举动是不受欢迎的，并且会影响到这一俱乐部的社会地位。胡适提醒大家，国际学生会的会训是"国家之上是人道"，我们断不容忍这样的种族歧视。

胡适提出最有效的防止种族歧视的办法有二：第一，对人格的尊重，我们但论一个人的人品，而不论他有什么；第二，我们要有独立的精神，而无畏人言。（《胡适未刊英文遗稿》，2页）

5月20日 夜，国际政治学会（International Polity Club）成立会，举胡适为会长。胡适坚辞之。（《藏晖札记》〔二〕）

同日 胡适禀母亲：从节公来函知道前寄款除买茶叶外已如数寄家，此款系借自友人，友人许以每月归还10元，今日得大学中津贴，明年可得300元，则此款甚易偿还也。夏间或以文字卖钱，明年决计不任外事而一意读书。再嘱母作书给白特生夫人，请母告知家中亲戚年岁生日。（《胡适遗稿及秘藏书信》第21册，39～41页）

同日 胡适复函胡近仁，慰其病，谢其代胡母撰致白特生夫人函，"稍嫌多客套语"。又告去国多年，养成乐观观念：

去国数年他无所得，惟能随事存乐观之念，无绝望之思。今以为天下无不可为之事，但一息之尚存终回天之有日。去国以来所得仅此一念持献老友。惟老友振作精神崇德修学，为他日效力桑梓效力祖国之计，海外故人翘企望之。

最爱英国大诗人卜朗吟之诗，其人终身持希望之思，其临终之诗曰：

吾生惟知猛进兮，未尝却顾而狐疑。
见沉霾之蔽日兮，信云开终有时。
知行善或不见报兮，未闻恶而可为。
虽三北其何伤兮，待一战之雪耻。
吾寐以复醒兮，亦再蹶以再起。

函末再劝胡近仁病后须调养，最好是多野外步行。又告自己数年日记现存许怡荪处，可索观等。(《胡适中文书信集》第1册，105～106页)

5月25日　胡适和任鸿隽即事诗《山城》，次日及次次日又各和一首。(《藏晖札记》〔二〕)

5月27日　胡适有札记《论律诗》，其中有云：律诗其托始于排偶之赋乎？对偶之入诗也，初仅偶一用之……晋人以还，专尚排比。……康乐以还，此风日盛。降及梁陈，五言律诗，已成风尚，不待唐代也。……唐以前律诗之第一大家，莫如阴铿……有心人以历史眼光求律诗之源流沿革，于吾国文学史上当裨益不少。(《藏晖札记》〔二〕)

5月28日　胡适以我国某留美学生的文字为例说明"吾国人无论理观念"。(《藏晖札记》〔二〕)

同日　胡适给母亲邮寄《室中读书图》。(《胡适遗稿及秘藏书信》第21册，42页)

5月31日　胡适作《春朝》一律并将其译为英文。任鸿隽、杨杏佛均有和诗。《春朝》诗序云：

春色撩人，何可伏案不窥园也！迩来颇悟天地之间，何一非学，何必读书然后为学耶？古人乐天任天之旨，尽可玩味。吾向不知春之可爱，吾爱秋甚于春也。今年忽爱春日甚笃，觉春亦甚厚我，一景一物，无不怡悦神性，岂吾前此枯寂冷淡之心肠，遂为吾乐观主义所热耶？

(《藏晖札记》〔二〕)

同日　胡适读黄山谷"三句一转韵"之诗《观伯时画马》,乃记道:

> 友人张子高(淮)见吾"大风雪甚作歌",因移书辩三句一转韵之体非吾国所无,因引元稹《大唐中兴颂》为据。此诗吾未之见,然吾久自悔吾前此之失言……读书不多而欲妄为论议,宜其见讥于博雅君子也。(《藏晖札记》〔二〕)

6月

6月1日　胡适和任鸿隽赠傅有周归国诗,并在札记中记道:

> 有周为第二次赔款学生,与余同来美,颇相得,今别四年矣。有周以母老多病,急欲归去。余素主张吾国学子不宜速归,宜多求高等学问。盖吾辈去国万里,所志不在温饱,而在淑世。淑世之学,不厌深也。矧今兹沧海横流,即归亦何补?不如暂留修业继学之为愈也。故余诚羡有周之归,未尝不惜其去,故诗意及之。诗云:
> 与君同去国,归去尚无时。故国频得梦,新知未有涯。
> 豺狼能肉食,燕雀自酣嬉。河梁倍惆怅,日暮子何之?(《藏晖札记》〔二〕)

同日　胡适有札记记罗马历法。(《藏晖札记》〔二〕)

6月2日　胡适有札记,论《春秋》为全世界纪年最古之书。(《藏晖札记》〔二〕)

同日　胡适有札记记《大英百科全书》误解我国纪元。(《藏晖札记》〔二〕)

同日　胡母谕胡适:接到第五号平安信并附雪景照片两张及附致胡近仁函。江冬秀来函云,将于本月末闰月初来胡家度夏。(《胡适遗稿及秘藏书信》第22册,105～106页)

6月4日 是日出版之《图画周报》(Leslie's Illustrated Weekly Newspaper)载有胡适照片。

6月5日 胡适复函许怡荪，云：

……适近著一英文论，颇为孔教一事辩护，因对外人立言不得不如此。吾虽不赞成国教之举，然不犹较胜于输入耶教耶？吾数年前颇受外界影响，几欲以宗教自卫；尔时得乐亭死耗，又值黄花岗之败，百忧都集，几投身耶教矣。年来见事稍多，胸怀亦较前为淡荡，读书稍有所得，始悟道德已足为吾生所宗主，宗教非为吾辈设也。吾三年以来虽仍读耶氏经典及其教条沿革之史，然但以自广，不复以自缚也。

足下来书数大误点不可不辩：

（一）……足下但知个人主义之弊而不知其利，但知家族制之利而不知其弊也。家族制之利，吾再三思之，乃不知其果何在，但见其病吾国耳：

（1）**养成依赖性** 一家之中，财产私袭，父母以为子宜养亲，子妇以家产为其固有，父子相责养，兄弟相倚依，甚至一族相依赖，一人成佛，一族升天。……此邦老人五六十岁犹自食其力，虽有子女能赡养之，亦不屑受也。子女之养亲，孝也；父母之责子女以必养，则西人有独力思想者所耻而不为也，而况亲族乎？吾谓社会之最高目的在于养成独立之人格，自助之能力。助人与养亲，皆美德也。责人以必养，则依赖性生焉矣。

（2）**家族制实亦一种个人主义也** 西人之个人主义以个人为单位，吾国之个人主义以家族为单位，其实一也。吾国家庭之中自成一国，一家之人但谋一家之乐利，曰扬名也，曰显亲也，曰光前裕后也，曰积德累庆也：皆私利之见也，皆个人主义也；但所私所利为一家，而非一己耳，然一家之对于一大群（社会国家）则终成私利耳。以个人为单位之个人主义，犹可养成一种独立自助之人格，以家族为单位，则私利于外，依赖于内，吾未见其此胜于彼也。

据此而论，吾国之家庭制度他日终当改变。……至如何改变之法，则另是一大问题，非此书所能尽矣。吾所敢言者：家族制之存，未必为吾国之福；家族制之变易，亦未必为吾国之祸也。……

至功利之说，苟善用之，亦未尝无益。功利之说有二种：一为个人功利（Egoism），一为大群乐利（Utilitarianism）。前者之偏私可不待言；后者则以谋最大多数之最大幸福为目的，富国利民，救国淑世，皆在此中。功利之说何害于世乎？

（二）"吾国古代学说如老、荀、管、墨，皆不出孔子范围，皆可并行不背。"此似是而非也。荀、管诚无大异于孔氏。至老子之学则全为破坏主义……老子至欲"绝圣弃智"，"绝仁弃义"，欲毁尽数千年之文化而一返于草昧初民之域，"……有甲兵而无所陈之，结绳而用之……鸡狗之声相闻……而老死不相往来。"此种激烈思想，孔子万不能有也。墨亦大异于孔。孔言仁而有亲亲之杀；墨子兼爱无有差异。……诸如此类，何可胜数？足下过崇孔子，实则以吾观之，孔子自成一家学说，即子思孟子已有出蓝之概。盖学说与他种制度皆循一大法而不背。此大法惟何？进化是也。战国之学理，其精微胜于春秋诸家，犹之春秋管孔诸家之胜于夏商人也。

（三）"泰东形上之学，其精辟远胜泰西。"此足下未读泰西形上之学之书之失也。此说非千言可尽，然吾此言非无所见也。

（四）"盖凡天下之物，其废兴存亡，皆有定数。"此为最大误点。其误在于任天数字。以今日科学眼光观之，不值一驳。天下无所谓天数也，但有人力耳。足下此言不过偶一及之，非来书中要点，故亦不复详论之。

（五）"且夫一国改进之事，不宜以顿，尤须自上发之。"上十二字是也。"尤须自上发之"则非也。民国之不成器，其原因正坐"自上发之"。而所谓"下"者，乃蠢蠢如故，蕞蕞如故。少数领袖，孤立无助，何能为力？其败也，不亦宜乎？足下以为今日须"大人物"，须"英雄"，欲于谈笑之中登斯民于衽席之上，此意吾久厌却。因近来所主张，以

1914年　甲寅　民国三年　23岁

为一国命脉，不在大人物，而在无名之英雄。一言以蔽之：在于国民之政治智识，及自胜能力而已。今日之事必须自下发之，其收效迟也，然谋国何等事，而求速耶？

自下发之之策如何？曰，造一良好有智识之国民，造一健全之舆论，造一般爱国急公能思想之人才：三者缺一不可也。此等语似迂，其实非迂，乃根本之计也。

足下所论政局开我眼界不少，惟足下期望太深。适久无意政界，然眷怀宗国，亦未尝不留心时局；他日归来，颇思以一笔一舌效力故国，鞠躬尽瘁，期于造成上所云云三事中之第二事，他非所冀也。

吾所志在孟德斯鸠、福禄特尔一流人物，以为学术思想，过渡之舟楫而已，未尝梦想作华盛顿也。

…………

留美学生中好学生甚多，惟人才则极寡，能作工程师机械匠者甚多，惟十之八九皆"人形之机器"耳。其受病所在，吾于近所刊《非留学篇》内颇及之。……

来书末附答吾最后书数事：

（一）售稿事。裴伦诗译本暂不寄上，拟归国时自刊小册以自遣，不欲轻付手民，令错印误字。……

（二）足下谓适宜有所绍介于西人，此言极得吾心。适近拟再留二年，俟民国五年始归。拟作博士论文，题为"中国哲学史之第一时代"（先秦诸子），尚未动手作文。近方思于暑假内再细读先秦诸子一过，细细摘要录出，条分其学说，撷其精华，然后译之；译成，然后作论，论其精粗得失，及其对于吾国学术思想之影响，暨其与泰西学理同异之点，约二年可成书。足下道及辜氏所译书，适仅见其《论语》《中庸》二书，未见其他。足下过上海时，乞为我至别发洋行（前门）索一份Catalogue of books on the far east 及他种Catalogue 一并寄来，或可供参考之用也。此事乞勿忘之。

第二次书（五月十八日）所缀二函，皆极持平之论，甚佩甚佩。"总

之，政治之事，无绝对至善之标准，惟视其时之如何耳"一语，尤得吾心。今之论者，动辄曰"英国如何如何，故吾国当如何如何"，"德国行而强，故吾国亦当行之以图强也"，"美国中央无有教育部，故吾国亦可废教育部"，真是盲人说梦之言。此等议论无有论理之价值，以其根据同类之史事为证也。……不知人是人，我为我，东西不同风，古今异宜，井田可施于古，而不可行于宋元，犹强迫兵制之可行之于德法，而不可行于吾国也。吾谓吾国今日大病在于无有论理观念，章行严所谓逻辑也。上所云援引史事，亦是一大病，然为祸犹不烈，其最大之祸根，乃在援引先哲成语以为论理之根据……

近拟作一文，论题曰"说术"。术者（method）求学之涂径，论事之理法也。此文大旨有三：

（一）归纳的论理；（即物穷理）

（二）历史的眼光；（与古俱新）

（三）进化的观念。（人治胜天）

章秋桐日日谈逻辑，而其人所作文乃全无归纳的论理……真可怪也！

足下归国后能料理复至东为佳，吾虽非留学，然留学自有大益，不可没也。适久居此邦，虽去国四年，而去家已七年有余，堂上倚闾之思，闺中望月而叹，每欲念之，便欲绕屋而走；然既已来此，不欲徒归，只有硬起心肠再留二年耳。幸此间友朋众多，同学五千人，相知者亦复不少。此间人士待适极佳，有一二家竟以家人骨肉相待。吾在北京时有"怜我无家能慰我，佳儿娇女倍情亲"之句，今在此可以此诗赠许多人也。以此，故乡思亦少减。所堪自慰者，堂上尚在中年，无风烛之虞，游子罪愆因此少释也。（胡适致许怡荪函，编号35）

6月6日　胡适将《室中读书图》分寄胡禹臣、胡近仁、江冬秀，各有不同题诗。（《藏晖札记》〔二〕）

6月7日　胡适有札记，论"家族的个人主义"：

……吾之家族制，实亦有大害，以其养成一种依赖性也。吾国家庭，父母视子妇如一种养老存款（Old age pension），以为子妇必须养亲，此一种倚赖性也。子妇视父母遗之产为固有，此又一倚赖性也。甚至兄弟相倚依，以为兄弟有相助之责。再甚至一族一党，三亲六戚，无不相倚依。一人成佛，一族飞升，一子成名，六亲聚噉之，如蚁之附骨，不以为耻而以为当然，此何等奴性！真亡国之根也！夫子妇之养亲，孝也，父母责子妇以必养，则倚赖之习成矣；西方人之稍有独立思想者，不屑为也。吾见有此邦人，年五六十岁，犹自食其力，虽有子妇能养赡之，亦不欲受也，耻受养于人也。父母尚尔，而况亲族乎？……

吾国陋俗，一子得官，追封数世，此与世袭爵位同一无理也。……又言吾国之家族制，实亦一种个人主义。西人之个人主义以个人为单位，吾国之个人主义则以家族为单位，其实一也。吾国之家庭对于社会，俨若一敌国然，曰扬名也，曰显亲也，曰光前裕后也，皆自私自利之说也；顾其所私利者，为一家而非一己耳。西方之个人主义，犹养成一种独立之人格，自助之能力，若吾国"家族的个人主义"，则私利于外，依赖于内，吾未见其此善于彼也。

按，6月21日，胡适又在此札记后注记：

顷见辜汤生所作《中国民族之精神》一论，引梁敦彦事，谓梁之欲做官戴红顶子者，欲以悦其老母之心耳……此即毛义捧檄而喜之意。毛义不惜自下其人格以博其母之一欢，是也；然悬显亲为鹄，则非也，则私利也。（《藏晖札记》〔二〕）

6月8日 胡适第一次到女生宿舍访友：

吾之去妇人之社会也，为日久矣。吾母为妇人中之豪杰，二十二岁而寡，为后母。吾三兄皆长矣，吾母以一人撑拒艰难，其困苦有非笔墨所能尽者。而吾母治家有法，内外交称为贤母。吾母虽爱余，而督责綦严，有过失未尝宽假。每日黎明，余觉吾母即令起坐，每为余道吾父行实，勉以毋忝所生。吾少时稍有所异于群儿，未尝非吾母所赐也。吾诸姊中惟大姊最贤而多才，吾母时谘询以家事。大姊亦爱余。丁未，余归省，往见大姊，每谈辄至夜分。吾外祖母亦极爱余。吾母两妹皆敏而能，视余如子。余少时不与诸儿伍，师友中惟四叔介如公，禹臣兄，近仁叔切磋指导之功为最，此外则惟上所述诸妇人（吾母，吾外祖母，诸姨，大姊）陶冶之功耳。吾久处妇人社会，故十三岁出门乃怯怯如妇人女子，见人辄面红耳赤，一揖而外不敢出一言，有问则答一二言而已。吾入澄衷学堂以后，始稍稍得友朋之乐。居澄衷之第二年，已敢结会演说，是为投身社会之始。及入中国公学，同学多老成人，来自川、陕、粤、桂诸省，其经历思想都已成熟，余于世故人情所有经验皆得于是，前此少时所受妇人之影响，至是脱除几尽。盖余甲辰去家，至今年甲寅，十年之中，未尝与贤妇人交际。即在此邦，所识亦多中年以上之妇人，吾但以长者目之耳，于青年女子之社会，乃几裹足不敢入焉。其结果遂令余成一社会中人，深于世故，思想颇锐，而未尝不用权术，天真未全漓，而无高尚纯洁之思，亦无灵敏之感情。吾十年之进境，盖全偏于智识一方面（Intellect），而于感情一方面（Emotions）几全行忘却，清夜自思，几成一冷血之世故中人，其不为全用权数之奸雄者，幸也，然而危矣！念悬崖勒马，犹未为晚，拟今后当注重吾感情一方面之发达。吾在此邦，处男女共同教育之校，宜利用此时机，与有教育之女子交际，得其陶冶之益，减吾孤冷之性，庶吾未全漓之天真，犹有古井作波之一日。吾自顾但有机警之才，而无温和之气，更无论温柔儿女之情矣。此实一大病，不可不药。吾其求和缓于此邦之青年有教育之女子乎！

吾在此四年，所识大学女生无算，而终不往过访之。吾四年未尝入 Sage College（女子宿院）访女友，时以自夸，至今思之，但足自悔耳。今夜始往访一女子，拟来年常为之。记此以叙所怀，初非以自文饰也。

吾前和叔永诗云"何须麻姑为搔背，应有洪厓笑拍肩"，犹是自夸之意。盖吾虽不深交女子，而同学中交游极广，故颇沾沾自喜也，附志于此，亦以自嘲也。

按，次日胡适又记：

友朋中如南非 J. C. Faure，如郑君莱，皆曾以此相劝。梅觐庄月前致书，亦言女子陶冶之势力。余答觐庄书，尚戏之，规以莫堕情障。觐庄以为庄语，颇以为忤。……（《藏晖札记》〔二〕）

6月9日　胡适作札记述"思家"：

吾日来归思时萦怀绪，以日日看人归去，遂惹吾思家之怀耳。吾去家十年余矣。丁未一归，亦仅作三月之留。庚戌去国，亦未能归别吾母，耿耿至今。辛亥以来，家中百事不如意，大哥汉店被北兵所毁，只身脱去。二哥亦百不得志，奔走四方。两兄皆有家累甚重，而皆苦贫。吾诸侄皆颖悟可造，以贫故，不能得完全之教育，可惜也。余偶一念之，辄自恨吾何苦远去宗国？吾对于诸兄即不能相助，此诸儿皆他日人物，吾有教育之之责，何可旁贷也！且吾母所生仅余一人……十年倚闾之怀，何忍恝然置之？吾母虽屡书嘱安心向学，勿以家事分心，然此是吾母爱子之心，为人子者何可遂忍心害理，久留国外，置慈母于不顾耶？以上诸念，日往来胸中。春深矣，故园桃李，一一入梦。王仲宣曰："虽信美而非吾土兮，曾何足以少留？情眷眷而怀归兮，孰忧思之可任？"吾忧何可任耶？（《藏晖札记》〔二〕）

6月11日　胡适与 Frans E. Geldenhüys、Fred Millen、Gertrude Mosier、A. Frances Jansen 同游 Enfield Falls，极乐。次日作《游"英菲儿瀑泉山"三十八韵》。（《藏晖札记》〔二〕）

6月14日　自是日开始"毕业式"，礼拜堂有毕业讲演，讲演者为纽约 The Rev. William Pierson Merrill, D. D. 牧师，讲题为"So speak ye, and so do, as men that are to be judged by a law of liberty"。（《藏晖札记》〔二〕）

按，6月17日胡适札记有记：胡适去年夏季作完所需之功课，惟

以大学定例，须八学期之居留，故至今年二月始得学位，今年夏季始与六月卒业者同行毕业式。毕业式甚繁，以下诸日的活动具属"毕业式"。(《藏晖札记》〔二〕)

6月15日 胡适往观大学象戏会（Cornell Masque）演英大剧家Bernard Shaw之讽世剧 You Never Can Tell。是为毕业式内容之一。(《藏晖札记》〔二〕)

6月16日 是日为"毕业班之日"，毕业生及其戚友会于山坡草地上，行毕业日演艺。是夜白特生夫人邀请胡适餐于其家，以胡适无家人在此参观毕业礼也。(《藏晖札记》〔二〕)

6月17日 是日为毕业日。毕业生着礼服，列队前往山坡草地上。校长 Jacob Gould Schurman（休曼先生）颁给学位，并致毕业训词。(《藏晖札记》〔二〕)

6月18日 夜，胡适应韦莲司女士邀请，参观西方婚礼。(《藏晖札记》〔二〕)

同日 胡适给母亲邮寄照片两张，分赠外祖母和大姊。又云，现已放暑假，"心中百无聊赖，寂寞已极"。又附抄《游"英菲儿瀑泉山"三十八韵》。(《胡适遗稿及秘藏书信》第21册，130～132页)

6月29日 胡适在札记里记下留学生监督黄鼎发通告不准学生暑期上课事，又评论道："此真可笑之举动！夫学生之不乐荒嬉而欲以暇时习夏课，政府正宜奖励之，乃从而禁止之，不亦骇人听闻之甚者乎？"(《藏晖札记》〔二〕)

同日 胡适禀母亲，请函寄《楚辞集注》及《墨子》。(《胡适遗稿及秘藏书信》第21册，128～130页)

同日 胡适作札记记"科学社之发起"：此间同学赵元任、周仁、胡达、秉志、章元善、过探先、金邦正、杨铨、任鸿隽等，一日聚谈于一室，有倡议发刊一月报，名之曰《科学》，以"提倡科学，鼓吹实业，审定名词，传播知识为宗旨"，其用心至可嘉许。(《藏晖札记》〔二〕)

1914年　甲寅　民国三年　23岁

6月30日　胡适购得H. A. Taine's *History of English Literature*，Gibbon's *The History of the Decline and Fall of the Roman Empire* 二书。(《藏晖札记》〔二〕)

同日　胡适有札记，论"积财不善用，如高卧积薪之上"。(《藏晖札记》〔二〕)

同日　胡适有札记，主张"禁嫖"，有云：

> 今日急务，在于一种新道德，须先造成一种新舆论，令人人皆知皮肉生涯为人类大耻，令人人皆知女子堕落为天下最可怜之事，令人人皆知卖良为娼为人道大罪，令人人皆知狎妓为人道大恶，为社会大罪，则吾数千年文教之国，犹有自赎之一日也。吾在上海时，亦尝叫局吃酒，彼时亦不知耻也。今誓不复为，并誓提倡禁嫖之论，以自忏悔，以自赎罪，志此以记吾悔。(《藏晖札记》〔二〕)

6月　胡适在 *The Cornell Era* 发表"Marriage Customs in China"，大要是：

> Dr. Hamilton W. Mabie, lately the exchange lecturer to Japan, once said that there is one maxim which a person who attempts to interpret the mind of a foreign people or to report the conditions in a foreign country, should carefully observe. That maxim is: "Neither to laugh, nor to cry, but to understand." He who does not understand a foreign custom is not qualified even to praise it, and much less to laugh or sneer at it. With this maxim in mind I purpose to discuss the marriage custom in China. My desire is to point out the rationality of the system, not to defend or vindicate it, but to give the reader a better understanding of it.
>
> When the Chinese girl is about 13 or 15 years old, her parents and their friends inquire around for a possible son-in-law. After all proper inquiries have been made, engagement takes place through the medium of the introducer, generally the mutual friend of the engaging parties. The betrothal is

usually arranged by the parents. The boy and girl may or may not be consulted, and even when consulted usually give their blushing consent.

Many questions naturally arise. Why engage so early? Why let the parents make the choice? Is true love possible in such a marriage?

Early engagement has two great advantages. It assures the young man and young woman of their life companions, hence they need not worry about the all-important task of seeking a helpmate, which constantly confronts the young people of the western world. Moreover, it imposes upon the young people a duty to be constant, faithful and pure.

Now let me next point out the rationality of parental choice in marriage. First, as the couple are engaged while very young, it would be a great disaster to trust to the free choice of a girl of 13 or to a boy of 15. We believe that the parents have had more experience in the school of life and are, therefore, better qualified to make the choice. Furthermore, we believe that as all parents love their children and wish them well, they will surely exercise their best judgment in a matter so essential to the welfare of their children.

Secondly, this system also relieves the young people from the terrible ordeal of proposing for marriage, which, I imagine, must be awfully embarrassing.

Thirdly, the parental arrangement preserves the dignity, the chastity, and the modesty of womanhood. The young woman is not exposed to the marriage market....

Fourthly, there is the most important fact that in China the married couple do not start a new family. The son brings his wife to live under the parental roof. The wife is not alone the life companion of her husband, but is also the helper and comforter of her parents-in-law. Therefore, it is to the interest of the family that the daughter-in-law should be not only the person whom her husband loves, but also one with whom his parents can live peacefully....

1914年　甲寅　民国三年　23岁

Now let me answer the question, "Is true love possible in such a marriage?" We answer "Most certainly, yes". I have seen many a married couple so devoted to each other that I always decry the idea that love can only be made in a romantic way. I have come to the conclusion that the love in the western marriage is self-made, but the love in our system is duty-made....

When the Chinese girl is betrothed to a man, she knows he is to be her future husband and as husband and wife are in duty bound to love each other, she naturally entertains a tender feeling for him. This tender feeling, imaginary at first, gradually grows into a real sympathy and love.

Actual love-making, however, begins with marriage. The man and the woman realize that they are now husband and wife, and, as such, it is their duty as well as their own interest to love each other. They may differ in temperament, in taste, or their philosophy of life but they realize that they cannot get along together without rubbing off their sharp edges. They have to compromise. To use the language of a Chinese lady educated in this country, "Each is willing to go half-way to meet the wishes of the other". In this way a true love, which is in no way unhealthy, gradually grows. (《胡适英文文存》第1册，远流版，24～25页)

同月　胡适在 *Easy French Plays*（by Charles W. Benton.—Chicago: Scott, Foresman & Company, 1900）扉页签记："法文短剧三出，适，三年六月。"(《胡适研究通讯》2017年第1期，19页)

同月　胡适在 *The History of the Decline and Fall of the Roman Empire*（by Edward Gibbon. —Philadelphia: Porter & Coates，出版年不详）扉页签记："Suh Hu, June, 1914. 吉本《罗马衰亡史》共五册，适之。"(《胡适研究通讯》2017年第1期，19页)

同月　胡适在 *Introduction to Philosophy*（by Friedrich Paulsen. —New York: Henry Holt & Company，1895）扉页签记："Suh Hu, June, 1914. Bought from Caudee. 鲍而生《哲学入门》, 适之。"(《胡适藏书目录》第 4 册, 2383 页)

7月

7月1日 夜,胡适与巴西苏柴君(A. C. P. Souza)至本市公民会议(Common Council)旁听,所议为"特许电车公司及铁道公司于市内加筑路线"一案。(《藏晖札记》〔二〕)

同日 梅光迪复函胡适,感谢胡适邀约梅前往康奈尔大学就读,但自己已决定在威斯康辛大学"潜居",以修外语,以了解此间人情风俗。又云:

> 足下某礼拜寺之演说,字字如从吾心坎中出来,且语语沉痛,彼教士稍以人类待吾者,当恍然悟矣。足下此种文,实改造社会之文。近年来有极切实沉痛之议论,欲供献于此邦社会,而口与笔不吾许,故欲研究语学与文字之心有如饥渴。幸有适之时时登台发彼聋瞆,彼亦当不谓秦无人矣。天下最伤心之事,莫如蒙冤莫白,任人信口雌黄而无有为之辨护者。吾国之旧文明、旧道德自谓无让人处,而彼辈乃谓为 Heathen,是可忍孰不可忍!足下真爱国男儿!足下一篇演说,胜吾国教会中人出版之各种报纸万万矣。迪久有此意,谓传教者不真解吾国文字、学术、风俗,徒有害无益……
>
> 来书云将刊行关于论学、论留学界现状之书札,迪亦甚愿;惟若欲刊行拙札,望先行寄下改订,因从前书札或有不能代表吾现时思想议论之处,故以改订为妙。至载真姓名亦不妨,吾有言论,吾自敢负责任。(《胡适遗稿及秘藏书信》第 33 册,411~416 页)

7月4日 胡适有札记论"统一读音法"。(《藏晖札记》〔二〕)

7月5日 胡适有记读美国思想家《爱茂生(Emerson)札记》之感想。(《藏晖札记》〔二〕)

同日 胡适又作札记曰:"读《旧约·鹭斯传》(The Book of Ruth)如读近世短篇小说。今人罕读《旧约》,坐令几许瑰宝埋没不显,真可惜也。"

又记曰："吾近所作札记，颇多以图画衬写之，印证之，于吾国札记中盖此为创见云。"(《藏晖札记》〔二〕)

同日　胡适又作札记曰：英文亦有日记、札记之别：逐日记曰 Diary，或曰 Journal。札记曰 Memoir。述往事曰 Reminiscences。自传曰 Autobiography。(《藏晖札记》〔二〕)

7月7日　胡适有札记记读《老子》"三十辐共一毂"之感想。1917年3月又针对此札记记道：此说穿凿可笑，此"无"即空处也。吾当时在校中受黑格尔派影响甚大，故有此谬说。(《藏晖札记》〔二〕)

同日　胡适将其任鸿隽哀其弟之诗命名曰《自杀篇》，次日又在札记中记道：

> 吾近来作诗，颇能不依人蹊径，亦不专学一家，命意固无从摹效，即字句形式亦不为古人成法所拘，盖胸襟魄力，较前阔大，颇能独立矣。(《胡适留学日记手稿本》之《藏晖札记》〔三〕，原书无页码)

> 按，《藏晖札记》〔三〕，起自1914年7月7日，止于1914年8月10日。

7月8日　胡适致函江冬秀云，决定读完博士后归国。感谢江冬秀时常来胡家帮忙料理家务。鼓励江冬秀习字、放足。(中国社科院近代史所藏"胡适档案"，卷号631，分号2)

7月12日　胡适择所藏各报之"时事画"(Cartoon)中佳者附载于札记册，并作小序说："抑吾之为此集，初不徒以自娱也，诚以此艺之在吾国，乃未有作者，区区之怀，将以之绍介于国人，俾后之作者有所观感取法焉，亦采风问俗者所有责也。"(《藏晖札记》〔三〕)

同日　胡适札记美国求雨之举。又记美国驻希腊公使义愤弃官事。录《旧约·以斯拉》一语：Arise; for this matter belongeth unto thee: we also will be with thee: be of good courage, and do it。又记威尔逊与罗斯福演说。又评论威尔逊曰：

威氏不独为政治家，实今日一大文豪，亦一大理想家也。其人能以哲学理想为政治之根本，虽身入政界，而事事持正，尊重人道，以为"理想"与"实行"初非二事，故人多以为迂。其实威氏之为伟人，正在此处，正在其能不随流俗为转移耳。……七月四日（独立节）威氏在斐城演说，其言句句精警，语语肝胆照人，其论外交一段，尤痛快明爽。(《藏晖札记》〔三〕)

同日　胡适致函许怡荪，云：

今寄上所译裴伦《哀希腊诗》一册，足下能为我序之否？初意欲为裴伦作传，以无暇不果；亦不能自序，仅作短跋数则而已。作序者友人任叔永，中国公学旧同学也。此译自视可为定本。足下过上海时能为我印行之否？适近不需钱，足下现方筹款留学，欲以此戋戋小册奉赠；售稿，或自印行寄售，均听之足下。所售或不值几文，然此为年来得意之作，以赠故人，望勿以其戋戋者而见却也。……章秋桐似能赏鉴文字，能得彼在《甲寅》中绍介之，或可助销售也。此册在今日新文学中似可占一小位置；"人莫知其子之恶，"自信如此，足下得毋笑其自夸乎？……

适居此极平安。夏中无正课，日读德法文各一小时，打球看书，以消永日而已。

……去国后惟诗有进无退，所作皆能不傍人蹊径，气象亦颇阔大；惟文则久荒，非归国后再用数年苦功不能操笔矣。……（胡适致许怡荪函，编号36）

7月16日　胡适摘记《外观报》H. Addington Bruce 论 "The Importance of Being Interested"之文，又议论道：是故为父母者，宜视其子女兴趣所在以为择业之指南，又宜于子女幼时，随其趋向所在，培植其兴趣，否则削足适履，不惟无成，且为世界社会失一有用之才，滋可惜也。(《藏晖札记》〔三〕)

1914年　甲寅　民国三年　23岁

7月18日　胡适发起一个读书会：

发起一会曰读书会，会员每周最少须读英文文学书一部，每周之末日相聚讨论一次。每员不多，其名如下：任鸿隽、梅光迪、张耘、郭荫棠、胡适。

余第一周所读二书：

Hawthorne: *The House of Seven Gables*.

Hauptmann: *Before Dawn*.（《藏晖札记》〔三〕）

同日　胡适读诺贝尔文学奖获得者盖哈特·霍普特曼 Gerhart Hauptmann 的《东方未明》《织工》。（《藏晖札记》〔三〕）

同日　胡适记欧洲几个"问题剧"巨子：

自伊伯生（Ibsen）以来，欧洲戏剧巨子多重社会剧，又名"问题剧"（Problem Play），以其每剧意在讨论今日社会重要之问题也。业此最著者，在昔有伊伯生（挪威人），今死矣，今日名手在德为赫氏，在英为夏氏 Bernard Shaw，在法为白里而氏。（《藏晖札记》〔三〕）

同日　胡适有札记记"戒纸烟"：

吾年来志力之薄弱极矣，即戒纸烟一事，屡戒屡复为之，真是懦夫无志之为！……自今日始，决不再吸纸烟或烟斗之类。今日之言，墨在纸上，不可漫灭，吾不得自欺。（《藏晖札记》〔三〕）

7月20日　胡适读盖哈特·霍普特曼 Gerhart Hauptmann 的《獭裘》，认为此书大似《水浒传》。（《藏晖札记》〔三〕）

同日　胡适有札记论"印度无族姓之制"。（《藏晖札记》〔三〕）

7月22日　夜，世界学生会欢迎夏校学生，胡适在会上演说"大同主义"，到者400余人，次日当地晚报称许甚至。（《藏晖札记》〔三〕；《胡适遗稿及秘藏书信》第21册，176页）

7月23日　下午3时，胡适在妇人戒酒会演说"The Immigrant in

241

American Life"。(《藏晖札记》〔三〕;《胡适遗稿及秘藏书信》第 21 册, 176 页)

同日 胡适禀母亲,谈及:卜朗吟奖金每年只有一次,每次一人。江冬秀处已有书寄去。自美国汇款仍宜由上海转,而不由芜湖转。询胡觉现在何处,已有两年不通信。又询长兄胡耕云的汉口地址。自己在此地演说颇有名,故不时有人招请演说,演说愈多,愈有长进,故乐此不疲。(《胡适遗稿及秘藏书信》第 21 册,173～177 页)

同日 胡适复函许怡荪,云:

……九月中迁居后,从此一意读书,不问外务矣。适二年来骛外泰甚,然所得阅历亦不少,至今思之不悔也。二年中演说至少在六十次以上。吾演说之宗旨在于破除美人对于吾国之陋见……所收结果乃大满意。然二年之外务足矣,不可再为冯妇,迁居之志在此。……(胡适致许怡荪函,编号 37)

7 月 25 日 胡适等往游活铿谷(Watkins Glen N. Y.)。(《藏晖札记》〔三〕)

7 月 26 日 胡适有札记,论"是"与"非":

孔子曰:"父为子隐,子为父隐,直在其中矣。"仁人之言也。故孔子去鲁,迟迟其行,曰:"去父母之国之道也。"其作《春秋》,多为鲁讳,则失之私矣。然其心可谅也。吾亦未尝无私,吾所谓"执笔报国"之说,何尝不时时为宗国讳也。是非之心,人皆有之,然是非之心能胜爱国之心否,则另是一问题。吾国与外国开衅以来,大小若干战矣,吾每读史至鸦片之役,英法之役之类,恒谓中国直也……(《藏晖札记》〔三〕)

7 月 27 日 胡适将游活铿谷所购图画寄给母亲。(《胡适遗稿及秘藏书信》第 21 册,67～68 页)

7 月 29 日 胡适摘记 M. W. Sampson 论盖哈特·霍普特曼 Gerhart

Hauptmann 所著戏剧之长处。(《藏晖札记》〔三〕)

同日　胡适札记中有"标点符号释例"。(《藏晖札记》〔三〕)

7月30日　胡适有札记论"法律之弊"：

读瑞典戏剧巨子施吞堡（Strindberg）短剧名《线索》者（*The Link*），论法律之弊，发人深省。伊伯生亦切齿法律之弊，以为不近人情，其所著《玩物》（或《傀儡之台》）*A Doll's House* 中娜拉与奸人克洛司达一席话，皆论此题也。……(《藏晖札记》〔三〕)

7月31日　夜，胡适往听 Evan Williams 歌曲于裴立院，同行者为梁士诒之女公子。(《藏晖札记》〔三〕)

7月　胡适在 *Auld Lang Syne Second Series: My Indian Friends*（by F. Max Müller. —New York: Charles Scribner's Sons, 1809）扉页签记："Suh Hu, July, 1914. 价二十五分，适之。"(《胡适研究通讯》2017年第1期，20页)

同月　胡适在 *Carlyle Sartor Resartus*（by Archibald MacMechan. —Boston, New York, Chicagom, London: Ginn & Company, 1896）扉页题记："Suh Hu, July, 1914. 价一角。"(《胡适研究通讯》2017年第1期，21页)

同月　胡适在 *Crowds*: *A Moving-Picture of Democracy*（by Gerald Stanley Lee. —New York: Doubleday，Page & Company，1913）扉页题记："Suh Hu, July, 1914. 价二角五分。"(《胡适研究通讯》2017年第1期，21页)

8月

8月2日　胡适读 Lionel Giles 所著《敦煌录译释》一文，发现此君所释译，乃讹谬无数。后胡适作一校勘记寄之，次年2月11日，胡适得英国国家亚洲学会书记寄赠所刊胡适所作文单行本若干份。译者已自认其误，另译《敦煌录》一本，亦刊于《亚洲学会杂志》。胡适大赞西人之勇于改过。(《藏晖札记》〔三〕〔六〕)

8月4日　胡近仁致函胡适，谈经学、小学，又勉胡适努力西学，以

成"吾国学术史上一大伟人":

> ……老友在归国以前为覃精西学之时代,所有经学……小学,似宜暂为屏置,俟归国后再以余力为之。诗文虽可陶写情性,然亦当乘兴偶尔一作,不宜专溺于是。机会难得,老友固早云然。且吾华振古以来,学术第有师承,并无改革,习于空谈,不务实义,以数千年文明古国,坐是数者学业至今日遂不及西人肩项。吾深愿吾老友贯古今,沟中西,起衰振敝,为吾国学术历史上一大伟人也。……(《胡适遗稿及秘藏书信》第30册,345～355页)

8月5日 胡适有札记论"欧洲大战祸",其结论曰:

> 战事之结果,孰胜孰负,虽不可逆料,然就大局论之,有数事可预言也。
>
> (一)欧洲均势之局必大变。奥国国内人种至杂,战后或有分裂之虞。德孤立无助,今铤而走险,即胜,亦未必能持久;若败,则均势之局全翻,意将为英法之党。而他日俄得志东欧,必复招西欧列强之忌。异日均势新局,其在东西欧之对峙乎?
>
> (二)战后,欧人将憬然于攻守同盟之害。即如今之"三协约""三同盟",皆相疾视甚深,名为要约以保和平,实则暗酿今日之战祸耳。……他日之盟约必趋向二途:
>
> (1)相约以重大交涉付之公裁。……
>
> (2)相约同减兵费。
>
> (三)战后,和平之说必占优胜。今之主和平者,如社会党,如弭兵派(Pacifists),皆居少数,不能有为。主增兵备者,皆以"武装和平"为词,谓增兵所以弭兵也。……
>
> (四)战后,欧陆民党必占优胜。德、奥之社会党工党必将勃起,或竟能取贵族政体而代之。俄之革命党或亦将勃兴。拿破仑大败之后,见诸国争恢复专制政体,力压民权,叹曰:"百年之后,欧洲或全为哥

萨克，或全为共和民主耳。"……

（五）此役或竟波及亚洲，当其冲者，波斯与吾中国耳。吾国即宣告中立，而无兵力，何足以守之！不观乎比国乎？（《藏晖札记》〔三〕）

8月9日　胡适读易卜生名剧《海妲传》（*Hedda Gabler*），"极喜之。此书非问题剧也，但写生耳。海妲为世界文学中第一女蜮，其可畏之手段，较之萧氏之麦克伯妃（Lady Macbeth）但有过之无不及也"。（《藏晖札记》〔三〕）

同日　胡适在札记中抄录Carlyle之爱国说（因其与胡平日所持相契合）：

We hope there is a patriotism founded on something better than prejudice; that our country may be dear to us, without injury to our philosophy; that in loving and justly prizing all other lands, we may prize justly, and yet love before all others, our own stern Mother land, and the venerable structure of social and moral life, which Mind has through long ages been building up for us there.（《藏晖札记》〔三〕）

同日　胡适禀母亲。询问：1. 成立民国后国人都剪发易服了吗？2. 家乡有多少学堂？用什么教法？3. 家乡有多少人在外读书？4. 目前有几项税捐？5. 中国的政治有何变动？县官何人拣派？任期与官位有无异动？县中有多少小学？简述一次大战两大阵营，并说明美国很安全。（《胡适遗稿及秘藏书信》第21册，118～124页）

8月10日　胡适答某夫人问传道：

有某夫人问余对于耶教徒在中国传道一举，意见何若。答曰："吾前此颇反对此举，以为'人之患在好为人师。'英文所谓proselyting者是也。年来颇觉传道之士，正亦未可厚非。彼等自信其所信，又以为其所信足以济人淑世也，故必欲与世人共之，欲令人人皆信其所信，其用心良可敬也。《新约》之《马太传》有云：'未有燃烛而以斛覆之

者也，皆欲插之檠上，令室中之人毕受其光耳。且令汝之光照耀人前，俾人人皆知汝之事业而尊荣汝在天之父（上帝也）。'（《马太》五篇十五、十六节）此传道之旨也。顾传道之士，未必人人皆知此义耳。"某夫人极以为然。(《藏晖札记》〔三〕)

同日　夜，胡适听本校古代史学教长悉尔先生讲演欧洲战祸之原因。(《胡适留学日记手稿本》之《藏晖札记》〔四〕，1914年8月11日所记，原书无页码)

8月11日　胡适在杨杏佛处得见马君武所刊诗稿，"读之如见故人"。(《藏晖札记》〔四〕)

同日　胡适有札记记刺杀奥皇嗣之刺客。(《藏晖札记》〔四〕)

同日　胡适有札记记奥匈之人种。(《藏晖札记》〔四〕)

8月13日　胡适在札记中粘贴关于夏课学生人数的剪报，又评曰：此邦大学之夏课，真是一种最有益之事业。此表示此间夏课学生人数，其学校教员来学者之多，可思也。(《藏晖札记》〔四〕)

8月14日　许肇南（先甲）远道来访，倾谈数日，极欢。许将归国，胡适作诗送之。(《藏晖札记》〔四〕)

8月16日　胡适作札记论"青岛归谁"：

　　日本似欲战。昨日相大隈宣言如下。日如合英攻德，德人必失青岛。青岛又归谁氏耶？以吾所料，日人或以归中国而索偿金焉。此说人皆以为梦想云。(《藏晖札记》〔四〕)

同日　胡适应Covert村中教堂牧师Gibson之邀前往演说，演讲题目为"中国之妇人"。渠又请胡适为其经课班演说。(《藏晖札记》〔四〕)

同日　胡适应F. King之邀赴其家中餐叙，事后在札记中谈中西子女养赡父母问题：

　　……吾国子妇与父母同居以养父母，与西方子妇婚后远出另起家庭，不复问父母，两者皆极端也，过犹不及也。吾国之弊在，在姑妇姑娌之不能相安,又在于养成倚赖性……西方之弊(美国尤甚),在于疏弃父母:皆非也。执中之法,在于子妇婚后,即与父母析居而不远去,时相往来,如金君之家,是其例也。如是则家庭之龃龉不易生,而子妇与父母皆保存其自立之性,且亲子之间亦不致疏弃矣。(《藏晖札记》〔四〕)

8月17日 胡适有札记,认为还我青岛,日非无利:

吾之为"日本还我青岛"之想也,初非无据而言。他日世界之竞争,当在黄白两种。黄种今惟日本能自立耳。然日人孤立,安能持久?中国者,日之屏蔽也。藩篱之撤,日之所患,今日之政治家如大隈已有亲华之趋向……然日人侵略之野心,早为世界所侧视,中美之人尤疑之。日人果欲消除中国疑忌之心及世界嫉妒之心,决非空言所能为力。何则?历史之往事(如中日之役)早深入人心矣。青岛之地,本非日有,日人得之,适足以招英人之忌。而又不甘以之让英、法。何则?英、法之厚,日之薄也。若为吾华取还青岛,则有数利焉:一、可以交欢中国;二、可以自告于世界,示其无略地之野心;三、可以释英人之忌。吾所见如此,此吾政治上之乐观也,吾何恤人之笑吾痴妄也?(《藏晖札记》〔四〕)

8月21日 胡适有读《老子》之札记,记韩非《解老》《喻老》之章次。(《藏晖札记》〔四〕)

8月24日 胡适有关于《神灭论》《神不灭论》之札记。(《藏晖札记》〔四〕)

同日 胡适翻译法国作家都德的《柏林之围》,次日寄给《甲寅》。(《藏晖札记》〔四〕)

8月26日 胡适抄裴頠《崇有论》。有札记记范缜"因果论"。(《藏晖札记》〔四〕,次日所记)

同日 胡适有关于"哲学系统"之札记,分述万有论(Metaphysics)、

知识论（Epistemology）、行为论（伦理学，Ethics）。(《藏晖札记》〔四〕)

8月31日　胡适抄录《外观报》总主笔Lyman Abbott之父Jacob Abbott《自叙》训子名言曰："……凡宗教门户之争，其什九皆字句之争耳。吾意以为其所余什一，亦字句之争也。"又评论道：

> 此言是也。孟子曰："墨子兼爱，是无父也。"兼爱与仁心仁政有何分别？"禹思天下有溺者，由己溺之也。稷思天下有饥者，由己饥之也。""伊尹思天下之民匹夫匹妇有不被尧舜之泽者，若己推而内之沟中。"此皆兼爱之说也，孟子皆推崇之，而独攻墨子之兼爱，何也？(《藏晖札记》〔四〕)

8月　胡适在 Wisdom of the East Taoist Teachings（by Lionel Giles. —New York: E. P. Dutton & Company, 1912）扉页题记："Suh Hu, August, 1914.《列子》七篇，其第七篇他译。"(《胡适研究通讯》2017年第1期，21页)

同月　胡适在 A Brief History of Early Chinese Philosophy（by Daisetz Teitaro Suzuki〔铃木大拙〕. —London: Probsthin & Company, 1914）扉页签记："Suh Hu, August, 1914."(《胡适研究通讯》2017年第1期，21页)

9月

9月2日　下午5时30分，胡适离绮色佳，赴"东美中国学生年会"，途经瓦盆、西雷寇、春田、北汉登，于次日抵达年会所在地安谋司。旧识郑莱、胡宣明、张彭春、魏文彬、宋子文、杨杏佛、赵元任等均与会。(《藏晖札记》〔四〕，9月13日记；1914年9月8日胡适禀母亲，载《胡适遗稿及秘藏书信》第21册，46～52页)

> 按，胡适今年本拟不赴会，因与美人Robert W. King约偕游波士顿，若径往波士顿而不赴年会，于理殊未当，故决留年会二日，会终始往波城。(《藏晖札记》〔四〕)

1914年　甲寅　民国三年　23岁

9月3日　"选举职员会"，胡适被选为明年《留美学生月报》主笔之一。胡适之所以同意担任月报主笔，因"《月报》关系重大"，"亦可借此实习英文"。会间，与郑莱、胡宣明、钟荣光谈。(《藏晖札记》〔四〕，9月13日记)

9月4日　晨，胡适赴习文艺科学生同业会(Vocational Conference of the Arts and Sciences Students)。郑莱主席。先议明年本部同业会办法。胡适被举为明年东部总会长，力辞不获，乃允之。胡宣明、周厚坤发表演讲。夜，为与会之女会员开欢迎会。深夜，郑莱来长谈。(《藏晖札记》〔四〕，9月13日记)

9月5日　年会终，赴波士顿。道中游唐山(Mt. Tom)，曾赋诗一首。至春田(Springfield)，入一中国饭馆午餐。晚抵波士顿，至上海楼晚餐，遇中国学生无数。(《藏晖札记》〔四〕，9月13日记)

9月6日　晨，胡适至耶教医术派教堂(The First Church of Christ Scientist)瞻礼。归途至波士顿公家藏书馆。上海楼午餐。后至公园小憩。游美术馆，见到《宋徽宗缂丝图》真迹。晚餐后，复至图书馆，观中国书籍，大失所望。(《藏晖札记》〔四〕，9月13日记)

同日　胡适给Wenona Williams一明信片，表示问候。(台北胡适纪念馆藏档，档号：HS-NK05-172-040)

9月7日　往游立克信敦。至Concord，见到Emerson讲道之第一礼拜堂、女文豪阿尔恪特夫人(Louisa May Alcott)之旧居、霍桑(Nathaniel Hawthorne)之道旁庐(The Wayside)，至来特店(Wright's Tavern)。午后至睡乡丛冢(The Sleepy Hollow)，先后看霍桑墓、阿尔恪特氏家、爱麦生坟。晚至克拉克之故居。(《藏晖札记》〔四〕，9月13日记)

同日　晚，胡适与Robert W. King闲谈甚久，胡适主张两事：一曰无后，一曰遗产不传子孙。前者理由是：一、望嗣续之心切，故不以多妻为非；父母欲早抱孙，故多早婚；惟其以无后为忧也，故子孙以多为贵，故生产无节；其所望者不欲得女而欲得男，故女子之地位益卑；(父母望子为养老计)子既成人父母自视老矣，可以坐而待养，即无志世事；父母养子而待养于子，养成一种牢不可拔之依赖性。后者的理由是：财产权起于劳力；富人之子孙

无功而受巨产,非惟无益而又害之。(《藏晖札记》〔四〕,9月13日记)

9月8日　胡适参观哈佛大学。先后游博物院、福葛美术院(Fogg Art Museum)、西密谛民族博物院(Semetic Museum)。下午游佛兰克林公园。夜往看戏。(《藏晖札记》〔四〕,9月13日记)

9月9日　哈佛学生孙恒来访,谈甚久。胡、孙曾讨论自由平等问题,胡适认为,国人不知自由平等之真谛。他认为:

今人所持平等自由之说,已非复十八世纪学者所持之平等自由。向谓"人生而自由"(L'homme est né libre—Rousseau),果尔,则初生之婴孩亦自由矣。又曰"人生而平等",此尤大谬,人生有贤愚能否,有生而颠狂者,神经钝废者,有生具慧资者,又安得谓为平等也?今之所谓自由者,一人之自由,以他人之自由为界;但不侵越此界,则个人得随所欲为。然有时并此项自由亦不可得……今所谓平等之说者非人生而平等也。人虽有智愚能不能,而其为人则一也,故处法律之下则平等。夫云法律之下,则人为而非天生明矣。天生群动,天生万民,等差万千,其强弱相倾相食,天道也。(老子曰"天地不仁")人治则不然。以平等为人类进化之鹄,而合群力以赴之。法律之下贫富无别,人治之力也。

余又言今日西方政治学说之趋向,乃由放任主义(Laissez faire)而趣干涉主义,由个人主义而趣社会主义。……盖西方今日已渐见十八世纪学者所持任天而治(放任)之弊,今方力求补救,奈何吾人犹拾人唾余,而不深思明辨之也?(《藏晖札记》〔四〕)

下午游班克山(Bunker Hill),游海军造船坞。夜访庚戌同来美的皖籍学生李锡之、殷源之,倾谈甚快。(《藏晖札记》〔四〕,9月13日记)

9月10日　上午作书阅报,下午以汽船出波士顿港,至巴斯(Bass Point)登岸。(《藏晖札记》〔四〕,9月13日记)

9月11日　上午到图书馆阅书。下午,访程明寿、徐书、徐佩璜、徐名材,遇周百朋。夜访朱起蛰,遇贺栎庆、周象贤、罗惠侨、胡博渊、周厚坤。夜11时15分以睡车回绮色佳。(《藏晖札记》〔四〕,9月13日记;又见9月12日胡适禀母亲,载《胡适遗稿及秘藏书信》第21册,57～64页)

同日　胡母谕胡适,希望胡适保证睡眠时间。关于明年决计不问外事一节,当稍须权衡,因毫不应酬亦非社会交际之道。前言定在丙辰年归国,甚赞成,并谕胡适不宜爽约,等等。(《胡适遗稿及秘藏书信》第22册,112～115页)

9月14日　胡适在札记中再论"无后",先记《左传》叔孙豹答范宣子语,又记道:

> 立德,立功,立言,皆所谓无后之后也。释迦、孔子、老子、耶稣皆不赖子孙传后。华盛顿无子,而美人尊为国父,则举国皆其孙子也。李白,杜甫,裴伦,邓耐生,其著作皆足传后。有后无后,何所损益乎?(《藏晖札记》〔四〕)

9月15日　胡适在札记中记朝鲜文字母。(《藏晖札记》〔四〕)

9月19日　胡适自世界学生会迁居橡街百二十号,"新居长十三尺,广九尺。室中一榻、二椅、一桌、一几、一镜台、二书架。二窗皆临高士客狄那溪,水声日夜不绝"。稍后有诗:"窗下山溪不住鸣,中宵到枕更分明。梦回午夜频猜问,知是泉声是雨声?"(《胡适留学日记手稿本》之《藏晖札记》〔五〕,9月25日记)

9月23日　胡适作札记,论"传记文学",比较中西传记文学之长短:

> ……余以为吾国之传记,惟以传其人之人格(Character)。而西方之传记,则不独传此人格已也,又传此人格进化之历史(The development of a character)。
>
> 东方传记之体例(大概):
>
> 一、其人生平事略。
>
> 二、一二小节(Incidents),以写其人品。……
>
> 西方传记之体例:

一、家世。

二、时势。

三、教育（少时阅历）。

四、朋友。

五、一生之变迁。

六、著述（文人），事业（政治家，大将……）。

七、琐事（无数，以详为贵）。

八、其人之影响。

…………

东方无长篇自传。余所知之自传，惟司马迁之《自叙》，王充之《自纪篇》，江淹之《自叙》。中惟王充《自纪篇》最长。凡四千五百字，而议论居十之八，以视弗兰克林之《自传》尚不可得，无论三巨册之斯宾塞矣。

东方短传之佳处：

一、只此已足见其人之人格。

二、节省读者日力。

西方长传之佳处：

一、可见其人格进退之次第，及其进退之动力。

二、琐事多而详，读之者如亲见其人，亲聆其谈论。

西方长传之短处：

一、太繁；可供专家之考究，而不可为恒人之观览。……

二、于生平琐事取裁无节，或失之滥。

东方短传之短处：

一、太略。所择之小节数事或不足见其真。

二、作传太易。作者大抵率尔操觚，不深知所传之人。史官一人须作传数百，安得有佳传？

三、所据多本官书，不足征信。

四、传记大抵静而不动……

吾国人自作年谱、日记者颇多。年谱尤近西人之自传矣。(《藏晖札记》〔五〕)

按，胡适的《藏晖札记》〔五〕封面题"民国三年 九月廿三日起 十二月十一日止"。

9月24日 胡母谕胡适，希望胡适常常写信与胡觉；胡适岳母因胡之婚事屡屡稽迟萦怀，希望胡适常常写信去；胡嗣稼之子思齐去年偶获时感，病愈后双耳全聋，毫无听闻，故胡适大嫂拜托胡适请教外国医生等。(《胡适遗稿及秘藏书信》第22册，116~119页)

9月26日 胡母谕胡适：前信述白特生夫人盛意，甚为感念，希望胡适待白特生夫人如待自己母亲可也。又谈及胡思明已入上海普益习艺所等。(《胡适遗稿及秘藏书信》第22册，120~122页)

9月27日 胡适致函《康奈尔太阳日报》编辑，抗议康奈尔大学圣者学院宿舍对黑人女生的歧视，坚决反对任何种族歧视在校园里复活。(台北胡适纪念馆藏档，档号：HS-NK05-146-040；《胡适未刊英文遗稿》，9~10页)

10月

10月5日 胡适有札记论耶稣之容忍精神，又抄录《新约》文两节。(《藏晖札记》〔五〕)

10月8日 胡适得学友郑仲诚病亡噩耗。(《藏晖札记》〔五〕)

10月15日 胡母谕胡适，谈家庭琐事。(《胡适遗稿及秘藏书信》第22册，123~128页)

10月16日 胡适出席世界学会会员、忘年朋友C. W. Heizer之葬礼，这是胡适第一次出席西方葬礼。(《藏晖札记》〔五〕)

10月20日 胡适有札记记韦莲司女士之狂狷：

星期六日与韦莲司女士（Edith Clifford Williams）出行，循湖滨行，风日绝佳。道尽，乃折而东，行数里至厄特娜村（Etna）始折回，经林家村（Forest Home）而归。天雨数日，今日始晴明，落叶遮径，落日在山，凉风拂人，秋意深矣。是日共行三小时之久，以且行且谈，故不觉日之晚也。

女士为大学地文学教授韦莲司（H. S. Williams）之次女，在纽约习美术；其人极能思想，读书甚多，高洁几近狂狷，虽生富家而不事服饰；一日自剪其发，仅留二三寸许，其母与姊腹非之而无如何也，其狂如此。余戏谓之曰："昔约翰·弥尔（John Stuart Mill）有言，'今人鲜敢为狂狷之行者，此真今世之隐患也'。（吾所谓狂狷乃英文之 Eccentricity）狂乃美德，非病也。"女士谓："若有意为狂，其狂亦不足取。"余亦谓然。余等回至女士之家已六时，即在彼晚餐。晚餐后围炉坐谈，至九时始归。

同日　胡适与即将归国的巴西友人 Antonio C. P. Souza 话别。（《藏晖札记》〔五〕）

10月21日　吴康致函胡适云，不久之前，布朗吟学会（The Browning Society in Boston）的秘书 Mrs. Spaulding 函邀吴为该会演讲"The Comparison of Confucian and the Philosophy of Robert Browning"，吴向 Mrs. Spaulding 推荐了胡适，但尚未获回复。现随函附上 A. P. Spaulding 来函，若她有回复讯息，敬请告知。（中国社科院近代史所藏"胡适档案"，卷号 E-390，分号 9）

10月22日　胡适听罗斯福演说。（《藏晖札记》〔五〕）

10月24日　胡适有札记记纽约美术院中之中国名画：

韦莲司女士归自纽约，以在纽约美术院所见中国名画相告，谓最喜马远《山水》一幅。此幅余所未见，他日当往访之。纽约美术院藏中国名画九十幅，中多唐宋名品。余在彼时，心所注者，在摩根所藏之泰西真迹二十九幅，故不及细观他室，亦不知此中乃有吾国瑰宝也。今承女士赠院中中国名画目录一册，记其佳者如下：唐裴宽《秋郊散牧图》，宋夏珪《山水》（疑是仿本），元赵子昂《相马图》……《宋神

宗赐范文正写真》……又有东晋顾虎头（长康）《山水》一幅，不知是真是赝。(《藏晖札记》〔五〕)

10月26日　下午，胡适友人 George W. Nasmyth（大同学生会创立人、知名的和平主义者）来访，谈国家主义及世界主义之沿革甚久。胡适在札记中说：

> 今之大患，在于一种狭义的国家主义，以为我之国须凌驾他人之国，我之种须凌驾他人之种……凡可以达此自私自利之目的者，虽灭人之国，歼人之种，非所恤也。凡国中人与人之间之所谓道德，法律，公理，是非，慈爱，和平者，至国与国交际，则一律置之脑后，以为国与国之间强权即公理耳。"国际大法"四字而已，"弱肉强食"是也。……此真今日大患。吾辈醉心大同主义者不可不自根本着手。根本者何？一种世界的国家主义是也。爱国是大好事，惟国家之上更有一大目的在，更有一更大之团体在，葛得宏斯密斯（Goldwin Smith）所谓"万国之上犹有人类在"（Above all Nations is Humanity）是也。
>
> 强权主义（The philsophy of Force）主之最力者为德人倪邱（Nietzsche）。达尔文之天演学说，以"竞存"为进化公例，优胜劣败，适者生存，其说已含一最危险之分子，幸英国伦理学派素重乐利主义（Utilitarianism），以最大多数之最大幸福为道德之鹄，其学说入人甚深。故达尔文著《人类进化》（The Descent of Man），追溯人生道德观念之由来，以为起于慈悯之情。虽以斯宾塞之个人主义，本竞争生存优胜劣败之说，以为其伦理学说之中坚，终不敢倡为极端之强权主义。其说以"公道"为道德之公理（Justice）。……

亲历欧战的 George W. Nasmyth 访察战争实情后，颇叹武力之无用，颇信托尔斯泰及耶稣教匮克派（Quakers）所持不抵抗主义（Non-resistance）。胡适甚以为然，认为"老子闻之，必曰是也。耶稣、释迦闻之，亦必曰是也"。胡适还与之谈论"一致（Consistency）"问题。胡适所谓的"一致"是："一致

者，言与行一致……今与昔一致……对人与对己一致是也。"胡适与 George W. Nasmyth 就此问题对话如下：

> 博士问："天然科学以归纳论理为术，今治伦理，小之至于个人，大之至于国际，亦有一以贯之之术乎？"余答之曰："其唯'一致'乎？一致者，不独个人之言行一致也。己所不欲，勿施于人。所不欲施诸吾同国同种之人者，亦勿施诸异国异种之人也。此孔子所谓'恕'也，耶氏所谓'金律'也，康德所谓'无条件之命令'也……斯宾塞所谓'公道'之律也……弥尔所谓'自由以勿侵他人之自由为界'也：皆吾所谓'一致'也。'一致'之义大矣哉！"（《藏晖札记》〔五〕）

同日　夜，胡适遇新从比利时归来的休曼校长之子 Jacob G. Schurman, Jr.，曾询及 George W. Nasmyth 所言是否确实。（《藏晖札记》〔五〕）

10月27日　胡适读 T. H. Green 著的《伦理学发凡》，认为其"公益范围之推广"之立论与胡适年来所持"一一吻合，其文亦清畅可诵"。胡适在札记中说：

> 吾月前在伦理学会演说"人群之推广"（"The Extension of the Group Life"），略言"自一家而至一族一乡，自一乡而至一邑一国，今人至于国而止，不知国之外更有人类，更有世界，稍进一步，即跻大同之域。至国界而止，是自画也"。今读葛氏书，深喜古人先获我心，故志之。（《藏晖札记》〔五〕）

10月30日　胡适参加周诒春访美的欢迎会，并略记周氏演说。（《藏晖札记》〔五〕）

同日　晚，胡适出席哲学会举行的谈话会，他听了哲学教师汉蒙先生的谈话后认为：《李鸿章自传》所记李氏日记，"乃大不类中人口吻，疑出伪托也"。（《藏晖札记》〔五〕）

同日　胡适见一杂志中所载"演说之道"甚合其平日所阅历，乃记于札记中。（《藏晖札记》〔五〕）

10月　胡适在 Prolegomena to Ethics（by Thomas Hill Green. —Oxford: The Clarendon Press, 1906）扉页题记："Suh Hu, October, 1914。葛令著《伦理学》适。"(《胡适研究通讯》2017年第1期，22页)

同月　胡适在 The Conduct of Life（by Ku Hung Ming. —New York: E. P. Dutton & Company, 1912）扉页签记："Suh Hu, October, 1914."(《胡适研究通讯》2017年第1期，22页)

同月　胡适在 The Philosophical Works of John Locke（by John Locke, edited by J. A. St. John. —London: G. Bell & Sons Ltd., 1913）扉页签记："Suh Hu, October, 1914."(《胡适研究通讯》2017年第1期，22页)

11月

11月1日　胡适与韦莲司小姐讨论"容忍"问题。事后，胡适对东西方的"容忍"做了进一步思考，见于次日写给韦莲司的信和11月3日所作札记。胡适将东方人的容忍名之曰"为人的容忍"（Altruistic Toleration）：

……父母所信仰（宗教之类），子女虽不以为然，而有时或不忍拂爱之者之意，则容忍牵就，甘心为爱我者屈可也。父母老矣，一旦遽失其所信仰，如失其所依归，其痛苦何可胜算？人至暮年，不易改其见解，不如吾辈少年人之可以新信仰易旧新［信］仰也。其容忍也，出于体恤爱我者之心理……

至于"西方近世之说"，胡适说：

其言曰："凡百责任，以对一己之责任为最先。对一己不可不诚。吾所谓是，则是之，则笃信而力行之，不可为人屈。真理一而已，不容调护牵就也，何可为他人之故而强信所不信，强行所不欲行乎？"此"不容忍"之说也。其所根据，亦并非自私之心，实亦为人者也。盖人类进化，全赖个人之自苡。思想之进化，则有独立思想者之功也。

政治之进化，则维新革命者之功也。若人人为他人之故而自遏其思想言行之独立自由，则人类万无进化之日耳。……

胡适个人的选择是：

吾于家庭之事，则从东方人，于社会国家政治之见解，则从西方人。(《藏晖札记》〔五〕)

次日，胡适致函韦莲司小姐：

东方人的看法也许可以"利他的容忍"（Altruistic Toleration）来说明，那就是，容忍是对他所爱的人或爱他的人的一种体贴或尊重。要是我们在突然之间摧毁对我们来说已经死亡，而对他们来说却极为重要的神圣事物，这对他们是个大痛苦。在观念上，我们年轻并富有创造的能力，但是他们已经过了人生之中成形的时期，所以他们已无法接受我们的新偶像来取代他们的旧偶像。正是在这个基础上，我们本着自己的自由意志，容忍他们的信仰和观念。〔但这样的容忍〕以不至于造成对自己的个性和人格的发展有害为限度。这不是懦弱，也不是伪善，而是利他的，是爱。

我说，"以不至于造成对自己的个性和人格的发展有害为限度"，这其实已经由东方的看法，过渡到了西方的看法。

西方的看法，据我所知，大抵是这样的：我们对自己有责任，而这种责任高乎一切，我们必须对自己诚实，我们必须独立思考，并不容〔任何事物〕阻碍个性和人格的发展。我们有幸能在新的阐释中见到真理的人，必须坚持我们所见到的真理。我们绝不妥协，为了理想和真理，我们绝不妥协。

易卜生（Henrik Ibsen）在他的剧本《玩偶之家》（A Doll's House）中，对这一观点，有最佳的说明。……

西方的观点也绝不是自我中心的（egoistic），每一个个人应该有最大的自由来发展自己的能力，这对全社会的幸福是最有利的。只有每个个人坚持紧守他所相信的真和善而不满足于"事物现存的秩序",人类的进步才有可能。换句话说:我们的进步归功于激进和反叛者。

……John Stuart Mill 在他的《论自由》(*On Liberty*)一文中,对这一观点,有深切的剖白。……

这是盾牌的两面。我两面都取。在家庭关系上,我采取东方的看法。这主要是因为我有一个非常非常好的母亲,她对我的深恩是无从报答的。我长时间离开她,已经使我深感愧疚,我再不能硬著心肠来违背她。我将来和她共同生活以后,希望能渐渐的改变她的看法。

在社会和政治的观点上,我一向站在西方这一边。我是一个"激进分子"(radical),或者说,我至少有志于此。我所谓的"激进分子",是指一个凡事追究其根本的人;这也正是"radical"这个字本义之所在。(周质平编译:《不思量自难忘:胡适给韦莲司的信》,台北联经出版事业公司,1999年,1～3页)

11月2日　胡适在札记中记近世不婚之伟人。(《藏晖札记》〔五〕)

11月3日　胡适将韦莲司小姐与他谈及的《印度"月中兔影"之神话》记入札记。(《藏晖札记》〔五〕)

11月4日　胡适有札记,论"理想贵有统系":"吾人平日读书虽多,思想虽杂,而不能有有统系的理想,不能有明白了当之理想。夫理想无统系,又不能透澈,则此理想未可谓为我所有也。""使一理想真成吾所自有"的途径有三:谈话;演说;著作。作文与演说同功,但此更耐久耳。(《藏晖札记》〔五〕)

11月5日　胡适有札记记我国"月中玉兔"之神话。(《藏晖札记》〔五〕)

11月6日　胡适复函韦莲司小姐,同意其关于"进步"的观点,尤其欣赏 de Condorcet 在这方面的论述,感谢抄寄 Condorcet 的两段话和 John Morley 的几段话。不甚赞同韦莲司欲服务大战的意愿。附寄自己已找到的有关中国月亮的神话和一首自译的中国诗。胡适说:

你把进步比作一条河流，极有启发性。我极同意你的说法，进步不只是破坏，也不只是妥协。进步是以最少的摩擦来成就最大的善——这也就是刚多塞（Condorcet）所说："用好的方法做好的事。"（doing good in a good way）。

....

……在我看来，我们眼下的努力不能扭转乾坤的时候，将我们的注意力集中到一件与时局无关的事情上是有好处的。你试过这个方法没有？（《不思量自难忘：胡适给韦莲司的信》，4～5页）

同日　胡适读到《纽约时报》所载汪精卫、蔡元培、章士钊与孙中山约勿起三次革命的消息，有札记：

今日之事但有二途，政府不许爱共和之志士以和平手段改造国家，而夺其言论出版之自由，绝其生路，逐之国门之外，则舍激烈手段外别无他道。党禁一日不开，国民自由一日不复，政府手段一日不改，则革命终不能免。政府今日翻然而悟犹未为晚，否则政府自取败亡耳。（《藏晖札记》〔五〕）

11月7日　胡适致函《十字架之真谛》一书的作者 Henry E. Jackson，谈对该书的看法，说道：

...It seems to me that one must first have the Christian point of view in mind in order to be able to say that what Jesus did during the crucifixion was greater and nobler than what Socrates did at his death... Shall I say that you have unjustly though unconsciously belittled the death of Socrates?

Again, you say: "The way Jesus acted showed Him to be the Son of God, and because He was the Son of God, He acted as He did." It seems to me that here you are unconsciously reasoning in a circle. You assume the Christian assumption that Jesus was the Son of God. For to me who have no such presupposition in mind, the behavior of Jesus during his crucifixion does not prove that He was God's Son, any more than the death of Socrates or the death of Stephen (*Acts 6.*) proves Socrates or Stephen to be the Son of God.

In a sense I am a Unitarian, although I have never labeled my religion. I have greater admiration and love for Jesus if he were a man, than if he were the Son of God. It would not be remarkable at all for the Son of God to act as Jesus did act. But it was and will always be remarkable that a man should have acted as Jesus did.

In short, you have "succeeded in freeing the truth in Jesus death from provincial, theological theories" (to quote your own words) all except one, namely, the theory that Jesus was the Son of God. And that theory needs proof too. (《藏晖札记》〔五〕)

11月10日　胡适在札记中说,《张勋请复张真人位号呈》及《内务部议复呈》是"可备作宗教史者之参考"的两篇呈文。(《藏晖札记》〔五〕)

同日　胡适所译都德的《柏林之围》,发表于《甲寅》第1卷第4期。

同日　胡适与赵元任同访哲学教师 E. Albee,谈至夜深始归。因有感于西方学者之既专精又博学,乃在札记中发表感言云:

> 若终身守一物,虽有所成,譬之能行之书厨,无有生趣矣。今吾国学者多蹈此弊,其习工程者,机械之外,几于一物不知,此大害也。吾屡以为言,然一二人之言安能收效,是在有心人之同力为之,庶可挽救此偏枯之弊耳。(《藏晖札记》〔五〕)

11月11日　胡适在札记中说,青岛降日,东亚兵祸不日可息。只是日本人又占领胶济路全线,又占领济南,是"拒虎而进狼,山东问题殊不易解决也"。(《藏晖札记》〔五〕)

11月13日　胡适在札记中记西人骨肉之爱三事:一为子之孝父,一则弟之爱姊,一则母之爱儿(皆一日之内发生)。乃叹曰:"孰谓西人家庭骨肉之相爱不如东人耶?"(《藏晖札记》〔五〕)

11月14日　胡适读英人 Sir John Francis Davis 所译元剧《汉宫秋》，中文原本尚未见。(《藏晖札记》〔五〕)

同日　胡适与友人在丛林中野炊。同行男女各7人，皆犹太人，有建筑教师康恩先生及其夫人、贝劳君（Beller）兄妹、布奇渥女士（Boochever）姊妹、Edgerton W. F. 等。(《藏晖札记》〔五〕，次日所记)

11月15日　胡适夜读 David Harum，by Edward Noyes Westcott（1899, Appleton, N. Y.），认为此小说"写此邦风土人物甚生动，深喜之"。(《藏晖札记》〔五〕，次日所记)

同日　胡适在 The Influence of Emerson（by Edwin D. Mead. —Boston: American Unitarian Association, 1903）扉页题记："此为吾友亥叟 C. W. Heizer 之遗物。亥叟死后，其家人以其生平所藏书分赠知交，余得此册，因记之。民国三年十一月十五日，适。"(《胡适藏书目录》第4册，2376页)

11月16日　胡适得友人刘仲端病殁之消息。(《藏晖札记》〔五〕)

同日　胡适在札记中评袁世凯的"尊孔令"：

> 此令有大误之处七事，吾国政俗"无非先圣学说发皇流行"，不知孔子之前之文教，孔子之后之学说（老、佛、杨、墨），皆有关于吾国政俗者也。其误一。今日之"纲常沦斁，人欲横流"，非一朝一夕之故，岂可尽以归咎于国体变更以后二三年中自由平等之流祸乎？其误二。"政体虽取革新，礼俗要当保守"。礼俗独不当革新耶？（此言大足代表今日之守旧派）其误三。一面说立国精神，忽作结语曰"故尊崇至圣"云云，不合论理。其误四。明是提倡宗教，而必为之辞曰绝非提倡宗教。其谬五。"孔子之道，亘古常新，与天无极"，满口大言，毫无历史观念。"与天无极"尤不通。其谬六。"位天地，育万物，为往圣继绝学，为万世开太平，苟有生知血气之伦，皆在范围曲成之内"，一片空言，全无意义，口头谰言，可笑可叹。其谬七。嗟夫！此国家法令也，掷笔一叹！(《藏晖札记》〔五〕)

11月17日　胡适作札记论"世界大同之障碍"，其中说：

>……今日世界物质上已成一家,航路、电线、铁道、无底[线]电、海底电,皆团结全世界之利器也,而终不能致"大同"之治者,徒以精神上未能统一耳,徒以狭义之国家主义及种族成见为之畛畦耳。……(《藏晖札记》〔五〕)

> 按,11月25日,胡适又在札记中抄录 Aristippus、Socrates 等5位西方先哲关于大同主义的名言。

11月21日 以连日读《墨子》,胡适作一文论墨子之哲学,分四章:墨子传及墨学小史;实利主义;兼爱说;非攻说。次日在哲学会读之,颇受欢迎。(《藏晖札记》〔五〕,次日所记)

11月22日 胡适夜访法学助教卜葛特,谈及婚姻问题。胡适在札记中记道:

>……实则择妇之道,除智识外,尚有多数问题,如身体之健康,容貌之不陋恶,性行之不乖戾,皆不可不注意,未可独重智识一方面也。智识上之伴侣,不可得之家庭,犹可得之于友朋。此吾所以不反对吾之婚事也。以吾所见此间人士家庭,其真能夫妇智识相匹者,虽大学教师中亦不可多得。……(《藏晖札记》〔五〕)

11月25日 胡适在札记中高度评价犹太作家 Asher Ginzberg。(《藏晖札记》〔五〕)

同日 胡适在札记中抄录大同主义之先哲名言数条。(《藏晖札记》〔五〕)

11月26日 胡适致函韦莲司小姐,谈到因别离而感怅惘,并告知当日在韦莲司家吃了感恩节晚餐;另提及读 Morley 的《姑息论》、写《墨翟的哲学》、为国家后备军官讲演、尚无法修订发表所写的《老子哲学与道家哲学》及郑莱寄来12页长函等事。(《不思量自难忘:胡适给韦莲司的信》,7~8页)

11月28日 胡适在雪城发表演讲,题目为"What an Oriental Sees in

the Great War", 大意谓:

> Large and glaring letters are being written on the clouds of the Great War. So that he who reads may run. Tonight I shall attempt to present to you what one oriental student reads in this war. What does he read in this war?
>
> I . The immediate lesson for his own country.
>
> II . The ultimate lesson for the whole world.
>
> I
>
> In the present war China has been treated by Japan and England in exactly the same manner as Belgium and Luxembourg have been treated by Germany....
>
> ...
>
> Now, the most important lesson which China can learn from this war is the same lesson which Col. Roosevelt sees for America, namely: "Speak softly and carry a big stick." That is to say, China must rely, not upon the mercy or the actual goodwill of others, but upon her actual strength to face emergency and to resist aggression.
>
> ...
>
> What the outcome will be, God only knows! But whatever the outcome may be, one thing is sure: China must arm herself, not for aggressive purposes, but to defend her own existence and her rights.
>
> This, I say, is the immediate lesson that China must learn from this war.
>
> II
>
> ...
>
> ...It is my firm conviction that the ultimate lesson which I see and which the whole world must see in this great war is this that what we are fond of calling "civilization" is founded not upon rock, but upon loose sand. It is un-

stable, as everything built on sand must necessarily be unstable.

...

The modern civilization is unstable because it is founded upon the law of the jungle, upon the idea that Might makes Right. Nowhere is this idea more explicitly expressed than in the realm of international relations.

...

Gentlemen, this instability of our own beautiful civilization, this "might-is-right" philosophy, this narrow nationalism, this " über alles" spirit, is the great lesson we must all learn from this war.

III

Having seen the great lesson, how can we profit from it? My answer is that we must rebuild our civilization, base it upon a firmer foundation of rock, upon the law of humanity, not the law of the jungle. Our civilization, if it wishes to perpetuate itself at all, must be based upon the law of Justice to all, Righteousness to all, and Love to all. That is what I call the law of Humanity.

We must, first of all, enlarge our conception of "our neighbor".... Applying that definition to our own time, we shall find that, so far as material developments are concerned, the whole world is our neighbor. The world is bound up into one unity by the steamship lines, telegraphs, railroads, cables, and wireless telegraphy. Materially, I repeat, humanity is now one.

What has prevented the world from becoming an actual and practical unity is the fact that there are many impediments, obstacles on the way. The greatest of all these impediments is what I have often called "our moral inconsistency" deeply rooted in our selfishness and shortsightedness. To put it in plain language, it is a "double standard" of Righteousness and Justice.

...

I am an optimist. I have begun to see a great change coming. It is in the air.

…

…It is the beginning of a new era when what is wrong inside a nation is also regarded as wrong outside the nation; when what is wrong when done to a white man is also regarded as wrong when done to a Negro or a Jew or a Chinaman; when a man is judged as an individual, homicide is judged. When what is wrong here is wrong everywhere. In that new age there shall be only one standard of Justice, only one standard of Righteousness, from China to Peru, from Greenland to the Cape of Good Hope. That should be the foundation of what a dream to be our new civilization. Without this, our civilization can never be stable. Without this, armaments are of no avail and war will always be inevitable and peace and goodwill can never prevail on earth. (《胡适未刊英文遗稿》，39～44 页）

11 月　胡适在 *A Treatise of Human Nature*（by David Hume. —Oxford: The Clarendon Press，1896）扉页签记："Suh Hu，November, 1914."（《胡适研究通讯》2017 年第 1 期，23 页）

12月

12 月 3 日　胡适复函韦莲司小姐，寄上《墨翟的哲学》。又谈到非常喜欢与 Tuck 教授的 Syracuse 之旅，谈了自己在天主教堂的心境：

当我听到上帝造人，人的堕落，还有耶稣降临的时候，我还是坐著，别人都跪著，其中〔居然〕有一个大学教授和两个大学毕业生！我看了仪式的进行，因为说的是拉丁文，我大部分听不懂。我有一种无法用语言和文字来形容的奇怪感觉——一部分是悲悯，一部分是骄傲（真糟糕！）还有一部分是义愤，都揉合在一起了！〔这时〕我想到毛莱（Morley），也想到你。

这个世界需要许多有勇气的理想主义者！（《不思量自难忘：胡适给韦莲司的信》，9～10页）

12月6日　倡导世界大同的和平主义者John Mez（德国人）来访胡适，"相见甚欢"。胡适在札记中说：

> 博士乃理想家（Idealist），能持执其所谓为"是"者，不为流俗所移。今天下大患，在于理想家之寥寥，今见博士，如闻凤鸣，如闻空谷之足音，喜何可言！博士之不从军也，非不爱国也，其爱国之心不如其爱其主义之心之切也，其爱德国也，不如其爱人道也。此其所以为理想家也。（《藏晖札记》〔五〕）

同日　胡适读从韦莲司小姐处借来的英人毛莱（John Morley）之《姑息论》（*On Compromise*, 1874），大为赞佩，有摘记，并评论曰：

> 毛莱今为子爵，乃英国文章泰斗。其人亦理想家，生平持世界和平主义。此次战事之起，英政府主战，毛莱居内阁不能止之，遂与工党阁员John Burn同时引退云，盖能不以禄位而牺牲其主义者也。（《藏晖札记》〔五〕）

12月7日　胡适致函韦莲司小姐，盛赞Morley的*On Compromise*是一本思想深湛而风格高尚的好书，给自己带来大的乐趣。又谈及彼此交往的受益：

> ……我相信在智性的对话中，那个回答问题的人所得到的快乐绝不少于那个问问题的人，虽然前者只是回答，而后者只是提问。那个回答者有所得的途径不止一端。他有所得，因为一个问题引发了他去思考一个从未严肃思考过的问题。或者他对一个问题原本只有一种极模糊而不确切的概念，而这个提问者促使他去做有系统的思考，把他的思想梳理得合乎逻辑，不前后矛盾，而又能清晰的界定，并透过他自己清楚而别人又能理解的语言，把它表达出来。唯有在经过这样

界定，系统化和组织之后，有关这个主题的知识，才真正是属于他自己的。

…………

……在我们交往之中，我一直是一个受益者。你的谈话总是刺激我认真的思考。"刺激"(stimulate)这个字不恰当，在此应该说是"启发"(inspire)。我相信思想上的互相启发才是一种最有价值的友谊。……

……你容许我分享一些你的疑惑和志愿，这是我最大的荣幸。你也许不理解，举个例说吧，在我看了你所引的刚多塞和毛莱讲到"用好法子做好事"和"父母对子女有一种特殊的权利"这两段话之后，我真觉得如释重负并感到衷心的喜悦——透过这两段话，我也看到了你的体贴和孝顺！

……我希望我说得很清楚，你说你是这个友谊中唯一的受益者，这未免陷你自己于不义了。(《不思量自难忘：胡适给韦莲司的信》，11～12页)

12月9日 胡适在札记中摘记美总统威尔逊昨在国会驳增加军备之说，认为其"甚中肯要"。又记道："威氏亦今日不可多得之理想家也。其所持政治思想，可讲为西方文明最高之产儿。其人欲以道德为内政，以道德为外交，吾所谓'一致'者是也……使世界各国之为政者皆若威尔逊然，则此空前之恶战决不致出现于二十世纪之中也。"(《藏晖札记》〔五〕)

同日 胡适有札记记歌德之镇静工夫：

德国文豪葛脱(马君武译贵推)Goethe自言，"每遇政界有大事震动心目，则亟勉致力于一种绝不关系此事之学问以收吾心"。故拿破仑战氛最恶之时，葛脱日从事于研究中国文物。又其所著《厄塞》(Essex，剧名)之"尾声"(Epilogue)，乃作于来勃西之战之日……

此意大可玩味。怡荪尝致书，谓"以鞠躬尽瘁之诸葛武侯乃独能于汉末大乱之时高卧南阳者，诚知爱莫能助，不如存养待时而动也"。

吾友韦莲司女士，自欧洲战事之起，感愤不已，无意学画，贻书

1914年　甲寅　民国三年　23岁

纽约红十字会，自效为军中看护妇，得报书，以女士非有经练之看护妇而却其请。女士益感慨愤懑。余以葛脱之言告之，以为人生效力世界，宜分功易事，作一不朽之歌，不朽之画，何一非献世之事？岂必执戈沙场，服劳病院，然后为贡献社会也哉？女士以为然，今复理旧业矣。

吾友匈加利人骆特（Hermann Roth），自战事之起，愤美洲舆论之偏袒"协约之国"（英、法、俄也），每斤斤与人争论，为德奥辩护，哓哓不休，心志既专，至不能用心学业，余感其爱国之诚，而怜其焦思之苦，至于憔悴其形神也。今日遇诸途，亦为言葛脱之言。骆特君请尝试之，不知其有效否也？（《藏晖札记》〔五〕）

12月11日　胡适再度致函Henry E. Jackson，谈《十字架之真谛》一书：

...But in the philosophical thought of the world, the death of Socrates surely occupies an equally important—perhaps more important—place as the death of Jesus. The death of Jesus founded a religion; the death of Socrates founded a philosophy. This philosophy has had a tremendous influence upon the Greek and Roman world, and in the modern time upon our own world. The ideal of the modem world is no longer the Christian ideal of self-abnegation, but the Greek ideal of self-development; no longer the Christian ideal of Faith, but the Socratic ideal of Truth—Truth for which Socrates died! ...

I admit that to the Christians the death of Jesus does mean a great deal more than the death of Socrates. But why? Because, it seems to me, centuries of powerful tradition have made it so... The difference is due to the traditional training of the believer. It is something purely subjective, and has no objective validity.

...

Socrates died for Truth; he sought Truth and found death. He offended the respectable people by calling their conduct and morality into question, by believing that "a life unexamined is not worth living". He was persecuted in

269

the same manner and for the same offence as Jesus was persecuted. Before his death, is friends offered to help him to escape. This he refused. By his death he gave an example to his teaching that "not life, but a good life, is to be valued"; not death, but unrighteousness and lawlessness, is to be avoided...

……

I do not deny the heroism of Jesus, but I can not belittle the heroism of Socrates.(《藏晖札记》〔五〕)

12月12日　胡适粘贴了 The Public 第17卷第871期论国防的剪报，又评论道：

即以吾国言之，今人皆知国防之不可缓。然何谓国防乎？海陆军与日本并驾，可以谓之国防乎？未可也。以日乃英之同盟国也。海陆军与日英合力之海陆军相等，足矣乎？未也。以日英又法俄之与国也。故今日而言国防，真非易事，惟浅人无识之徒始昌言增军备之为今日惟一之急务耳。

增军备，非根本之计也；根本之计，在于增进世界各国之人道主义。

今世界之大患为何？曰：非人道之主义是已，强权主义是已。弱肉强食，禽兽之道，非人道也。以禽兽之道为人道，故成今日之世界。"武装和平"者，所以"以暴制暴"之法也。以火治火，火乃益然；以暴制暴，暴何能已？

救世之道无他，以人道易兽道而已矣，以公理易强权而已矣。

推强权之说，于是有以"强"为国之的者矣。德国国歌之词曰："德意志兮，德意志兮，陵驾万邦。"

今夫天下惟有一国可"凌驾万邦"耳，而各国皆欲之，则不至于争不止，此托尔斯泰所以谓为至愚者也。

今之持强权之说者，以为此天演公理也。不知"天择"之上尚有"人择"。天地不仁，故弱为强食。而人择则不然。人也者，可以胜天者也。吾人养老而济弱，扶创而治疾，不以其为老弱残疾而淘汰之也，此人之仁也。或问墨子："君子不斗，信乎？"曰："然。"曰："狗豨犹斗，而况于人乎？"墨子曰："伤哉！言则称于汤文，行则同于狗豨！"今之以弱肉强食之道施诸人类社会国家者，皆墨子所谓"行则同于狗豨"者也。

今之欲以增兵备救中国之亡者，其心未尝不可嘉也，独其愚不可及耳。试问二十年内中国能有足以敌日、俄、英、法之海陆军否？必不能也。即令能矣，而日、俄、英、法又必继长增高，无有已时，则吾国之步趋其后亦无有已时，而战祸终不可免也，世界之和平终不可必也。吾故曰此非根本之计也。

根本之计奈何？兴吾教育，开吾地藏，进吾文明，治吾内政：此对内之道也。对外则力持人道主义，以个人名义兼以国家名义力斥西方强权主义之非人道，非耶教之道，一面极力提倡和平之说，与美国合力鼓吹国际道德，国际道德进化，则世界始可谓真进化，而吾国始真能享和平之福耳。

难者曰，此迂远之谈，不切实用也。则将应之曰：此以七年之病，求三年之艾也。若以三年之期为迂远，则惟有坐视其死耳。吾诚以三年之艾为独一无二之起死圣药也，则今日其求之之时矣，不可缓矣。

此吾所以提倡大同主义也，此吾所以自附于此邦之"和平派"也，此吾所以不惮烦而日夕为人道主义之研究也。吾岂好为迂远之谈哉？吾不得已也。(《胡适留学日记手稿本》之《藏晖札记》〔六〕，原书无页码)

同日　胡适致函江冬秀云，谈到须再留此一年半，约1916年秋归国。归娶之约一再延误，"何以对卿"？然照西方标准，二人尚为早婚。又嘱江冬秀放足。(《胡适遗稿及秘藏书信》第21册，295～296页)

同日　胡母谕胡适云：新任绩溪县知事劝募公债，胶州湾战事令人痛心。"尔于本年内当有款项汇寄否？果有款寄来，务望趁早汇申最好，须在

阴历十一月以前乃为至妙。"(《胡适遗稿及秘藏书信》第22册，134～136页）

12月13日 胡适在札记中记金仲藩来书所述国势危殆种种情形。(《藏晖札记》〔六〕)

12月14日 白特生夫人电邀胡适于12月17日夜晚餐其家，以胡适有他会改次日。胡适认为，这是白特生夫人特意为胡适做生日，故极感动："远客海外，久忘岁月，乃蒙友朋眷念及此，解我客思，慰我寥寂，此谊何可忘也。思及此，几为感激泪下。白特生夫妇视我真如家人骨肉，我亦以骨肉视之。"(《藏晖札记》〔六〕)

12月17日 胡适23岁生日，有诗《生日》：

> 寒流冻不澌，积雪已及膝。
> 游子谢人事，闭户作生日。
> 我生廿三年，百年四去一。
> 去日不可追，后来未容逸。
> 颇慕蘧伯玉，内省知前失。
> 执笔论功过，不独以自述。(1916年1月4日《札记》)

12月20日 胡适在札记中记道，连日读戏剧7种，包括Hauptmann之 *Fuhrmann Henschel*、*Rose Bernd*，Maurice Maeterlinck之 *Alladine and Palomides*、*The Intruder*、*Interior*、*Death of Tintagiles* 以及Tagore之 *The Post Office*。(《藏晖札记》〔六〕)

12月22日 有感于世界学生会将举行十周年祝典，胡适（曾于上年担任该会会长，并将出席今年之祝典）一夜不寐，作"A Sonnet"诗以祝之。(《藏晖札记》〔六〕)

12月23日 胡适将"A Sonnet"示之于相知数人及英文文学教员C. S. Northup等削改。M. W. Sampson于今晨提出修改意见。(《藏晖札记》〔六〕)

12月24日 作为此间世界学生会代表，胡适赴Columbus. Ohio参加The Eighth Convention of the Association of Cosmopolitan Clubs。在车中作书与C. S. Northup商榷"A Sonnet"。道出水牛城，友人E. G. Fleming迎于车站，

午餐后周游城市。应邀到 Niagara Falls 的 Dr. Mortimer J. Brown 家过圣诞节，并同游尼亚加拉大瀑布。次年 1 月 4 日，胡适在札记中对 Dr. Mortimer J. Brown 美满的家庭生活有颇详之记述。(《藏晖札记》〔六〕，1915 年 1 月 1 日、1 月 4 日记)

同日　胡母谕胡适，商谈照胡适嘱为胡适寄书办法等细节问题，又谈及里中各族祠堂均购粮储备等。(《胡适遗稿及秘藏书信》第 22 册，137～139 页)

12 月 25 日　夜与 Dr. Mortimer J. Brown 夫妇别，以车往 Columbus. Ohio，次晨抵。(《藏晖札记》〔六〕，1915 年 1 月 4 日记)

12 月 26 日　夜，胡适赴欢迎会。Ohio State University 校长 Dr. Wm. Oxley Thompson，哥伦布市长高卜(Mayor George J. Karb)及大学世界会会长 R. R. Vogel 致欢迎词。伊利诺大学 Prof. T. E. Oliver 及胡适致答词。胡适演说题为 "At the Parting of the Way"，大旨言：

> 今日世界文明之基础所以不坚牢者，以其础石非人道也，乃兽道也。今日世界如道行之人至歧路之口，不知向左向右，而又不能不抉择：将循旧径而行兽道乎？抑将改涂易辙而行人道也？世界如此，吾辈之世界会亦复如是，吾辈将前进耶？抑退缩耶？(《藏晖札记》〔六〕)

按，胡适在 1915 年 1 月 4 日札记中又对此演讲做了如下解说：

> 吾此篇大旨在于宣战。盖总会中年来颇分两派，一派主张前进，以为凡和平之说及种种学生团体，皆宜属于世界学生同盟会……而总会(Association of Cosmopolitan Clubs)亦宜协助主张世界和平之诸团体以辅其进行。其一派则主张狭义的政策，以为吾辈学生团体不宜干预政治问题。世界和平者，政治问题也。主张和平主义者如讷博士(George W. Nasmyth)及洛克纳(Louis P. Lochner)皆遭此派疑忌，以为此二君皆为和平团体所佣役，驱使吾辈以为之用，故当深绝之也。前派康南耳世界会主之，后派意利诺(Illinois)世界会主之。故吾针对俄利物教授下"哀的米敦书"也。

又按，胡适 1915 年 1 月 4 日札记还记下出席这次年会发表演讲对其产生启发的三位名彦：Dr. Washington Gladden（传道家、著作家）on "Planetary Politics", Prof. Joseph A. Leighton on "Culture and Ethics", President Charles Wm. Dabney of the University of Cincinnati, on "True Patriotism"。

12 月 28—29 日　召开年会议事会，胡适担任 Committee on Resolutions。28 日夜手写议案至次日 3 时始就寝。29 日召本股股员会集，胡适报告自 10 时许至下午 5 时半始毕，除午餐外凡 6 小时。胡适的提案皆一一通过。夜，Ohio State University 设筵宴与会代表，胡适在席后演说，题为 "Toast to the Ninth Convention"。(《藏晖札记》〔六〕，1915 年 1 月 4 日记)

12 月 30 日　哥伦布商会以汽车招诸代表周游全市，游览 Geofrey 工厂及第一银行。中午商会宴请代表于 Virginia Hotel。席后有演说，胡适的讲题为 "The Influence of the U. S. A. in China"。后，商会书记 H. S. Warwick 以其车载胡适等几人周游城外风景。夜以车归，次日抵绮色佳。车中，感欧洲战祸，作英文诗 "To Mars"（Mars 系古代神话所谓战斗之神）。(《藏晖札记》〔六〕，1915 年 1 月 4 日、1 月 1 日记)

按，次年 3 月 19 日，胡适又将 "To Mars" 改写。(据胡适 1915 年 3 月 19 日札记)

12 月　胡适在 The Unknown Guest (by Maurice Maeterlinck. —New York: Dodd, Mead & Company, 1914) 扉页题记："Christmas gift from Mr. & Mrs. L. E. Patterson, December, 1914."（《胡适研究通讯》2017 年第 1 期，23 页）

是年　胡适在 Ethics (by John Dewey, James H. Tufts. —New York: Henry Holt & Company, 1908) 扉页签记："Suh Hu, 1914."（《胡适研究通讯》2017 年第 1 期，23 页）

是年　胡适在 The Pocket R. L. S. (by Robert Louis Stevenson. —New York: Charles Scribner's Sons, 出版年不详) 扉页签记："Gift of N. B. S. 1914."（《胡

适研究通讯》2017年第1期，24页）

是年　胡适在 Musings of a Chinese Mystic: Selections from the Philosophy of Chuang Tzǔ（with an introduction by Lionel Giles.—New York: E. P. Dutton & Company, 1910）签注"Suh Hu, October, 1914". 1960年8月8日又题记："Miss Clifford Williams returns this volume to me on August 8, 1960. H. S.."该书的82、83页间有胡适的札记1张，上记"J. Legge: 'In his attracting and uniting them to himself in such a way, there must have been that which made them involuntarily express the words（of condolence），and involuntarily wail, as they were doing.' 适按 involuntarily 近是矣。下文不无为诸家谬注所误"。（《胡适藏书目录》第4册，2840～2841页）

本年，或次年，胡适又有两篇英文文章："Thomas Hood"（中国社科院近代史所藏"胡适档案"，卷号 E-1，分号3）和"The Platonic Protagoras"（中国社科院近代史所藏"胡适档案"，卷号 E-1，分号4）。写作之确切时间有待进一步考证。

1915年　乙卯　民国四年　24岁

上半年，胡适仍就读于康奈尔大学。
6月，胡适出席在绮色佳召开的国际政策讨论会。
暑期，胡适全力攻读实验主义大师杜威（John Dewey）的著作。
9月20日，胡适离开绮色佳，赴纽约，入哥伦比亚大学。

1月

1月1日　胡适收到韦莲司小姐寄来的盆景、贺年卡。晚，胡适与韦莲司小姐的母亲畅谈宗教、文学及婚俗等。（《不思量自难忘：胡适给韦莲司的信》，13页）

1月7日　夜，胡适往见康奈尔大学前农院院长 Liberty Hyde Bailey，以所作二诗乞正。渠之看法："以第一诗为佳作；第二诗末六句太弱，谓命意甚佳，可改作；用他体较易发挥，'桑纳'体太拘，不适用也。"（《藏晖札记》〔六〕）

同日　胡适在 Manual of Mythology: Greek and Roman Norse and Old German, Hindoo and Egyptian Mythology（by Alexander S. Murray. —Philadelphia: Henry Altemus Company, 1897）扉页题记："Suh Hu, Jan. 1915. 今年已去七日，共购二书，其一为英译本《茶花女》，以赠张熙若，今日购此书，为己有之第一书也。"（《胡适藏书目录》第4册，2438页）

1月9—11日　康奈尔世界学生会十周年纪念祝典举行，胡适担任此次祝典之干事长。9日夜开欢迎会，讷博士演说"世界大同国（The World-state)",胡适演说"世界会之目的"。10日午间为"旧会员午餐",夜有"围炉小集"(Fireside Party),胡适主席。11日夜有"列国大宴"(International Banquet)。席后休曼校长、麻省候选总督麦加君(Samuel W. McCall)、须密教长(Prof. Nathaniel Schmidt)、墨茨博士(Dr. John Mez)诸人分别演说。(《藏晖札记》〔六〕,1月18日记)

1月10日　胡适复函韦莲司小姐,谈到移民法案,又谈到已购买毛莱《姑息论》,很高兴知道韦莲司又开始整理家事,已看到有关地毯展览的报告并渴望一睹;抄示新作的两首十四行诗。关于移民法案,胡函说:

> 那个移民法案终于在参议院以50比7的投票通过了!几个星期以来,这件事让我觉得心情沉重。这种法律让我最感惊讶的是原则上的不一致。人们一方面要公正,要"费尔波赖"……要自由;但另一方面,他们又要对他们认为的次等人,否认他们有享受这些"好事"权利的基本原则。他们要免除对比利时人的审查,而要把黑人排除在外!你看到了"有组织的洗衣同业工会"向中国洗衣工人所递交的抗议书吗?我真忍不住要发笑。
>
> 就个人来说,我可以原谅那些主张〔把黑人〕排除在外的人。他们并不知道在做什么!但让我感到痛苦的是那基本的原则。当然,我希望威尔逊总统会否决这个法案,就如塔虎脱总统(President Taft)在卸任前所做的一样。……(《不思量自难忘:胡适给韦莲司的信》,16页)

1月14日　章士钊函谢胡适投稿,又向胡适约论政、论学之稿。(《胡适遗稿及秘藏书信》第33册,150～152页)

1月15日　胡适在韦莲司夫人家用晚餐。(胡适致韦莲司小姐函,1915年1月18日,载《不思量自难忘:胡适给韦莲司的信》,19页)

1月17日　胡适撰写Boston Browning Society的演讲稿《儒教与卜朗吟哲学》至次日凌晨。(1915年1月18日胡适致韦莲司小姐函)

1月18日　夜,应Boston Browning Society执行部书记Mrs. Ada Spaulding之邀,乘火车离绮色佳前往波士顿,赴该会演讲。在火车上致函韦莲司

小姐，告知行程。（据胡适 1915 年 1 月 27 日《札记》；《不思量自难忘：胡适给韦莲司的信》，19 页）

1 月 19 日　胡适访 Spaulding 夫妇。访郑莱，遇孙学悟，遇吴康。午餐于哈佛饭厅，遇宋子文、张福运、竺可桢、孙恒、赵文锐、陈长蘅、贺桥庆等。（《藏晖札记》〔六〕，1915 年 1 月 27 日记）

同日　下午 3 时，胡适至 Hotel Vendome（为 Boston Browning Society 会场）。到者约百人。胡适演说 "The Philosophy of Browning and Confucianism". 约 45 分钟。（《藏晖札记》〔六〕，1915 年 1 月 27 日记）胡适演说大要：

> In this paper I shall confine myself to one phase of Browning's philosophy, namely, his philosophy of life. Needless it is for me to say that Browning's philosophy of life is, from first to last, a philosophy of Optimism, of Hope and Endeavor....
>
> ...
>
> He saw the imperfections of man, the evils of the world, and the sufferings of life; but he had faith that "the evil is null, is naught", and that "all we have willed or hoped or dreamed of good shall exist". And he was never tired of preaching this his message to mankind:
>
> ...
>
> The basis of Browning's optimism, I believe, consists in certain fundamental ideas which permeate many of his early poems, from *Pauline* to *The Ring and the Book*. His later poems, from *Balaustion's Adventure* to *Asolando*, are attempts either to expound more fully these ideas already expressed in the earlier poems, or to defend them from any possible adverse opinion which might be of sufficient weight to justify repudiation.
>
> ...

I

Browning, like every other optimist, based his philosophy of Hope, first of all, upon the conception of the universe as a rational plan. Thus exclaims Rabbi Ben Ezrat:

...

While conceiving the universe as a purposive design, Browning, however, was never a fatalistic determinist. On the contrary, he had strong faith in the freedom of the individual to aspire, to strive, to fail or attain. The world is a God-planned stage on which free souls freely play out their roles.

...

...so declares our poet. This conception of the freedom of the individual is very important in that it helps to explain why Browning never lost his optimistic faith in the face of a world of imperfections and sufferings.... Their presence in this world ought only to arouse our pity and sympathy, and encourage our efforts for betterment, —but never to make us despair.

Moreover, the presence of evil in the world is after all not without its usefulness. It tests character and makes man. It may be likened into the furnace-fire by means of which we test the purity of gold....

...

II

The most significant idea in Browning's philosophy of life, it seems to me, is his exaltation of the worth of Man....

...

...This exaltation of the worth of Man, I say, is the most important idea in Browning's philoshpy. For, it seems to me, the fundamental error common to all schools of Pessimism, lies in the lack of a proper valuation of human life and destiny. The most effective moral remedy for this error must therefore be sought in a rediscovery of the worth of man....

...

Man, according to Browning, not only is capable of moral reform, but also has the potentiality for infinite growth....

III

To the idea of the inherent worth and potential capacity of man, is closely allied the idea of immortality.... Browning's interest in life and his recognition of human worth are too great for him to believe in their destructibility after life....

...

Browning's conception of immortality, you will note, is not exactly the immortality of some abstract theological or metaphysical entity. It seems to me that he lays special stress on the immortality of human personality...

...

IV

Last but not least, we shall now consider Browning's conception of life as a continuous battle, a forever onward struggle. Moral regeneration, spiritual growth, immortality, and progress are no gifts of the gods, but the achievement of human effort and endeavor....

...

Throughout Browning's poetry we find everywhere this idea of life as ever struggling towards its highest ideal.

...

...This was the spirit of the 19th century. Long before the appearance of the works of Darwin and Herbert Spencer...

...For Browning, even death does not terminate the struggle.

...

1915 年　乙卯　民国四年　24 岁

V

　　Having thus far examined the several fundamental principles underlying Browning's philosophy of life, I shall now attempt very briefly to compare them with some of the basic concepts of Confucianism, not strictly from the point of view of a sectarian Confucianist—for I do not really know how far I *now* merit the appellation of a Confucianist—but from the point of view of a student both of Confucianism and of Browning.

　　Confucianism, as I understand it, is also a philosophy—a religion, if you please—of Hope and Endeavor....

　　...

　　When we attempt to examine the foundations upon which the optimism of Confucianism is built, we shall find that most of them agree with the philosophy of Browning. First, Confucius and his followere believe with Browning in the purposiveness of Nature or God....

　　...

　　Thirdly, there is a striking resemblance between Browning's conception of immortality and that of the Confucian school....

　　With Browning, the Confucianists believe in the leavening and transforming power of personality....

　　Lastly, while the idea of life as a struggle has never attained to any prominence in Confucianism, the idea of endeavor has always been the characteristic feature in the teachings of Confucius and the great Confucianists....（《胡适英文文存》第 1 册，远流版，35～54 页）

　　同日　晚，吴康于红龙楼宴请胡适，同席者 7 人。夜宿 Boston Browning Society 执行部长 Rev. Mr. Harry Lutz 之家。(《藏晖札记》〔六〕)

　　1 月 20 日　胡适重游哈佛大学之 Fogg Art Museum。访 Edwin M. Mead 于世界和平会所（World Peace Foundation）。访张子高不遇。至康桥赴世界

会（哈佛）午餐，讷博士、墨茨博士及南非 Bosman 等在座。

同日　下午，胡适与郑莱往游波士顿艺术博物馆。见宋徽宗《捣练图》，马远 3 幅，夏圭 2 幅，其一大幅夏圭画尤佳。约明日再来看其他中国名画。

同日　夜，竺可桢于红龙楼宴请胡适，同席者 7 人，畅谈极欢。所谈问题有：设国立大学以救今日国中学者无求高等学问之地之失；立公共藏书楼、博物院之类；设立学会；舆论家（"Journalist" or "Publicist"）之重要。胡适与郑莱各抒所谓"意中之舆论家"，意见相合之处甚多，大旨如下：

一、须能文，须有能抒意又能动人之笔力。

二、须深知吾国史事、时事。

三、须深知世界史事、时势。（至少须知何处可以得此种知识，须能读"类书"之类。）

四、须具远识。

五、须具公心，不以私见夺真理。

六、须具决心毅力，不为利害所移。（《藏晖札记》〔六〕）

同日　胡适致函韦莲司小姐，谈参观波士顿艺术博物馆及回到纽约的时间等。（《不思量自难忘：胡适给韦莲司的信》，20 页）

1 月 21 日　胡适往美术院访富田幸次郎，参观该院所藏之中日名画。对董北苑《平林霁色图》等珍品在札记中有记。下午 3 时离开波士顿，夜 9 时抵纽约，打电话与韦莲司小姐及其他友人，约会面时间。（《藏晖札记》〔六〕）

1 月 22 日　Henry E. Jackson 赠其所著 *The Legend of the Christmas Rose: Five Christmas Paintings and Their Interpretations*（New York: George H. Doran Company, 1914）与胡适，并题记："Presented to Mr. Suh Hu together with high personal regards and best wishes of his friend the author Henry E. Jackson, Jan. 22, 1915."（《胡适研究通讯》2017 年第 1 期，24 页）

同日　胡适与韦莲司小姐参观纽约美术院（The Metropolitan Museum of Art）。在韦莲司小姐寓所午餐。下午，至 Upper Montclair, N. J. 访友人 Rev.

Mr. Henry E. Jackson，夜宿其家。(《藏晖札记》〔六〕)

1月23日　晨归纽约，访严庄（敬斋）及王夏（君复）于哥伦比亚大学。访邓孟硕。严庄告胡适，此间有多人反对其《非留学篇》，胡适答曰："余作文字不畏人反对，惟畏作不关痛养之文字，人阅之与未阅之前同一无影响，则真覆瓿之文字矣。今日作文字，须言之有物，至少亦须值得一驳，愈驳则真理愈出，吾惟恐人之不驳耳。"与严、王同餐于中西楼。(《藏晖札记》〔六〕)

同日　下午，访韦莲司小姐于其寓，纵谈极欢。27日札记有记：

> 余告女士以近来已决心主张不争主义（Non-resistance）……决心投身世界和平诸团体，作求三年之艾之计。女士大悦，以为此余挽近第一大捷，且勉余力持此志勿懈。余去夏与女士谈及此问题时，余犹持两端，即十一月中在Syracuse演说"The Great War from the Point of View of an Oriental"时，犹以国防为不可缓，十二月十二日所记，乃最后之决心。女士知吾思想之变迁甚审，今闻余最后之决心，乃适如其所期望，故大悦也。女士见地之高，诚非寻常女子所可望其肩背。余所见女子多矣，其真能具思想、识力、魄力、热诚于一身者惟一人耳。(《藏晖札记》〔六〕)

同日　胡适夜宿哥伦比亚大学宿舍，与王、严、邓三君夜话。(《藏晖札记》〔六〕)

1月24日　胡适离纽约，傍晚抵绮色佳。车中读《纽约时报》上日本人T. Iyenaga博士所作文"Japan's Position in the World War"，事后在札记中评论道：

> 其论中国中立问题尤明目张胆，肆无忌惮。其言虽狂妄，然皆属实情。在今日强权世界，此等妄言，都成确论，世衰之为日久矣，吾所谓拔本探原之计，岂得已哉！岂得已哉！

又读Frederick J. Pohl之《不争主义之道德》一文，大加赞赏。车中有如下

感想：

  中国之大患在于日本。

  日本数胜而骄，又贪中国之土地利权。

  日本知我内情最熟，知我无力与抗。

  日本欲乘此欧洲大战之时收渔人之利。

  日本欲行们〔门〕罗主义于亚东。

  总之，日本志在中国，中国存亡系于其手。日本者，完全欧化之国也，其信强权主义甚笃。何则？日本以强权建国，又以强权霸者也。

  吾之所谓人道主义之说，进行之次宜以日本为起点，所谓擒贼擒王者也。

  且吾以舆论家自任者也，在今日为记者，不可不深知日本之文明风俗国力人心。

  据上两理由，吾不可不知日本之文字语言，不可不至彼居留二三年，以能以日本文著书演说为期。吾国学子往往藐视日本，不屑深求其国之文明，尤不屑讲求沟通两国诚意之道，皆大误也。

  吾其为东瀛三岛之"Missionary"乎？抑为其"Pilgrim"乎？抑合二者于一身欤？吾终往矣！（《藏晖札记》〔六〕）

  同日　胡适给韦莲司小姐的明信片上说："我非常喜欢在哈德雷楼的那天晚上——噢，不对，是晚上和早上。"（《不思量自难忘：胡适给韦莲司的信》，21页）

  同日　晚，胡适致函韦莲司小姐，谈道：很懊恼昨晚没能与她一起度过；衷心感谢韦"为我所花宝贵的时间"，"从你我的谈话和相会中，我感到非常快乐"。又谈到到达绮色佳后和韦莲司夫人通了电话。（《不思量自难忘：胡适给韦莲司的信》，22页）

  1月25日　晚，胡适与 H. E. Jackson 牧师畅谈 6 小时。胡适当晚写给韦莲司小姐的信里，详述此次会面：

1915年　乙卯　民国四年　24岁

……他告诉我，在他内心说实话和妥协的挣扎……他对基督教有许多看法：长时期以来，他对有组织的基督教是不满意的。可是他没有勇气公开宣布他所看到的真理：他妥协了。他教堂里的人，或者说一部分人，不喜欢改变。

他已经决定离开他的教堂，很快就要公开他对基督教和教堂的看法。

他要成为一个自由人，自由的去讲道，不受拘束的写他所相信的真理。7月以后，他要搬到绮色佳来住。

我念了几段毛莱的《姑息论》给他听，在这几段文字里，有一段的起头是"这就是世界的笑脸，赢得这个笑脸等等"。他听了这几段话之后，大为高兴，并说他需要一本这样的书作为道德上的滋补，所以我就把"自己给自己的生日礼物"和易卜生的《人民的夜晚》(The Evening of the People)借给了他。

他是一个诚实的人……

他的忏悔深深的打动了我的心。这也给我希望、欣慰，并让我对人有信心。

今晚将长留在我的记忆中，我忍不住要让你共享。

胡函又说：

昨天，我读了一篇日本学者写的文章……我有了一个新的想法：我必须在日本至少花两三年的时间，来精通语言，并了解日本人。我希望在中国能成为一个有用的记者之前，我必须先了解日本。这个构想会有进一步发展。这只是宣告我有了这个念头。(《不思量自难忘：胡适给韦莲司的信》，23～24页）

1月　胡适在 The Cornell Era 的1月号发表 "Chinese Students at Cornell" 一文，文章说：

China has slept more than a hundred years, and has of late been awakened by a touch of her knight whose name is Western Civilization.

同月　胡适在 The Positive Outcome of Philosophy（by Joseph Dietzgen. —Chicago: Charles H. Herr & Company, 出版年不详）扉页题记："From Alfred Bosch, Jan., 1915."（《胡适研究通讯》2017 年第 1 期，24 页）

2月

2月1日　胡适致函韦莲司小姐，云：

上个星期二，我在讲述这次〔波士顿、纽约〕之旅的时候，我向你母亲说到，我两次去你公寓看你。她问我，除了你我，还有没有别人在场。我告诉她，杨（Young）先生和太太星期五在那儿，可是星期六下午，我们是单独相处的。她说："啊，这个，胡先生，要是这里的人知道了这件事，他们可要大不以为然了。"（我不能确定她所用确切的字眼）。我告诉她，这个我很了解，但是我们并不是整个时间都单独在一起的。我打了电话给张彭春，请他一块儿来喝茶。这个解释显然让她放心些，她谢谢我跟她说了这件事。那时我以为〔我这么说〕可以省掉你一顿怎么做才"得体"的训斥，却没料到，这反而为一个老话题添了新材料了。

我并不是为了要让她放心才这么说的，我说的是实话。我是不是应该告诉你，在你说了要是张彭春来（在你看了我的条子之后），我们应该立刻烹些茶之后的想法？我想的是这样的："要是彭春来，那就正好，因为我们那时是两人独处。"我清清楚楚的知道，你说那话的意思并不在提醒我，你我当时是独处。可是那个念头在我脑际闪过，我跟自己说："对她（你）来说，这样鄙夷世俗的规矩是完全正当的：因为你是超越这种世俗规矩的。可是，我却不应该把你变成别人批评的对象。"

是的，我打电话给张先生的时候，我倒希望他能来——这并不是我相信世俗的"礼"的观念……也不是因为我不喜欢跟你在一块儿，与你谈话，共同思考问题（你知道我是乐在其中的！）；也不是你"略显无礼"的举止；而是因为我突然之间意识到这是不对的——至少是考虑得不够周到——明知故犯的把自己的朋友，变成别人批评的对象（就如你母亲所做那样的批评），即使他深知他的朋友是完全无视于这样批评的！苦行僧也许无视于痛苦，然而，他的朋友却无理由将痛苦加诸其身。

以上这几页都是不应该说的话，可是，我还是说了。因为你怕我可能对你无心的"略嫌无礼"的举止或动作有所误会。你所担心的事，完全是无稽的。这都怪我的良知（在读了你的信之后，这都显得有点"俗气"，要是"俗气"这两个字还不嫌它太温和的话）。

要是我已经把意思说清楚了，请你把信撕了，并且把它忘了。

就一方面来说，我又很高兴，事情是这样发生了。因为这给了你一个机会，用自己的话来表达，你认为"礼"的基础是什么。

你把自己的思想表达得强而有力，而且不落俗套。虽然我用了不同的话说明了我对友谊（男人与男人，同时也是男人与女人之间）的看法。过去四年来，我至少受了一些康德思想的影响："无论是对你自己，还是对别人，在任何情况下，都要将人道本身视为一个目的，而不仅仅是个手段。"用我自己的话来说，就是："永远不把一个男人或一个女人视为可以玩弄的东西，并以之为达成自私或不纯洁目的的手段。"这句话的中心思想是尊重每一个人，并将这种感觉升华为一种敬意。我相信这种敬意是防止语言上的猥亵，思想上的不纯，以及举止上的不宜最好的办法。总而言之，这可以防止一般所谓的"非礼"。

我所说的"敬意"只是你所说的"用意志的力量把注意力转移到友谊的更高层"的另一种说法。可是你的说法，尤其是在对待男女友谊这一点上，远比我的要具体的多。你真让我对自己在另一页提到的谨小慎微的态度感到汗颜。有关我这种谨小慎微的"个性"，只能归因于我早年的训练。诚如你所说："（那种训练）是脱离生活实际的。"我

在上海六年的时间里，我相信我不曾跟一个女人说过超过十个字以上的话。我总是跟比我年长的男人在一起。你很容易看出，这种"不自然"的教育，对我所造成根深柢固的恶劣影响。但是我能学！你已经教了我许多。

我对你的人生观极感兴趣。"教育——选择——（继之以）必要的行动"——这是一个无懈可击而又富有逻辑的"进程"。你所说"对生命有新的了悟时，我们就应该做更上层楼的努力"。……

…………

你所说关于你母亲的事，深深的触动了我的心。你母亲非常，非常善良，而且全心全意的爱你。你说："我深深同情她，而且希望她能了解。"这几句话也正是我心底的话。要她看事情的观点和你的吻合，这几乎是不可能的。她告诉我，她不赞成你住的离她这么远。我告诉她，你喜欢自由。她说，这正是她所不喜欢的。她对你丢掉早年的衣服和化妆品觉得非常惋惜。我告诉她，你已经长大了，用不著这些东西了，可是她不以为然。她觉得，要是你能再委屈一下，用一些"漂亮"的东西，别人并不会因此看轻你的。这无非只是一个看法的问题。可是，我觉得，她对我在宗教上的看法变得非常容忍了，把我的"选择主义"说成"富有趣味和同情心"。对一个乐观主义者来说，任何事都是可能的：耐心可以征服一切！且把这句话送给你！（《不思量自难忘：胡适给韦莲司的信》，25～28页）

2月2日 胡适致函 Frederick J. Pohl，谓：

What the world needs to-day, it seems to me, is a complete dethronement of the undue supremacy of the Self. The morality of our age is too much self-centered. The idea of self-preservation has scarcely ever been challenged, and consequently many expediencies have been done in the name of self-preservation, nay, many crimes have been committed in its name! To remedy this inveterate evil, we must extend our present conception of meum to its widest horizon possible. We must overthrow the superstition that self-preservation is the highest duty. We must take the attitude of non-resistance, not as the expedient attitude, but as the right attitude, not out of necessity, but at our own volition. The salvation of the world, I believe, must be sought in some such long forgotten truths as this...（Feb. 2）(《藏晖札记》〔六〕)

后，Frederick J. Pohl 复函胡适说：

Your letter of appreciation of my communication to *the New Republic* gave me the greatest pleasure. More than that it gave me encouragement when I was sorely in need of it. The certainty that there was at least one reader with sufficient clarity of vision to see the truth made me believe that there were others also. I thank you most sincerely for writing what you did.

I found only two sympathizers before I sent the communication, and since it appeared, even members of my family have told me that they were sorry to have me put myself on record as believing such nonsense. I have an article of some length which I have been vainly trying to have published, and I had almost reached the conclusion that it was no longer worth while trying to place it when your letter came and gave me new enthusiasm.

The war fever sweeps men so easily! ... There is need for men to carry on a fight not for pro-German or anti-German sympathy but for antiwar sentiment. Deeper than that, it is anti-use-of-physical-force, that needs advocacy, or—what you pointed out as the heart of the whole matter—anti-self-preservation. The Belgian Poet Maeterlinck says that "self-preservation is the profoundest of all our instincts". Surely he thought very superficially.—Of course we may agree with him that self-preservation is the profoundest instinct, but many men have in all ages found many claims more insistent than that of self-preservation. Self-preservation is not the profoundest motive of human action. Men will die for duty, honor, love, etc., even for revenge. The individual must be willing to sacrifice life for duty and honor. Must not the state also? Do not claims of duty and honor and the ideal of the Brotherhood of States appeal to governments as well as to individuals? They do, but their appeal has either not been recognized or the way to answer their appeal has not been followed. The idea of self-preservation must be challenged!

In your letter you say "We must take the attitude of non-resistance, not as the expedient attitude, but as the right attitude". I have carried out this thought in my article which I have called "Effective Resistance to War". I do not believe in "non-resistance". At least I don't like the term. It's flabby and weak. I like better the term "Effective Resistance". Resistance by means of physical force is the least effective means of resistance. Ordinarily the world thinks that a man who uses some form of force other than physical with which to resist, is merely a non-resister. Most of the world thinks only with material or physical conceptions. Spiritual resistance, the resistance of forgiving one's enemies, of "turning the other cheek", etc., is the most positive and effective kind of resistance....（《藏晖札记》〔六〕）

2月3日　胡适在札记中抄录韦莲司小姐来函的两段，并作了如下评论：

右论男女交际之"礼"，可谓卓识。此论即在所谓最自由放任之美国亦足骇人听闻。盖此邦号称自由耳，其社会风尚宗教礼俗，则守旧之习极深，其故家大族尤甚。C.W.，女子中之有革命眼光者也。其家庭中之守旧风气，C.W. 对之如在囹圄，其远去纽约，终岁仅数归，未尝不为此故。此君盖真可谓为"divine discontent"者也。（《藏晖札记》〔六〕）

按，胡适抄录韦莲司小姐来函的第二段说：

When one thinks alone there are many things which one faces squarely and then casts away as unfit, and if one does this as promptly before speaking, surely there can be no impropriety. And in the association (or friendship) of man and woman, surely this all holds good, if the truth of sex attraction is clearly understood and valued for just so much as it is good for, and if, when it consciously appears not of use, it is consciously put away by willful turning of the attention to the higher side of that friendship. And because of the possibility of this effort being called into action, should all the richness of communication between human beings whose real life after all is spiritual and not physical, be blocked by a "sense of propriety"? Surely some of the closest and most stimulating interaction of thought comes between two persons——no more. It is true between two women, and I feel sure it is so between two men, and it is true between a man and a woman....

同日　胡适在札记中说："学问之道两面（面者，算术之 dimension）而已：一曰广大（博），一曰高深（精），两者须相辅而行。务精者每失之隘，务博者每失之浅，其失一也。余失之浅者也。不可不以高深矫正之。"（《藏晖札记》〔六〕）

2月4日　胡适札记有记：前怀疑此邦出版之《李鸿章自传》出于伪托，今得读此书，得铁证无数，一一记之，"为作一文揭其奸伪，送一杂志登之，自以为生平一大快事云"。（《藏晖札记》〔六〕）

2月5日　胡适致函韦莲司小姐，请其转寄一份《总统选举章程》的复印件给郑莱；又谈到今日在韦家看到了韦小姐的表兄嫂 Willcox 先生和夫人。（《不思量自难忘：胡适给韦莲司的信》，29页）

2月6日　胡适有札记：2月份《世纪杂志》载有短剧一篇，名《战时新妇》（"War Brides" by Marion Craig Westworth），"甚足动人，战后文学界之佳作也"。（《藏晖札记》〔六〕）

同日　胡适在 Sādhanā（ by Rabindranath Tagore. ——New York: The Macmillan Company, 1913 ）扉页题记："Suh Hu, February, 1915. 昨日吾友郑莱书

来极称道此书,今日偶过书肆,见此册,购之以归。适,民国四年二月六日。"(《胡适藏书目录》第 4 册,2570 页)

2 月 8 日　晚,胡适分别在 Methodist Church 的接待会上和 Unitarian Church 的晚宴上演讲,说道:"基督教就其真实的意义而言——亦即就其基本而言,是彻底的失败了。"并拟就此写成一篇长文。(《不思量自难忘:胡适给韦莲司的信》,30 页)

2 月 9 日　胡适致函韦莲司小姐,附记他写给《新共和报》通讯员的信与对方复信,谈到昨晚的演讲,又谈到可能将在 2 月 13 日去纽约。(《不思量自难忘:胡适给韦莲司的信》,30〜31 页)

2 月 11 日　胡适致函 The New Republic,驳斥该报 2 月 6 日以"支那一友"为名所发表的一封公开信:

> I read with great interest the letter from "A Friend of China" published in your Journal for February 6, 1915. I heartily share his optimism that "the situation now developing may be of decided advantage to all concerned", but I entirely disagree with him in his notion of the ways in which his optimistic dreams are to be realized. He seems to hold that the solution of the Far Eastern question lies in Japan's taking a "responsible and effective direction of China's affairs". That, in my humble judgment, can never be the real solution of the problem.
>
> "A Friend of China" seems to have ignored the important fact that we are now living in an age of national consciousness. He forgets that even the Philippines cannot rest contented under the apparently "beneficial" rule of the United States. In this Twentieth Century, no nation can ever hope peacefully to rule over, or to interfere with the internal administrative affairs of another nation, however beneficial that rule or that interference may be.... and, I am sure, will always resist any foreign rule or active "direction".
>
> Moreover, your correspondent has been too drastic in his estimation

of the capacity of the Chinese people for self-government and self-repect. "The Republic", says he, "held up to the world as evidencing the regeneration of the East has proved as was bound to be the case, a dismal failure.... China as a progressive state has been tried and found wanting. She is incapable of developing herself". So runs his accusation. But let me remind him that the transformation of a vast nation like China cannot be accomplished in a day. Read such books as John Fiske's *The Critical Period of American History*, and it will be clear that even the establishment of the American Republic was not achieved by a sudden and miraculous fiat. The Chinese Republic has been no more a failure than the American Republic was a failure in those dismal days under the *Articles of Confederation*. The Chinese Revolution occurred in October, 1911. Three years have hardly passed since the formation of the Republic. Can we now say, Oye of little faith! that "China as a progressive state has been tried and found wanting" and that "she is incapable of developing herself?"

I sincerely believe with President Wilson that every people has the right to be left alone to work out its own salvation. Mexico has the right to revolution. China has her right to her own development. (《胡适未刊英文遗稿》，11～12页)

按，胡适在2月12日所作札记中说：

其书论远东时局，以为日本之在中国占优胜，未始非中国之福。又言，"中国共和已完全失败，中国人不适于自治，日本之干涉，可使中国有良政府，中国之福，列强之福。……"读之大不满意，作一书驳之。(《藏晖札记》〔六〕)

同日　胡适有札记：

去年……余读英人 Lionel Giles 所译《炖煌录》，为摘其谬误，作一

校勘记寄之，至今数月，未得一字之答覆。……今日英国邮来，乃得英国国家亚洲学会……书记寄赠所刊余所作文单行本若干份。译者已自认其误，另译《炖煌录》一本，亦刊于《亚洲学会杂志》内……则西人勇于改过，不肯饰非，亦足取也。(《藏晖札记》〔六〕)

同日　胡适另有札记：

张子高（准）索观札记。阅后寄长书，颇多过誉之词……如"足下'叶香清不厌'之句，非置身林壑，而又能体验物趣者，绝不能道出。诗贵有真，而真必由于体验。……"秉农山（志）亦谓吾"叶香"一语甚真，浅人不觉耳。子高谓吾诗文足当"雅洁"二字，殊未必然。吾诗清顺达意而已，文则尤不能工。六七年不作著意文字矣，乌能求工？(《藏晖札记》〔六〕)

2月12日　胡适在札记中记下 Bertrand Russell 关于"不争"的两段话，又评论道：其人"乃当代哲学巨子，亦发此言，可见吾所持论初非梦想妄语也"。(《藏晖札记》〔六〕)

2月13日　晨，胡适抵纽约，作为康奈尔大学的代表，参加 American League to Limit Armaments 举办之招待会，讨论设立学校联合抵制增兵。11时，普耳来访，胡适有记：

此君持"不争"之说，而以为"不争"二字殊未当，非不争也，但不以兵力强权争耳，欲名之曰"Effective Resistance"。余亦以为"不争"二字固未当（Non-resistance），惟普君之名亦不满余意。忆须密（Prof. N. Schmidt）先生名之曰 Passive Resistance，亦不惬心，余欲名之曰"Ethical Resistance""道义之抗拒"似较佳耳。普君以为然……吾与普君所谈，大旨在不可持首尾两端之说，如谓战为非义，则决不可谓战有时而义。欧洲社会党之失败，在于强析战祸为两种：侵略之战为不义，而自卫之战为义。及战事之起，德之人皆以为为自卫而战耳，法之人亦以为如此，俄之人亦以为如此，于是社会党非攻之帜倒矣。(《藏晖札记》

〔六〕，3月追记）

同日　13时，胡适访韦莲司小姐于其寓并同餐。谈2时许后，同出，循赫贞河滨散步，又畅谈。

同日　夜，至大学俱乐部赴限制兵备会晚餐。席终决议组织一会，名之曰"Collegiate League to Abolish Militarism"，会名乃胡适所拟。议事至12时许始散。(《藏晖札记》〔六〕，3月追记）

2月14日　胡适至哥伦比亚大学访张奚若、严庄、王君复、邝煦垄、杨锡仁、张仲述诸友。午访Karsten。下午与张仲述同访韦莲司小姐。晚赴中西楼，应张奚若、严庄之餐约，偶遇黄兴将军。餐后返绮色佳，胡适记道：

餐后以车至车站。车停港外，须以渡船往。船甫离岸，风雨骤至，海上皆黑，微见高屋灯火点缀空际，余颇欲见"自由"之神像乃不可见。已而舟行将及车次，乃见众光之上有一光最明亦最高，同行者遥指谓余曰："此'自由'也！"（《藏晖札记》〔六〕，3月追记）

胡适当日致函韦莲司小姐：

在这次"最尽兴的"纽约之旅中，还添加一件意想不到的乐事，就是在饭馆里见到了黄兴将军。黄将军是1911—1912年革命军的统帅。他也是二次革命发生后革命军的领导。虽然，我们有许多共同的朋友，但是，在此之前，我从来没见过他。……今天，我是由一个同席吃饭的朋友把我介绍给他的。他并不是一个了不起的人，可是，在中国革命中，他却是一个了不起的将军。他现在是一个"殒落的偶像"。据说，威尔逊总统甚至拒绝接见他。可是，我很高兴，我见到了他。（《不思量自难忘：胡适给韦莲司的信》，32页）

2月17日　胡适致函韦莲司小姐，云：自己正试着"集中精力"在自己的工作上，首先就是不看与目前工作不相干的书，无论这些书是如何的有趣。这是难做到的。也试着过"规律"的生活。这比"集中精力"还更难。

（《不思量自难忘：胡适给韦莲司的信》，34页）

2月18日　胡适在札记中说：

> 曾子曰："士不可以不弘毅：任重而道远。仁以为己任，不亦重乎？死而后已，不亦远乎？"此何等气象，何等魄力！
>
> 任重道远，不可不早为之计：第一，须有健全之身体；第二，须有不挠不曲之精神；第三，须有博大高深之学问。日月逝矣，三者一无所成，何以对日月？何以对吾身？
>
> 吾近来省察工夫全在消极一方面，未有积极工夫。今为积极之进行次序曰：
>
> 第一，卫生：
>
> 每日七时起。
>
> 每日十一时必就寝。
>
> 晨起作体操半时。
>
> 第二，进德：
>
> 表里一致（不自欺）。
>
> 言行一致（不欺人）。
>
> 对己与接物一致（恕）。
>
> 今昔一致（顺）。
>
> 第三，勤学：
>
> 每日至少读六时之书。
>
> 读书以哲学为中坚，而以政治、宗教、文学、科学辅焉。
>
> 主客既明，轻重自别。毋反客为主，须擒贼擒王。
>
> 读书随手作记。（《胡适留学日记手稿本》之《藏晖札记》〔七〕，原书无页码）

同日　胡适禀母亲，谈及：当代母向白特生夫人及韦莲司夫人致谢；望母亲分别致短函与白特生夫人、韦莲司夫人；又谈及韦莲司小姐是女友中相得最深者，赞其"思想深沉，心地慈祥，见识高尚"，并对胡母赞叹不已，望母亲"以一书予之"。又谈及请母亲购置蜜枣、黄柏山茶等家乡土物以分赠友人事。(《胡适遗稿及秘藏书信》第 21 册,154～160 页)

2 月 19 日　胡适有致友人(收件人详情待考)函:

> Lately I have been thinking for the writing of a paper on "The Ethical Significance of the Modern Social Movements", and have been greatly struck by the vast number of ideas and ideals which only a short time ago were regarded as "startling" and were even persecuted, but which have since become incorporated into the common stock of human knowledge and accepted as legitimate and at least partially valid ideas. Only half a century has passed since John Stuart Mill made Woman Suffrage a political issue. And Socialism! And Anarchism! And Unitarianism! And Atheism! It gives me hope and good cheer to think that that after all mankind is capable of being influenced by ideas.
>
> Sometime ago I wrote to you about the use of conversation and discussion as a means of "appropriating" one's ideas. I did not say a single word concerning the other and more apparent use as a mean of "propagating" ideas. I have come more and more to realise the "intellectual responsibility" of the persons who have ideas at all.(陈通造:《胡适留学时期英文佚信三封》,《胡适研究通讯》2019 年第 4 期,5 页)

2 月 20 日　胡适在札记中记与英文教师 Prof. J. Q. Adams, Jr. 谈大学事。胡适将《非留学篇》之观点告 Adams,Adams "亟许之,以为报国之义务莫急于此矣"。胡适记 Adams 谈话:"办大学最先在筹款,得款后乃可择师。能罗致世界最大学者,则大学可以数年之间闻于国中,传诸海外矣……"胡适感叹道:

> 吾他日能生见中国有一国家的大学可比此邦之哈佛,英国之康桥、牛津,德之柏林,法之巴黎,吾死瞑目矣。嗟夫!世安可容无大学之四百万方里四万万人口之大国乎!世安可容无大学之国乎!(《藏晖札

记》〔七〕)

同日 胡母谕胡适,收到寄来之美金 90 元,又谈为胡适邮寄土物以送人之事,又请代为感谢白特生夫人贺节之片等。(中国社科院近代史所藏"胡适档案",卷号 654,分号 1)

2 月 21 日 胡适复函胡平,提出救国在"执事者各司其事":

今日祖国百事待举,须人人尽力始克有济。位不在卑,禄不在薄,须对得住良心,对得住祖国而已矣。幼时在里,观族人祭祀,习闻赞礼者唱曰:"执事者各司其事",此七字救国金丹也。(《藏晖札记》〔七〕)

同日 胡适有札记:

……抽象派者,举一恶德或一善行为题而描写之,如 Theophrastus 之《谄人》,其所写可施诸天下之谄人而皆合,以其题乃谄人之类,而非此类中之某某谄人也。后之写生者则不然,其所写者乃是个人,非复统类。如 Shakespeare 之 *Hamlet*,如伊伯生之 *Nora*,如 Thackeray 之 *Rebecca Sharp*。天下古今仅有此一 *Hamlet*,一 *Nora*,一 *Rebecca Sharp*,其所状写,不可移易也。此古今写生文字之进化,不可不知。(《藏晖札记》〔七〕)

2 月 22 日 胡适在札记中粘贴 Trevelyan's *The Life of John Bright* 中一段话之剪报:

At the age of fifty we discover that not much is done in a lifetime, and yet that, notwithstanding all the immeasurable ignorance and stupidity of the majority of the race, there is a gradual and sensible victory being gained over barbarism and wrong of every kind. I think we may, in some sort, console ourselves. If we cannot win as fast as we wish, we know that our opponents cannot in the long run win at all....

1915年　乙卯　民国四年　24岁

同日　胡适在 *Virgin Soil*（by Ivan S. Turgenev. —London: J. M. Dent & Sons Ltd., New York: E. P. Dutton & Company, 出版年不详）扉页题记：

Suh Hu, Feb. 22, 1915.《新土》，适。

In an introduction to Constance Garnett's version (London: Wm. Heinemann, 1901), Edward Garnett wrote: "In drawing Solomin, Turgenev did not achieve an artistic success.... By temperament Turgenev was antagonistic to it, and accordingly Solomin is a little too doubtful, a little too undetermined, a little too wooden." It seems to me that the contrary is true. The characterization of Solomin is a great "artistic success". The author could not possibly be antagonistic to this type of man. Indeed, he worshipped it, longed for its coming, and dreamed of it.（《胡适藏书目录》第4册，2651～2652页）

按，据胡适1915年1月27日追记："郑君〔郑莱〕谈及俄文豪屠格涅夫（Turgenev）所著小说 *Virgin Soil* 之佳。……此书吾所未读，当读之。"

2月24日　胡适致函韦莲司小姐，重点谈其"无后主义"：

我非常感激你对我的"无后主义"所提善意而坦白的批评。这个主义也许带著一些耶稣会的习气。但我真相信"后代"这个观念带给了中国许多罪恶，而且我真诚的主张由"后代"这个观念所衍生出来的迷信，必须铲除。而"后代"这个观念必须由另一个理念来取代，那就是生理上的后代是没有价值的。就如培根所说：一个没有后代的人才有最伟大的后代。确切的说，后代这个观念（也就是孟子所说"不孝有三，无后为大"。）至少部分地阻碍了中国的进步。为了彻底的从根本来反对这项旧礼教，我指出了这个〔后代〕的观念有其内在的顽固性，断不可能全盘瓦解。我所能做到的，只是让人们看清楚，盲目接受旧礼教的祸害。同时，让我们的下一代了解到结婚并不是一种必

须担负的责任，而家庭也不是一种避免不了的罪恶。他们应该了解，除了生理上动物性的功能之外，〔人生〕应有一种更高尚的目标。

你能看出："内在的顽固性"是我必须认真对待的一个问题。注意是"顽固性"而非"实用性"。正因为如此，我的主张趋于激进是有必要的。其实，我理论中的激进主义正是这个理论的优点，激进，所以有效。这是一种教育的手段。我几乎想说——这是教育的方法。这也就是激进主义好处所在。

…………

要是我把无后主义做为引诱别人上当的鱼饵，那我真有点耶稣会的习气了。或者，我相信中庸之道才是真理，而视极端的看法为不真，但却有用，那么，这也带著耶稣会的习气。然而，我确信这个极端的看法是正确的，我同时也理解到，就这个特定的理论而言，这个极端的看法是很难赢得信从者的。这倒并不是因为它不真（not true），而是实际上很难实行，〔无后主义〕几乎是不合人性的。我相信这个主义，我有义务来提倡这个主义。我倒并不想让整个国家的人都追随我——在这件事上是不可能的……但是我要尽可能的让人们知道这个主义，并让一些不相信这个主义的人，也思考一下传宗接代的这个老观念。
（《不思量自难忘：胡适给韦莲司的信》，35～36页）

2月25日　胡适致函韦莲司小姐，云：看过胡适札记的朋友强烈反驳胡适有关国防和道德抗争（Ethical Resistance）的理论！另，中日问题已经使中国留学生感到骚扰不安。很多人要回国，开始一个"全民皆兵"的运动。此间中国学生都呼胡适为"亲日博士"。自己很幸运在昨晚的国际政治俱乐部略作发抒，在会上，与会者们讨论了永无结论的美国是否已"预备"好了的问题。又云：

你对中日问题的看法很具有启发性。敌人是使一个国家团结起来最有效的办法。我真诚的希望从这次侮辱的经验中，能带来一些好结果。……

我还是乐观的。在我远离祖国的时候，悲观是无用的。中国有句话叫作"爱莫能助"。

你的 Euripides……的抒情诗好极了……你说的对极了，我们都需要一些不同的心灵上的食物。我还做不到把不相干的书都放到一边。真是不容易啊！

你说的对极了："我们各尽所能，做好自己份内的一份工作！"……（《不思量自难忘：胡适给韦莲司的信》，38～39页）

2月28日 胡适复函韦莲司小姐，感谢她对自己在中国学生中处境的同情，而自己对他们没有任何怨恨。并云："那些对中日问题急于获得当下解决的人并不曾对这个问题有过清楚而周密的思考，难怪引起了如许的扰攘和骚动，我对他们表示最深切的同情。他们的用心都是好的。"自己没有出席上周四举行的中国学生会集会，但有一个简短的书面建议：大家平静下来，情绪高涨是丝毫没有用处的。昨天，自己被告知他的建议不得人心，"我想此时我不宜再写有关中日问题的文章"。感谢韦莲司小姐问候自己的母亲。（《不思量自难忘：胡适给韦莲司的信》，41～42页）

2月 胡适在 Crowds: A Moving-Picture of Democracy（by Gerald Stanley Lee. —New York: Doubleday, Page & Company, 1914）扉页题记："Suh Hu, Feb., 1915. Gift from N. B. S.."（《胡适研究通讯》2017年第1期，25页）

同月 胡适在 The Great Analysis: A Plea for a Rational World-Order（by William Archer. —New York: Charles Scribner's Sons, 1912）扉页题记："Suh Hu, Feb., 1915. 'What men ... really require to learn is to think planetarily.'... p.59.."（《胡适研究通讯》2017年第1期，25页）

3月

3月1日 胡适有札记，论海外学子的救国运动：

自中日最近交涉之起，吾国学子纷纷建议，余无能逐诸少年之后，

作骇人之壮语，但能斥驳一二不堪入耳之舆论，为"执笔报国"之计，如斯而已矣。

此间学子开特别会，议进行方法，余以事不能苟会，乃留一柬云："吾辈远去祖国，爱莫能助，纷扰无益于实际，徒乱求学之心。电函交驰，何裨国难？不如以镇静处之。"……（《藏晖札记》〔七〕）

同日　胡适致函 The Outlook，云：

…I beg to enclose a letter in which I have endeavored to show the fallacies in his arguments. In my humble judgment, the New Republic correspondent cannot be a true "friend of China", nor can he be "an expert in Eastern affairs", as The Outlook seems to think.

As one who comes from among the Chinese people and who knows their inspirations and aspirations, I declare most emphatically that any attempt to bring about a Japanese domination or "direction" in China is no more and no less than sowing the seeds of future disturbance and bloodshed in China for the countless years to come. It is true that at the present moment China is not capable of resisting any "armed" demands, however unreasonable they may be. But whosoever seeks to secure "the maintenance of stable conditions in the East" by advocating Japanese assumption of the directorship or protectorship of China, shall live to see youthful and heroic, though not immediately useful, blood flow all over the Celestial Republic! Have we not seen anti-Japanese sentiments already prevailing in many parts of China?

I sincerely believe that the ultimate solution of the Far Eastern question must be sought in a mutual understanding and co-operation between China and Japan. But that mutual understanding and co-operation cannot possibly be brought forth by any armed conquest of the one by the other.（《藏晖札记》〔七〕）

1915年　乙卯　民国四年　24岁

按，3月1日，Syracuse *The Post—Standard* 发表题名"Suh Hu Speaks Up"的社论，对此函给以好评（见胡适3月1日所作《札记》）。当日，胡适函告韦莲司小姐这一消息。胡适在函中又说，自己不宜写有关中日问题的文章，但要保持缄默是如此困难，怀疑自己是不是也有些情绪化了？（《不思量自难忘：胡适给韦莲司的信》，43页）

3月3日　听美国前总统塔夫托之演说。（《藏晖札记》〔七〕）

同日　胡适复函张奚若，云：

足下以无用责政府，不知若令足下作外交长官又何以处之？战耶？

国家之事，病根深矣，非一朝一夕之故，亦非一言两语所能尽。今日大患，在于学子不肯深思远虑，平日一无所预备。及外患之来，始惊扰无措，或发急电，或作长函，或痛哭而陈词，或慷慨而自杀，徒乱心绪，何补实际？至于责人无已，尤非忠恕之道。吾辈远去祖国，爱莫能助，当以镇静处之，庶不失大国国民风度耳。（《藏晖札记》〔七〕）

同日　胡适致函 *The Post-Standard* 主笔，云：

I feel myself highly honored to read the favorable comments you have given to my letter to *The New Republic*. I agree with your remark that "a Japanese attempt to assume charge of China will result in a sea of trouble, and we hope Japan has statesmen who can see it". I strongly believe that any attempt to establish a Japanese directorship in China is no more and no less than sowing the seeds of disturbance and bloodshed in China for the countless years to come. Whosoever advocates that policy shall live to see that great catastrophe befall China and mankind. Have we not seen anti-Japanese sentiments already prevailing in China?

I thank you for your sympathetic attitude toward my country.

（曹伯言整理：《胡适日记全集》第2册，台北联经出版事业公司，

2004年，63～64页）

3月4日　胡适有关于我国各省岁出之札记。(《藏晖札记》〔七〕)

3月5日　胡适往休曼校长家见美国前总统塔夫托，札记有记：

　　……询以对于中日交涉持何见解。塔氏言近来颇未注意远东外交，故不能有所评论。此孔氏所谓"知之为知之，不知为不知"。未可非也。

　　塔氏与休氏皆属共和党，故不满于威尔逊政府之外交政策。塔氏言此邦外交政策之失败，无过于美政府之令美国银行团退出六国借款，自言："余与诺克司（国务卿）废几许经营，始得令美国团之加入……而威尔逊一旦破坏之，坐令美国在中国之势力着着失败，今但能坐视中国之为人摧残耳！"此事是非，一时未可遽定。我则袒威尔逊者也，因为之辩护曰："现政府（威尔逊）之意盖在省事。"塔氏大笑曰："欲省事而事益多；自有国以来，未有今日之多事者也。"余戏曰："此所谓'The irony of fate'者非欤？"塔氏又笑曰："我则谓为误事之结果耳。"

　　塔氏自述其东游事甚有味，以其无关宏旨，故不记。

　　塔氏是一个好人，惟不足任一国之重耳。(《藏晖札记》〔七〕)

3月7日　胡适致函韦莲司小姐，谈当晚与韦莲司夫人等聚会，谈论基督教等情：

　　……我又重复了一次我所说的话，并告诉她，只要基督教的这些基本原则，诸如："不可杀人"；"勿贪邻人之财"；"爱你的邻居"；"爱你的敌人"；"勿拒恶"；"〔当右颊被打时，〕转以左颊"，未能确实力行，那么基督教就失败了。

　　……我很直率的说，在《圣经》中，只有《山上宝训》（"Sermon on the Mount"）可说是"具启发性"而又是"真实的"。你母亲认为不抵抗主义，不能拘泥于字面上的理解。她说有一回与你在纽约同坐地铁，钱包为一女扒手所窃的事。我告诉她，要是她真是个基督徒，她应该让扒手把钱拿走，并倾囊予之；这可能在转化那个扒手的人格上

1915年　乙卯　民国四年　24岁

会有意想不到的效果。

她不能同意如此"极端"的想法。因为这是违背常识的。我告诉她，耶稣之所以伟大，正在他是远远高出在"常识"之上，他要把人类从庸常的道德观念中提升出来。

……我告诉她，她的道德观念并不真是基督教的。我这样做很痛苦，然而，如果我不把整个实情告诉我的朋友，她同时又是你的母亲和我所真心尊敬的一个人，我会觉得更痛苦。（《不思量自难忘：胡适给韦莲司的信》，44～45页）

同日　胡适有札记，记韩国人金铉九之苦学。又记此邦半工半读之学生最可敬爱，"乃一校之砥柱，一国之命脉"。（《藏晖札记》〔七〕）

3月8日　胡适有札记，记纽约之公共藏书楼，又记回国后倡导公共藏书楼之设想：

吾归国后，每至一地，必提倡一公共藏书楼。在里则将建绩溪阅书社，在外则将建皖南藏书楼、安徽藏书楼。然后推而广之，乃提倡一中华民国国立藏书楼，以比英之 British Museum，法之 Bibliotheque National，美之 Library of Congress，亦报国之一端也。（《藏晖札记》〔七〕）

同日　胡适有札记，记梦想与理想：

梦想作大事业，人或笑之，以为无益。其实不然。天下多少事业，皆起于一二人之梦想。今日大患，在于无梦想之人耳。

尝谓欧人长处在敢于理想。其理想所凝集，往往托诸"乌托邦"（Utopia）。柏拉图之 Republic，倍根之 New Atlantis，穆尔（Thomas More）之 Utopia，圣阿格司丁（St. Augustine）之 City of God，康德之 Kingdom of Ends 及其 Eternal Peace，皆乌托邦也。乌托邦者，理想中之至〔郅〕治之国，虽不能至，心向往焉。今日科学之昌明，有远过倍根梦想中之《郅治国》者，三百年间事耳。今日之民主政体虽不能如

康德所期，然有非柏拉图二千四百年前所能梦及者矣。……

天下无不可为之事，无不可见诸实际之理想。电信也，电车也，汽机也，无线电也，空中飞行也，海底战斗也，皆数十年前梦想所不及者也，今都成实事矣。理想家念此可以兴矣。

吾国先秦诸子皆有乌托邦：老子、庄子、列子皆悬想一郅治之国；孔子之小康大同，尤为卓绝古今。汉儒以还，思想滞塞，无敢作乌托邦之想者，而一国之思想遂以不进。吾之以乌托邦之多寡，卜思想之盛衰，有以也夫！（《藏晖札记》〔七〕）

3月9日　胡适复函许怡荪，云：

……吾国文人往往以治生为鄙事而不屑为，此大误也。治生乃人生第一天职。不能自谋一身之衣食，而侈言治国平天下，宁非呓语？足下能毅然排除俗见，独肯辍学，为整顿店务之计，此为人所难能也。……

…………

前嘱置买参考书一事，乞勿为之。适近于所拟"博士论文"题颇有变动，前此拟以"先秦诸子"为题，继思此题有数难：（一）不能得大学教师之助，以其不知吾国哲学也；（二）不能得此间各大藏书楼之助；（三）参考书不能多得；（四）此题在今日影响甚小。以此诸难，适已决计弃去前拟之题。（此题吾归国后当赓续为之，先以汉文著书，然后以英文译之。）今所择题为"国际伦理学"（International Ethics）。今之人皆谓国与国之间但有强权，无有伦理道德。此说之流毒何啻洪水猛兽！此说一日不去，天下一日不安。吾此文志在昌明西方先哲之国际道德说，以补今日国际公法之缺陷，虽明知人微言轻，无裨世乱，惟不能已于言耳。

前言今当屏绝外务，一意学问，此意尚未能全见诸事实，惟已迁居。……

近中日交涉事急，日本人之能著述者争于报端鼓吹其国之正谊之

1915年　乙卯　民国四年　24岁

无野心以感此邦之舆论,适有时不能自克,则亦作文斥驳之。此种事颇乱人意,又废时力,然亦不得已者也。

……适如能于五年之夏得学位,则秋间可归;如不能,则须加入一夏季,或于十月中归耳。

适近有意归国后居日本二三年,期于能以其国语言读书作文谈话,能深知其国之人情人心文明政术。此非无意识之言也。尝谓"远东问题"之最后解决,在于中日两国之手。今日之中国人士不可不深知日本之文明,及其人心之趋向。吾国学子往往藐视日本,其东行也,所志在一纸文凭,而不屑留意其国之文明思想人民:此大误也。吾以为今日吾国之报馆记者不可不知日本,吾国之外交家尤不可不知日本。吾东行之心颇热,惟须俟归国后再定行止耳。

足下东行,望于求学之外,加意觇国,尤望精通其语言文字。适居此四年半,学业所成就,无异于恒人,惟颇通晓此邦之文明学术政教人心,此中所得,远胜读书十年也。语言文字乃觇国者万不可少之利器,此适阅历之言也。(胡适致许怡荪函,编号第38)

3月14日　胡适致函韦莲司小姐,谈拟将撰写《国际伦理原则的研究》以及中日关系等:

上星期我做了一个重大的决定。……我打算写一段时期的中国哲学,作为我的博士论文。最近我意识到写这样的论文,对我是件蠢事。因为写这样的论文,正是用其所短,我既得不到师长的协助,也无从利用此间的图书设备。等我回国以后,我有较好的条件来写中国哲学。

所以,我已决定放弃那个构想。我〔现在〕所择定的论文题目是《国际伦理原则的研究》("A Study of the Principles of International Ethics")。

第一部分:国际道德哲学的历史发展:从希腊到19世纪。

第二部分:批评与应用。

我之所以选定这个题目,理由是:

1. 有作一如此研究之必要。

2. 我对此极有兴趣。

3. 我可以利用此地的图书馆和系所〔设备〕。

…………

中日关系的发展……是令人伤心的。为了不使自己的心思过分集中在〔中日关系上〕，我写了一篇康德（Kant）有关国际道德理论的长文。在全无国际道德可信的此刻，正该做些乌托邦似的国际主义美梦。康德是可喜的，乐观的，也是极有远见的。（《不思量自难忘：胡适给韦莲司的信》，47～48页）

按，胡适函中提到的他所写有关康德国际道德伦理的文章，系"Kant's Principles of International Ethics"。此文大要：

I

...Kant devoted his last years to the elaboration of a philosophy scheme of a federation of nations for the maintenance of "Eternal Peace". Kant frequently laments the divorce of practical politics from the dictates of practical reason. Indeed he had great contempt for "the mere jurist" and the "political moralist". The politician of his day, so he tells us, had no other maxims than these for guidance: 1）fac et excusa; 2）si fecisti... Kant believes that so long as these Machiavellian principles have their sway, so long as Philosophy remains the handmaid of the jurist and the politician, so long there can be no peace and justice and right among the nations.

Words are never too indignant for Kant in his righteous indictment against depravity of human nature in the international relations of his time....

Kant, however, never despairs of the possibility of bringing politics, national as well as international, into harmony with moral philosophy....

...Beginning with the formal principle, then, Kant sums up his international ethics in this exhortation: "Seek ye first the kingdom of pure practical reason and its righteousness, and then will your object, the benefit of perpetual peace, be added to you." The law first and foremost: the consequence is merely incidental. Fiat justitia, pereat mundus! So Kant cries. This simply means, he tells, that "political maxims must not start from the prosperity and happiness that are to be expected in each state from following them, but they must proceed from the pure conception of the duty of right and justice as an obligatory principle, given a priori by reason". Nothing is more repulsive to Kant than the attitude of moral compromise, of moral Jesuitism. "We cannot divide right into halves or devise a modified condition intermediate between justice and utility."

...

II

...

... only by means of the transmission of enlightenment through countless generations that mankind may at least arrive at the goal of complete development. The human race, to use Kant's expressive phrase, is "mortal in all the individuals, but immortal in the species". It is only in the group life that men can achieve their complete self-realization, and the history for mankind, viewed as a whole, is a continual process to bring about a political constitution, both internally and externally perfect, in which all the capacities implanted by nature in mankind can be fully unfolded.

This gives rise to social and civil life.... This gradually develops into a civil union when men unite together to form a state to be regulated by law. The act by which a people thus constitutes itself into a civil union is called "the original contract"...

It is in the civil society that men are enabled to freely unfold their natural faculties....

But, Kant asks, what avails it to have a civil constitution among individual men when it is constantly threatened by external invasion and destruction? The barbarian freedom of the States to make war upon one another is just as great a hindrance to the development of "all the germs of humanity" as was the unlimited freedom of savages.... Just as she has utilized the unsociableness of men to bring about the formation of civil unions, so she will again use the antagonism of States as a means to work out the final solution of the "greatest practical problem of the human race", the problem of establishing a political constitution both internally and externally perfect. And all the evils which necessarily result from the lawlessness of the nations will in the course of time compel men "to advance out of the lawless state of savages and enter into a federation of nations"....

This federation of nations for the maintenance of "Eternal Peace" is the consummation of the Kantian system of international ethics. With this scheme we shall now deal in the details in the following pages.

III

Kant's scheme of "Eternal Peace" divide itself into two parts, the prohibitive and the constructive stages. The preliminary stage may be summed up in the statement that in concluding a peace, every measure should be taken to avoid sowing seeds for a future war. To accomplish this end, Kant lays down these rules:

1. Every State should be treated as a moral person—as an end in itself—and must therefore never be acquirable by another State....

2. Standing armies shall be entirely abolished in the course of time....

3. No national debts shall be contracted in connection with the external affairs of the State....

4. No State shall interfere by force with the constitution or government

of another State. Even an offence given by one State to the subjects of another, according to Kant, does not justify such interference....

5. No State at war with another shall adopt such modes of hostility as would necessarily make mutual confidence impossible in a future peace....

The constructive part of Kant's scheme consists in three definitive proposals. First, the civil constitution of every State shall be republican.... secondly, on the principle of the dependence of all its members on a single common legislation as subjects; and thirdly, on the principle of the equality of all its members as citizens. Kant believes that the republican constitution is capable of realizing perpetual peace among the nations, for under such a constitution the consent of the people is required to decide whether there shall be war or not....

Secondly, the law of nations shall be founded on a Federation of States....

Thirdly, in this cosmopolitical system, the rights of men as citizens of the world shall be restricted to conditions of universal hospitality; that is to say, to the right of a stranger, on his arrival at another country, not to be treated by its citizens as an enemy....

IV

Two decades and a century have passed since the publication of the "Eternal Peace" in 1795. Many conditions and events have since arisen which Kant could not foresee. The change which time has thus brought forth necessitates our considering Kant's pacific and cosmopolitan ideas in the light of new circumstances. But, before we take up the points which time has seemingly disproved, let us first briefly consider those ideas which have been verified by the history of the past century.

Kant was right in insisting upon the necessity of removing at the time of peace negotiation all the material for a future war....

We shall now discuss some of the important points the validity of which has been challenged by time.

(Ⅰ) It has been pointed out that Kant was mistaken in believing that the republican constitution was capable of avoiding war and securing peace. For during the last century...

If we only seek the reasons for Kant's apparent failure, we shall see that he was not entirely wrong. In the first place, we must remember that the wars of the 20th century are wholly different from the wars as Kant understood them.... Kant was right in predicting that the citizens of a republican constitution would not be willing to be driven to a dynastic war. He only did not foresee the growth of the nationalistic sentiment which has since given to Mars a new and far more agreeable disguise. It has become a duty for every citizen to take up arms to defend his country.... And today every soldier in the European War believes, or is made to believe, that he is fighting for the defense of his fatherland....

In the second place, republicanism in the sense in which Kant understood it, has never existed on earth....

In the third place, Kant's belief that the people would not vote for war was based upon these material considerations: (1) they have to fight in their own persons; (2) to pay the cost of the war; (3) to suffer the devastations; (4) and to bear the burden of debts accumulated by the war and by the subsequent necessity of armament. But these material losses have since Kant's time been counter-balanced by many other and more elevating idealistic considerations. Besides the growth of patriotism which we have already mentioned, there are the biological and the historical justifications of war.... Moreover, although Kant believed in the mutual emulation of men as the means of progress, he never for a moment ceased to emphasize the fact that the highest and fullest development of human capacities can only be attained in a state of universal peace guaranteed by the federation of nations....

(Ⅱ) It may be asked, is the international federation, as Kant conceives it, sufficient for the maintenance of eternal peace? ... Such a loose organization, apparently without an international police force, would seem to us rather inadequate to realize the end contemplated by Kant. But it must be remembered that the Kantian scheme presupposes two preliminary steps without which a federation is impossible. First, the States are to be disarmed; and, secondly, the judgment pronounced by such a federation on international disputes is to be final and binding....

It has been further objected that such a scheme of international federation is not only impossible in practice, but also undesirable in principle.... To this Kant would reply that the sovereignty of a people or nation is "an erroneous and absurd expression". Indeed he deplores the fact that "every State founds its majesty on not being subject to any legal coercion". It is of course very difficult to convince the extreme nationalist to this point of view, but I am inclined to think that there is a great deal of truth in Kant's position. The fundamental fallacy of the narrow nationalist, it seems to me, is that he sees nothing higher than the State in the world's history.... But history is made by mankind, and by far the greater part of human history lies not in the past but in the future. Mankind has thus far succeeded in yielding his individual sovereignty or liberty for the sake of a larger and fuller group life—of a family, a tribe, and a State. Will the progress of mankind stop here? Nothing but ignorance and pride and prejudice could preclude men to extend their conception of community life from the State to what Lord Haldane has happily termed a "higher nationality", the World State, in which, to repeat once more Kant's own words, "every State, including the smallest, may rely for its safety and its rights not on its own power or its own judgment of right, but only on this great foedus amphictionum, on its combined power and on the decision of the common will according to laws".（《胡适研究通讯》2015年第4期，10～16页）

同日　章士钊复函胡适，谈到《柏林之围》已刊登于《甲寅》第4期，希胡继续为《甲寅》撰稿。自己对胡倾慕，始于读胡之论字学一文，又询胡现治何学。又谈到"稗官而外，更有论政论学之文，尤望见赐"。（中国社科院近代史所中华民国史组编：《胡适来往书信选》上册，中华书局，1979年，1页）

3月15日　胡适追记去年12月作《睡美人歌》，以为拿破仑"以睡狮喻吾国，不如以睡美人比之之切也"。又云："东方文明古国，他日有所贡献于世界，当在文物风教，而不在武力，吾故曰睡狮之喻不如睡美人之切也。作《睡美人歌》以祝吾祖国之前途。"《睡美人歌》曰：

> 东方绝代姿，百年久浓睡。
> 一朝西风起，穿帏侵玉臂。
> 碧海扬洪波，红楼醒佳丽。
> 昔年时世装，长袖高螺髻。
> 可怜梦回日，一一与世戾。
> 画眉异深浅，出门受讪刺。
> 殷勤遣群侍，买珠入城市。
> 东市易宫衣，西市问新制。
> 归来奉佳人，百倍旧姝媚。
> 装成齐起舞，"主君寿百岁"！（《藏晖札记》〔七〕）

3月19日　胡适又写一通"致留美学界公开函"，云：

> If I may judge from the sentiments expressed in the last issue of the Monthly, I am afraid we have completely lost our heads, and have gone mad. "Fight and be vanquished, if we must", says one Club. Even Mr. W. K. Chung, a Christian of mature thought, declares in fiery eloquence: "Even if we fight and be defeated and consequently suffer the disgrace of losing our coun-

try, —even this course should be inevitable and preordained, I still say, we could not but choose to fight... Let us fight and be conquered like Belgium." Even our Editor-in-chief who in his editorials advised us that hotheads have no place in the deliberation of such great national danger and that we should consult our heads as well as our hearts, —even he writes on another page: "The Chinese will have no choice (which they will not hesitate to make) but to fight!"

Now, let me say that all this is pure insanity. We have lost our heads. We are excited, nervous, nay, "patriotically insane". My Brethren, it is absolutely useless to get excited at such a critical moment. No excitement, nor high-sounding sentiments, nor sensational suggestions, have ever helped any nation. Talking of fighting "on paper" is the most shallow course for us to take, who call ourselves "students" and "capable men".

It seems to me that the right course for us students to take at this moment and at this distance from China, is this. Let us be calm. Let us DO OUR DUTY which is TO STUDY. Let us not be carried away by the turmoil of the newspaper from our serious mission. Let us apply ourselves seriously, calmly, undisturbedly and unshakenly to our studies, and PREPARE OUR-SELVES to uplift our fatherland, if she survives this crisis—as I am sure she will,—or to resurrect her from the dead, if it needs be!

My brethren, THAT is our duty and our right course!

I say, talking of fighting Japan at this present moment is insanity. For how can we fight? Our Editor-in-chief says that we have the fighting strength of one million determined soldiers. Let us look at the facts, we have at most 120,000 soldiers that can be called "trained", but poorly equipped. And we have absolutely no navy: the largest vessel in our navy is a thirdclass cruiser with a displacement of 4,300 tons. And how about munitions? What shall we fight with?

So I say with all sincerity and with all devotion to China, that it is pure nonsense and foolishness to talk of fighting when there is not the slightest chance of gaining anything but devastation, and devastation, and devastation!

And you talk of Belgium,—of heroic Belgium! My dear Brethren, let me tell you with all my heart and soul that to resist the tide of an ocean with a single hand is no heroism, and that to strike an egg against a rock is no heroism! Moreover, Belgium did not contemplate such an utter defeat. Read such books as *How Belgium Saved Europe* by Dr. Charles Sarolea of Belgium, and you will see that she was sure of French assistance and of British support. And she was confident of her Liege and her Antwerp which had the reputation of being the strongest fortifications in the world. So Belgium staked all her fortune for the "glory" of being a heroic nation! Was that true courage? Was that true heroism? And my Brethren, think of Belgium and of the Belgians of today! Is the "glory" of heroism worth all the sacrifice?

I am not blaming the Belgians. What I want to point out here is that Belgium is not worth China's imitating, and that whosoever wishes China to follow Belgium's path and fate is sinning against China.

In conclusion, let me repeat: DO NOT GET EXCITED: LET US DO OUR DUTY which is to Study.

The final solution of the Far Eastern Question is not to be sought in fighting Japan at present; nor in any external interference by any other Power or Powers; nor in any temporary relief such as the equilibrium of powers or that of the Open Door; nor in any such proposal as the Japanese Monroe Doctrine. The real and final solution must be sought somewhere else—far, far deeper than most of us now suspect. I do not know wherein it lies: I only know wherein it does not lie. Let us study it out calmly and dispassionately.

（《胡适日记全集》第 2 册，73～76 页）

1915年　乙卯　民国四年　24岁

3月21日　胡适在本市"监理会"演说，演题为"耶教人在中国之机会"，如下：

"The Christians are Christians in giving charities and in their private and civil dealings. But they are not Christians when they come to international relations. They 'strain at a gnat, and swallow a camel!' So long as the professedly Christian nations recognize no authority but that of the 'mailed fist'; so long as they have no regard for the right and claims of the weaker nations; so long as they place national and commercial gain and territorial aggression over and above the dictates of justice and righteousness,—so long Christianity can never become a world power, so long all your missionary work can never long endure and will all be swept away at a signal of Mars!"

This was the statement of Suh Hu, a well known Chinese, in his lecture last night at the Presbyterian Church on "The Christian Opportunity in China", the fifth in a series of talks on "The Spiritual Significance of Secular Callings". Such was his opinion, he said, after considering the German seizure of Kiacchau of 1897 and the French seizure of Kwangchow Bay of 1898, under the pretext that two German missionaries and one French missionary had been killed by the mob, both acts being responsible for the Boxer uprising in 1900. Suh Hu continued:

"If Christianity is to become a world religion, it is the duty of every individual Christian and every Christian Church to pledge himself, herself, or itself to raise the present standard of international morality. Most of you take it for granted that what you are fond of calling 'civilization' is based upon the solid rock of Christianity. But let me tell you with all sincerity that the present civilization is founded, not upon the Christian ideals of love and righteousness, but upon the law of the jungle—the law that might makes right! Think of the many Christian nations now praying in the churches and to the Christian God for victory and success in their efforts to destroy their fellow Christians! And then think of the Christian commandment: 'Love ye one another; Love thy enemy; Resist not evil.'"

After showing the growing popularity of Christianity in China and the gradual removal of such difficulties as those which the pioneer missionary had to encounter, the speaker devoted much time to discussing what the mission-aries have done and can do in that vast country. There are three lines of work which the Christian may accomplish: First, making converts; second, spreading the Christian ideas and ideals; and third, rendering practical service.

"There was a time when the missionaries were paid according to the number or converts they had made. But that is not what China wants, nor is it what the churches should emphasize in sending their missionaries.

"More important is the spreading of the essentials of Christianity, by which are meant, not the theological dogmas such as the doctrines of virgin birth, of original sin, of atonement, etc., but the truly Christian doctrine of love, of loving one's neighbor, of even loving one's enemy, of nonres The missionary should spread broadcast these Christian istance, of forgiveness, of selfsacrifice and of service, ideals, and present them to the native minds in whatever way he sees fit. He should not stress the increase of the roll of his church members, but rather leave these ideals to take root and bear fruit in the minds of the people.

"A third and still more important object of the missionary is to render practical service, under which we may enumerate education, social reform, and medical and surgical missions. Along these lines the Christian missionaries have accomplished a great deal, especially the medical missions which, to my mind, are the crowning glory and success of the missionary propaganda.

"The real value of the missionary lies in the fact that the foreign mission-ary, like a returned student from abroad, always carries with him a new point of view, a critical spirit, which is often lacking when a people have grown accustomed and indifferent to the existing order of things, and which is absolutely necessary for any reform movement."(《胡适日记全集》第 2 册,78～81 页)

3 月 22 日　胡适禀母亲,谈及三年来在此间颇以演说著名,又谈及对日态度问题:

儿在大学中,颇以演说著名,三年来约演说七十余次,有时竟须旅行数百里外……儿所以乐为之者……一、以此邦人士多不深晓吾国国情民风,不可不有人详告之。盖恒人心目中之中国,但以为举国皆苦力洗衣工,不知何者为中国之真文明也。吾有此机会,可以消除此种恶感,岂可坐失之乎？二、则演说愈多,则愈有进境。吾今日之英语,大半皆自演说中得进益。吾之乐此不疲,此亦其一因也。……

中日交涉消息颇恶。……今日吾国必不能战,无拳无勇,安可言战？今之高谈战战战者,皆妄人也。美人爱人道主义,惟彼决不至为他国兴仗义之师耳。

儿远去祖国,坐对此风云,爱莫能助,只得以镇静处之。间作一二篇文字,以笔舌报国于万一耳。(《胡适遗稿及秘藏书信》第 21 册,163～167 页)

3 月 23 日　胡适致函韦莲司小姐,谈道:已决定不再接受演讲的邀请,虽然,"我从公开演讲中所受到的训练,是我永远感激不尽的"。(《不思量自难忘:胡适给韦莲司的信》,49～50 页)

3 月 24 日　胡适复函韦莲司小姐,谈道:"选择主义"(Electicism)已是今日宗教界的一个实际情形,而"每日教堂"是要对"选择主义"作一个具体的阐释。又谈到正在为哲学俱乐部撰写《现代社会运动的道德意义》一文,"因为这个原因,我正在研究不同的社会运动,诸如安置移民的工作,监狱的改革等等。我之所以选择这个题目,是因为我对它一无所知,而我应该对这些事情有些了解。要是我再去波士顿或纽约,我不去参观博物馆或图书馆了,我想去看看贫民区和移民安置的情形。在写这篇报告的时候,我迫切的感到需要有第一手的资料。也许因为缺乏实际的知识,会迫使我放弃写这篇报告"。(《不思量自难忘:胡适给韦莲司的信》,51页)

3月28日　胡适复函韦莲司小姐,谈到拟发表第二封公开信以及江冬秀等:

我会在你的建议下写第二封公开信……提出一个"积极的方案"。我也将提到中国之不可毁灭,并敦促大家采取一个乐观而又积极的人生观。

1. 对将来有信心。
2. 正确的思想来自好而且广泛的阅读。
3. 认真学习;敏于观察。
4. 对一生的工作,做出正确的选择。
5. 根据个人的性向和训练,提供不为私利的服务。

…………

目前中日之间的谈判集中在南满的问题上。下一个重要的议题是青岛和胶州。如果我是个日本政治家,我能得到南满的特权,就满足了,并将以归还德国在中国之租地为交换;这一行动,日本可以向其他强权保证他的动机和政策;这一行动也说明两个黄色种族逐步走向合作。总之,这一行动预示着在不久的将来,远东问题最后的解决!这是我的乐观主义。但愿日本能看到为下次世界大战播下种籽的危险!……我并不寄望日本把胶州无条件的归还给我们,代价——一个合乎逻辑的代价——是南满……日本应该为这个巨大的让步感到满意了!

这个放弃南满的主张,目前对我的同胞来说是过于激进了。在此刻群情激愤的时候,我不拟发表。但,至今据我所知,也还没有其他可行的办法。

…………

1915年　乙卯　民国四年　24岁

你说的对极了，一个人应该做他认为最有价值的事。然而……您必须首先能说服社区里的人确实有此需要，并说明〔你从事的工作〕价值之所在。否则，你所做的事将无助于你经济上的独立。

…………

我很高兴，你赞成我新换的论文题目。我今年夏天开始动笔。这是个大题目，可能超过我能力所能胜任。然而，我要尝试一下。

…………

……其实，我也不知道她是如何看待我和我的思想的。在她心目中，我也许已经"理想化"了，但她对我的思想全无所知，因为她连写封短短问候的信都有困难，她的阅读能力也很差。在寒暄的信中是无法传达思想的，我早已放弃她来做我知识上的伴侣了……这当然不是没有遗憾的。诚如你所说："这似乎很奇怪，而又似乎无所谓。"谁知道呢？我只知道我应该尽力去让她快乐，至于能做得多成功，我也不知道。我曾试着劝她在读书写字上多下些工夫，但这是不可能的——这有无数的原因。然而，我是个乐观主义者。我母亲既不能读又不能写，可是她是我所知一个最善良的女子。（《不思量自难忘：胡适给韦莲司的信》，52～55页）

3月29日　胡适有两个明信片给韦莲司小姐，分别说：明天将到韦莲司小姐家与Sampson教授和夫人共进午餐；康奈尔大学也许会请Morley作1915—1916年的Goldwin Smith讲座，自己颇喜欢张彭春的《人到中年》等。（《不思量自难忘：胡适给韦莲司的信》，56～57页）

同日　胡适有札记记1914年纽约一省之选举用费，又评论道：

纽约省政治之腐败，全国所共晓，今之士夫力求改革，已为今善于昔矣。今日急务为一"短票"……短票者，仅择全省最重要之官职，如总督之类，令省民选举之，余职则归之委任云。（《藏晖札记》〔七〕）

3月　江冬秀复函胡适云：

所云婚约一再延误等语，在郎君固引咎之词，但何薄视秀耶？秀虽一妮子，然幼受姆训，颇闻古人绪余，男子生而张弛悬矢，志在四方。今君负笈远游，秀方私喜不暇，宁以儿女柔情绊云霄壮志耶？此后虽荣归不远，请君毋再作此言，令秀增恧怩也。(《胡适家书》，460 页）

春　胡觉致函胡适，谈家口近况，又谈及川沙店业"近大减色"，又勉胡适"于道德二字尤加致意"等。(《胡适遗稿及秘藏书信》第 22 册，624～625 页）

4月

4月12日　胡适译《墓门行》。(《藏晖札记》〔七〕）

按，胡适译此诗时，尚不知此诗作者。后经友人 Marion D. Crane 查询，始知诗的作者是 Arthur Ketchum。(1915 年 5 月 29 日札记）12 月，《留美学生季报》冬季第四号（第 2 卷第 4 期）刊登胡适来函云：已蒙采登的前译英文诗《墓门行》，翻译时尚未知作者姓氏。今据友人告知，此诗作者乃 Arthur Ketchum。作者为麻省玄得派克市耶稣教堂之牧师，"乐善恤贫，盖真能力行耶氏之教旨者。诗歌乃其余事也"。胡适以此段文学因缘"不可多得，且已知作者姓名，不宜更令湮没，故作书叙其事"，并希望此函刊登于《季报》。

4月18日　胡母谕胡适：江冬秀因母亲身体不好自去岁下季以来未来胡家；民国后，乡里间贺年之事虽已裁撤，但亲戚间贺年仍照旧。去腊初收到胡适寄来美金 40 元，此后如来信说春间续寄，当不致拮据耳。又为中日战事感到忧虑等。(中国社科院近代史所藏"胡适档案"，卷号 654，分号 2）

4月22日　胡觉致函胡适，谈及日本欲借欧战之机与我为难等，又云：

弟前函谓中国必须三次革命，且谓彼党中多才智之士。现在风雨飘摇，国将危亡之惧，安可操同室之戈，作阋墙之斗。此三次革命之说，无异丧心病狂，恐全国之中无一人赞成。以弟明达，岂见不及此，深可怪也。至彼党人材间有一二才智之士，然有才无德，根器不固，两次革命，底里暴露，久为国人所厌弃，又安能有所为哉！大抵弟远处异邦，见闻不确，以致为彼党所蒙惑；不知彼党之失败，实有以自取也。……弟以后宜痛与之绝，一意力学，否则为彼所染，适以寸陷也。袁氏摧残国会，取销自治，不学无术，专事复古，固为余之所反对，然其统一之功，未可没也。若谓其集权中央，则今日非有强固之政府，一事不可为，国将散涣不可收拾……

……万望吾弟以后一切留意，毋或轻率盲从，随波逐流。盖今日之国事，一误不堪再误……吾弟素性喜事，易于流动，遇事每未深察，辄轻发议论，贸然和同，久之渐知其非，又复弃去，今日作此，明日作彼，以致徒自疲劳，而一无所得，此实大病，以后宜痛改之。即如前函论日本攻取胶岛事，全无实见，不过拾彼党孙氏联日之唾余耳。

弟近来作何功课？有何著作？一切外务，尽可谢绝。名者实之宾也，名浮于实，贤者所耻。当思抛骨肉，离祖国，涉重洋，所为何事。若全无实际，浪窃虚名，有何益处？……（中国社科院近代史所藏"胡适档案"，卷号691，分号7）

4月24日 胡适应尼格拉县农会（The Niagara County Farmers' Club）之邀，前往演说，当夜至飞瀑城，宿卜郎博士之家。25日至Lockport（农会所在地）。当夜7时半离水牛城，11时抵绮色佳。（《藏晖札记》〔七〕）

4月25日 胡适札记记"致留学界公函"发表后之反响：

……大受流辈攻击：邝煦堃君（《月报》主笔）诋为"木石心肠，不爱国"。谌湛溪（立，《战报》主笔）来书云："大著结论，盘马弯弓故不发，将军之巧，不过中日合并耳。足下果敢倡此论乎？东亚大帝国之侯封可美，目前爱国者之暴行又可畏，作个半推半就，毕竟也无甚大不妥。"又王君复亦致书相诋。……（《藏晖札记》〔七〕）

4月26日　胡适有《老树行》一诗。

同日　胡适复函韦莲司小姐，告：上周五，自己去了纽约州洛克波特（Lockport），为尼格拉县农会讲《中国》，"这真的是我最后一次为演讲而做的旅行"。感谢韦莲司小姐对公开信所引起的回应而表示同情，有个朋友恭喜胡适即将成为"日本帝国在东亚的公爵"。但，"这些回应丝毫不曾冒犯我。我只觉得悲哀。他们竟如此误会了我的主要观点！"又云：

> ……过去几年来，我一直是个"好管闲事的人"。这种引诱太大了，许多人都被诱而不能专注于本行。在努力改正这个缺点的同时，我也意识到〔我好管闲事的弱点〕极大的丰富了我的生活。我现在所需要的是高度的集中精力，并愿意牺牲所有不相干的经验。

又云，胡母病，岳母病危。"爱莫能助"四个字极适切地描述了自己此刻的心境。（《不思量自难忘：胡适给韦莲司的信》，59～60页）

4月27日　胡适有札记：

> 有人谓我大病，在于好立异以为高。其然？岂其然乎？
>
> 所谓立异者何欤？
>
> 不苟同于流俗，不随波逐流，不人云亦云。非吾心所谓是，虽斧斤在颈，不谓之是。行吾心所安，虽举世非之而不顾。——此立异者也。吾窃有慕焉，而未能几及也。
>
> 下焉者自视不同流俗，或不屑同于流俗，而必强为高奇之行，骇俗之言，以自表异；及其临大节，当大事，则颟乎无以异于乡原也。——此吾友C.W.所谓"有意为狂"者也。
>
> 吾将何所择乎？
>
> 吾所言行，果无愧于此人之言乎？（《藏晖札记》〔七〕）

4月28日　胡适禀母亲，询江冬秀来函是自作，还是他人拟稿而由其誊写。发信后即寄美金10元，"此后每月寄十元，至少五元"。请母详细函告喘疾病状。（《胡适遗稿及秘藏书信》第21册，179～181页）

同日　胡适复函江冬秀，问候岳母病情，并勉其读书与放足。（据《胡适遗稿及秘藏书信》第 21 册，301～304 页）

同日　胡适致函岳母吕贤英，问疾。（《胡适遗稿及秘藏书信》第 21 册，584～587 页）

5月

5月2日　胡适札记记：自己前曾发愿研究日本之文明，偶以此意告任鸿隽，嘱任为购文法书应用。任转托邓胥功，邓来函云："日本文化一无足道：'以综而言，则天皇至尊；以分而言，则男盗女娼。'"又注云："此二语自谓得日人真相，盖阅历之言。"胡适甚以此语代表日本留学界为忧。（《藏晖札记》〔七〕）

5月3日　胡适札记记：抵制日货，乃最适宜之抗拒日本之法，"所谓道义的抗拒之一种也"。又云："上策为积极的进行，人人努力为将来计，为百世计，所谓求三年之艾者是也。必不得已而求目前抗拒之策，则抵制日货是已。若并此而不能行，犹侈言战日，可谓狂吠也已！"（《藏晖札记》〔七〕）

5月4日　胡适致函 Ithaca Daily News，云：

"Let Japan direct the destinies of China," Doctor Griffis is reported to have said. "This is the wisest course to pursue in settling the troubles between the two nations." While we do not doubt the doctor's good will towards the Mikado's empire, nor his knowledge of that country, we cannot help feeling that he has ignored one important factor. He has failed to see that the Orient of today is no longer the same Orient as he saw it decades ago. In these days of national consciousness and racial solidarity no nation can ever hope to "direct the destinies" of another in order to settle the trouble between them. Has Doctor Griffis failed to learn from his Japanese source of information that there have already been very strong anti-Japanese sentiments, nay, anti-Japanese movements everywhere in China? Does he think that the Chinese will long acquiesce to Japan's direction of their destinies, even if she can temporarily succeed to do so?

There is, however, an element of truth in the statement that "it is for Japan's own advantage for China to remain united and strong and to develop her resources". China is the bulwark of Japan, and as the Chinese proverb goes, "the destruction of the lips chills the teeth". It is for that very reason that there should be a better understanding and relationship between China and Japan. But if Japan thinks she can acquire this "advantage" by dominating over China and directing her affairs by force, then she is gravely mistaken. What she has done and is now doing to China is nothing but sowing the seeds of hatred deep in the hearts of the Chinese and lowering her own esteem in the eyes of the more humanitarian nations.

Doctor Griffis also tells us that Count Okuma "intends to be perfectly just to China". Does the learned doctor deduce the notion of "perfect justice" from the Japanese demands? We wonder what his criterion of "perfect justice" could be.(《藏晖札记》〔七〕)

5月5日　胡适在札记中斥中国对日之主战派为丧心病狂。(《藏晖札记》〔七〕)

5月6日　胡适忧心远东局势，过桥时想到"老子以水喻不争，大有至理"。以此意询之于韦莲司小姐，韦小姐云："老子亦是亦非：其知水之莫之能胜，是也；其谓水为至柔，则非也。水之能胜物，在其大力，不在其柔。"胡适甚以为然。(《藏晖札记》〔七〕)

同日　胡适与韦莲司小姐同观剧 The Light that Failed。(《藏晖札记》〔七〕)

5月7日　胡适与Wm. F. Edgerton同去看莎士比亚的《哈姆雷特》。(《藏

晖札记》〔七〕)

5月8日　胡适札记记韦莲司小姐：

> 女士最洒落不羁，不屑事服饰之细。欧美妇女风尚……日新而月异，争奇斗巧，莫知所届。女士所服，数年不易。其草冠敝损，戴之如故。又以发长，修饰不易，尽剪去之，蓬首一二年矣。……每为行人指目，其母屡以为言。女士曰："彼道上之妇女日易其冠服，穷极怪异，莫自以为怪异，人亦不之怪异，而独异我之不易，何哉？彼诚不自知其多变，而徒怪吾之不变耳。"女士胸襟于此可见。(《藏晖札记》〔七〕)

5月11日　《留美学生月报》编辑选举，推胡适为明年总编辑员，"思之再三，以书辞之，不获已，又终辞焉"。(《藏晖札记》〔七〕)

5月12日　胡适将胡母致韦莲司小姐和韦莲司夫人的信寄给韦莲司小姐。(《不思量自难忘：胡适给韦莲司的信》，61页)

5月15日　胡适前往吊唁昨夜得急病暴亡的白特生夫人(Mrs. L. E. Patterson)。(《藏晖札记》〔七〕)

同日　胡母谕胡适：为胡适在哥伦比亚、波士顿等地演说获得名誉感到欣慰。江冬秀于元宵节时来胡家，以其母病势见增，乃令其于三月廿一回旌。因胡适岳母病情较前增甚，乃令胡适致函问疾。"尔第三号信中言一二月内当续寄款，果能如此，自属极妙。家中现无他项入款，赖尔汇寄，藉资接济。……在求学时代，予何能责以常程？惟有力求俭约。"(《胡适遗稿及秘藏书信》第22册，143～147页)

5月19日　胡适在蔼尔梅腊城(昨日抵此)，演说"中日最近交涉"一时许。当日返绮色佳。(《藏晖札记》〔七〕)

同日　胡适禀母亲，谈及白特生夫人去世，感念其对自己"真如家人骨肉"。又谈及对自由结婚的态度：

> 今之少年，往往提倡自由结婚之说，有时竟破坏已订之婚姻，致家庭之中龃龉不睦，有时其影响所及，害及数家，此儿所大不取。自

由结婚，固有好处，亦有坏处……

女子能读书识字，固是好事。即不能，亦未必即是大缺陷。书中之学问，纸上之学问，不过人品百行之一，吾见有能读书作文而不能为令妻贤母者多矣。吾安敢妄为责备求全之念乎？

伉俪而兼师友，固是人生莫大之幸福。然夫妇之间，真能智识平等者，虽在此邦，亦不多得，况在绝无女子教育之吾国乎？若儿悬"智识平等学问平等"八字，以为求耦之准则，则儿终身鳏居无疑矣。(《胡适遗稿及秘藏书信》第21册，10～12页)

5月20日　胡适札记记道：近读大隈重信所纂《日本开国五十年史》英译本，深有所感，"吾国志士不可不读此书"。(《藏晖札记》〔七〕)

5月21日　胡适札记记道：美人不及俄人爱自由。又云："美之家庭亦未必真能自由，其于男女之交际，尤多无谓之繁文。其号称大家者，尤拘拘于小节。推原其始，盖起于防弊，而在今日已失其效用。其男女之黠者，非防闲所能为力。而其具高尚思想魄力者，则无所用其防闲。……"(《藏晖札记》〔七〕)

5月23日　胡适摘记梁启超《政治之基础与言论家之指针》之深契合者。(《藏晖札记》〔七〕)

5月28日　胡适札记有记：

与C. W. 约，此后各专心致志于吾二人所择之事业，以全力为之，期于有成。

吾骛外太甚，其失在于肤浅，今当以专一矫正之。

吾生平大过，在于求博而不务精。盖吾返观国势，每以为今日祖国事事需人，吾不可不周知博览，以为他日为国人导师之预备。不知此谬想也。吾读书十余年，乃犹不明分功易事之义乎？吾生精力有限，不能万知而万能。吾所贡献于社会者，唯在吾所择业耳。吾之天职，吾对于社会之责任，唯在竭吾所能，为吾所能为。吾所不能，人其舍诸？

自今以往，当屏绝万事，专治哲学，中西兼治，此吾所择业也。(《藏晖札记》〔七〕)

5月29日　胡适致函韦莲司小姐，将集中精力"干正事"：

我旁骛太多，越来越远离我的主要目标。最糟的是并非没有言之成理的原因或藉口。长久以来，我一直需要一个能导我于正确航向的舵手。但到目前为止，除了你，没有第二人，能给我这种所急切需要〔的劝告〕。有一段时间，我自己也隐约看到自己在无目标的飘荡。这次中日〔危机〕把一切都搅乱了，而我又再次找到藉口来做不相干的事。

你对我真是太好了。你做了许多于我有益的事。我已决心终止这种无目标的飘荡。……

"空想到此为止——浪掷了多少宝贵时光！干正事吧。"(《不思量自难忘：胡适给韦莲司的信》，62页)

5月　胡适在 French Classics for English Readers: Molière（by Curtis Hidden Page. —New York, London: G. P. Putnam's Sons, 1908）题记："May, 1915, Suh Hu. 民国四年五月杪以两金得此书。原书盖五金云。法国文豪穆烈尔集，适之。"(《胡适研究通讯》2017年第1期，25～26页)

6月

6月3日　胡适札记记下两个最可敬的同学：Albert Kuchler 及 Mrs. Joseph Waite。(《藏晖札记》〔七〕)

6月4日　胡适在住室招待韦莲司小姐及 Marion D. Crane。(《藏晖札记》〔七〕)

同日　胡适在 The Principle of Individuality and Value: The Gifford Lectures for 1911 Delivered in Edinburgh University（by B. Bosanquet. —London:

Macmillan & Company, Limited, 1912）签注："Suh Hu, June 4, 1915."（《胡适研究通讯》2017 年第 1 期，26 页）

6 月 6、7 日　胡适读秦观词、陈同甫词、刘过词、黄山谷词。6 日札记记道：

> 词乃诗之进化。……
>
> 吾国诗句之长短韵之变化不出数途。又每句必顿住，故甚不能达曲折之意，传宛转顿挫之神。至词则不然。如稼轩词：
>
> "落日楼头，断鸿声里，江南游子，把吴钩看了，阑干拍遍，无人会，登临意。"
>
> 以文法言之，乃是一句，何等自由，何等顿挫抑扬！"江南游子"乃是韵句，而为下文之主格，读之毫不觉勉强之痕。可见吾国文本可运用自如。今之后生小子，动辄毁谤祖国文字，以为木强，不能指挥如意（Inflexible），徒见其不通文耳。（《藏晖札记》〔七〕）

6 月 12 日　胡适作《满庭芳》一首：

> 枫翅敲帘，榆钱入户，柳棉飞上春衣。落花时节，随地乱莺啼。枝上红襟软语（红襟，鸟名——Redbreast），商量定，掠地双飞（史梅溪有"又软语商量不定"句，甚喜之，今反其意而用之）。何须待，销魂杜宇，劝我不如归？（此邦无杜宇）归期，今倦数。十年作客，已惯天涯。况壑深多瀑，湖丽如斯。多谢殷勤我友，能容我傲骨狂思。频相见，微风晚日，指点过湖堤。（《胡适留学日记手稿本》之《藏晖札记》〔八〕，原书无页码）

6 月 15 日　卡匿奇氏之世界和平基金（The Carnegie Endowment for International Peace）与波士顿之世界和平基金（World Peace Foundation）协同召集的国际政策讨论会（A Conference On International Relations）于绮色佳开幕，会期约两星期。是日为欢迎会，胡适致欢迎词，安吉尔（Norman Angell）演讲。会议期间，胡适每日邀二三人至住所茶会，"叙谈极欢，得益尤多"。16日为陆克劳（Louis P. Lochner），17日为P. J. V. D. H. Schreuder及Alfred W. Kliefoth，18日为墨茨（John Mez）及麦克东纳（Prof. James G. McDonald）博士，20日为F. B. Foulk、W. W. Welsh、D. M. M. Sarbaugh及日人富山接三。此外，尚有安吉尔、葛雷、盖贝尔、Lewis S. Gannett、Caroline E. Dickson、Eleanor D. Wood、Mrs. Kliefoth、Wilfred、H. Crook、James C. Bell, Jr.。(《藏晖札记》〔八〕)

同日　胡适读Olive Schreiner之寓言小说《猎人》(*The Hunter*)，认为其命意与*Ulysses*及*A Grammarian's Funeral*同而不及二作之佳。所述二作，皆"发愤求学，不知老之将至"之意，皆足代表19世纪探赜索隐百折不挠之精神，令人百读不厌。(《藏晖札记》〔八〕)

6月16日　胡适在《藏晖札记》〔八〕重记5月28日札记的几句话自警：吾所能贡献于社会者，惟在吾所择业耳。吾对于社会之责任，唯在竭吾所能，为吾所能为。吾所不能，人其舍诸？

6月20日　胡适与日本人富山接三谈中日关系竟日：

其论此次要求之原因如下：

（一）日本期望中国之强；

（二）日本期望中国之能协助之；

（三）中国数十年来久令日本失望；

（四）致令日本在远东成孤立之势；

（五）故有今日之要求；

（六）日本对支政策之目的在于自保。

其论中日将来之关系：

（一）中国须信任日本；

（二）日本须协助中国；

（三）中日间之恶感情宜渐次销除。

吾谓之曰："此次之交涉，适得与此三者绝对的反对之结果。"富山君曰："正以中国不信任日本，故有此次强项的要求；若中日交欢，

则决无此事矣。"吾谓之曰:"此真所谓南辕北辙之政策,吾之责备日本正为此耳。"吾问富山君曰:"足下以为将来中日交欢致之之道何由?"君谓宜有四法:

(一)教育。中人宜研究日本文明政策之趋向,中人不可不知日本文字;

(二)交际;

(三)实业上之联合;

(四)开诚之讨论。

吾谓之曰:"四者之外,尚有第五法,尤不可不知。其道为何?曰:'日本须改其侵略政策是已。'"

吾读前在蔼尔梅腊城演说词,令富山君评论之。君谓吾"远东永久平和非待中日同跻平等之地位决不可得"之结语为不当,谓日本不能坐待欧美之侵略也。

吾谓此梦呓之言也。日人以国防阽危为词,不知今日日本决无受他国攻击之理。英为日同盟,美无西侵之志,德势已孤,独有俄耳。俄今日无东顾之余力。此次战争结后,俄力竭必矣,安敢东顾与十年前强敌争乎?故吾断言曰:"日人以自保为词,乃遁辞耳。"富士虽不默认,无以应也。(《藏晖札记》〔八〕)

6月21日 胡适致函韦莲司小姐,谈及自己一直无法从国际政策讨论会脱身,讨论会对自己的吸引太大了。每天请2到4位代表到自己房间茶叙。这些不正式的谈话好极了!昨天一整天和在此的唯一日本代表谈,谈话结果很令自己满意。又列出与会的信仰不争主义的几位代表的名字。(《不思量自难忘:胡适给韦莲司的信》,63页)

6月25日 胡母谕胡适:胡适大哥之女胡惠平家上月失火,家中财物尽付一炬,乃接其来家以安其心。胡思齐耳聋已4年,前函请胡适咨询西医,缘何至今未回复等。(《胡适遗稿及秘藏书信》第22册,148~151页)

6月 胡适致函韦莲司小姐,谈"进步"之意义:

1915年　乙卯　民国四年　24岁

　　我深信（世界上）有进步，而进步是可能的。我想你的悲观主义最后是不能自圆其说的。在那"但求速进"（getting-progress-quick）的岁月里，人们曾犯错误并造成罪恶，那是无可否认的。但是所有错误都是可以弥补的，而罪恶是可以减轻和消除的。这是改革者的宗教，没有（这个信仰）就没有理想主义，没有改革运动。(《不思量自难忘：胡适给韦莲司的信》，64页)

同月　胡适在 *A Shorter French Course*（by W. H. Fraser, J. Squair. —Boston, New York, Chicago: D. C. Heath & Company, 1913）签注："Suh Hu, June, 1915."(《胡适研究通讯》2017年第1期，26页)

自暑期开始，胡适全力攻读实验主义大师杜威（John Dewey）的著作。

1936年7月20日胡适为《藏晖室札记》所作《自序》：

　　（在这里我要指出，札记里从不提到我受杜威先生的实验主义的哲学的绝大影响。这个大遗漏是有理由的。我在一九一五年的暑假中，发愤尽读杜威先生的著作，做有详细的英文提要，都不曾收在札记里。从此以后，实验主义成了我的生活和思想的一个向导，成了我自己的哲学基础。但一九一五年夏季以后，文学革命的讨论成了我们几个朋友之间一个最热闹的题目，札记都被这个具体问题占去了，所以就没有余力记载那个我自己受用而不发生争论的实验主义了。其实我写《先秦名学史》《中国哲学史》都是受那一派思想的指导。我的文学革命主张也是实验主义的一种表现；《尝试集》的题名就是一个证据。札记的体例最适宜于记载具体事件，但不是记载整个哲学体系的地方，所以札记里不记载我那时用全力做的《先秦名学史》论文，也不记载杜威先生的思想。）这就是我的留学时代的自传了。(《胡适留学日记》第一册)

7月

7月1日 胡适在札记中除记会议诸事外，又记讨论会最后一夜，胡适讲"伦理与国际政策之关系"。又记：

> 一日余与克雷登先生谈，先生感叹世风之日下，以为古谚"老人谋国，少年主战"……今乃反是，少年人乃争言和平非攻矣。余以为不然：今之少年人之主和平，初非以其恇怯畏死也；独其思想进步，知战争之不足恃，而和平之重要，故不屑为守旧派之主战说所指挥耳。即如此诗之作者，其力谋和平也，非畏死也，为国为世界计久长耳。及其失败，即慷慨从军，以死自表，其非恇怯之流。……(《藏晖札记》〔八〕)

同日 胡适致函韦莲司小姐，告"国际政策"讨论会已结束，会议开得很成功，比想象的更成功。又谈及：

> 有件事让我非常高兴，就是像诺曼·安吉尔(Norman Angell)这样的人还充满了理想主义。……他们的目标是要对一些观念作根本的改变——长久以来，这些观念左右了国际关系。
>
> 另一件让我高兴的事是许多主张"不争"或"道德抗拒"的人参加了这个会议。……
>
> ……………
>
> 在讨论会中交了许多朋友使我深感快慰。……
>
> ……………
>
> 有一天，我全然出于一时大意，和韦莲司夫人说了在我房间茶叙的事，我不知道她并不知此事。她为此很生气，恐怕她又给了你一顿教训。要是果真如此，这全应归罪于我。然而，我依旧相信，要想去掉一个人这样的偏见，就是要让他习惯这样的事情。许多偏见就是这

么去掉的。(《不思量自难忘：胡适给韦莲司的信》，65～66页）

按，7月13日，韦莲司小姐在给胡适的信中说，她的确曾将喝茶之事开诚布公地来处理，但考虑到会引起一些不相干人提起此事，以及必定会出现令人讨厌的话题，故就把这件事给忘了。为胡适因此而承担不少"罪"，将会铭记于心。（中国社科院近代史所藏"胡适档案"，卷号E-378，分号1）

7月5日　胡适有感于当日因友人吕君、Mr. Coughram、Mr. Theodore先后来访而耗去半日光阴，乃思迁居。(《藏晖札记》〔八〕)

7月8日　木尔门教派友人J. I. Launtzen来访，胡适乃在札记中记此教派教义等详情。(《藏晖札记》〔八〕)

7月10日　胡适有读托尔斯泰《安娜·卡列尼娜》的札记。(《藏晖札记》〔八〕)

7月11日　胡适禀母亲，谈及将于下半年改入哥伦比亚大学，理由如次：

一、儿居此已五年，此地乃是小城，居民仅万六千人，所见闻皆村市小景。今儿尚有一年之留，宜改适大城，以观是邦大城市之生活状态，盖亦觇国采风者，所当有事也。

二、儿居此校已久，宜他去，庶可得新见闻，此间教师虽佳，然能得新教师，得其同异之点，得失之处皆不可少。德国学生半年易一校，今儿五年始迁一校，不为过也。

三、儿所拟博士论文之题需用书籍甚多，此间地小书籍不敷用。纽约为世界大城，书籍便利无比，此实一大原因也。

四、儿居此已久，友朋甚多，往来交际颇费时日。今去大城，则茫茫人海之中可容儿藏身之地矣。

五、儿在此所习学科，虽易校亦都有用，不致废时。

六、在一校得两学位，不如在两校各得一学位之更佳也。

七、哥伦比亚大学哲学教师杜威先生，乃此邦哲学泰斗，故儿欲往游其门下也。（《胡适遗稿及秘藏书信》第21册，168～172页）

7月13日 胡适致长函与胡近仁，述"小说观"：

小说在今日为文学中一大分子，其价值功用早为世所公认。吾国文人向视为小道，今世风所趋亦不能不认附庸为大国。二十年来，林琴南之译本，李伯元、吴趼人之著书，皆足为吾国文学界开一新殖民地，此大幸事也。在今日文学过渡时代，著小说者殊乏异材，李南亭之《官场现形记》乃《儒林外史》之脱胎，《文明小史》亦不出此巢［窠］臼。此二书虽于世道有关，其铸鼎照奸之苦心虽不可没，然二书皆零碎不完，结构极劣。吴趼人自是今代第一作手，其书以《九命奇冤》《恨海》《目睹之怪现状》为最怪现状，亦是《儒林外史》一派，以用心命意见长，而布局极松。《九命奇冤》可称近世一杰作，《恨海》亦自非凡品，二书皆有深意，布局又佳，可传之作也。此外则《老残游记》《禽海石》皆近世名著，《孽海花》则稍逊矣。此外则自桧以下无讥焉矣。近出之小说（著本）如来书所称之《玉梨魂》均未寓目不敢妄为。月旦译本则林译之迭更司之《滑稽外史》《块肉余生》《贼史》，司各得之《十字军英雄记》《撒克逊劫后英雄略》，小仲马之《茶花女》皆世界名著，有志小说者不可不三复读之。君朔译之大仲马之《侠隐记》《续记》《法宫秘史》（三书是一部大书）亦可诵。

今之作小说者，须取法两途，一复古一介古小说中得力不少，故其所著书乃是中国文学，非如近日之小说家如蒋景缄之流，但能作一二书假充译本而已。

古小说中，下列之书都可不朽：

《水浒》第一，看其写生状物置之司各得、迭更司书中何有愧色？

《儒林外史》第二，看其写人物之逼真及其用意之高，眼光之远（如科举之毒）。

《石头记》第三，看其状物叙事，看其写纤屑细事何等精密，看其写贵族社会之荡逸淫奢,何等婉而尽。

《镜花缘》第四,看其见识之高。此书全书为女子抱不平,看其写女儿国一段何等眼光,何等魄力。看其政治思想之新介新云者取法于西方大家名著。如上所述诸书足备一斑矣。复古云者以新眼光读吾国旧小说,撷其精华,法其写生之真透,布局之雄奇,用意之高苦,然后以之施诸今日之社会,得古人之精髓,发为当代之文章,是之谓复古。吴趼人、李南亭、洪都百练生皆自奇特,此乃吾国希有之理想小说也。

《西游记》第五,此书奇处在其无中生有,说鬼话滔滔不绝,其想像力之奇可叹。

《七侠五义》第六,此书文学家多不屑道之,余独赏识之,以为杰作。看其用土语写生写人物,为后世开苏白粤话之先河,看其人物如蒋平、智化何等生动。

《儿女英雄传》第七,看其布局之奇。

此外则无足道矣,《品花宝鉴》亦有佳处,《金瓶梅》则一无足道,人之誉之实过当也。

上所举七书作小说者不可不熟读,正如作文者之于《左传》、《史记》、韩、柳、欧、苏也,正如作诗者之于《三百篇》、汉、魏、李、杜也。

唐人小说如《虬髯传》《红线》《隐娘》诸篇皆吾国杰作,不可不读。

老叔如有志小说,不可不取法乎上。取法乎上,无他道,远取诸古小说,近取诸欧西名著而已矣。

小说之宗旨有二:一以娱人,一以淑世。《西游记》《七侠五义》娱人之作也,《儒林外史》《镜花缘》淑世之作也,司各得、仲马父子娱人之作也。迭更司淑世之作也。李伯元、吴趼人其志皆在淑世,故其书甚有关世道,其人皆可附以不朽。老叔将何择乎?

无论娱人淑世,小说之法不出两端:一在状物写生,一在布局叙事,吾国小说盖以状物写生胜,西方小说则兼二者之胜。今当以西方之结构,补吾之不足。前所举各书中布局最奇者,莫如《撒克逊英雄

略》，写生最工者莫如《水浒》，《儒林外史》次之。

布局非多读书苦思不可，写生状物非多阅历不可。

短篇小说尤不易为，年来译有二三篇，最近有《柏林之围》一篇载《甲寅》第四号，乃法国名著也，曾见之否？手头无有此本，否则当以寄呈矣。

大著《刀笔吏》及《柔情记》近已有出版处否，甚欲一读之。来书以初次寄稿被退回，即欲废然掷笔，此大不可……

老叔耻于投稿他家，此亦非久计。适有时有所著作投一家不受，则另投一家，此不足耻也。……适去国日久，文学荒废不少，间有时偶作诗词，写意而已，不能佳也。附呈数章，即乞教正之。所寄数诗内之《自杀篇》自谓在今日文学界可占一席，沾沾自喜之，私老叔得勿笑其狂妄乎！

今之文士结"南社"自命为文学坛坫而流品极滥，屡邀适入社不愿应之也。吴草庐注本《老子》已觅得一本，乞叔勿再钞，老叔为适觅书事煞费苦心，感谢不尽。字典诚如来书所云，无有善本，商务书馆新出《词源》一书可谓空前绝作，曾见之否？

来书感叹身世，读之慨然。吾乡文献坠绝，今日椽笔端推老叔一人，甚望终始努力，修德进学，为桑梓光宠天下。……

老叔今虽无用武之地，然教授童蒙乃今日第一大事业。……

今日吾乡私塾尚用旧法教授否？适幼时得讲书之力不少，今私塾中为儿童讲书否？窃谓旧法高声朗诵不解字义，直是误人子弟，一无用处。……（《胡适中文书信集》第1册，138～141页）

7月15日　胡适致函韦莲司小姐，谈自己拟去哥伦比亚大学，同意韦莲司小姐所说的"在不久的将来（或者，甚至于在遥远的将来），在国际关系上，武力还是必要的，你说的是正确的"。又谈及中国画。(《不思量自难忘：胡适给韦莲司的信》，67～68页）

7月23日　胡适札记记：近日读了《王临川集》《墨子》及《公孙龙子》

等书。(《藏晖札记》〔八〕)

7月26日 胡适作有《今别离》("Absence")一诗。(《藏晖札记》〔八〕)

7月27日 胡适读 John Galsworthy 讽刺小说两篇：*The Little Man*，*Abracadabra*。(《藏晖札记》〔八〕)

7月 胡适在 *A Book of English Essays, 1600—1900*（by Stanley V. Makower, Basil H. Blackwell. —London: Oxford University Press, 1912）题记："Suh Hu, July, 1915. 以五分钱得此于旧书肆，适之。"(《胡适研究通讯》2017年第1期, 26页)

8月

8月2日 胡适作有《论句读及文字符号》一文。大要：第一章《文字符号概论》，述无文字符号之害：意旨不能必达，多误会之虞；教育不能普及；无以表示文法上之关系。第二章《句读论》，界说十四，读之用，顿之用。第三章《文字之符号》，其两式并列者，一以横行，一以直书也。胡适在当日札记中又说：吾之有意于句读及符号之学也久矣，此文乃数年来关于此问题之思想结晶而成者，初非一时兴到之作也。……后此文中当用此制。(《藏晖札记》〔八〕)

同日 胡母谕胡适，谈及家计艰难，令胡适多寄款。又告川沙店业不景气等情。(《胡适遗稿及秘藏书信》第22册，152～156页)

8月3日 胡适作有《水调歌头·今别离》。(《藏晖札记》〔八〕)

同日 胡适在札记中摘录白居易《与元九书》后，又议论道：

文学大率可分为二派：一为理想主义（Idealism），一为实际主义（Realism）。

理想主义者，以理想为主，不为事物之真境所拘域；但随意之所及，心之所感，或逍遥而放言，或感愤而咏叹；论人则托诸往昔人物，言事则设为乌托之邦，咏物则驱使故实，假借譬喻："楚宫倾国"，以

喻蔷薇；"昭君环佩"，以状梅花。是理想派之文学也。

实际主义者，以事物之真实境状为主，以为文者，所以写真、纪实、昭信、状物，而不可苟者也。是故其为文也，即物而状之，即事而纪之；不隐恶而扬善，不取美而遗丑；是则是，非则非。举凡是非、美恶、疾苦、欢乐之境，一本乎事物之固然，而不以作者心境之去取，渲染影响之。是实际派之文学也。(《藏晖札记》〔八〕)

8月4日　胡适致韦莲司小姐一明信片，告自己已决定就学于哥伦比亚大学。(《不思量自难忘：胡适给韦莲司的信》，69页)

8月5日　胡适有札记：

或问吾专治哲学，而札记中记哲学极少，何也？则答之曰：正以哲学为吾所专治，故不以入吾札记耳。吾日日读哲学书，若一一以实吾札记，则篇幅时日皆有所不给。且吾之哲学工课，皆随时作记 (Notes)；其有有统系的思想，则皆著为长篇论文，如前论墨子、康德 (Kant)、胡母 (Hume) 诸文，皆不合于札记之体例也。且吾札记所记者，皆一般足以引起普通读者之兴味者也。哲学之不见录于此也，不亦宜乎？(《藏晖札记》〔八〕)

同日　胡适有研究老子的札记。(《藏晖札记》〔八〕)

8月9日　胡适有札记：

此册以后，吾札记皆名《胡适札记》，不复仍旧名矣。盖今日科学时代，万事贵精确画一。吾国文人喜用别号，其数至不可胜计，实为恶习；无裨实际，又无意义，今当革除之。凡作文著书，当用真姓名，以负责任而归画一云。

"字"非不可废，然友朋相称，皆用字而不用名，一时殊不能骤易。吾又单名，不便称谓，他日或当废名而以字行耳。(《胡适留学日记手稿本》之《胡适札记》〔九〕，原书无页码)

8月12日 胡适致函韦莲司小姐，谈及赵元任会去纽约，可以请他教韦如何使用毛笔。(《不思量自难忘：胡适给韦莲司的信》，70页)

8月13日 胡适以近日嗽疾，乃请Dr. F. R. Wright诊察，结果非肺病，惟言必须每日"睡九时，步行（疾行）一时"。(《胡适札记》〔九〕)

8月15日 胡适有札记，记"时"与"间"之别：

> 余尝以为Time当译为"时"，Space当译为"间"。《墨子·经上》云："有间，中也。间，不及旁也。"今人以时间两字合用，非也。顷读蔡子民旧译《哲学要领》以"宇"译Space，以"宙"译Time，又曰"空间"及"时间"。此亦有理。按《淮南子·齐俗训》云："往古来今谓之宙，四方上下谓之宇"，则宇宙古有"间"与"时"之别也。(《胡适札记》〔九〕)

8月18日 胡适有札记，论"文学"：

> ……文学大别有二：(一)有所为而为之者;(二)无所为而为之者。
>
> 有所为而为之者，或以讽谕，或以规谏，或以感事，或以淑世，如杜之《北征》《兵车行》《石壕吏》诸篇，白之《秦中吟》《新乐府》，皆是也。
>
> 无所为而为之者，"情动于中，而形于言"。其为情也，或感于一花一草之美，或震于上下古今之大；或叙幽欢，或伤别绪；或言情，或写恨。其情之所动，不能自已，若茹鲠然，不吐不快。其志之所在，在吐之而已，在发为文章而已，他无所为也……
>
> …………
>
> 更言之，则无所为而为之之文学，非真无所为也。其所为，文也，美感也。其有所为而为之者，美感之外，兼及济用。其专主济用而不足以兴起读者文美之感情者，如官样文章，律令契约之词，不足言文也。
>
> …………

作诗文者，能兼两美，上也。其情之所动，发而为言，或一笔一花之微，一吟一觞之细，苟不涉于粗鄙淫秽之道，皆不可谓非文学。(《胡适札记》〔九〕)

同日　胡适针对袁世凯将称帝和古德诺赞成其称帝，发表题名为《中国与民主》的英文文章。(《胡适札记》〔九〕；又参考坊间各种《胡适留学日记》之中译稿)

8月20日　夜，Salem S. George 来访，所论美国政教、社会、风尚皆中肯。(《胡适札记》〔九〕)

同日　胡适作有《临江仙》一首：

隔树溪声细碎，迎人鸟唱纷哗。共穿幽径趁溪斜。纡回同摘蕈，交互替簪花。　更向水滨同坐，骄阳有树相遮。语深浑不辨昏鸦。人间侬与汝，何处更容他？(《胡适札记》〔九〕)

同日　胡适作有文字符号"破"号之札记。(《胡适札记》〔九〕)

同日　任鸿隽有《送胡适之往哥伦比亚大学》。(《胡适札记》〔九〕)

8月21日　胡适作有"证""据"之别的札记：

证者根据事实，根据法理，或由前提而得结论（演绎），或由果溯因，由因推果（归纳）：是证也。

吾国旧论理，但有据而无证。证者，乃科学的方法，虽在欧美，亦为近代新产儿。当中古时代，宗教焰方张之时，凡《新旧约》之言，皆足为论理之前提。《创世纪》云，"上帝创世，六日而成"。故后之谈"天演进化"论者，皆妄谈也。此亦据也。……

　　　　…………

欲得正确的理论，须去据而用证。(《胡适札记》〔九〕)

8月21—22日　此间律师 James R. Robinson 邀胡适前往其湖上夏季别墅为两日之留，甚开心。胡适在札记中记述颇详。(《胡适札记》〔九〕；《不

1915年　乙卯　民国四年　24岁

思量自难忘: 胡适给韦莲司的信》, 71页)

8月26日　胡适有《如何可使吾国文言易于教授》一文, 大要是:

(一) 无论吾国语能否变为字母之语, 当此字母制未成之先, 今之文言, 终不可废置, 以其为仅有之各省交通之媒介物也, 以其为仅有之教育授受之具也。

(二) 汉文问题之中心, 在于"汉文究可为传授教育之利器否"一问题。

(三) 汉文所以不易普及者, 其故不在汉文, 而在教之之术之不完。同一文字也, 甲以讲书之故而通文, 能读书作文; 乙以徒事诵读, 不求讲解之故, 而终身不能读书作文。可知受病之源, 在于教法。

(四) 旧法之弊, 盖有四端:

(1) 汉文乃是半死之文字, 不当以教活文字之法教之。(活文字者, 日用语言之文字, 如英法文是也, 如吾国之白话是也。死文字者, 如希腊、拉丁, 非日用之语言, 已陈死矣。半死文字者, 以其中尚有日用之分子在也。如犬字是已死之字, 狗字是活字; 乘马是死语, 骑马是活语。故曰半死文字也。)

....

(2) 汉文乃是视官的文字, 非听官的文字。凡象形会意之文字, 乃视官的文字; 而字母谐声之文字, 皆听官的文字也。凡一字有二要: 一为其声, 一为其义。无论何种文字, 不能同时并达此二者。字母的文字, 但能传声, 不能达意; 象形会意之文字, 但可达意, 而不能传声。

....

今之汉文, 已失象形、会意、指事之特长, 而教者又不复知说文学。六书之学, 向之以授八岁之孩童者, 今虽老生宿儒未必知之。其结果遂令吾国文字既不能传声, 又不能达意。向之有一短者, 今并失所长。学者不独须强记字音, 又须强记字义, 是事倍而功半也。

欲救此弊, 须用何法乎?

343

1. 将恢复篆书耶？此必不可得之事也。

2. 当鼓励说文学（字源学）。

3. 当以古体与今体同列教科书中。

4. 小学教册中之新字须遵六书之法，先令童蒙习象形指事之字，徐及浅易之会意字，次及浅易之形声字。其字源不易明解者，宜俟之稍进之学级，不当以发蒙也。

…………

5. 中学以上，皆当习字源学。

…………

（3）吾国文本有文法，而古来从未以文法教授国文。今《马氏文通》出世已近廿载，而文法之学不治如故。夫文法乃教文字语言之捷径。今当提倡文法学，使普及国中；又当列"文法"为必须之学科，自小学至于大学，皆当治之。

（4）吾国向不用文字符号，致文字不易普及；而文法之不讲，亦未始不由于此。（说见所著《文字符号论》）今当力求采用一种规定之符号，以求文法之明显易解，及意义之确定不易。(《胡适札记》〔九〕)

8月27日　与胡适通信一年的瘦琴女士（Nellie B. Sergent）来访。(《胡适札记》〔九〕)

同日　《申报》报道：若论中国学生学业成绩，颇为美人所称道。伊利诺大学将1914年各国学生成绩列表比较：德国3名，平均88分；日本18名，平均82分；中国60名，平均80分，人数最多，而平均得此分数殊为不易。若中国学生与美国学生竞争而得奖者，如康奈尔大学胡适去年以勃郎林诗话得奖，耶鲁大学王正序本年演说竞争得最优奖，哥伦比亚大学倪兆椿本年5月以外交科征文于60余人中考列第一。

8月28日　杨杏佛作《水调歌头》，赠别胡适。(《胡适札记》〔九〕)

8月29日　胡适作诗和任鸿隽，留别。(《胡适札记》〔九〕)

同日　胡适作一文，批古德诺之帝制谬论。(《胡适札记》〔九〕)

同日　胡母谕胡适：已收到汇来之美金 10 元。白特生夫人之挽词，已托胡近仁代作，致白特生先生函、致韦莲司小姐函一并寄上，请胡适翻译后致送。七叔病已深，希望来函时有问病之语。又谈及岳母及江冬秀之近状，谈及为胡适邮寄蜜枣、茶叶等土物事。(《胡适遗稿及秘藏书信》第 22 册，157～160 页)

8 月 31 日　胡适读屠格涅夫之 *Iisa*。(《胡适札记》〔九〕)

8 月　胡适在 *The Constitutional Documents of the Puritan Revolution, 1625—1660*（by Samuel Rawson Gardiner. —Oxford: The Clarendon Press, 1899）题记："Suh Hu, August, 1915.《英国大革命时代之文牍汇刊》。四年八月以贱值得之。适之。"(《胡适研究通讯》2017 年第 1 期，27 页)

9月

9 月 2 日　胡适作《沁园春》，别杨杏佛。(《胡适札记》〔九〕)

9 月 3 日　胡适致函韦莲司小姐，谈及：由于最近拟议宣布中国成为帝制的消息，已在 *The Outlook* 上发表 "China and Democracy" 一文（昨日刊出）。认为中国的第二次革命已经不可避免。"情况很糟，并令人沮丧。"当日又给韦小姐一明信片，告赵元任之地址。(《不思量自难忘：胡适给韦莲司的信》，72～73 页)

9 月 6 日　下午及晚上，胡适与韦莲司小姐的家人共度，"极为愉快"。(《不思量自难忘：胡适给韦莲司的信》，74 页)

9 月 7 日　胡适读 Thomas Mott Osborne 之《狱中七日记》，有颇详之札记。(《胡适札记》〔九〕)

同日　胡适读 Herbert George Wells 之 *The New Machiavelli*，亦有札记。(《胡适札记》〔九〕)

9 月 17 日　胡适有诗《送梅觐庄往哈佛大学》。(《胡适札记》〔九〕)

9 月 18 日　胡适有《"论文字符号杂记"三则》，记张子高、胡明复关于此问题的观点。(《胡适札记》〔九〕)

9月19日　任鸿隽有诗送胡适往哥伦比亚大学：

牛敦爱迭孙，培根客尔文。索虏与霍桑，"烟士披里纯"。鞭笞一车鬼，为君生琼英。

文学今革命，作歌送胡生。(《胡适札记》〔九〕)

9月20日　胡适离开绮色佳，往纽约，札记有记：

吾尝谓绮色佳为"第二故乡"……绮之溪壑师友，历历在心目中。此五年之岁月，在吾生为最有关系之时代。其间所交朋友，所受待遇，所结人士，所得感遇，所得阅历，所求学问，皆吾所自为，与自外来之梓桑观念不可同日而语。其影响于将来之行实，亦当较儿时阅历更大。其尤可念者，则绮之人士初不以外人待余。余之于绮，虽无市民之关系，而得与闻其政事、俗尚、宗教、教育之得失，故余自视几如绮之一分子矣。今当去此，能无恋恋？昔人桑下三宿尚且有情，况五年之久乎？(《胡适札记》〔九〕)

9月21日　胡适抵纽约，住 Furnald Hall。当日见韦莲司小姐。(《胡适札记》〔九〕；《不思量自难忘：胡适给韦莲司的信》，75页)

同日　胡适记下车中和任鸿隽诗：

诗国革命何自始？要须作诗如作文。
琢镂粉饰丧元气，貌似未必诗之纯。
小人行文颇大胆，诸公一一皆人英。
愿共僇力莫相笑，我辈不作腐儒生。(《胡适札记》〔九〕)

9月25日　任鸿隽致胡适一明信片，谈及近草论国体之文，未完而得袁世凯将称帝之说。近布置新居，缺少可谈之友。又询古德诺《中国宪法意见书》之出处。(《胡适遗稿及秘藏书信》第26册，203页)

9月28日　胡适有札记，认为：有些汉字出于梵文。(《胡适札记》〔九〕)

1915年　乙卯　民国四年　24岁

9月　胡适在《留美学生季报》秋季号发表翻译英国吉百龄（Rudyard Kipling）小说《百愁门》。

10月

10月1日　胡适有札记：

> 与人言调和之害。调和者，苟且迁就之谓也。张亦农言："凡人之情，自趋于迁就折衷一方面。有非常之人出，而后敢独立直行，无所低徊瞻顾。如此，犹恐不能胜人性迁就苟且之趋势。若吾辈自命狂狷者亦随波逐流，则天下事安可为耶？"此言甚痛，为吾所欲言而不能言，故追记之。(《胡适札记》〔九〕)

10月3日　胡适禀母亲，告"所以不归者，第一只为学业起见，其次即为学位"。又对外间"已另行娶妻"之谣传做出解释：

> 一、儿若别娶何必瞒人？何不早日告知岳氏，令其另为其女择婿？何必瞒人以贻误冬秀之终身乎？
>
> 二、儿若有别娶之心，宜早令江氏退婚。今江氏之婚，久为儿所承认。儿若别娶，于法律上为罪人，于社会上为败类。儿将来之事业名誉，岂不扫地以尽乎？此虽下愚所不为，而谓儿为之乎？
>
> 三、儿久已认江氏之婚约为不可毁，为不必毁，为不当毁。儿久已自认为已聘未婚之人。儿久已认冬秀为儿未婚之妻。故儿在此邦与女子交际往来，无论其为华人、美人，皆先令彼等知儿为已聘未婚之男子。儿既不存择偶之心，人亦不疑我有觊觎之意，故有时竟以所交女友姓名事实告知吾母。正以此心无愧无怍，故能坦白如此耳。
>
> 四、儿主张一夫一妻之制，谓为文明通制。生平最恶多妻之制（娶妾或两头大之类），今岂容躬自蹈之？
>
> 五、试问此种风说从何处得来？里中既无人知儿近状，又除儿家

347

书之外，无他处可靠之消息，此种谣传若有人寻根追觅，便知为市虎之讹言。……（《胡适遗稿及秘藏书信》第 21 册，111～116 页）

10月6日　汪孟邹致函胡适，云：前寄《甲寅》因地址有误而未寄达，今照新址寄上。《甲寅》自亚东接办以来，渐见发达，"销路约近四千，惟近被政府干涉，令邮局不代寄，真正可叹"。拜托胡适代催亚东请人在美国代售《甲寅》的杂志费，"以资周转"。汪在函中向胡适介绍陈独秀，并代为《青年杂志》约稿："今日邮呈群益出版《青年杂志》一册，乃炼友人皖城陈独秀君主撰，与秋桐亦是深交，曾为文载于《甲寅》者也。拟请吾兄于校课之暇，担任《青年》撰述，或论文或小说戏曲，均所欢迎。每期多固更佳，至少亦有一种。炼亦知兄校课甚忙，但陈君之意甚诚，务希拨冗为之，是所感幸。"（《胡适遗稿及秘藏书信》第 27 册，259～261 页）

10月8日　胡适致函韦莲司小姐，告已在哥大上课一星期。很喜欢这里的教授，尤其喜欢杜威。Hirth 教授的图书室非常好，几乎每天早上都在那儿看书。自己正试着开始努力工作，但到目前为止，还不太成功。（《不思量自难忘：胡适给韦莲司的信》，76 页）

10月10日　《甲寅》第 1 卷第 10 号刊登胡适来函云：

……适在此邦，所专治者，伦理、哲学，稍稍旁及政治、文学、历史及国际法，以广胸襟而已。……前寄小说一种，乃暑假中消遣之作，又以随笔迻译，不费时力，亦不费思力故耳。更有暇晷，当译小说及戏剧一二种。近五十年来欧洲文字之最有势力者，厥惟戏剧，而诗与小说皆退居第二流。名家如那威之 Ibsen、德之 Hauptmann、法之 Brieux、瑞典之 Strindberg、英之 Bernard Shaw 及 Galsworthy、比之 Maeterlinck，皆以剧著声全世界。今吾国剧界正当过渡时代，需世界名著为范本，颇思译 Ibsen 之 *A Doll's Family* 或 *An Enemy of the People*，惟何时脱稿，尚未可料。适去岁著有《非留学篇》，所持见解，自信颇有商榷之价值。……适以今日无海军、无陆军，犹非一国之耻，独至神州之大，无一大学，乃真祖国莫大之辱，而今日最要之先务也。一

1915年　乙卯　民国四年　24岁

国无地可为高等学问授受之所，则固有之文明日即于沦亡，而输入之文明亦扞格不适用，以其未经本国人士之锻炼也。……

10月13日　胡适有《相思》诗：

自我与子别，于今十日耳。奈何十日间，两夜梦及子？
前夜梦书来，谓无再见时。老母日就衰，未可远别离。
昨梦君归来，欢喜便同坐。语我故乡事，故人颇思我。
吾乃澹荡人，未知"爱"何似。古人说"相思"，毋乃颇类此？（《胡适札记》〔九〕）

同日　胡适有《文字符号杂记二则》。（《胡适札记》〔九〕）

同日　汪孟邹复函胡适，仍请胡适代为催款，并告《甲寅》第11期延期出版事。信中再次转达陈独秀约稿之请："陈君望吾兄来文，甚于望岁，见面时即问吾兄有文来否。故不得不为再三转达。每期不过一篇，且短篇亦无不可，务求拨冗为之，以增该杂志光宠，至祷至祷。否则，陈君见面必问，炼将穷于应付也。"（《胡适遗稿及秘藏书信》第27册，265页）

10月16日　任鸿隽致胡适一明信片，解释日本的俳句。（《胡适遗稿及秘藏书信》第26册，204页）

10月18日　钱治澜致胡适一明信片，向胡借《齐民要术》。（中国社科院近代史所藏"胡适档案"，卷号1700，分号3）

10月19日　胡觉复函胡适，云京师政界腐败情状，自己已入天津华昌火柴公司做事，又详谈川沙店业因迭遭变故濒临破产等情形。又托胡适为曹怀之母作寿诗等。（《胡适遗稿及秘藏书信》第22册，629～630页）

10月23日　许肇南致函胡适，有云：

目下帝制运动极形活动。中华民国早变官国，其必有皇帝，宜也。……在理，以吾国现在人心社会，若不亡国，亦非天理。吾人一息尚存，亦虏力造因而已。……某以为现在中国较前实有进步。特造孽太久，揆诸因果相寻之理，不易解脱耳。……（《胡适札记》〔十〕，

349

11月25日所记）

10月25日　胡母谕胡适云，屡次询问胡适归国日期，并非为胡适亲事之预备。不过眷属、邻里中素承关切者以胡适去国日久，时来问讯。因自己未得胡适确意，殊不能表示态度。至婚事则相去万里，必将待胡适归后再进行。但望胡适明年早早毕业，早得学位，庶得早图欢聚耳。惟胡适岳母望眼欲穿，不知胡适有函与她否？如具函，总须表示明年决定归国之意思，至归期虽有种种情形不能确定宣布，然当以得归即归暂作模棱语告之，可慰彼渴想也。看到韦女士照片，不知其实际年龄。赠送物件，久已备齐。胡思齐重听之病既难研究，亦属无法，惟有俟后再觅机缘。又将届冬令，一切用度均较上季浩大，万望趁早汇寄以资接济，盼切盼切。（《胡适遗稿及秘藏书信》第22册，166～168页）

10月30日　胡适有札记，论"女子教育"：

> 吾自识吾友韦女士以来，生平对于女子之见解为之大变，对于男女交际之关系亦为之大变。女子教育，吾向所深信者也。惟昔所注意，乃在为国人造令妻贤母以为家庭教育之预备，今始知女子教育之最上目的乃在造成一种能自由能独立之女子。国有能自由独立之女子，然后可以增进其国人之道德，高尚其人格。盖女子有一种感化力，善用之可以振衰起懦，可以化民成俗，爱国者不可不知所以保存发扬之，不可不知所以因势利用之。（《胡适札记》〔九〕）

10月31日　胡适与韦莲司小姐相处，是"一个非常愉快的下午和晚上"。（《不思量自难忘：胡适给韦莲司的信》，78页）

10月　胡适在 *Aristotle*（by A. E. Taylor. —London: T. C. & E. C. Jack, 出版年不详）扉页题记："Suh Hu, Oct., 1915, New York. 泰牢，《阿里士多德》。"（《胡适研究通讯》2017年第1期，28页）

1915年　乙卯　民国四年　24岁

11月

11月6日　胡适致函韦莲司小姐，告不懂韦小姐的画，这令胡适极为痛苦。(《不思量自难忘：胡适给韦莲司的信》，79页)

11月7日　胡适致函韦莲司小姐，告韦小姐的画让其做恶梦。(《不思量自难忘：胡适给韦莲司的信》，80～81页)

11月9日　胡母谕胡适，已将胡适关于婚事之打算函告岳家。又告胡适的周氏姊夫过世，大姐亦病危，望胡适函慰大姐。又云：今年胡适只汇洋一次，杯水车薪，况冬令一切用度较之上季自必增多，不知胡适有成竹否？(《胡适遗稿及秘藏书信》第22册，169～171页)

同日　韦莲司小姐的母亲Harriet Williams致函胡适，对胡适表示关切，已读胡适寄来的《中国月刊》。又对现代女子都为所谓"事业"疯狂感到不解，其实为人妻、母是生命所赋予能发展又有重大意义的机会。欢迎胡适随时来做客。(中国社科院近代史所藏"胡适档案"，卷号E-384，分号1)

11月15日　胡适致韦莲司小姐一明信片，云：明天（星期二）晚上想去听在Cooper Union的演讲，但发现同晚还有一个由Dr. Felix Adler所领导的讨论群的聚会，所以我必须放弃这聚会Dr. Iyenaga的演讲。假如我不能去听讨论会的任何演讲，至少会设法去听马克斯·伊斯特曼（Max Eastman）的演讲。昨晚我在纽约作了第一场演说，在Ethical Culture School，有关儒家思想（Confucianism）。(台北胡适纪念馆藏档，档号：HS-CW01-005-006)

11月16日　胡适致函《晚邮报》的Editor（刊登于11月23日该报），谈及：

　　Sir:

　　Permit me to congratulate you most sincerely on your admirable editorial which appeared on Nov. 10 under the caption "The World of To-morrow".

I heartily agree with you in you protest against that state of mind, "which sees the world as made up of two continents only, and which regards a world-settlement as any settlement that regulates matters in these two continents, with a minimum of cutting and trimming here and there in Africa and Asia to make the Western adjustment as smooth as may be".

The prevalence of the state of mind against which *The Evening Post* has so justly protested, is amply illustrated not only by the utterances of such statement as Mr. Asquith, whom you quoted in your editorial, but also by the writings of most, if not all, of the theorizers of "world of to-morrow". A little recollection will show us that practically all the recently proposed forms of international organization for the maintenance of peace were formulated consciously or unconsciously to apply only to the two continents of Europe and America, and especially to Europe. These international idealists talk as if "the world" and "Europe" were in synonymous, and as if the peace of the world could be secured by securing peace in Europe. When they speak of "public right" and "international justice", they are not thinking of the "inferior" peoples beyond the Ural and the Caucasus.

This state of mind is unfortunate in that it tends to ignore the many valid claims of the Asiatic nations to an independent consideration and even to an active participation in the peace settlement after the war. Of these claims, that of Japan is not disputed. Nor is it necessary to repeat the plea of *The Evening Post* that "there are Indian aspiration as well as Serbs and Polish aspirations". The present writer only wishes to add a word in regard to China's claim to such a participation and consideration in the post-bellum settlement.

China's first and most evident claim is that she has been directly affected by the war. For a part of the war was fought on Chinese soil,—in the province of Shantung. The question of Kiao-chau will have to be decided upon.

But that is only a problem incidental to a still more fundamental question, —the question of China's relation to the peace of the world. It has been said by China's foes that next to the Balkans, China will be a crater of future disturbances. But, let us ask ourselves, Why? The answer can only be either that the disturbances will come from China's own initiative as a result of a age-long resentment of the injustice which she has suffered in the hands of her militaristic neighbors, or that the disturbances will take the form of an international conflict, a second world war, as a result of the international jealousy and rivalry in the Far East.

That the Chinese resentment of the European aggression and injustice will again result in anything like a second Boxer War, is hardly probable. But that there is a growing resentment cannot be denied, and is seen in the unmistakable sympathy which the Chinese press in general has shown in regard to the Turkish repudiation to the "capitulations" which the European powers had imposed upon Turkey.

And even though we grant that the disturbances will not come from China's resort to force for the vindication of her own right, as Turkey is now doing, war may still break out in the Far East if the Powers are unwilling to prevent the precipitous consequences towards which their traditional policies in the Far East are leading them. This is no alarmist's exaggeration. The general peace of the East has been maintained of recent years by a sort of balance of powers in China. In the course of time, however, this equilibrium of power has been gradually undermined, and to-day we see France and Great Britain and even Japan fight on the side of Russia, while one party to the Salisbury-Hatzfeldt Agreement of 1900 has been completely eliminated from the Asiatic arena. Moreover, the recent reports of Allied powers intervening in the political changes in China clearly show that even Great Britain has acquiesced to the Japanese supremacy in the Far East. How long will this acquiescence last? How long will this alliance of incongruous and even conflicting interests operate?

During the recent crisis between China and Japan, several Japanese apologists declared that the object of Japan's actions was the emancipation of Eastern Asia from the European yoke. How far this was true, no one can say. But that Japan has actually forced from China the declaration never again to cede or lease any territory or port to any foreign Power, ought to convince us that Japan has long considered the existence of European possessions on the eastern coast of Asia as a serious menace to her own safety and activity. At least that is the only grain of truth in the so-called Japanese Monroe Doctrine. But will the European powers yield to this claim of "Asia for the Asiatics"? Will Europe agreed to radically change her Far Eastern policy in order to disarm one nation which will probably be the only military power to survive the war unscathed, and in order to emancipate another from the increasing burdens of armaments which she has been compelled to bear? Or, on the other hand, will the Powers leave the Far Eastern situation as it is, with its balance of powers entirely upset, with its political, strategic and economic rivalries becoming keener than ever, and with the possibility of an Anglo-Japanese conflict, or a second Russo-Japanese War, or a second world war?

For these reasons, then—first, that part of the war was fought on Chinese soil; second, that Europe ought to remove from China the seeds of future disturbances; and third, that the present international situation in the Far East demands early redress and far-sighted statesmanship, —for these reasons, the present writer maintains that not only Japan and India, but also China should be entitled to an independent consideration and even active participation in the post-bellum settlement. If there be no precedent for such a participation, new precedent should be created.

"Asia" as *The Evening Post* has said, "is part of the world". The trouble with traditional statesmanship in Europe has been its inveterate failure to see the world as a whole and to deal with its problems accordingly. Traditional diplomacy has preferred, as we Chinese express it, "to treat the head only when the head aches, and treat the leg when the leg aches". My it not learn that, if China is a orator of future wars, its eruption and the concomitant disasters may yet be prevented by far-sightedness and remedial measures, and that the most propitious occasion for such prevention is the peace settlement after the war!

Very sincerely yours,

按，此函来历是这样的：11月10日该报有社论一篇，题曰《将来之世界》。"其大意以为世界者，乃世界人之世界，不当由欧美两洲人独私有之。亚洲诸国为世界一部分，不宜歧视之。"而"余与吾友郑莱及韦女士皆久持此意"，"今见此邦一最有势之日报创为此论，吾辈之表同意可知也"。以故，有此函。（《胡适札记》〔十〕，11月25日记）

11月18日　胡适致函韦莲司小姐，告：今天下午的聚会很好，Prof. Hall 给了一个清楚而有力的演讲。讨论并不很活跃，但大体说来还可以。Miss Eastman 问胡适要不要在会后说一段话。演讲以后提出了许多问题，所以就没再说话了。听众是很认真的。自己满载小册子和宣传画而归。（《不思量自难忘：胡适给韦莲司的信》，82页）

11月23日　胡适在 *Five Dialogues of Plato bearing on Poetic Inspiration*（by Plato.—London: J. M. Dent & Sons Ltd., New York: E. P. Dutton & Company, 1910）书末记："吾尝谓此篇与 Symposium 相伯仲而难为尹邢。昨张仲述告我以此在柏氏文中为第一，今夜重读之果然。四年十一月廿三夜，适。"（《胡适研究通讯》2017年第1期，28页）

12月

12月1日　胡适在 *Schools of To-Morrow*（by John Dewey, Evelyn Dewey. —New York: E. P. Dutton & Company, 1915）扉页注记：" Suh Hu, Dec. 1, 1915, New York."（《胡适研究通讯》2017 年第 1 期，28 页）

12 月 2 日　胡适致韦莲司小姐一明信片，告："口试考完了。考得并不理想，但对我是个有趣的经验。"（《不思量自难忘：胡适给韦莲司的信》，83 页）

同日　胡适长姊大菊过世。次日，长兄嗣稼过世。（中国社科院近代史所藏"胡适档案"，卷号 655，分号 1）

胡适 1916 年 2 月 29 日札记：

得吾母一月十三日书，言大姊大哥于十二月二日、三日先后死去（大哥死于汉口，身后萧条，惨不忍闻）。吾家骨肉凋零尽矣！独二哥与余犹飘泊天涯一事无成耳！

吾于兄弟姊妹中最爱大姊。吾母常言："吾家最大憾事在大菊之非男儿。"使大姊与大哥易地而处，则吾家决不致败坏至于今日之极也。

大哥一生糊涂，老来途穷，始有悔意，然已来不及矣。大哥年来大苦，生未必较死乐也。

十年去家，遂与骨肉永诀，欲哭无泪，欲诉无所，出门惘惘不知何适。呜呼哀哉！（《胡适札记》〔十〕）

按，胡嗣稼，字耕云，谱名"洪骏"，生于同治辛未正月十四辰时，从九品。娶章氏，生思明、思齐二子。（《上川明经胡氏宗谱》中卷之下《分系三·元当公派世系表》，页 20b）

又按，关于胡嗣稼后人，可参本谱 1917 年 9 月 17 日条，1934 年 2 月 8 日条。

12 月 7 日　胡适致函韦莲司小姐，感激她为胡适收集有关安置移民的剪报。又云：

……我经常自问，我是否害怕回家，并负起生活上的责任来。当然，我有许多〔不回家〕的借口。最近，我有些坐立不安。一个康奈尔1914级的朋友，从我家乡写信给我，他在我省为造林的活动到处演说，现在已经快到我家乡了，有一回演讲听众超过四千人。你可以想像，我是如何的羡慕他，能有从事实际工作的机会！

今早我做了一个甜蜜的梦，梦到在外祖母家有一个大宴会。醒来后，我居然哭了！昨晚参加哲学系的讨论会以后，回来写了一封20页的长信给我母亲，到深夜还没写完，这个梦就是由这封信引发的。(《不思量自难忘：胡适给韦莲司的信》，84～85页)

12月12日　胡适函寄两张Prof. Toucher最后两场演讲的入场券与韦莲司小姐。(《不思量自难忘：胡适给韦莲司的信》，86页)

12月18日　胡适致函韦莲司小姐，谈道："我的工作使我觉得很快慰。最近我主要的研究是《墨子的名学》。我发现的比我预期的多得多。"(《不思量自难忘：胡适给韦莲司的信》，87页)

12月21日　晚，胡适宣读了《墨翟的哲学》，颇获好评。(《不思量自难忘：胡适给韦莲司的信》，88页)

12月27日　胡适在康桥出席世界学生会的年会，27日，讲了"不国际的国际主义"("Uninternational Internationalism")，28日讲"门户开放"("The Open Door")。开会期间，住赵元任处，认为赵系留美人物中之第一人。31日与赵深谈竟日，"居康桥数日，以此日为最乐矣"。(《不思量自难忘：胡适给韦莲司的信》，89页；胡适1916年1月26日《札记》)

1916年　丙辰　民国五年　25岁

是年，胡适仍就读于哥伦比亚大学哲学系研究部。

是年，胡适与梅光迪、任鸿隽、朱经农、杨杏佛等友人辩难"白话文学"问题，写成《文学改良刍议》一文。

8月，开始撰写博士论文。

1月

1月2日　任鸿隽致胡适一明信片，云：除夕来波士顿，"闻足下适以是夕去。杜工部诗'人生不相见，动如参与商'，其是之谓也"。（《胡适遗稿及秘藏书信》第26册，208页）

1月4日　胡适有札记，认为要解决国事，"须打定主意，从根本下手，努力造因"：

……今日国事坏败，不可收拾，决非剜肉补疮所能收效。要须打定主意，从根本下手，努力造因，庶犹有死灰复燃之一日。若事事为目前小节细故所牵制，事事但就目前设想，事事作敷衍了事得过且过之计，则大事终无一成耳。

吾国古谚曰："死马作活马医。"言明知其无望，而不忍决绝之，故尽心力而为之是也。吾欲易之曰，"活马作死马医"。活马虽有一息之尚存，不如斩钉截铁，认作已死，然后敢拔本清源，然后忍斩草除根。若以其尚活也，而不忍痛治之，而不敢痛治之，则姑息苟安，终于必

死而已矣。(《胡适札记》〔十〕)

同日 胡适在札记中记下郑莱的两句话:

There are those who are destined to become leaders of men. They think hard and work hard: that is the secret of leadership. (《胡适札记》〔十〕)

1月7日 胡适岳母吕夫人过世。(中国社科院近代史所藏"胡适档案",卷号655,分号1)

胡适1916年2月29日札记:

吾母书中又言冬秀之母吕夫人亦于一月七日病死,濒死犹以婚嫁未了为遗憾。

甲辰之春,余始识夫人于外婆家,于今十余年矣。游子久客,遂令夫人抱憾以殁,余不得辞其责也。(《胡适札记》〔十〕)

胡适《归娶记》:

吾岳母吕夫人死于民国四年之末。未死时,吾家遣吉娘往视其病。吕夫人含泪语之曰:"只要吾家嗣穈(吾乳名)来家,我一把扯住了他,我便死也甘心了!"吾闻此语,为之终日不欢。(《胡适札记》〔十七〕)

1月8日 胡适读 Short Story Classics: Volume Two, Italian and Scandinavian (by William Patten. —New York: P. F. Collier & sons, 1907) 中 Herman Bang 的一篇,并题记:"五年正月八日读此喜之。"12日又记:"此乃佳作,颇似白香山《琵琶行》而远胜之。十二日。"此书扉页有胡适题记:"《短篇小说汇刻》意大利、瑞典、那威之部第二。"(《胡适研究通讯》2017年第1期,28页)

1月9日 胡适续成《秋声》。(《胡适札记》〔十〕)

1月11日 胡适致函韦莲司小姐,谈革命、帝制和"造新因":

恐怕我今天说的话让你觉得,目前我是向往革命,推翻政府的。……我是同情革命党人的，但是在目前，我并不主张革命。我相信要达到政治上的清明与效率，是没有捷径可循的。我并不是说帝制是发展中的必要阶段，但是对一个好而且有效的政府来说，有些必要先决的条件是不可或缺的。……

我比那些主张帝制的朋友要走得远的多。我是不会让外国势力的入侵，甚至于征服中国而动摇我"造新因"的决心的，更不必说目前这点小小的改变了。

我之所以谴责我主张帝制的朋友是因为他们把目前这个反动政府与他们所爱的祖国和一个我们都希望的"诚实而有效率的政府"视为一体了。(《不思量自难忘：胡适给韦莲司的信》，90～91页)

1月14日　胡适在 Columbia Spectator 发表 "Analysis of the Monarchical Restoration in China"，文中说：

...I can only say what I personally feel about this matter. First of all, I welcome the change from a republic to a monarchy. There are a thousand and one reasons why I should welcome this change, and for brevity's sake, I only mention a few .

（1）The change is no change at all; it is only calling the present Chinese Government by its proper name. The Republic of China died a premature death two years ago, and the Government has ever since been an absolute monarchy under the name of a republic....

True Character of Chinese Government Revealed.

（2）The second reason why I welcome this change is this: it reveals to the world the real character of the Chinese Government....

New Foreign Opinion Effected by Change.

（3）The third reason is a corollary from the first two. The political changes in China have opened the eyes of the American editors, and have

1916年　丙辰　民国五年　25岁

brought about a perceptible change in the attitude of American public opinion towards Mr. Yuan Shih—kai and his government....

Danger Under New Regime: New Hereditary Class.

...

In the first place, it will revive many of the evils which are necessarily attached to the monahchcial form of government and which have been swept away by the Revolution of 1911. One of the most obvious evils already brought about by the present change, is the creation of a hereditary class of nobility....

Re-Instatement of Corrupt Official Class.

In the second place, the monarchy will in all probability reinstate the old and corrupt official class which has been the greatest evil in the history of China....

Revolution, an Inevitable Result.

In the third place, the monarchial restoration will naturally arouse a series of disturbances and revolution throughout the country....

Cessation of Constructive Policies.

Lastly, and perhaps this the worst outcome of the whole situation, there will be a complete cessation of all constructive and productive policies in every department of the Government....（台北胡适纪念馆藏档，档号：HS-NK05-197-021）

按，此文收入外研社版《胡适英文文存》第3册时，有出版方为该文所加的中文提要如下：

对袁世凯复辟帝制，身在美国的胡适在《对中国帝制复辟的分析》中用反讽的笔调"欢迎"这样的"变革"，分析潜藏其后的民国初年中

国政治的种种乱象，揭示政客的贪婪对中国造成的巨大危害。（该书第6页）

1月19日　桑福（Raymond P. Sanford）来访，并赠瘦琴女士照片。（《胡适札记》〔十〕）

1月22日　胡适致函韦莲司小姐，感谢"昨天那段美好的时光"，并讨论民族主义问题：

……我不久前所说，唯一可以为民族主义辩护的理由就是对一个民族最有利的发展，终究还要依靠自己的民族来统治才能实现。请你注意"终究"这两个字。但是所谓一个民族确知对自己最有利的发展这一点，还有待证实。即使我们认定一个民族知道〔对自己最有利的发展是什么〕，那个民族是否有能力实现这一目标并将他们所知付诸实现，则依旧有待证实。有许多证据指出，每一个民族都有他过去传统的包袱，使他们不能苏醒过来，发挥潜能，并进行改革。……

一个外国观察者可能更能看出这个民族实际上急需什么。一个有效而又开明的外国政府，很可能为一个衰老而又被自己成见所蒙蔽的民族，提供〔改革〕的动机和力量。……

我发表了许多异端邪说！但是你说促使我做诚实而明确的思考，这就是我思考之所得。做"打通后壁"（to the bitter end）的思考是件痛苦的事。大部分人都得过且过。（《不思量自难忘：胡适给韦莲司的信》，92～93页）

1月24日　胡适读毕章太炎《驳中国用万国新语说》后，摘记了其中的一些观点，又在札记中记下自己的感想。（《胡适札记》〔十〕）

1月25日　胡适复函许怡荪，主要谈"造新因"，又拜托许帮忙搜求《诸子平议》《读公孙龙子》（撰写毕业论文之用），又谈"句读"问题：

……今日国事败坏不可收拾，决非剜肉补疮所能收效，要须打定主意，从根本下手，努力造新因，庶几有新果。吾辈纵不能获此新果，独不能种以遗吾辈之曾元乎？今之志士以为政治修明，则其他皆可坐致，不知以如此之国民，如此之官吏，如此之志士，如此之人物，决不能有修明之政治。来书有"皮之不存，毛将安附"之喻，不知今日之事何啻皮毛之关系已也，直根之于干，基之于台。无根而求百尺之树，无基而求九层之台，揆诸因果之理，宁有济乎？无论今之恶政府不能修政强国，即令民党今日战胜袁氏，别立第二民国，又谁能决其不更为武人官僚所推翻，如第一民国故事乎？

……适非不知政治改良亦造因之一端，惟政治改良乃是造近因，所谓求捷径也；适所谓因，乃远因也。

适所大虑，在于国之无人。一般普通国民之无常识固无论矣。即其所称"人才"者，亦大率皆中下以下之人物，求其能如玛志尼之流之百一乃不可得。……即今留学界中人才之庸鄙，尤足令人不寒而栗，不病而心悸，庸凡如适，自视乃落落寡俦，则国事又可知矣。

故适以为今日造因之计，首在造人；造人之计，端赖教育。适今别无所望，但求他日归来，得以一张苦口，一支秃笔，从事于社会教育，以为百年树人之计，如是而已。……七年之病，求三年之艾，若以三年之艾为迂，则终亦必亡而已矣。

谚有之曰，"死马作活马医"，谓明知其无益，姑尽心力而为之是也。适欲更易之曰"活马作死马医"，活马虽有一息之尚存，不如斩钉截铁认作已死，然后敢割之、剜之，为根本上之疗治，庶犹有万一之希冀，若以其有奄奄一息而不敢痛治之，而不忍痛治之，则东黏西补，敷衍姑息，终亦必死而已矣。

适近来劝人不但勿为帝制撄心，即外患亡国亦不足顾虑。傥中国有不亡之资格，则中国决不能亡。傥其无之，则吾今日之纷扰，亦不足阻其不亡。不如打定主意，为祖国造此不能亡之因，庶犹有虽亡而终存之一日耳。

适上所云云，并非悲观主义，实乃乐观主义之最上乘。……

来书极称高君一涵，心向慕之，恨不能如足下之与共晨夕，言志

问学也。倘高君不弃，许为神交，则适私愿足矣。

所嘱求政治经济书目……一时恐难应命，暇时当为作一择要书目奉寄，何如？

适意足下今居日本，宜专治日文日语，期能以日文作文演说，不仅求能看书已也。身在其国，习其言文，自事半而功倍，何必舍易而求难乎？且日人五十年来颇能造一新文明，大足资觇国观风者所取材。……

适近以余暑治日文，尚未能入门，然数月之内当可得读日文书籍之程度。……吾国人士今日万不容不知日本之内情文化，"知己知彼，百战百胜"。岂谰言哉！

前寄裴伦诗译稿，初成之时，颇视为一时杰作，今日久气销，不复作如是妄念矣。倘秋桐能为我作序，并刊之于《甲寅》，则足下为我赠之可也，亦不必索值。因适久许秋桐为《甲寅》作文，久未能践诺，或可以此塞责耳。刊时能依适所写以英文，译稿，附注，及苏马两本五者并刊更佳，否则仅刊英文，译稿，附注三者亦可，足下为我裁之可也。注中于君武先生颇有责辞，本思先寄示君武，然后刊之，今英国截断寄入德国之邮件，此愿遂不能遽偿。彼既未见此本，则注中措词似不当过于严厉，足下能为我择其大过者删改之，则幸甚矣。

适此次来纽约，以哥伦比亚大学有此邦第一哲学巨子杜威（John Dewey），故来就学于其门耳。现所治犹是哲学。博士论文，初以"先秦诸子"为题，后以其太广……故改为 The Reaction against Confucianism in Ancient China，但及孔子以后之非儒诸家，首墨子，次及庄周、杨朱、公孙龙、惠施、尸佼、卫鞅、荀卿、韩非诸家。……今治墨家粗能竣事，其余诸子惟杨朱、公孙龙、荀卿略有端绪，故博士论文决非今年所能完，或尚须再留一年耳。

适之择此题也，志在以新眼光读旧书，二年以来，所得之多，已非初意所能梦见；盖先秦哲学之渊富，惟希腊哲学之"黄金时代"可与抗衡。二千年来惟其伦理学之皮毛尚在人间，其精彩之处久成绝学，弥可痛惜。近人治诸子学者，惟孙仲容先生之《墨子间诂》为最善。然孙先生不解哲学，其书但可为"墨子"善本，而不足以言墨学也。其真能得诸子学精华者，惟章太炎先生。太炎先生精于印度哲学，以是为根据，然后返观先秦哲学，故能通其学理，不仅为章句训诂而已。然太炎先生之诸子学亦未免有穿凿过当及支离破碎之处。彼能知学术之兴与"地齐政俗材性"三者有关……而不能以此意推之先秦诸子之学术，故其书有支离破碎之病也。适治诸子得太炎先生所著书之助力不少，然亦不敢盲从苟同，自视近所成就殊不无一得之可取。近所著作，大抵皆以英文为之，一时不能就正海内名宿，亦不能写示足下，他日归国，当以汉文述之，或不无阐幽继绝之一助耳。

数月以来，专治"先秦逻辑"，初但以为本文之一小支，今则愈治愈有所得。昔之附庸，遽成大国，始知先秦名理之精，为后人所未梦见，而其影响所及，遍被诸家，先秦学说，无不以此为中坚，为根据。其专治名学如公孙龙子者，固不待论。他如墨子荀子韩非慎到诸家之伦理学说，政治学说，心理学说，无不本其逻辑学说。今以此意返观先秦哲学，乃如网之有纲，衣之有领，其诸家之沿革得失，皆一一可寻。乃知古今学者之不明先秦学术，正坐不明先秦之名学。譬之无刀而割，无矢而射，其仅得其皮毛也宜矣。

治先秦名学者，以太炎先生为最精。其所著《原名》……乃不朽之作……太炎先生之《诸子学略说》，乃其诸子学幼稚时代之作，最多可笑之处……

……………

近颇以为"句读"为文字之必要，吾国人士作文不用句读，今之报章知用圈读，而制度不完，有圈无点，读皆成句，其弊甚大。夫无句读符号，则文字不易普及：（一）词旨不能必达，（二）又无以见文法之结构关系，（三）故发愿提倡采用文字符号十余种……（胡适致许怡荪函，编号39）

同日　梅光迪复函胡适，不以胡适"作诗如作文"之说为然。又云：

>……诗文截然两途，诗之文字（poetic diction）与文之文字（prose diction），自有诗文以来（无论中西）已分道而驰。泰西诗界革命家最剧烈者莫如 Wordsworth，其生平主张诗文文字（diction）一体最力（不但此也，渠且谓诗之文字与寻常语言 ordinary speech 无异），然观其诗，则诗并非文也。足下为诗界革命家，改良诗之文字（poetic diction）则可，若仅移文之文字（prose diction）于诗，即谓之改良、谓之革命则不可也。究竟诗不免于"琢镂粉饰"，西人称诗为 artificial，即此意也。近世文人如 Carlyle、Tolstoy、Bernard Shaw，皆谓文高于诗，一生不屑为诗（其实非不屑为，盖不能为也），即恶其"琢镂粉饰"也。大家之诗所以胜者，在不见其"琢镂粉饰"之迹耳，非无"琢镂粉饰"也。一言以蔽之，吾国求诗界革命，当于诗中求之，与文无涉也；若移文之文字于诗，即谓之革命，则诗界革命不成问题矣，以其太易易也。吾国近时诗界，所以须革命者，在诗家为古人奴婢，无古人之学术怀抱，而只知效其形式，故其结果只见有"琢镂粉饰"，不见有真诗，且此古人之形式为后人抄袭，陈陈相因，至今已腐烂不堪，其病不在古人之"琢镂粉饰"也……（中国社科院近代史所藏"胡适档案"，卷号1796，分号7）

1月26日　胡适在札记中高度评价赵元任：

>每与人平论留美人物，辄推常州赵君元任为第一。此君与余同为赔款学生之第二次遣送来美者，毕业于康南耳，今居哈佛，治哲学、物理、算数，皆精。以其余力旁及语学、音乐，皆有所成就。其人深思好学，心细密而行笃实，和蔼可亲。以学以行，两无其俦，他日所成，未可限量也。……君现有志于中国语学。语学者（Philology），研求语言之通则，群言之关系，及文言之历史之学也。君之所专治尤在汉语音韵之学。其辨别字音细入微妙。以君具分析的心思，辅以科学的方术，宜其所得大异凡众也。别时承君以小影相赠，附黏于此而识之。（《胡

适札记》〔十〕)

同日 胡适有札记论七绝之平仄。(《胡适札记》〔十〕)

1月27日 胡适致函 Mrs. H. S. W. 云:

It seems to me the whole matter is a question of consistency. One must choose either absolutism or liberalism, either treating woman as a puppet or as a free human being. One must either lock her up in a beautiful chamber, or one must set her really free.

Now, the American treatment of woman as I understand it, is supposed to be based on the principle that woman is a free and rational being. Can you trust her? Have you confidence in her ability to act freely and rationally, though at times unconventionally, when she is left in freedom?

If you have no such trust in her, then the logical and proper thing will be to lock her up in her own chamber and never to allow her to go out of your sight. That is consistency. But if you have such confidence in her, then let her be really free. Let her do what she herself considers proper and reasonable to do. That's also consistency.

There is no middle ground between freedom and slavery...

And why should we care about what "the other people" think of us? Are we not just as good (if not better) judges of ourselves as they? And is not conventionality after all a manmade thing? Is not an intelligent man or woman greater than conventionality? The sabbath was made for man, and not man for the sabbath! How very true!... (《胡适札记》〔十〕)

1月28日 夜,胡适有诗和任鸿隽《题梅、任、杨、胡合影诗》,其中有句:

我无三子长,亦未敢自菲。

行文颇大胆,苦思欲到底。(《胡适札记》〔十〕,1月29日记)

1月29日　胡母谕胡适，令胡适多寄家信，询有无余款寄家。又云："尔现属求学时代，事畜之资本难全望于尔，尔果难予筹出，亦属无妨。不过家中再为撙节，其急用则拮据以应，缓者则暂为退后耳。"（《胡适遗稿及秘藏书信》第22册，172～173页）

1月31日　胡适在札记中记读音统一会公制字母。（《胡适札记》〔十〕）
同日　胡适复函韦莲司小姐的父亲韦莲司教授，谈自己对革命的看法：

我相信，在我们面对失败的时候，我会想到您那睿智的话："老旧的东西不会立刻消失，即使是革命，长期建立起来的政治制度会一步一步的改良，很少彻底的改变。"我相信这段话。我并不谴责革命。因为我相信，在演进的过程中，革命是必要的。在有机的演进中，死亡和衰老正如同新生和成长同样必要。

但是，我并不支持不成熟的革命……不成熟的革命是一种浪费，也是没有结果的。中国有句谚语："瓜熟蒂落。"不成熟的摘取，对瓜是有伤害的。正是基于这个理由，我觉得现在中国的革命并不很重要，虽然，我对革命者满怀同情。我个人所乐见的是一种所谓"起自基础"的建设。我相信在政治清明和效率上是没有捷径可走的。

革命者〔一方面〕期盼政治清明，另〔一方面〕却又想走捷径，那就是用革命的手段。我祝愿他们成功，但私下里怀疑他们的智慧。目前，我个人对祖国情形的态度是这样的："要来的就让它来吧，且让我们为后世子孙的发展，打好基础。让我们来教育老百姓。"这就是我所说的，从基础建设起。这个过程一定是缓慢的，而人们却是急躁的！……这个缓慢的过程是革命和演进所共同需要的。（《不思量自难忘：胡适给韦莲司的信》，94～95页）

2月

2月1日　胡适致函韦莲司小姐，告 Lowes Dickinson 将在哥伦比亚大学演讲,将设法为韦莲司小姐弄一张票。又谈及上星期五二人分手以后,自己去了班德波克斯剧院,目睹了演员们的社交生活。又谈及希望不久能再次看到韦莲司小姐的新画作,自己正在改墨翟的报告等。(《不思量自难忘:胡适给韦莲司的信》,96~97页)

2月2日　胡适应胡觉函请,作《水调歌头》,寿曹怀之母。(《胡适札记》〔十〕)

同日　胡适复函任鸿隽,讨论除夕诗。关于"诗界革命",胡适说:

> 觐庄之意,以为适所谓"作诗如作文"者,仅移"文之文字"以为"诗之文字"而已耳。此大误也。……今日欲救旧文学之弊,须先从涤除"文胜"之弊入手。今日之诗(南社之诗即其一例)徒有铿锵之均〔韵〕,貌似之辞耳。其中实无物可言。其病根在于重形式而去精神,在于以文 form 胜质 matter。诗界革命,与文界革命正复相同,皆当从三事入手:第一、须言之有物,第二、须讲求文法……第三、当用"文之文字"时,不可故意避之。三者皆以质救文之弊也。(《胡适遗稿及秘藏书信》第19册,86页)

2月3日　胡适致函梅光迪,再论"诗界革命何自始,要须作诗如作文"之意。"略谓今日文学大病,在于徒有形式而无精神,徒有文而无质,徒有铿锵之均〔韵〕貌似之辞而已。"今欲救此文胜之弊,宜从三事入手:须言之有物;须讲文法;当用"文之文字"时不可避之。(《胡适札记》〔十〕)

同日　胡适致函陈独秀,云:今日欲为祖国造新文学,宜从输入欧西名著入手,使国中人士有所取法,有所观摩,然后乃有自己创造之新文学可言也。又云:译事正未易言。倘不经意为之,将令奇文瑰宝化为粪壤,岂徒唐突西施而已乎?与其译而失真,不如不译。……译书须择其与国人心理接近者先译之……《青年杂志》所载王尔德之《意中人》虽佳,然似非吾国今日士夫所能领会也。……译此书者尚未能领会是书佳处,况其他乎!而遽译之,岂非冤枉王尔德耶?(《胡适札记》〔十〕)

2月　胡适在 *The Trojan Women of Euripides*(by Gilbert Murray. —New

York: Oxford University Press, 1915）扉页题记："Suh Hu, Feb., 1916., New York. 此书有二特色，一为世界最早之亡国哀剧，一为世界最早之'非攻文'之一。适。"（《胡适研究通讯》2017 年第 1 期，28 页）

同月　胡适在 The Meditations and Selections from the Principles of Réne Descartes（by Réne Descartes. —Chicago: The Open Court Publishing Company, 1909）扉页题记："Suh Hu, Feb., 1916. New York."（《胡适研究通讯》2017 年第 1 期，28 页）

3月

3月6日　胡适在札记中粘贴哈佛大学退休校长 Charles W. Eliot 论教育的剪报。又评论道：

> 吾国旧教育之大病，在于放弃官能之教练，诵读习字之外，他无所授。……
>
> …………
>
> 余幼时酷嗜小说，家人禁抑甚力。然所读小说尚不少。后来之文学观念未必非小说之功。此种兴趣所以未为家人塾师之阻力所摧残者，盖有二因：一以小说易得。余以一童子处于穷乡，乃能得读四五十种小说，其易求可见。二则以有近仁之助力。近仁与余每以所得小说互传观之，又各作一手折记所读小说，每相见，辄互稽所读多寡以相夸焉。
>
> …………
>
> 教育之宗旨在发展人身所固有之材性。目之于视，耳之于听，口之于言，声之于歌，手之于众技，其为天赋不可放废之材性一也。岂可一概视为小道而听其荒芜残废哉？
>
> 教育之方法首在鼓舞儿童之兴趣，今乃摧残其兴趣，禁之罚之，不令发生，不可谓非千古一大谬哉！（《胡适札记》〔十〕）

1916年　丙辰　民国五年　25岁

3月10日　汪孟邹致函胡适，告:《甲寅》虽名义上另立发行所，仍由亚东图书馆经理。目下虽暂时停刊，但俟大局略定，当继续出版。又代陈独秀向胡催稿。陈盼胡适文字有如大旱之望云霓，务请胡适继续撰寄。又谈及近来小说风行海内，拟将《甲寅》已刊和未刊之小说另刊单行本，以期略得利益。胡若有现成之稿惠赐固佳，否则选译若干种寄来刊行。又谈及反袁军事行动日益进步，钮永建、柏文蔚同在此间布置。又告胡适好友胡绍庭因肺炎病死等。(《胡适遗稿及秘藏书信》第27册，267～270页)

3月14日　梅光迪复函胡适，认为诗之文字问题，久经古人论定，铁案如山，至今实无讨论之余地。今胡适欲翻案，甚为惊骇，无从置一词。认为我辈及身绝不能见文学革命，新闻学或须俟诸百年或二百年。对胡适为革命党发表的意见表示"可佩"，听说张先生讨君党之文，系出自胡适之手，读之痛快。(中国社科院近代史所藏"胡适档案"，卷号1794，分号8)

3月15日　胡适禀母亲，告得大姊、大哥及岳母之死耗，有感于十年来骨肉永诀，"半月以来日日欲作家书，而每一执笔辄不知从何说起"。希望母亲达观，保重身体。又谈及此后江冬秀可久居胡家。又谈及"甚思归"，"力图早归":

> 惟此时国中纷乱如麻，归亦何用，当待少承平时再定行止耳。昨日得南京友人来书，言南京高等师范学校校长江易园先生欲招儿往该校教授，儿已以不能即归辞之。大约儿归国后当可觅一啖饭养家之处耳。去年四川高等师范学校欲得一英文教习，寄书此邦某君，言欲得"中西文兼长如胡适者"，某君举以相告，儿为大笑。(《胡适遗稿及秘藏书信》第21册，69～79页)

> 按，胡适事后有挽岳母联:
> 故国隔太平洋万里，侧身东望，徒唤奈何，负笈滞天涯，漫劳外母多情，老眼望穿未婚婿；
> 归鞭指蓬莱岛三山，撒手西行，从前已矣，吞声读电耗，徒觉寒灯无焰，梦魂驰赴悦心堂。(《绩溪徽学通讯》总第37期，2019年5月，

74 页）

3月19日　晨，日人泽田吾一来向胡适请教白居易的两句诗。(《胡适札记》〔十〕)

同日　梅光迪复函胡适云：

……迪初有大梦以创造新文学自期，近则有自知之明，已不作痴想，将来能稍输入西洋文学智识，而以新眼光评判固有文学，示后来者以津梁，于愿足矣。至于振起为一代作者，如"华茨华斯""嚣俄"，为革命成功英雄，则非所敢望也。足下亦自愿为马前卒为先锋，然足下文才高于迪何啻千万，甚望不仅以先锋马前卒自足也。

来书论宋元文字，甚启眽〔聋〕聩。文学革命自当从"民间文学"（folklore, popular poetry, spoken language, etc.）入手，此无待言；惟非经一番大战争不可，骤言俚俗文学，必为旧派文家所讪笑攻击。但我辈正欢迎其讪笑攻击耳。

至于"诗之文字"问题，迪已不欲多辩。盖此种问题人持一说，在西洋虽已有定议，在吾辈则其说方在萌芽，欲宗于一是，必待文学革命成功之后，今若与足下争，恐至徒闹意见，真理终无从出耳。

得悉民军消息喜极，已以大书转示叔永，以慰其眷念祖国、日夜默祝共和再造之愿。迪已将孙供伊书译就寄黄克强，又另为文一篇，并盛推足下，请其怂恿足下为民党多为文字，以转移此邦清议。有"如胡君适之者，文兼中西，为留学界中绝无仅有之人"等语，不知足下许我否？（中国社科院近代史所藏"胡适档案"，卷号1794，分号9）

3月26日　夜，胡适回访泽田吾一，相谈甚欢。(《胡适札记》〔十〕)

3月29日　胡适有札记：

吾曩谓吾国人未尝有精心结构之乌托邦，以视西人之柏拉图之"共和国"、穆尔之"乌托邦"，有愧色矣。

今始知吾此说之大谬不然也。……

……《管子》乃绝妙之乌托邦也。……《周礼》乃世间最奇辟之乌托邦之一也。……

吾国人读书无历史观念，无批评指摘之眼光。千古以来，其真足称"高等考据家"（西方考据之学约有二端：其寻章摘句，校讹补阙者，日校勘家 Textual Criticism。其发奸摘伏，定作者姓氏，及著书年月，论书之真伪，文中窜易者，谓之高等考据家 Higher Criticism）者，唯柳子厚一人耳。如《王制》一书，汉人卢植明言"汉文帝令博士诸生作此篇"（见《注疏》），而后人犹复以为周制（如马氏《绎史》），抑何愚也！（《胡适札记》〔十〕）

同日　叶德真复函胡适，为胡适就读哥伦比亚大学而"欣喜无极"，又自述近况。(《胡适遗稿及秘藏书信》第37册，229～231页)

3月　胡适在 Sartor Resartus: The Life and Opinions of Herr Teufelsdröckh (by Thomas Carlyle. —London, New York, Toronto: Oxford University Press, [n. d.]) 扉页题记："Suh Hu, March, 1916. 张亦农赠。适之。"（《胡适藏书目录》第4册，2572～2573页）

同月　胡适在 War and the Ideal of Peace (by Henry Rutgers Marshall. —New York: Duffield & Company, 1915) 扉页题记："Suh Hu, March, 1916. Gift of the Am. Association for International Conciliation."（《胡适研究通讯》2017年第1期，28～29页）

同月　胡适在 Women at the Hague: The International Congress of Women and its Results (by Jane Addams, Emily G. Balch, Alice Hamilton. —New York: The Macmillan Company, 1915) 扉页题记："Suh Hu, March, 1916. Gift of the Am. Asso. for International Conciliation."（《胡适研究通讯》2017年第1期，29页）

同月　胡适在 Spinoza's Ethics and "De Intellectus Emendatione" (by Spinoza. —London: J. M. Dent & Sons Ltd.; New York: E. P., Dutton & Company, 1910) 扉页题记："Suh Hu, March, 1916, New York."（《胡适研究通讯》2017

年第 1 期，29 页）

同月　胡适在 Proceedings of the Conference on International Relations（著者不详. —Boston: World Peace Foundation, 1916）扉页题记："Suh Hu, March, 1916."（《胡适研究通讯》2017 年第 1 期，29 页）

同月　胡适在 The Phantom 'Rickshaw（by Rudyard Kipling. —New York: The Regent Press, 出版年不详）扉页题记："Suh Hu, March, 1916."（《胡适研究通讯》2017 年第 1 期，29 页）

4月

4 月 5 日　胡适在札记中说：

> 西人之治汉学者，名 Sinologists or Sinologues。其用功甚苦，而成效殊微。然其人多不为吾国古代成见陋说所拘束，故其所著书往往有启发吾人思想之处，不可一笔抹煞也。今日吾国人能以中西文著书立说者尚不多见，即有之，亦无余力及于国外。然此学（Sinology）终须吾国人为之，以其事半功倍，非如西方汉学家之有种种艰阻不易摧陷，不易入手也。
>
> 顷遇一刘田海君，字瀛东，其人为刘锡鸿星使之子，足迹遍天下，搜集东西古籍甚富，专治历史的地理学，颇精，目中所见吾国人士之足称 Sinologue 者，仅此君耳。

又论中国历史上的文学革命：

> 文学革命，在吾国史上非创见也。即以韵文而论：《三百篇》变而为《骚》，一大革命也。又变为五言，七言，古诗，二大革命也。赋之变为无韵之骈文，三大革命也。古诗之变为律诗，四大革命也。诗之变为词，五大革命也。词之变为曲，为剧本，六大革命也。何独于吾所持文学革命论而疑之？

1916年　丙辰　民国五年　25岁

文亦遭几许革命矣。孔子以前无论矣。孔子至于秦汉，中国文体始臻完备，议论如墨翟、孟轲、韩非，说理如公孙龙、荀卿、庄周，记事如左氏，司马迁，皆不朽之文也。六朝之文亦有绝妙之作，如吾所记沈休文、范缜形神之辩，及何晏、王弼诸人说理之作，都有可观者。然其时骈俪之体大盛，文以工巧雕琢见长，文法遂衰。韩退之"文起八代之衰"，其功在于恢复散文，讲求文法，一洗六朝人骈俪纤巧之习。此亦一革命也。唐代文学革命巨子不仅韩氏一人，初唐之小说家，皆革命功臣也（诗中如李杜韩孟，皆革命家也）。"古文"一派至今为散文（非韵文）正宗，然宋人谈哲理者似悟古文之不适于用，于是语录体兴焉。语录体者，以俚语说理记事。

…………

总之，文学革命，至元代而登峰造极。其时，词也，曲也，剧本也，小说也，皆第一流之文学，而皆以俚语为之。其时吾国真可谓有一种"活文学"出世。倘此革命潮流（革命潮流即天演进化之迹。自其异者言之，谓之"革命"。自其循序渐进之迹言之，即谓之"进化"可也），不遭明代八股之劫，不受明初七子诸文人复古之劫，则吾国之文学必已为俚语的文学，而吾国之语言早成为言文一致之语言，可无疑也。但丁（Dante）之创意大利文，却叟（Chaucer）诸人之创英吉利文，马丁·路得（Martin Luther）之创德意志文，未足独有千古矣。惜乎五百余年来，半死之古文，半死之诗词，复夺此"活文学"之席，而"半死文学"遂苟延残喘，以至于今日。今日之文学，独我佛山人（吴趼人），南亭亭长（李伯元），洪都百炼生诸公之小说可称"活文学"耳。文学革命何可更缓耶？何可更缓耶？（《胡适札记》〔十〕）

4月6日　杨杏佛致胡适一明信片，告后日可来纽约，梅光迪有来纽约之说。又询广东独立，龙济光被杀之说可否确实等。（《胡适遗稿及秘藏书信》第38册，28页）

4月7日　胡适在札记中分别抄录李清照、蒋捷的《声声慢》，又分析道：

此两词皆"文学的实地试验"也。易安词连用七叠字作起，后复用两叠字，读之如闻泣声。竹山之词乃"无韵之韵文"，全篇凡用十声字，以写九种声，皆秋声也。读之乃不觉其为无韵之词，可谓为吾国无韵韵文之第一次试验功成矣。（《胡适札记》〔十〕）

同日 胡适复函许怡荪，谈得胡绍庭死耗，悲悼不已。请许帮忙代觅《章氏丛书》、王念孙《读书杂志》。又谈及大兄、大姊及岳母之丧，又论学，又谈及国内政情。又希望许怡荪能就学于帝国大学。

……适以为去国六年，定可以延寿一纪，盖人生观念，道德观念，自来此邦，为之一变：向之悲观，今成乐观；向之纵酒狎邪，自以为名士风流，今视为恶德；向之责人无已，今成自励自奋——即此一转移之间，已足长命延寿而有余矣。倘适至今尚居国内，此时必久有妻子之累，家累日增，国事又不堪问，如此即不自杀，亦必醉死，病死，或先绍庭仲诚而殂谢，未可知也。

…………

《札记》当择最近数册寄上。

…………

国中民军似进行甚速，袁氏下场之日不远矣。但不知共和恢复之时，民党能有建设之才否？大乱之后，易于为治。二三年来，谈政者颇能一洗民国初元空谈"社会主义""独一税"之陋习，不知果有坐而言起而能行者乎？适日望之矣！若犹苟且草率，以蹈辛壬间之往辙，则累累瓜蔓，能堪几摘乎？

临时政府成立之日，想当以黎宋卿主之。不知正式政府成立之时，谁为之计，百思不得其人，何也？来书称及岑云阶，此人宁可恃耶？适去国日久，于国中人才毫不之知，故每有四顾无才之叹，恐系过虑耳。

袁政府对外政策注重排日主义，其所遣美使，即以此策为目的。今政府所遣之走狗（中外人不可胜计）在此邦到处作文演说，专欲排动美日两邦之恶感情，甚至诬此次革命为日人所主使，以图一箭双雕之计，欲美人因排日之故并反对民党也。倘政府之意在于谋帝制之赞助，则其心可诛，而其情尚可恕也；若以挑美人排日为外交政策，则真蠢才下愚，无以复加矣！盖美人排日，于吾国更有何利？……其所谓"门户开放"主义者，不过利益均沾之别名，彼自为谋耳，于我国存亡大计有何关系？而今之人士乃昌言"门户开放"，一若此四字足以救中国之亡者，真梦呓之语耳。

民党舆论（如《甲寅》《正谊》之类）于民国外交大计无所宣言，不知足下有所闻否？留东学界对日人感情如何？日人一年以来对我之态度有何更变？甚愿闻之。

吾国学子对于日本每持藐视之心，不肯于其国民心、人事、文物、政治详加考察，此真一大憾事。视日人之深知吾国内情者，其智愚之相去，何其远也。中日之关系，视他国为切近，无论为友为仇，均不可不作知己知彼之预备也。（胡适致许怡荪函，编号40）

4月8日 胡适在札记中举出"《管子》非管子自作，乃战国末年治调和之道家学者所作，而托于管子以自重耳"之证据，又批驳了梁启超论《管子》的观点。（《胡适札记》〔十〕）

4月12日 胡适复函许怡荪，谢手抄俞樾《读公孙龙子》，又云：国事似大有望，今日浙江又反正矣。所谓美国借2000万元巨款与北洋政府者，系谣言。（胡适致许怡荪函，编号41）

4月13日 胡适在札记中评述了梁启超《中国法理学发达史论》的观点，认为该书有可取之处，亦有谬误。（《胡适札记》〔十〕）

同日 胡适填《沁园春》，下阕云：

文章革命何疑！且准备搴旗作健儿。要前空千古，下开百世，收他臭腐，还我神奇。为大中华，造新文学，此业吾曹欲让谁？诗材料，有簇新世界，供我驱驰。（《胡适札记》〔十〕）

按，胡适在稍后数日屡屡修改此词，其 4 月 26 日之改稿如下：

> 文章贵有神思。到琢句雕辞意已卑。要不师汉魏，不师唐宋，但求似我，何效人为？语必由衷，言须有物：此意寻常当告谁？从今后，待划除臭腐，还我神奇。(《胡适札记》〔十一〕)

但胡适认为，还是最初稿本最好，所以收入《尝试集》时，仍是初稿本。(见 1934 年 5 月 7 日胡适在此条后之批注)

4 月 16 日　胡适致函韦莲司小姐，祝其生日快乐。又云：过去两周来，几乎什么事都没做，这或许与春天有点儿关系。也许是因为康奈尔的朋友趁春假来纽约造访，分散了工作上的注意力。总之，几天来和朋友们谈得很愉快。现在康奈尔的假期结束了，复活节的假期即将开始。又云，上周四，杨太太 (Mrs. Young) 请胡适去喝茶，在座的还有 Hirth 教授、Hoyt 太太、Whitclock 先生、Chater 先生等。昨晚去了"印度之夜"……(《不思量自难忘：胡适给韦莲司的信》，98～99 页)

4 月 17 日　胡适在札记中记我国文学的三大弊病：

> 吾国文学大病有三：一曰无病而呻。……二曰摹仿古人。文求似左史，诗求似李杜，词求似苏辛。不知古人作古，吾辈正须求新。即论毕肖古人，亦何异行尸赝鼎？"诸生不师今而师古"，此李斯所以焚书坑儒也。三曰言之无物。谀墓之文，赠送之诗，固无论矣。即其说理之文，上自退之《原道》，下至曾涤生《原才》，上下千年，求一墨翟、庄周乃绝不可得。诗人则自唐以来，求如老杜《石壕吏》诸作，及白香山《新乐府》《秦中吟》诸篇，亦寥寥如凤毛麟角。晚近惟黄公度可称健者。馀人如陈三立、郑孝胥，皆言之无物者也。文胜之敝，至于此极，文学之衰，此其总因矣。
>
> 顷所作词，专攻此三弊。岂徒责人，亦以自誓耳。(《胡适札记》〔十〕)

4 月 19 日　胡适在札记中记作文不讲文法之害。(《胡适留学日记手稿

1916年　丙辰　民国五年　25岁

本》之《胡适札记》〔十一〕，原书无页码）

同日　胡适致函许怡荪，寄上札记8册，并请许将读这些札记之想法质直相告，又云：

> 札记于吾年来之文学观念颇详言之……然当此文学革命时代，一点剑拔努［弩］张之气，正不可少。我亦革命军前一健儿也，颇思愿为祖国人士输入一种文学上之新观念，以为后起之新文豪辟除榛莽而已。足下以此意读吾札记中文学一部分可也。
>
> 去国以来，所作韵文，似有进境，足下以为然否？近删存庚戌以来诗词成一集，名之曰"去国集"，盖游子之词也。
>
> 诗词中，间作绮语，然殊非复在国中时"月明绮席传觞夜，笑倚红妆醉眼看"之绮语矣。去国以来，颇能立身修业，其似绮语之诸诗词，皆纪一时友朋之乐而已，初无一毫邪亵之思也。……
>
> 陈独秀君欲刊裴伦诗译稿，不知如何刊法？能如适所写之法刊印否？倘不能如此印法，千万须与注同刊，译稿无注，不如不刊也。……

（胡适致许怡荪函，编号42）

4月20日　胡适复函韦莲司小姐，慰问韦父之病，并告不去绮色佳事；另谈及"印度之夜"Croomaraswamy先生朗诵的诗剧；对韦小姐与Prof. Burr的谈话很感兴趣，并云："我也认识到，企图强加自己的意见在别人身上是件愚蠢的事，从此以后，我要多看和多了解别人是怎么想的。"又谈及夏天顶租韦莲司公寓等事。（《不思量自难忘：胡适给韦莲司的信》，100～101页）

4月23日　胡适作札记，论文字符号。（《胡适札记》〔十一〕）

4月24日　任鸿隽复函胡适，云：

> 来书所示大纲四条，隽又以为无甚奇处，以其除第二条"话怎么说便怎么说"外，皆作文者应守之规律，不拘白话家为然也。《新青年》中的白话诗，有几首此间同人皆不敢谓然。……
>
> ……近阅《新青年》吾与钱玄同书，知吾所欲言者足下亦多已

见及，隽即暂默不言亦可。……（《胡适遗稿及秘藏书信》第 26 册，278～279 页）

4 月 29 日　胡适在札记中说，萧山来裕恂之《汉文典》"此书眼光甚狭，殊不足取"。(《胡适札记》〔十一〕)

4 月 30 日　胡适在札记中说：

　　古代文明所以有毁灭之虞者，以其影响所被之疆域甚小，故一遭摧折，即绝灭无存。其有存者，幸也。今日之文明，则除地球毁灭外更无此虞矣。古代克里特（Crete，地中海东部一岛国）之文明至今始有人发现之。希腊之科学，吾国古代之科学，今皆成绝学，亦以此也。(《胡适札记》〔十一〕)

4 月　胡适在 The Spirit of Laws（by Baron de Montesquieu, translated by Thomas Nugent. —New York: P. F. Collier & Sons, 1900）扉页题记："Suh Hu, April, 1916."(《胡适研究通讯》2017 年第 1 期，29 页)

4、5 月间　胡适有札记："适每谓吾国'活文学'仅有宋人语录，元人杂剧院本，章回小说，及元以来之剧本，小说而已。吾辈有志文学者，当从此处下手。"又记他认为的"活文学"之样本数例。(《胡适札记》〔十一〕)

5 月

5 月 6 日　胡适复函许怡荪，寄上胡绍庭传，并请许对其不确之处加以更正。又说俞樾《读公孙龙子》"间有所发明，然亦无精辟之处"，又请许代买王念孙《读书杂志》、王引之《经义述闻》。又谈国事：孙氏不图出此下策，人之不可料如此。黄兴去国以来，似有进境，倘得人才辅之，或未尝不可有为。然黄名誉颇受损伤，不易恢复也。(胡适致许怡荪函，编号 43)

5 月 10 日　胡适禀母亲，谈及暑假将以全力作博士论文草稿以及归期等问题：

1916年　丙辰　民国五年　25岁

儿之博士论文，略有端绪。今年暑假中，当不他去，拟以全夏之力做完论文草稿，徐图修改之、润色之。今秋开学后，即以全力预备考试。倘能如上学期（九月底至正月底为上学期）之中完事，则春间归国亦未可知。然事难预料，不能确定何时归也。……

……………

上海有友人办一报，欲适为寄稿，适已允之，尚未与言定每月付笔资若干。如有所得，即令由瑞生和转寄来家为家用。该处系友人主持，虽力不能多酬笔资，然亦不致令我白做文字也。（《胡适遗稿及秘藏书信》第21册，95～97页）

按，胡母于6月12日复此函云，告大姊夫章道明于阴历四月十日过世，江冬秀于6月10号来胡宅。自己于胡适兄弟析产那年始，冬间得咯血之症，每年冬天必犯嗽疾。望胡适致函江冬秀以抚慰之。胡适能寄稿上海报馆，极好，若有笔润未始不可稍济家中。（《胡适遗稿及秘藏书信》第22册，179～182页）

同日　胡母谕胡适：胡适岳母于阴历二月十二日出殡，胡家除吊仪以外，又请人代胡适撰祭文一篇。江母既故去，最好请江冬秀常住胡家等。（《胡适遗稿及秘藏书信》第22册，175～178页）

5月18日　胡适作札记，谈"反""切"之别。（《胡适札记》〔十一〕）

5月19日　汪孟邹复函胡适，告：《甲寅》迟未出版之故，一因被禁止邮递，一因章士钊与西林"仆仆无暇"。待时局略定，《甲寅》仍继续出版。又谈及："蒙许刻短篇小说，至为感激无涯。《决斗》一首炼与群益交谊极深，定无异词。《百愁门》一首候再与中华面述，以理度之，当无不可也。"又询胡适何时卒业、何时返里。又谈及有安徽人拟俟时局定后办一日报，"友人议论均谓请吾兄主任至为佳妙也"，又谈及国事等等。（《胡适遗稿及秘藏书信》第27册，271～273页）

5月21日　胡适在 Federal Council of the Churches of Christ in America 发表"The Fetish of the Open Door."，大要是：

When any historic policy is stripped of its proper setting or background, it soon degenerates into a meaningless catchword and its real value is often lost sight of. Thus the policy of the "Open Door" in China, because it is little understood, has come to assume in the minds of many Americans such an undue importance as actually to obscure the real issues of the Far Eastern situation and to obstruct the minds of America and China from seeking their solutions in more fruitful and constructive directions. It seems that the time has come for us to properly evaluate this traditional policy in order that we may determine whether it may not yet serve as a guiding principle in dealing with the new complications that are rapidly developing in the Far East.

For the sake of inviting fruitful discussion on this subject, the present writer wishes to frankly state his own opinion that the Open Door policy is no longer adequate as a constructive "China policy". This contention is based on three reasons: first, the Open Door policy is purely economic; second, its effect with respect to the maintenance of Chinese independence and integrity is merely nominal and essentially negative; and, thirdly, it ignores entirely China's own rights and interests.

……

As to what the future American policy in China should be, that is a problem which we must leave to American statesmanship to solve. It seems to the present writer, however, that if there is to be a new "China policy" at all, it must possess, among other things, these main characteristics. First, it must aim at removing the source of all international rivalry and friction by helping the Chinese people in their struggle to secure a good and enlightened nationalistic government. Secondly, it must be a world-policy: that is to say, it must constantly take into consideration, not merely the "special interests" of any one nation or nations, but also the fundamental and lasting interests of the whole world of which China forms an integral part.... （台北胡适纪念馆藏档，档

号：HS-NK05-197-022）

5月25日　胡适作札记，谈"的"字之来源，"之""者"二字之古音。（《胡适札记》〔十一〕）

6月

6月1日　杨杏佛致胡适一明信片，云：非常欢迎马君武来此，自己可做向导。朱经农已有片请马过来。若胡适能同来，可开中国公学同学会了。（《胡适遗稿及秘藏书信》第38册，29页）

6月7日　胡适在札记中评论昨日死去之袁世凯：

> 吾对于袁氏一生，最痛恨者，惟其"坐失机会"一事。机会之来，瞬息即逝，不能待人。人生几何？能得几许好机会耶？袁氏之失机多矣：戊戌，一也；庚子，二也；辛亥壬子之间，三也；二次革命以后，四也。
>
> 使戊戌政变不致推翻，则二十年之新政，或已致中国于富强。即不能至此，亦决无庚子之奇辱，可无疑也。袁氏之卖康、梁，其罪真不可胜诛矣。二十年来之精神财力人才，都消耗于互相打消之内讧，皆戊戌之失败有以致之也。
>
> 辛壬之际，南方领袖倾心助袁，岂有私于一人哉？为国家计，姑与之以有为之机会以观其成耳。袁氏当是时，内揽大权，外得列强之赞助，倘彼果能善用此千载一时之机会，以致吾国于治安之域，则身荣死哀，固意中事耳。惜乎！袁氏昧于国中人心思想之趋向，力图私利，排异己，甚至用种种罪恶的手段以行其志，驯致一败涂地，不可收拾，今日之死晚矣。
>
> 袁氏之罪，在于阻止中国二十年之进步。今日其一身之身败名裂，何足以赎其蔽天之辜乎？（《胡适札记》〔十一〕）

同日　胡适又有札记记戊戌维新失败对中国历史之影响：

　　吾谓戊戌政变之失败，遂令中国进步迟二十年。既而思之，塞翁失马，安知非福？使二十年前之维新果能成功，则中国今日虽或略强于今日之中国，然其政界现象必具以下诸点：（一）满洲帝室，（二）满洲贵胄，（三）官僚政治（Bureaucracy），（四）种族革命之运动。其结果必为一种皮毛的新政，暂时的治安，而共和之运动反为所阻滞；约如日本今日之政局，而未必有日本今日之精神能力；且种族革命终不可免，则以无根本的解决故也。

　　徒以戊戌失败之故，此二十年中中国之进步，皆起于下而非出于上。其结果乃有辛亥之革命及今日之革命，遂令数千年之帝制一旦推翻，三百年之满清亦同归于尽，今之官僚派余孽似亦有摧灭之势：则虽谓吾国政体问题已有几分根本的解决可也。而此几分根本的解决，皆戊戌失败之赐也。

　　吾之希望，在于此后之进行，已无满族、帝政、贵胄、官僚四者之阻力；他日之民国，其根基或较今日之日本为尤稳固也。（《胡适札记》〔十一〕）

同日　胡适在札记中记"尔""汝"二字之文法。（《胡适札记》〔十一〕）

6月9日　胡适禀母亲：拟今夏赶完博士论文初稿，故夏间仍居纽约，不他去也。（《胡适遗稿及秘藏书信》第21册，126～128页）

同日　胡适札记记马君武过道纽约，留此5日，相见甚欢，聚谈颇多。他给胡适的观感是："……然颇觉其通常之思想眼光，十年以来，似无甚进步。其于欧洲之思想文学，似亦无所心得。……先生负国中重望，大可有为。顾十年之预备不过如此。吾不独为先生惜，亦为社会国家惜也。"（《胡适札记》〔十一〕）

同日　胡适又记朱经农来美，甚喜，言自己与朱在中国公学时即甚相得。革命后，时时念及汤保民及朱经农二人。（《胡适札记》〔十一〕）

6月16日　胡适往绮色佳，留8日，住韦莲司夫人家。此行目的有五：

重游五年旧居之地；看视老友；访旧日教员；观今年毕业式；暂为数日之休息。"此次归来，恍如游子归其故乡，甚多感喟。"17日，往访白特生先生，在大学中，见旧时教师及朋友甚多。18日，仍访友。与任鸿隽、杨杏佛、唐钺、梅光迪等学友辩论文学改良事。

胡适追记访 George Lincoln Burr 情形：

……与谈历史考据之学。余告以近治先秦诸子学，苦无善本。所用皆刻本，其古代钞本已无觅处，至竹书则尤不可得矣。是以今日学者至多不过能作许多独出心裁之读法（Reading），及许多独出心裁之讲解（Interpretation）而已矣。推其至极，不能出"猜测"之外。其猜之当否，亦无从知之。诸家之得失正如此猜与彼猜，相去一间耳。彼善于此则有之，究不知孰为正猜也。

先生亦以为不幸，谓"当着力访求古本。古本若在人间，或在地下，则今人之穷年注校，岂非枉费时力？西方新史学初兴之时，学者亦枉费几许有用之精神时力为笺校之工夫。至近世始以全力贯注于寻求古本原本耳。"先生因命余读：

Farrar: *History of Interpretation.*

Isaac Taylor: *History of the Transmission of Ancient Books to Modern Times.*（1827）

F. G. Kenyon: *Transmission of Knowledge.*［此语又被胡适划掉］（胡适1916年7月5日札记；6月16日、19日禀母亲函，载《胡适遗稿及秘藏书信》第21册，98～99、151～154页）

胡适7月6日札记追记在绮色佳与任鸿隽、杨杏佛、唐钺谈文学改良之法：

余力主张以白话作文、作诗、作戏曲小说。余说之大略如下：（一）今日之文话乃是一种半死的话，因不能使人听得懂之故。（二）今日之白话是一种"活的话"。（三）白话并不鄙俗，俗儒乃谓之俗耳。（四）

白话不但不鄙俗，而且甚优美适用。……（五）凡文言之长，白话皆有之。而白话之所长，则文言未必能及之。……（六）白话并非文言之退化，乃是文言之进化。……（七）白话可产生第一流文学。……（八）白话的文学为中国千年来仅有之文学（小说、戏曲，尤足比世界第一流文学）。……（九）文言的文字可读而听不懂；白话的文字既可读，又听得懂。……（《胡适札记》〔十一〕）

胡适 7 月 13 日札记追记在绮色佳时与梅光迪辩难新文学事：

觐庄大攻我"活文学"之说。细析其议论，乃全无真知灼见，似仍是前此少年使气之梅觐庄耳。

觐庄治文学有一大病：则喜读文学批评家之言，而未能多读所批评之文学家原著是也。此如道听涂说，拾人牙慧，终无大成矣。此次与觐庄谈，即以此直告之，甚望其能改也。

吾以为文学在今日不当为少数文人之私产，而当以能普及最大多数之国人为一大能事。又以为文学不当与人事全无关系。凡世界有永久价值之文学，皆尝有大影响于世道人心者也。……觐庄大攻此说，以为"Utilitarian"，又以吾为偷得 Tolstoi 之绪余；以为此等十九世纪之旧说，久为今人所弃置。余闻之大笑不已。夫吾之论中国文学，全从中国一方面着想，初不管欧西批评家发何议论。吾言而是也，其为 Utilitarian，其为 Tolstoian，又何损其为是。吾言而非也，但当攻其所以非之处，不必问其为 Utilitarian，抑为 Tolstoian 也。（《胡适札记》〔十一〕）

6 月 21 日　Williams 赠送胡适 *Aes Triplex and Other Essays* 一书（by Robert Louis Stevenson. —Portland Maine: Thomas B. Mosher, 1903），有赠书者题记。(《胡适研究通讯》2017 年第 1 期，29 页）

6 月 25 日　胡适往克利弗兰，参加第二次国际关系讨论会（Conference on International Relations）。与会者 90 余人。所讨论问题，包括：门罗主义；

强迫的军事教育；海牙平和会之今昔；财政的帝国主义；"维持和平同盟会"；"中立"；报纸与战争；国际高等法庭；国家主义与世界主义；日本之亚洲政策；"门户开放"政策；墨西哥等。(《胡适札记》〔十一〕)

6月28日　胡适致函韦莲司小姐，主要谈国际关系讨论会进展得很顺利：

> 这回我给自己设了限，不强加自己的意见在别人身上，而是观察和研究别的代表的意见和态度。在会场上最有趣的现象我把它叫做"知识分子的个人主义"。每一个演说者都来阐述自己知识的结晶，心爱的理论，并希望将之传布到整个会场。Frederic C. Howe 谈他经济帝国主义的理论；Sidney L. Gulick 谈他"五分与六块钱"的移民政策；George Nasmyth 发表了他的"公正与武力成反比"的理论；还有几个比较次要的预言家，他们是由教会和平团送来的神学学生，还有几个社会学学者。
>
> 还有一些有趣而令人欣慰的事。比利时的参议员 La Fountaine 和我们在一起，他是个令人难忘的人。自从绮色佳的讨论会之后，极少数的几个会员是有所长进的……
>
> 由于墨西哥的情形，许多讲演者无法出席。有些受邀的演讲者令人失望。最让人失望的事发生在前天。俄亥俄州立大学（Ohio State University）的校长汤普森（Thompson）……在讲了许多空话以后，他宣称，除了第三款以外，他同意和平执行会的纲领。第三款，如你所知，是唯一的一条，说明签字国家有权运用经济和军事的力量来对抗共同的入侵者。(《不思量自难忘：胡适给韦莲司的信》，102～103页)

6月　胡适在 *Democracy and Education: An Introduction to the Philosophy of Education*（by John Dewey. —New York: The Macmillan Company, 1916）扉页题记："Suh Hu, June, 1916."（《胡适研究通讯》2017年第1期，29页）

同月　胡适在 *The Dangers of Half-Preparedness: A Plea for a Declaration of American Policy*（by Norman Angell. —New York, London: G. P. Putnam's

Sons, 1916）扉页题记："Suh Hu, Cleveland, O. June, 1916."（《胡适研究通讯》2017年第1期，29页）

7月

7月1日 胡适离开克利弗兰，2日过绮色佳小住半日。夜以车归纽约，3日晨抵。旅行归，即迁入92 Haven Ave新居（韦莲司小姐旧寓）。卢锡荣（晋侯）同住。（《胡适札记》〔十一〕）

7月5日 胡适在札记中粘贴陶行知与张彭春合影，并记道："……两君皆今日留学界不可多得之人才也。"（《胡适札记》〔十一〕）

7月9日 胡适复函韦莲司小姐，谈及上周四与郑莱的会面，又谈道：除了上星期四有5个访客之外，整个星期没有一个人来打扰。好久没享受过这样美好的孤独了。现在暑校已在哥大开课，相信这样美好的孤独还能继续。又请寄还"A Substitute for Force"一文，以便在出版以前，再把这篇文章通读一遍，并修改最后一部分。又云：

> ……我非常高兴，郑莱先生和你都提出了宝贵的批评和建议。我但愿你对此文批评得更多些，不只是形式上的，也是内容上的。这篇文章中的许多意见是你我共同思考所得，我真不知该如何感谢你。在此文的初稿中，我试著比较基督教教义中的不抵抗主义和老子"以水为谕"的不抵抗主义（这一部分我在定稿中，把它删掉了，因为我恐怕这会显示出作者的国籍）。老子把不抵抗主义视为一种不可抗拒的力量，这一概念是一年前，在我们谈话中，你向我提出后才想到的。我提出这一点是为了说明，我接受了许多你有价值的建议。我想我会把中国哲学中谈到不抵抗主义的部分再加回到这篇论文中去。因为这样能帮助阐明这一学说。〔至于〕基督教有关这方面的学说，似乎说明的还不够。也许我可以把这部分做为注脚来进一步的说明。你觉得如何？
>
> 在最近一期的《新共和》（*New Republic*）中，有一篇很好的文章，

题目是《中国的人物与政党》……

我从克利夫兰寄给你的那两本小书是免费赠送给与会代表的。……(《不思量自难忘:胡适给韦莲司的信》,105页)

7月11日 胡适摘录袁枚论文、论诗之语若干则,认为其眼光见地有大过人处,宜其倾倒一世人士也。"其论文学,尤有文学革命思想。"(《胡适札记》〔十一〕)

7月12日 胡适复函任鸿隽,谈其《泛湖即事诗》:

……惟中间写覆舟一段,未免小题大做。读者方疑为巨洋大海,否则亦当是鄱阳洞庭。乃忽紧接"水则可揭"一句,岂不令人失望乎?……"岸逼流回,石斜浪翻",岂非好句?可惜为几句大话所误。(据胡适7月29日札记;《胡适札记》〔十二〕)

按,7月14日,任鸿隽又复函胡适云:

……足下谓写舟覆数句"未免小题大做",或然。唯仆布局之初,实欲用力写此一段,以为全诗中坚。……或者用力太过,遂流于"大话"。今拟改"鼍掣鲸奔"为"万蟥齐奔","冯夷所吞"为"惊涛",以避海洋之意。尊意以为何如?(中国社科院近代史所藏"胡适档案",卷号1054,分号2)

同日 胡适札记追记:其文"Is there a Substitute for Force in International Relations?"获国际睦谊会征文奖金(奖金百元)。该文主要阐述近一年来对于武力问题的思想变迁,此文受安吉尔与杜威的影响最大,大旨约略如下:

Ⅰ.(1)"A substitute for force" meaning a substitute which shall not involve a use of force—such a substitute there is none.

(2) Even the doctrine of nonresistance can only mean that, as Dewey points out, "under given conditions, passive resistance is more effective resistance than overt resistance would be".

（3）The real problem is to seek a more economical and therefore more efficient way of employing force: a substitute for the present crude form and wasteful use of force.

Ⅱ.（1）What is the trouble with the world is not that force prevails, but that force does not prevail. The present war, which is the greatest display of force ever undertaken by mankind, has only resulted in a deadlock. Has force prevailed?

（2）Why force has not prevailed? Because force has been wasted. Force has been so used as to create for itself a host of rival forces which tend to cancel itself. Under the present system, force is employed to resist force and is canceled in the process of mutual resistance and results in total waste and sterility.

（3）In order that force may prevail, it must be organized and regulated and directed toward some common object.

（4）Government by law is an example of organized force.

（5）Organization of force avoids waste and secures efficiency.

（6）The organizing of the forces of the nations for the enforcement of international law and peace.

Ⅲ.Some details of the plan.（《胡适札记》〔十一〕）

按，此文之全文，收入《胡适英文文存》第1册，远流版，61～76页。

又按，此文又收入外研社版《胡适英文文存》第3册。该书收入时，有出版方为该文所加的中文提要如下：

在《国际关系中存在武力的替代物吗？》中，胡适认为：寻求武力的替代品，并非不使用武力，而是避免穷兵黩武、自相残杀地滥用武力；要发挥武力的作用——将现有国家的武力有效组织起来，将抵抗和摩擦降到最低程度，实现经济和效率最大化。为了实现和平与安全，应将孤立冲突的国家力量置于良好组织的形式之下，置于利益互惠的国际联合之下。胡适还对国际法在国际关系中的作用作了深入的分析。（该书第11页）

7月15日 任鸿隽致胡适一明信片，请胡指正其《题陈衡哲女士〈异兰记〉》，胡适在此片上有朱笔改文。（《胡适遗稿及秘藏书信》第26册，210页）

7月16日 胡适复任鸿隽，云：

……"泛湖"诗中写翻船一段，所用字句，皆前人用以写江海大风浪之套语。足下避自己铸词之难，而趋借用陈言套语之易，故全段一无精彩。足下自谓"用力太过"，实则全未用气力。趋易避难，非不用气力而何？……再者，诗中所用"言"字、"载"字，皆系死字，又如"猜谜赌胜，载笑载言"二句，上句为二十世纪之活字，下句为三千年前之死句，殊不相称也。……以上所云诸病，我自己亦不能免，乃敢责人无已时，岂不可嗤？然眼高手低，乃批评家之通病。受评者取其眼高，勿管其手低可也。一笑。（据胡适7月29日札记，《胡适札记》〔十二〕）

按，次日，任鸿隽将修改后的"泛湖"诗抄寄胡适。（据胡适7月29日札记）

7月17日 胡适复函许怡荪，赞章太炎之学问为今日国内治诸子学者之第一人，其学集孙仲容、俞曲园两家之长，而辅以印度哲学及革命眼光。归纽约后，已读章太炎《齐物论释》及其他关于诸子学者诸书，所得不少。本月中尚在读书，下月拟动手作文。又谈到汪孟邹邀胡适为《甲寅》索文，又拟请胡适担任安徽籍人士欲办日报之主任，但自己绝不愿担任日报主任，"以其太劳，非适所能胜"。他日无论作何营业，必须于营业之外有暇可以自己求学问，乃可为之。又评论马君武：觉其十年以来学问眼光毫无进步可言，"士君子负当世重望如君武者，若真有本领，正大可有为；若徒负虚名，

无有真实学问，则虚名益重，误事必益甚……名誉不可苟得也；得之者如食人之禄，受人之托，宜黾勉自励，图所以副此名望之方，斯可耳。若以虚名自满，若将终身焉，又不思所以称此虚名者，其人对于社会为不负责任，谓为社会罪人可也"。函中又谈将来志业与博士论文写作：

适亦不知归后作何事业，惟有三事终当为之：

一、读书著书　此为终身事业，无论如何，不敢放弃。

二、作教师　此为啖饭之计，亦即树人之图。约以能得大学师范学校高等学校一类之教席为佳。

三、作报章文字　颇思办一杂志，旬报为上，月报次之。须资本充足，可不忧中道闭歇，又能有钱收买佳稿，然后可办。

办报宗旨约如下方：

（一）平章政治；（二）鼓吹社会国家种种需要之改革；（三）输入新思想新学术；（四）发扬国学；（五）造新文学；（六）监督出版界……惟此种梦想，不知何年能实行耳。

……"先秦名学"一文，当竭力早日作成，更以明年上学期……为预备最终试验及修改论文之用。若上学期一切可了，则须更留半年，或以夏间归耳。

论文择题大难，颇不易为，若潦草塞责以得学位为前提，则又非所屑为，迟迟不归，正以此耳。

足下为我求《诸子平议》及《读书杂志》如不易得，且作罢论……他日归来，当以二十年之力作一"中国哲学史"，以为终生一件大事，虽作他事，必不将此志放弃。今惟于先秦哲学略得其渊源沿革耳，归国后当再读书续成此第一期哲学史。兹事体大，绝非今日在海外所能为也。所作论文，限于名学一部，正以其为二千年来之绝学，但可求之诸子原书，别无他书可以相助……尚可以于海外为之耳。（胡适致许怡荪函，编号44）

同日　胡适有札记：

1916年　丙辰　民国五年　25岁

人问今日国事大势如何。答曰,狠有希望。因此次革命的中坚人物,不在激烈派,而在稳健派,即从前的守旧派。这情形大似美国建国初年的情形。美国大革命,本系激烈的民党闹起来的。后来革命虽成功,政府可闹得太不成样子。那时的美国,比今日的中国正不相上下,怕还更坏呢。后来国中一般稳健的政客,如汉弥儿登、华盛顿之类,起了一次无血的革命,推翻了临时约法(The Articles of Confederation),重造新宪法,重组新政府,遂成今日的宪法。从前的激烈派如节非生之徒,那时都变成少数的在野党(即所谓反对党 Opposition),待到十几年后才掌国权。

我国今日的现状,顽固官僚派和极端激烈派两派同时失败,所靠者全在稳健派的人物。这班人的守旧思想都为那两派的极端主义所扫除,遂由守旧变为稳健的进取。况且极端两派人的名誉(新如黄兴,旧如袁世凯)皆已失社会之信用,独有这班稳健的人物如梁启超、张謇之流名誉尚好,人心所归。有此中坚,将来势力扩充,大可有为。

将来的希望,要有一个开明强硬的在野党做这稳健党的监督,要使今日的稳健不致变成明日的顽固——如此,然后可望有一个统一共和的中国。(《胡适札记》〔十一〕)

同日　梅光迪致函胡适,云:

读致叔永片,见所言皆不合我意,本不欲与足下辩,因足下与鄙之议论,恰如南北极之不相容,故辩之无益;然片末乃以 dogmatic 相加,是足下有引起弟争端之意。……

足下所自矜为"文学革命"真谛者,不外乎用"活字"以入文,于叔永诗中稍古之字皆所不取,以为非"廿世纪之活字"。此种论调,固足下所恃为哓哓以提倡"新文学"者,迪亦闻之素矣。

夫文学革新,须洗去旧日腔套,务去陈言固矣;然此非尽屏古人所用之字,而另以俗语白话代之之谓也。以俗语白话,亦数千年相传而来者,其陈腐即足下所谓"死字",亦等于"文学之文字"(Literary

Language）耳。大抵新奇之物多生美（Beauty）之暂时效用，足下以俗语白话为向来文学上不用之字，[此处有胡适眉批：吾并不作如此说法。]骤以入文似觉新奇而美，实则无永久之价值，因其向未经美术家之锻炼，徒诿诸愚夫愚妇无美术观念之口，历世相传，愈趋愈下，鄙俚乃不可言，[此处有胡适眉批：何谓鄙俚！]足下得之乃矜矜自喜眩为创获异矣。如足下之言，则人间材智，教育选择，诸事皆无足算，教育选择是仅为保存陈腐古董之用而已耶。[此处有胡适眉批：此尤无理。]而村农伧父皆足为诗人、美术家矣；甚至非洲之黑蛮，南洋之土人，其言文无分者，最有诗人、美术家之资格矣。何足下之醉心于俗语白话如是耶！至于无所谓"活文学"亦与足下前此言之。[此处有胡适眉批：此乃不通之言。]若取西洋之"活文学"言之，其惟报纸乎！然报纸之文，犹经主笔者呕尽心血而来，非真直抄诸酒店杂货肆者也。文字者，世界上最守旧之物也。足下以为英之Colloquial及Slang诸字可以入英文乎？一字意义之变迁，必经数十或数百年而后成，又须经文学大家承认之。[此处有胡适眉批：今我正欲得文学大家之承认耳。]而恒人始沿用之焉。足下乃视改革文字如是之易乎！

足下所谓"廿世纪之活字"者，乃殊可骇。盖所谓"廿世纪之活字"者，[此处有胡适眉批：思想与文字同无古今，而有死活。]并非廿世纪人所创造，仍系数千年来祖宗所创造者，[此处有胡适眉批：既同系数千年祖宗所创造，何厚于彼而薄于此乎！]且字者代表思想之物耳，而廿世纪人之思想大抵皆受诸古人者，足下习文哲诸科，何无历史观念如是！如足下习哲学，仅读廿世纪哲人若 John Dewey, B. Russell 而置柏拉图、康德于高阁，可乎不可乎？

总之，吾辈言文学革命须谨慎以出之，尤须先精究吾国文字始敢言改革。[此处有胡适眉批：此言是也。]欲加用新字，须先用美术以锻炼之，非仅以俗语白话代之即可了事者也。（俗语白话固亦有可用者，惟须必经美术家之锻炼耳。）[此处有胡适眉批：此亦有理，我正欲叩头作揖求文学家、美术家，采取俗语俗字而加以"锻炼"耳。]如足下言，乃以暴易暴耳，岂得谓之改良乎！大抵改革一事，只须改革其流弊，而与其事之本体无关。[此处有胡适眉批：此言不通，无有意思。] 如足下言革命，直欲将吾国之文学尽行推翻，本体与流弊无别，可乎？

足下言文学革命本所赞成，惟言之过激，将吾国文学之本体与其流弊混杂言之，故不敢赞同。唯足下恕其说直，不以 dogmatic 相加，则幸甚矣。……（杜春和、韩荣芳、耿来金编：《胡适论学往来书信选》下册，河北人民出版社，1998年，1200～1203页）

7月19日 胡适复函韦莲司小姐，希望韦莲司小姐已恢复健康，"对工作的忠诚，也意味著对工作者自己的忠诚。"另及租公寓事等。（《不思量自难忘：胡适给韦莲司的信》，107页）

7月20日 胡适有札记：

人问今日何者为第一要务。答曰，今日第一要务，在于打定主意，定下根本政策（如前此内阁之"建国大计"）；既定之后，以二十年或五十年为期，总要百折不回有进无退的办去，才有救国的希望。

吾国几十年来的政府，全无主意，全无方针，全无政策，大似船在海洋中，无有罗盘，不知方向，但能随风飘泊。这种"飘泊"（Drift），最是大患。一人犯之，终身无成；一国犯之，终归灭亡。因为"飘泊"乃是光阴的最大仇敌。无有方针，不知应作何事，又不知从何下手，又不知如何做法，于是日复一日，年复一年，终成不可救。……

....

今日西方人常提倡"功效主义"（Efficiency）。其实功效主义之第一着手处便是"筹画打算"。不早日筹画打算。不早定方针，那有功效可言？

中国应定什么方针，我亦不配高谈。总之，须要先行通盘打算，照着国外大势，国内情形，定下立国大计，期于若干年内造多少铁路，立多少学堂，办几个大学，练多少兵，造多少兵船……造几所军需制造厂；币制如何改良，租税如何改良，入口税则如何协商改良；外交政策应联何国，应防何国，如何联之，如何防之；法律改良应注重何点，如何可以收回治外法权，如何可以收回租借地……凡此种种，皆须有一定方针然后可以下手。若至今尚照从前的"飘泊"政策，则中国之亡，"岂复须大疾"吗？（《胡适札记》〔十一〕）

同日　胡适有《章太炎论"之"字》。（《胡适札记》〔十一〕）

7月22日　胡适有《答梅觐庄——白话诗》：

一

"人闲天又凉"，老梅上战场。
拍桌骂老胡，"说话太荒唐！
说什么'中国要有活文学！'
说什么'须用白话做文章！'
文字岂有死活！白话俗不可当！（原书中语）
……
把《水浒》来比《史记》，
好似麻雀来比凤皇。
说'二十世纪的活字
胜于三千年的死字'，
若非瞎了眼睛，
定是丧心病狂！"

二

……
文字没有古今，却有死活可道。
古人叫做"欲"，今人叫做"要"。
……
本来同是一字，声音少许变了。
并无雅俗可言，何必纷纷胡闹？

至于古人叫"字",今人叫"号";
古人悬梁,今人上吊:
古名虽未必不佳,今名又何尝不妙?
……
总之,
"约定俗成谓之宜",
荀卿的话狠可靠。
……

三

"不但文字如此,
文章也有死活。
活文章,听得懂,说得出。
死文章,若要懂,须翻译。
文章上下三千年,
也不知死死生生经了多少劫。
你看《尚书》的古文,
变成了今文的小说。
……
正为时代不同,
所以一样的意思,
有几样的说法。
……

四

……
老梅,你好糊涂。
难道做白话文章,
是这么容易的事?

难道不用'教育选择',(四字原书中语)

便可做一部《儒林外史》?"

……

今我苦口哓舌,算来却是为何?

正要求今日的文学大家,

把那些活泼泼的白话,

拿来'锻炼'(原书中屡用此二字),

拿来琢磨,

拿来作文演说,做曲做歌。

出几个白话的嚣俄,

和几个白话的东坡:

这不是'活文学'是什么?

这不是'活文学'是什么?"

五

"人忙天又热,老胡弄笔墨。

文章须革命,你我都有责。

我岂敢好辩,也不敢轻敌。

有话便要说,不说过不得。

诸君莫笑白话诗,

胜似南社一百集。"(《胡适留学日记手稿本》之《胡适札记》〔十二〕,原书无页码)

7月24日　梅光迪复函胡适,云:

读大作如儿时听"莲花落",真所谓革尽古今中外诗人之命者,足下诚豪健哉!盖今之西洋诗界,若足下之张革命旗者亦数见不鲜……大约皆足下"俗话诗"之流亚,皆喜以前无古人后无来者自豪,皆喜诡立名字,号召徒众,以眩骇世人之耳目,而己则从中得名士头衔以

1916年　丙辰　民国五年　25岁

去焉，其流弊则鱼目混珠，真伪无辨，taste 及 standard 尽亡，而人自为说，众口嚣嚣，好利之徒以美术为市，乘机以攫"昏百姓"之钱囊以去。今之美国之"通行"小说、杂志、戏曲，乃其最著者。而足下乃欲推波助澜，将以此种文学输入祖国，诚愚陋如弟所百思而不得其解者也。

夫此种现状固不仅在美术界，欧美近百年来食卢梭与 Romantic movement 之报个人主义已趋极端，其流弊乃众流争长，毫无真伪美恶之别，而一般凡民尤任情使性，无省克与内修之功以为之防范，其势如失舵之舟，无登彼岸之望，故宗教界有所谓 Billy Sunday, Bahaism, Shakerism, Christian Science, Free Thought, Church of Social Revolution, etc., 人生哲学界有 Philosophy of Force, Intuitionism, Humanistarianism, New Morality, Woman Suffrage 及各种之社会主义、各种之"乌托邦"，而经济、政治、法律各界之分派也不胜数焉，其结果也真伪无分，美恶相淆，入主出奴，互相毁诋，而于是怨气之积，恶感之结，一旦横决乃成战争，而人道更苦矣。其所谓"新潮流""新潮流"者，乃人间之最不祥物耳，有何革新之可言。（今之欧战，其大因固在各国思想界之冲突，加以经济之学兴，人权之说倡，以人生幸福只在外张而不在内修，而弱肉强食之说乘之而 might makes right，乃为人生秘诀矣。）盖世界一切事未有行之过度而无流弊者。吾国数千年来及欧洲之中世纪，乃泥古太过，其流弊至于社会枯槁，文化消颓。法国革命及 Romantic movement 以来，欧洲人可谓恢复其自由矣。讵料脱出樊笼不受训练陶养之赐，而野性复萌率兽相食焉。由此可见，凡事须归"中庸"之道。如古人奴婢者，固非为自由之奴婢者亦非也。惟于两者之中取得其平，则文化始有进步之望耳。

忝于知交之列，故不辞烦厌再披愚忠，此为最后忠告。……
　　……………

文章体裁不同，小说、词曲固可用白话，诗文则不可，此早与足下言之，故不赘。

今之欧美狂澜横流，所谓"新潮流""新潮流"者耳已，闻之熟矣，

有心人须立定脚根，不为所摇。诚望足下勿剽窃此种不值钱之新潮流以哄国人也。(《胡适论学往来书信选》下册，1203～1205页)

胡适复函梅光迪，云：

……来书云："所谓'新潮流''新潮流'者，耳已闻之熟矣。"此一语中含有足下一生大病。盖足下往往以"耳已闻之熟"自足，而不求真知灼见。即如来书所称诸"新潮流"，其中大有人在，大有物在，非门外汉所能肆口诋毁者也。……

足下痛诋"新潮流"尚可恕。至于谓"今之美国之通行小说，杂志，戏曲，乃其最著者"，则未免厚诬"新潮流"矣。……足下岂不知此诸"新潮流"皆未尝有"通行"之光宠乎？岂不知其皆为最不"通行"（Unpopular）之物乎？其所以不通行者，正为天下不少如足下之人，以新潮流为"人间最不祥之物"而痛绝之，故耳。……

老夫不怕不祥，单怕一种大不祥。大不祥者何？以新潮流为人间最不祥之物，乃真人间之大不祥已。……（《胡适札记》〔十二〕）

7月26日　胡适复函任鸿隽，对任氏所谓胡之白话长诗为"完全失败"有所辩白：此诗无一"凑韵"之句；此诗乃是西方所谓"Satire"者；此诗中大有"和谐之音调"；此诗亦未尝无"审美"之词句；此诗好处在能达意。胡适不同意任鸿隽"白话不能用之于诗"的说法，指出"白话入诗，古人用之者多矣"，并举陆游的多首诗作例。又指出，白话词曲尤多。胡函云：

……白话未尝不可以入诗，但白话诗尚不多见耳。……

…………

白话之能不能作诗，此一问题全待吾辈解决。解决之法不在乞怜古人，谓古之所无今必不可有，而在吾辈实地试验。一次"完全失败"，何妨再来？若一次失败，便"期期以为不可"，此岂"科学的精神"所许乎？

又述其梦想中文学革命的目的：

（一）文学革命的手段，要令国中之陶、谢、李、杜敢用白话京调高腔作诗。要令国中之陶、谢、李、杜皆能用白话高腔京调作诗。

（二）文学革命的目的，要令中国有许多白话高腔京调的陶、谢、李、杜。要令白话京调高腔之中，产出几许陶、谢、李、杜。

（三）今日决用不着"陶、谢、李、杜的"陶、谢、李、杜。若陶、谢、李、杜生于今日，仍作陶、谢、李、杜当日之诗，则决不能更有陶、谢、李、杜当日的价值，的影响。何也？时代不同也。

（四）吾辈生于今日，与其作不能行远不能普及的五经、两汉、六朝、八家文字，不如作家喻户晓的《水浒》《西游》文字。与其作似陶似谢似李似杜的诗，不如作不似陶不似谢不似李、杜的白话诗。与其作一个作"真诗"，走"大道"，学这个，学那个的陈伯严、郑苏龛，不如作一个实地试验，"旁逸斜出"，"舍大道而弗由"的胡适。

胡函最后说"自此以后，不更作文言诗词"。（《胡适遗稿及秘藏书信》第19册，88～102页）

按，任鸿隽7月24日致胡适函有云：

足下此试验之结果，乃完全失败是也。盖足下所作，白话则诚白话矣，韵则有韵矣，然却不可谓之诗。盖诗词之为物，除有韵之外，为须有和谐之音调，审美之辞句，非如宝玉所云"押韵就好"也。……

要之，白话自有白话用处（如作小说演说等），然却不能用之于诗。如凡白话皆可为诗，则吾国之京调高腔何一非诗？吾人何必说西方有长诗，东方无长诗？但将京调高腔表而出之，即可与西方之莎士比亚、米而顿、邓里孙等比肩，有是事乎？……

乌乎，适之！吾人今日言文学革命，乃诚见今日文学有不可不改革之处，非特文言白话之争而已。吾尝默省吾国今日文学界，即以诗论，其老者如郑苏龛、陈三立辈，其人头脑已死，只可让其与古人同朽腐。

其幼者如南社一流人，淫滥委琐，亦去文学千里而遥。旷观国内，如吾侪欲以文学自命者，此种皆薰莸之不可同器，舍自倡一种高美芳洁（非古之谓也）之文学，更无吾侪厕身之地。以足下高才有为，何为舍大道不由，而必旁逸斜出，植美卉于荆棘之中哉？……今且假定足下之文学革命成功，将令吾国作诗者皆京调高腔，而陶谢李杜之流，永不复见于神州，则足下之功又何若哉！心所谓危，不敢不告。……足下若乃见听，则请他方面讲文学革命，勿徒以白话诗为事矣。……（《胡适遗稿及秘藏书信》第26册，188～190页）

同日 胡适复函韦莲司小姐，谈道：

你建议我对"武力"一词作更确切的界定，这可是一个大工程。除非我重写全文，否则是做不到的。所以我也就不过分苛责自己了。

我和几个绮色佳的朋友，正在激辩一些文学上的问题，所以我对修改这篇文章，实在没有太大兴趣。我删了所引 Norman Angell 的一段话，在结论上另加了几段。我自己并不满意，而且我没有时间把它打出来。我只有下午的时间，来处理这些"外务"……

这里的管理员似乎挺喜欢我。她答应为我找一个分租的房间。……

我平常的工作进展得相当顺利。我的论文完全还未动工，我希望下星期能开始。

我希望你已痊愈，并且工作得很起劲。……（《不思量自难忘：胡适给韦莲司的信》，108～109页）

7月27日 胡适致函江冬秀，希望江能在胡家多住几个月。望江"勿怪我迟迟不归"。（《胡适遗稿及秘藏书信》第21册，293～294页）

7月28日 朱经农复函胡适，云："叔永诗境甚高，杏佛清新俊逸，而足下则如天马行空，超绝尘寰，虽不必如叔永所谓文学革命，亦自别开生面也。"又抄示自己诗作四首。（《胡适论学往来书信选》上册，396页）

7月 胡适为《去国集》作一短序：

胡适既已自誓将致力于其所谓"活文学"者，乃删定其六年以来所为文言之诗词，写而存之，遂成此集。名之曰"去国"，断自庚戌也。昔者谭嗣同名其诗文集曰"三十以前旧学第几种"。今余此集，亦可谓之六年以来所作"死文学"之一种耳。

集中诗词，一以年月编纂，欲稍存文字进退，及思想变迁之迹焉尔。（《尝试集》第四版附《去国集》，125页）

同月　胡适在 Essays in Experimental Logic（by John Dewey. —Chicago: The University of Chicago Press, 1916）扉页题记："Suh Hu, New York, July, 1916. 杜威著《实验的名学》。"（《胡适研究通讯》2017年第1期，29页）

8月

8月1日　任鸿隽复函胡适，谈道："近作白话诗渐近宋人谈理之作，然第一首《中庸》却有误解孔子之处，不然则足下故为削足就履之语，两者皆诚望有以改之也。前书及近片所引诸白话诗所以佳者，皆以其有诗情在，不独以白话故也。近人竹枝词亦多此体，然皆偶一为之，若全集皆作此等语，恐亦不足贵矣。"又希望胡适参加科学年会并发表文章，因饶毓泰、赵元任均因病不能出席。（《胡适遗稿及秘藏书信》第26册，212页）

8月3日　胡适致函韦莲司小姐，谈到租住其公寓的愉快心情，卢锡荣现与自己同住。又谈道：

与绮色佳朋友的"笔战"暂时休战。我对战果相当满意：我为"白话"做为文学工具而辩护。我无视于朋友们的保守主义，我公开宣称，我再不用文言文来作诗，我把文言文叫作中国的"死文字"。往后几年，我将用白话文来做"实验"。（《不思量自难忘：胡适给韦莲司的信》，110～111页）

8月4日　胡适札记记：自己最恨"耳食"之谈，但自己实亦不能全

无"以耳为目"之事,"即如前日与人谈,偶及黑人'自由国'(Liberia),吾前此意想中乃以为在中美洲,此次与人谈,遂亦以为在中美洲,而不知其在非洲之西岸也。及后查之,始知其误"。记此以自戒。(《胡适札记》〔十二〕)

同日　胡适在札记中又记:《书》中"惠迪吉,从逆凶"之"从逆凶"是活语,"惠迪吉"是死语。(《胡适札记》〔十二〕)

同日　胡适复函任鸿隽,云:

……古人说,"工欲善其事,必先利其器"。文字者,文学之器也。我私心以为文言决不足为吾国将来之文学之利器。施耐庵、曹雪芹诸人已实地证明小说之利器在于白话。今尚需人实地试验白话是否可为韵文之利器耳。……

我自信颇能以白话作散文,但尚未能用之于韵文。私心颇欲以数年之力,实地练之。倘数年之后,竟能用文言白话作文作诗,无不随心所欲,岂非一大快事?我此时练习白话韵文,颇似新习一国语言,又似新辟一文学殖民地。可惜须单身匹马而往,不能多得同志,结伴同行。然吾去志已决。公等假我数年之期。倘此新国尽是沙漠不毛之地,则我或终归老于"文言诗国",亦未可知。倘幸而有成,则辟除荆棘之后,当开放门户迎公等来莅止耳。"狂言人道臣当烹,我自不吐定不快,人言未足为重轻。"足下定笑我狂耳。……(《胡适札记》〔十二〕)

同日　胡适复函朱经农,云:

足下谓吾诗"谓之返古则可,谓之白话则不可"。实则适极反对返古之说,宁受"打油"之号,不欲居"返古"之名也。古诗不事雕斫,固也,然不可谓不事雕斫者皆是古诗。正如古人有穴居野处者,然岂可谓今之穴居野处者皆古之人乎?今人稍明进化之迹,岂可不知古无可返之理?今吾人亦当自造新文明耳,何必返古?……(《胡适札记》〔十二〕)

按，朱经农8月2日原书云：

……弟意白话诗无甚可取。吾兄所作"孔丘"诗乃极古雅之作，非白话也。古诗本不事雕斫。六朝以后，始重修饰字句。今人中李义山獭祭家之毒，弟亦其一，现当力改。兄之诗谓之返古则可，谓之白话则不可。盖"白话诗"即"打油诗"。吾友阳君有"不为功名不要钱"之句，弟至今笑之。（《胡适札记》〔十二〕）

8月8日 梅光迪致函胡适，云：

读致叔永书，知足下疑我欲与足下绝，甚以为异。足下前数次来片，立言已如斩钉截铁，自居为"宗师"，不容他人有置喙之余地矣。夫人之好胜，谁不如足下。足下以强硬来，弟自当以强硬往。处今日"天演"之世，理固宜然。此弟所以于前书特恃强项态度，而于足下后片之来竟不之答者也。

虽然若足下不厌其烦，当更进数言。足下来书称弟守旧，似若深惧一切"新潮流"者，妄矣。窃谓弟主持破坏及前无古人后无来者之观念，亦不让足下。弟所以对于多数之"新潮流"持怀疑态度者，正以自负过高（请恕之）不轻附和他人之故耳。为自由之奴婢与为古人之奴婢，其下流盖相等，以其均系自无所主，徒知人云亦云耳。

前片所咨数款不必细答，略一言之已足。弟于近世文学界一切新潮流自不敢谓详知（试问非文学史专家，何人能详知者），然亦颇闻其说矣。大约自十九世纪中叶感情派（又曰理想派，其实皆不确，因所包太广也）之文学趋于末流以来，欧洲文学嗣响中绝者垂三四十年，其中小派杂出，各欲出奇制胜。弟前书所称之各派别，皆于是时纷出，所谓 Decadents 者也。英之 Oscar Wilde，法之 Verlanie, Baudelaire 其尤著者。近日其风乃盛于美。今之 Vers libre 有"康布利基"女诗人 Amy Lowell 为之雄，其源肇于法，亦 Decadents 之一种，一般浅识之报章多录其诗，为之揄扬，然其诗实非诗也。盖"新潮流"之真有价值者，断不久为识者所弃如是。足下须知"自由诗"之发生，已数年于兹，

而并未稍得士大夫赏颜，此好自由之欧美所不习见者也。其诗之无价值，可知矣。

然"白话诗"亦只可为诗之一种，如 Burns, Whitman, Riley 皆为之而有成，能卓然自立者。然此非诗之正规，此等诗人断不能为上乘，不过自好其好，与诗学潮流无关，尤非诗界革命之徒也。足下所言吾国诗界大家之白话诗，此不过其偶一为之，且非诗中之佳者，足下奉以为圭臬，窃以为厚诬古人矣。足下初以为作诗如作文，继以作文可用白话，作诗亦可用白话，足下之 syllogism 即"亚里士多德"亦不能难，然其病在足下之 major premise 耳。文章体裁最须分辨，前书已言之。诗者，为人类最高最美之思想感情之所发宣，故其文字亦须最高最美，择而又择，选而又选，加以种种格律音调以限制之，而后始见奇材焉，故非白话所能为力者。

以白话之为物，如西文之 provincialism, slang 其源多出于市井伧父之口，不合文字学之根源与法律，且其用途与意义取普及、含糊、无精微之区辨，故有教育者摈之于寻常谈话之外惟恐不及，岂敢用之于文章哉！文章之愈高者，其用字愈主有精细之区别，愈主广博。沙士比亚用字至一万五千余，密尔登为英诗家之最淹博者，其用字不及沙翁之半，他人无论矣。（足下前书言沙翁用白话作戏曲，又称不为其时人所许，乃大误也。[此处有胡适眉批：此不然也，沙翁之文字以视其时士夫所通用之拉丁文，则为白话耳。]沙氏为贵族诗人，指其诗为取悦贵族而作之意，生平尤轻视平民。至其为并世人所推许，观 Ben-gonson 之言可知）Ben Jonson 乃莎氏同行之人。而足下乃欲用白话以缩小吾国文章之 Vocabulary, 不亦左乎！[此处有胡适眉批：缩小乎哉，吾正欲扩充之耳。]

窃谓吾国人自秦汉以来久已失学，即能文之士，其智识亦日出于卑陋，故其为文"言之无物"，而其"字数"（Vocabulary）亦因之日损。盖字者思想之符号，无思想故无字。观唐宋之人之文与晚周人之文，其字数之多寡可立判也。故章太炎谓文章自魏晋后无可观者[此处有胡适眉批：此指散文（古文）言则可］，非妄言也。今之吾辈言文学革命第一要事，即在增加字数，字数增而思想亦随之，而后言之有物。偶一检阅字典，知古人称二岁马曰驹，三岁或四岁马曰駣，八岁马曰䮷，白额马曰駹，马饱食曰䭾，二马并驾曰骈。［此处有胡适眉批：此等字皆为天然所淘汰，后世字数多于古人何逮百倍。］假借合词之字，尤远非古人所可及也，即如"八岁马"三字，析之则成三字，合之则"八岁"是一词，"八马"又成一词，"八岁马"又成一词，其视"驹"字，为适于人择之道故亡，不足恤也。

又知古人称无草木之山曰岵，有草木之山曰峐，小山与大山相并而小山高过于大山者曰峘；其余字有精微之区别者不可枚举，古人皆知之，而后人以失学与懒惰故乃皆不知之，而以少许之字随便乱用，后人头脑之粗简可知。故吾人须增加字数，将一切好古字皆为之起死回生。昔法之嚣俄等倡文学革命也，即 Revive 多数古字，吾人所当取法者也。弟窃谓文学革命之法有四，试举之如下：

一曰摈去通用陈言腐语，如今之南社人作诗，开口燕子、流莺、曲槛、东风等已毫无意义，徒成一种文字上之俗套（Literary Convention）而已，故不可不摈去之（以上为破坏的）。

二曰复用古字以增加字数，如上所言。

三曰添入新名词，如科学、法政诸新名字，为旧文学中所无者。

四曰选择白话中之有来源、有意义、有美术之价值者之一部分，以加入文学，然须慎之又慎耳。（以上二、三、四三者为建设的，而以第二为最要最有效用，以第四为最轻，最少效用。）弟窃谓此数端乃吾人文学革命所必由之途，不知足下以为何如，请有以语我。

天下事最忌简易与速成，吾人如欲文学革命必须取极迂远之途，极困难之法，为极大之精神与脑力上之牺牲，始可有成耳。故吾人第一件须精通吾国文字，多读古书，兼及汉以来之百家杂史、说荟笔记等，为从来 Orthodox 文学所不介意者；再一面输入西洋文学与学术思想，而后可言新文学耳，然此非十年或十五年之力无能为也（诸人

尤深于历史与古诗）。昔 Scott, Gray, Hugo, George Sand, Walpole, Goethe 等之倡新文学也，皆重钻故纸食古人之白骨。又采用通俗文学（然此效力甚微）与科学智识，费尽心血而后成功，望足下共与吾辈勉之耳。……（《胡适遗稿及秘藏书信》第33册，450～458页）

8月9日　胡适禀母亲，谈日常起居，又抄寄去年所作《水调歌头·今别离》。（《胡适遗稿及秘藏书信》第21册，25～28页）

8月12日　朱经农致胡适一明信片，云：关于白话诗，将不再与胡适以笔墨辩难，认为胡适于文学界能自树一帜，为自己所倾慕，但愿勿误入歧途，则同志幸甚，中国文学幸甚。（中国社科院近代史所藏"胡适档案"，卷号1007，分号5）

8月14日　许怡荪致函胡适，说道："前过沪上，陈君独秀属为致书足下，丐每月为文一篇，以冠《青年》之首，并邀请国内耆宿为文以相辅助，而推足下主盟，其意甚盛。告以'适之现方伏案著书，功在垂成，日力有限，恐难分心耳；然必将尊意详为道达'。陈之为人性情偏急，难与长久。……鄙意思将寄示札记另录简编……即颜曰《藏晖室札记节钞》，寄登陈独秀君所办《青年》，以塞海内知交之望，未审尊旨如何？能允所请否耶？"（许怡荪致胡适函，编号23）

8月19日　梅光迪复函胡适，认为胡适有"无的放矢"之病。又云：

所言数端，弟固多所赞同，不必多辨。弟来新大陆已五年，甚不愿足下以对八股先生之手段对我也。弟之所恶于今人者，非恶其"自由主义"，恶其自由主义行之太过之流弊也。学术思想亦有因自由主义而真伪无别、是非倒置者。晚周诸子学之时，学术思想自由极矣，然平心论之，其大多数皆无存立之价值者也。凡世界上事，惟中庸则无弊。学术思想一尊之流弊，在狭隘而无发扬余地；学术思想自由极端之流弊，在如狂澜决堤而不可收拾，其祸与学术一尊一也。吾国之晚周与今日之欧美，受祸于自由极端。吾国秦汉以来至今与欧洲之中世纪受祸于一尊，然能取中庸之道而行之者，人类史上实未之见，其难盖如此。盖中庸终不过为一理想的，欲达此一理想，其惟天下之人皆圣贤乎。

足下崇拜今世纪太甚是一大病根，以为人类一切文明皆是进化的，此弟所不谓然者也。科学与社会上实用智识（如 Politics、Economics）可以进化。至于美术、文艺、道德则否，若以为 Imagist Poetry 及各种美术上"新潮流"以其新出必能胜过古人或与之敌，则稍治美术文学者闻之必哑然失笑也。足下于文学美术乃深有研究者，甚望出言稍慎，无贻知者以口实则得矣。……（《胡适遗稿及秘藏书信》第 33 册，443～445 页）

8月中 胡适在札记中记前数日曾应邀往 Lewis S. Gannett 家小住。（《胡适札记》〔十二〕）

8月21日 胡适致函陈独秀，认可陈独秀"吾国文艺犹在古典主义、理想主义时代，今后当趋向写实主义"之说。又从批评《青年》刊登的一篇长律入手，指出，"今日文学之腐败极矣"。又指出："综观文学堕落之因，盖可以'文胜质'一语包之。文胜质者，有形式而无精神，貌似而神亏之谓也。欲救此文胜质之弊，当注重言中之意，文中之质，躯壳内之精神。"以为"欲言文学革命，须从八事入手"：

一曰，不用典。

二曰，不用陈套语。

三曰，不讲对仗。……

四曰，不避俗字俗语。（不嫌以白话作诗词）

五曰，须讲求文法之结构。

此皆形式上之革命也。

六曰，不作无病之呻吟。

七曰，不摹仿古人，语语须有个我在。

八曰，须言之有物。

此皆精神上之革命也。（《新青年》第 2 卷第 2 号，1916 年 10 月 1 日）

8月22日　胡适有《送叔永之波士顿》《打油诗戏柬经农、杏佛》。(《胡适札记》〔十二〕)

同日　胡母谕胡适，令胡适早归：

> ……至于尔久客不归，伊之闺怨，虽未流露，但摽梅之思，人皆有之。伊又新失慈母之爱，独居深念，其情可知，是以近来颇觉清减，然亦毋怪其然也。即余而论，余自从前聆尔丙辰赋归之说，所以虽阻越万里，尚不甚作倚闾之念。即尔去年来信，亦云今年秋季可归，不料睁睁望到今年，而来禀又复展至明年，其中展期之理由又未说明，令予骤聆之，陡觉遍身冷水浇灌，不知所措。况外间屡有人传尔另婚不归云云，虽此等无据之谈，予皆当作过耳风，但尔屡稽归期之故，实令予无从捉摸。予自近年疾病缠身，虽行年尚未笃老，而情景已类风烛，春冬之时，困顿尤甚。中夜自思，所欲然不足者，系尔等婚事未完耳。尔何不善体予志，令予望眼几穿耶？今与尔约，尔能尽年内赋归，自属最妙；万一不能，亦望明年趁春季归来，万万不可再延。此信到后，务须先具一切实之回禀，以免予心内烦冤，至嘱至盼！……(中国社科院近代史所藏"胡适档案"，卷号655，分号5)

8月23日　胡适有《窗上有所见口占》：

> 两个黄蝴蝶，双双飞上天。
> 不知为什么，一个忽飞还。
> 剩下那一个，孤单怪可怜。
> 也无心上天：天上太孤单。(《胡适札记》〔十二〕)

8月26日　任鸿隽致胡适一明信片，谈论胡适的"蝴蝶诗"。对胡适不能来集会失望，请杨杏佛代为宣读文章。(《胡适遗稿及秘藏书信》第26册，214页)

8月30日　胡适复函江亢虎：

1916年　丙辰　民国五年　25岁

……今日思想闭塞，非有"洪水猛兽"之言，不能收振聩发聋之功。今日大患，正在士君子之人云亦云，不敢为"洪水猛兽"耳。适于足下所主张，自视不无扞格不入之处，然于足下以"洪水猛兽"自豪之雄心，则心悦诚服，毫无间言也。……（《胡适札记》〔十二〕）

8月31日　胡适禀母亲，重点谈婚事及归期：

母往往说及儿子婚事未完，以为生平第一缺憾。其实，此乃母心中过虑也。儿子婚事件件都已由母安排定当，所未完者，不过迎娶一节耳。望母不必远虑，更不必以此一节未完，遂增烦恼。至于"切实之归期"，前书已说明所以不能确定之原故。今以母信敦促，且作下文切实之回覆：儿子归期早则春间，迟则夏间，无论如何，夏间决定回国。（《胡适遗稿及秘藏书信》第21册，91～94页）

同日　胡适札记有记：朱经农曾于千里外来访，停留3日，有白话诗唱和。（《胡适札记》〔十二〕）

7、8月间　朱经农致函胡适云：

……凡理论必须与事实相符，然后足以服人，若以进化之空谈抹杀古文之好处，弟终期之以为不可。我国文学，六朝不如汉魏，明清不如唐宋，事实昭然，当邀洞鉴。韩退之文章起八代之衰，对于六朝诚为进化，然其好处全在能取法秦汉，欲谓其不返古不可得也。夫文学本无所谓新旧，只求能"达意"及"感人"便为上品。试问近人之文字有能如《史记》之"感人"者否？有能如《史记》之"畅达"者否？殆不可多觏也。然则谓之"进化"可乎？白话诗所以（不）如古诗者，盖缺一"美"字，故感人不深，达意不畅。此即所谓"言之无文，行之不远"。村歌山谣决不足以风行全国，传之后世，弟敢断言。

且中国方言至不统一，所谓白话有能通于此而不能行于彼者。足下所用之白话，究以何者为范围，何者（为）标准耶？……

……白话诗无甚好处，兄其毋以进化之说相难也。……（《胡适论

411

学往来书信选》上册，398～399页）

8月　朱经农复函胡适，云:《去国》已收到，拜诵一过，狂喜欲舞，除两律弟不赞成外，余均上上品，不但叙情写景栩栩欲活，且词意恳挚，格调苍劲，直逼古人（此语兄不愿闻）甚矣，"死文字"之不死也。和杏佛诗仓卒为之，无律无韵，直类白话，盖欲仿尊格，画虎不成也。……（《胡适论学往来书信选》上册，400页）

8月31—9月2日　胡适读《论语》，并有札记。（《胡适札记》〔十二〕）

9月

9月1日　《新青年》第2卷第1期发表胡适所译短篇小说《决斗》。

9月3日　胡适作《尝试歌》，其中有云：

"尝试成功自古无"，放翁这话未必是。
我今为下一转语："自古成功在尝试！"
请看药圣尝百草，尝了一味又一味。
又如名医试灵药，何嫌"六百零六"次？……
莫想小试便成功：天下无此容易事！
……
我生求师二十年，今得"尝试"两个字。
作诗做事要如此，虽未能到颇有志。（《胡适札记》〔十二〕）

9月3—4日　胡适读《易》，并有札记。（《胡适札记》〔十二〕）

9月4日　胡适寄照片与母亲，谈及"现方作博士论文颇忙，脱稿之期正尚遥也"。（《胡适遗稿及秘藏书信》第21册，79～80页）

同日　胡适致函胡近仁，谈及"近来作博士论文草稿，日日为之，颇不得暇"，又谈及"……近已不作文言之诗词。偶欲作诗，每以白话为之，但以自娱，不求世人同好之也"。又抄寄《孔子》《朋友》两首白话诗。（《胡

适家书手迹》，69～72页）

9月5日　胡适抄录王阳明之白话诗。(《胡适札记》〔十二〕)

9月6日　胡适有《他》诗，并加注："或问忧国何须自解，更何消自调。答曰：因我自命为'世界公民'，不持狭义的国家主义，尤不屑为感情的'爱国者'故。"(《胡适札记》〔十二〕)

9月7日　胡适复函许怡荪，谈及王念孙父子未能述其学说，然其考据之甚而多当，博而不滥，乃治诸子者不可少之良师。又谈早定立国大计：

……今之急务，在手定立国大计，既定之后，须以全力经营之，期以十年二十年不折不挠之工夫，然后可以有成。若无定计，则如无舵之舟，又无罗盘，在大海中东飘西泊，枉费时日，终无所达。盖成功之第一要件，在先定欲成何等之功，先定欲办到什么地位。日本之成功，其一重要原因，在有一主要目的，在于能以五十年之力继续实行几条先定的政策。吾国二十年来吃亏最大之处在于无人为国家打主意。无有主意，如何办事？今之人多言"收效主义"……其实收效主义之第一秘诀，即在先行通盘筹算，打定主意，主意既定，乃有事可做耳。适尝谓人曰，"打个坏主意胜于没主意"。盖坏主意行不去时，尽可更改，而此一番实地试验的阅历，已可为后来之鉴戒之帮助，并不算枉费也。若无主意，则如无头苍蝇，终日忙忙碌碌，不知忙的什么。更以实事言之：如国内高等教育，若国家二十年打定主意，以全国之力办一国立大学，则今日或已有一个可算得大学的大学，未可知也。不幸二十年来，教育部无方针可言，所以至于今日尚无一个大学。……

胡适在函中又劝许怡荪、高一涵接办《甲寅》，而自己在归国后当多读书作文，"或须一二年后始可使此久疏之笔畅所欲言耳"。又谈及今年美国选举不复如1912年之热闹。又谈及：

来书问工党势力膨涨之故，此非一言所能尽。要而言之，约有三端：一则民权政治必至之趋势。欧美之劳动者渐得选举权……二则社会主

义之影响。社会主义区社会为资本家劳动家二大阶级……三则工党组织之进步。工党深知合群之效……（胡适致许怡荪函，编号45）

9月10日　陈独秀复函胡适，称：《青年》将续刊，但改名为《新青年》；对胡适改造新文学意见，"甚佩甚佩"；望胡适为《青年》多译短篇名著，以为改良文学之先导；胡适所译拜伦诗，能否刊于《青年》？"中国万病，根在社会太坏，足下能有暇就所见闻论述美国各种社会现象，登之《青年》，以告国人耶？"（《胡适遗稿及秘藏书信》第35册，558～560页）

9月12日　任鸿隽将昨夜所作诗抄示胡适。（《胡适遗稿及秘藏书信》第26册，231页）

9月12—14日　胡适读《易》，并有札记。（《胡适札记》〔十二〕）

9月14日　朱经农复胡适一明信片，谈及胡适的白话诗竟得任鸿隽称许。又抄示打油词。（中国社科院近代史所藏"胡适档案"，卷号1007，分号7）

9月15日　夜，胡适观"哑戏"。（《胡适札记》〔十二〕）

同日　胡适有札记：

余初作白话诗时，故人中如经农、叔永、觐庄皆极力反对。两月以来，余颇不事笔战，但作白话诗而已。意欲俟"实地试验"之结果，定吾所主张之是非。今虽无大效可言，然《黄蝴蝶》《尝试》《他》《赠经农》四首，皆能使经农、叔永、杏佛称许，则反对之力渐消矣。经农前日来书，不但不反对白话，且竟作白话之诗，欲再挂"白话"招牌。吾之欢喜，何待言也！（《胡适札记》〔十二〕）

9月22日　胡适来纽约满一周年。一年中，收信999封，发信874封。（《胡适札记》〔十二〕）

9月27日　胡适禀母亲，谈及：哥伦比亚大学今日开学。又谈及："博士论文，夏间约成四分之一。今当竭力赶完，以图早归。"归前，应预备三事：归国时作何事业；归国未得久远事业时，该如何办理，如何糊口；家事如何安排，何时结婚，何时出门。又谈及久不得江冬秀来书，希望江常来信云云。

(《胡适遗稿及秘藏书信》第 21 册，52～57 页）

9 月　胡适在 *Lyrics from the Chinese*（by Helen Waddell. —Boston, New York: Houghton Mifflin Company, 1916）扉页题记："Suh Hu, Gift from Elmer Beller, Sept., 1916, New York."（《胡适研究通讯》2017 年第 1 期，30 页）

同月　胡适在 *Towards an Enduring Peace: A Symposium of Peace Proposals and Programs, 1914—1916*（by Randolph S. Bourne. —New York: American Association for International Conciliation）扉页题记："Suh Hu, Gift of the American Association for International Conciliation, N. Y. C., September, 1916."（《胡适研究通讯》2017 年第 1 期，30 页）

同月　胡适在 *The Principles of Psychology*（by William James. —New York: Henry Holt and Company, 1890）扉页题记："Suh Hu, New York, September, 1916."（《胡适研究通讯》2017 年第 1 期，30 页）

10 月

10 月 5 日　陈独秀复函胡适，谈及：文学改革为我国目前切要之事；文学之文与应用之文应该区分；又请胡适为学生、社会介绍美国书报：

> 文学改革，为吾国目前切要之事。……《青年》文艺栏意在改革文艺，而实无办法。吾国无写实诗文以为模范，译西文又未能直接唤起国人写实主义之观念，此事务求足下赐以所作写实文字，或切实作一改良文学论文，寄登《青年》，均所至盼。仆拟作《国文教授私议》一文……鄙意文学之文必与应用之文区而为二，应用之文但求朴实说理纪事，其道甚简。而文学之文，尚须有斟酌处，尊兄谓何？美洲出版书报，乞足下选择若干种，详其作者、购处及价目登之《青年》，介绍于学生、社会，此为输入文明之要策。(《胡适遗稿及秘藏书信》第 35 册，561～562 页）

同日　梅光迪复函胡适，云：

……足下将弟前片掷还本无足怪，因弟之讽刺惯习固不宜施之好友如足下者也。……

来片言："但有是非，何问新旧！"正得我心。今世之人若能奉行此语，弟又有何说。惟西方自有卢梭之徒与尚情派文学之潮流（Romantic movement）起，争新尚异，人自为说，其所欲得者不在真而在新，不在众人之所同而在个人之所独；黠者乘而奋兴，巧立名目，号召徒众，以"新"之一名字标于天下，而天下乃靡然从风，不问其有真理与否也。盖今世之人如在大旋涡中，头昏目眩，手足无倚，不过供"学术家"与"思想家"之傀儡与牺牲而已。此种情形至少产出两大害：一曰使人无决择力。盖众说杂出，各眩其长，真者与伪者混，又无有大权者（Authority）一为之辨别。足下为学说界上之审判官，故假真混乱，标准丧亡，天下皆如盲人瞎马，卒之决择之力失，智识上之发达退步千里，今之欧美学术界之现状其明征也。二曰使人无道德上之训练。盖今人假以推翻旧社会制为名，创一种所谓"新道德"者，其新道德为何，则个人自由不受约束是也。个人有放僻邪侈行为，则曰旧社会制之过也，非个人之过也，于是个人对于社会无责任，可以为所欲为；有责之者则曰吾固为一"试验"而已，新者之是非必待试验而后知也。不知人寿几何？一新学说之试验未终，而其创之者已一抔黄土，试验之结果渠不之顾也。而世间之受其害者已无冤可诉，不能起此大贼于九原，而使之担负试验恶果之责任。故今人之惯习若不能受社会之节制，必创一新社会制，而以试验号于众，其试验结果之良否彼固不负责任也。其流弊也，举世之人乃丧失其道德筋（moral fibre）。如自由诗（Free verse）之徒，乃因其不能受旧诗之纪律，怕吃艰困，乃择其最易者而行之（此亦道德上之问题也）。又如Economic efficiency与机器之便利，皆人类不愿吃苦，而以偷闲苟安为计所致。（因世间好事好物，决非不吃苦所能得者。）吾辈眼见美国人行事异常灵便，初皆惊之美之，其实美国人乃最偷闲苟安者也。惟其偷闲苟安，故只顾目前生涯，而于人生大问题皆不能顾，其思想之鄙野，与志节之颓败，乃出人意料之外。最可痛心者莫若其政党，今之居白宫者号为一世大儒，而其志行薄弱如是，吾复何言！

  弟之所恃人生观在保守的进取，而尤欲吸取先哲旧思想中之最好者为一标准，用之以辨别今人之"新思想"，庶至胸有成算，脚根立得定，不为一时之狂风骤雨所摇。否则当此众说杂出之时，应接不暇，辨择无力，乃至顺风而倒，朝秦暮楚，而道德上受纪律艰困之能力渐失矣。弟现在抱定为人为学之宗旨如是，幸足下有以教之。……（《胡适遗稿及秘藏书信》第33册，459～463页）

10月23日 胡适札记有记："前日作一极不可宥之事，以骄气陵人，至人以恶声相报。余犯此病深矣。然受报之速而深，无如此次之甚者，不可不记也。"（《胡适札记》〔十二〕）

10月29日 任鸿隽致胡适一明信片，抄示和胡适"落叶诗"一首。（《胡适遗稿及秘藏书信》第26册，218页）

10月 胡适在 *A History of American Political Theories*（by C. Edward Merriam. —New York: The Macmillan Company, 1903）扉页题记："Suh Hu, October, 1916, New York City."（《胡适研究通讯》2017年第1期，30页）

11月

11月1日 胡适读《论语》，有札记。（《胡适札记》〔十二〕）

11月3日 任鸿隽致胡适一明信片，告前抄示之五言绝句极佳，乃胡适近来杰作，好诗不在多，诗多亦不容易好。（《胡适遗稿及秘藏书信》第26册，219～220页）

11月4日 蒋梦麟致函蔡元培，力劝蔡就任北大校长，并受胡适之托，特意向蔡转陈办学三要纲：

  有胡适（字适之）君者，素留心世务，嘱转陈办学要纲三条，兹录之如下：

（一）以全副精神办国家大学。

（二）专责成全权办理，定以限期几年。

（三）指定常年经费，要国会通过指定。

以上三条，其第三条最为紧要。盖大学经费非由议会通过，则财政部得任意增减，于大学之进行最有阻碍，语颇中肯，故乐为转达。（此函乃笔者 2017 年 4 月拍摄于北京大学举办的一次有关蔡元培的展览。）

11 月 6 日　胡适读欧阳修之《易童子问》，有札记。（《胡适留学日记手稿本》之《胡适札记》〔十三〕，原书无页码）

同日　任鸿隽致胡适一明信片，抄示月下赋诗一首。明日纽约大选应当非常热闹，自己将赴波士顿一观。（《胡适遗稿及秘藏书信》第 26 册，221 页）

11 月 7 日　任鸿隽致胡适一明信片，请胡适指正其所作黄兴挽词。（《胡适遗稿及秘藏书信》第 26 册，222～223 页）

11 月 8 日　胡适到友人 Paul B. Schumm 父母家晚餐。（《胡适札记》〔十三〕）

11 月 9 日　胡适致函韦莲司小姐云：美国大选的结果令他感到兴奋，自己希望威尔逊会当选。（《不思量自难忘：胡适给韦莲司的信》，112 页）

同日　胡适有札记：

余每居一地，辄视其地之政治社会事业如吾乡吾邑之政治社会事业。以故每逢其地有政治活动，社会改良之事，辄喜与闻之。不独与闻之也，又将投身其中，研究其利害是非，自附于吾所以为近是之一派，与之同其得失喜惧。故吾居绮色佳时，每有本城选举，我辄有所附同，亦有所攻斥。于全国选举亦然。一九一二年，我衣襟上戴"Bull Moose"（野鹿）徽章者两月，以示主张进步党也。去年则主张纽约女子参政权运动。今年则主张威氏之连任。

此种行为，人或嗤之，以为稚气。其实我颇以此自豪。盖吾人所居，即是吾人之社会，其地之公益事业，皆足供吾人之研究。若不自认为此社会之一分子，决不能知其中人士之观察点，即有所见及，终是皮毛耳。若自认为其中之一人，以其人之事业利害，认为吾之事业利害，则观察之点既同，观察之结果自更亲切矣。且此种阅历，可养成一种留心公益事业之习惯。今人身居一地，乃视其地之利害得失若不相关，则其人他日归国，岂遽尔便能热心于其一乡一邑之利害得失乎？(《胡适札记》〔十三〕)

同日　胡适有挽黄兴诗。(《胡适札记》〔十三〕)

11月9日札记之后，17日札记之前　又记：Expression is the best means of appropriating an impression. (《胡适札记》〔十三〕)

> 按，此札记排印时，胡适不仅给此英语句子加了翻译，还添了两句话：
> （你若想把平时所得的印象感想变成你自己的，最有效的法子是记录或表现成文章。）此吾自作格言。如作笔记，作论文，演说，讨论，皆是表现。平日所吸收之印象皆模糊不分明；一经记述，自清楚分明了。(《胡适日记全集》第2册，441页)

11月11日　任鸿隽致胡适一明信片，抄示修改后之《见月口占其四》，又抄示《月》诗与《风》诗各一首。(《胡适遗稿及秘藏书信》第26册，224页)

11月12日　任鸿隽致胡适一明信片，抄示诗一首。(《胡适遗稿及秘藏书信》第26册，225～226页)

11月14日　任鸿隽致胡适一明信片，讨论诗文。(《胡适遗稿及秘藏书信》第26册，227～228页)

11月15日　任鸿隽致胡适一明信片，悲叹蔡锷之死。(《胡适遗稿及秘藏书信》第26册，233～234页)

11月16日　任鸿隽致胡适一明信片，讨论诗文。(《胡适遗稿及秘藏书信》第26册，235～236页)

11月17日　胡适作《孔子名学》完。(《胡适札记》〔十三〕)

同日　胡母谕胡适：既然胡适已定归期，请勿爽约。江冬秀已回江村，须待迎娶时再来。又谈为胡适邮寄茶叶、绣巾等事，又谈及家中拮据万分，若有津贴请寄家贴补家用。(《胡适遗稿及秘藏书信》第 22 册，191～194 页)

11 月 18 日　胡适在札记中痛批美国清净教风之私德观念：

此种陋见最足阻碍社会之进步。如今之新体戏剧，小说，多直写男女之事不为之隐讳。其在欧洲久能通行无忌者，至此邦乃不能出版，不能演唱。又如"生育裁制"之论，久倡于欧洲。如荷兰乃以政府命令施行之。至于此邦则倡此说者有拘囚之刑，刊布其说者有销毁之罚。可谓顽固矣！

余非谓政治公仆不当重私德也。私德亦自有别。如贪赃是私德上亦是公德上之罪恶。国人所当疾视者也。……又如休弃贫贱之妻，而娶富贵之女以求幸进，此关于私德亦关于公德者也。国人鄙之可也。至于妻死再娶之迟早，则非他人所当问也。(《胡适札记》〔十三〕)

同日　任鸿隽又致胡适一明信片，再谈蔡锷之死影响甚大。续讨论《月》诗。(《胡适遗稿及秘藏书信》第 26 册，237 页)

同日　任鸿隽又致胡适一明信片，抄示答唐钺长句。又谈及朱经农对挽黄兴诗的修改。(《胡适遗稿及秘藏书信》第 26 册，238 页)

11 月 19 日　任鸿隽致胡适一明信片，讨论诗。(《胡适遗稿及秘藏书信》第 26 册，239～240 页)

11 月 21 日　任鸿隽致胡适一明信片，讨论诗。希望圣诞节能晤面畅谈。(《胡适遗稿及秘藏书信》第 26 册，241 页)

11 月 22 日　任鸿隽致胡适一明信片，讨论诗。(《胡适遗稿及秘藏书信》第 26 册，243 页)

11 月 24 日　任鸿隽致胡适一明信片，抄示与赵志道女士应和的宝塔诗。(《胡适遗稿及秘藏书信》第 26 册，242 页)

11 月 28 日　任鸿隽致胡适一明信片，谈及写成《实业学生与实业》一文。(《胡适遗稿及秘藏书信》第 26 册，245 页)

11月　胡适在 *The Iphigenia in Tauris of Euripides*（by Gilbert Murray.—New York: Oxford University Press, 1915）扉页题记："Suh Hu, November, 1916, New York City."（《胡适研究通讯》2017年第1期，30页）

同月　Julius Henry Cohen. 赠送其所著 *The Law: Business or Profession?*（New York: The Banks Law Publishing Company, 1916）与胡适，并题记："To my friend Suh Hu, with very good wishes of Julius Henry Cohen, Nov. 10, 1916."（《胡适研究通讯》2017年第1期，30页）

12月

12月17日　胡适25岁生日，填《沁园春》一阕自寿。其中写道："弃我去者，二十五年，不再归来。……种种从前，都成今我……从今后，要那么收果，先那么栽。……"（《胡适札记》〔十三〕）

12月26日　胡适札记有记："古文家治经治古籍最不足取，以其空疏也。"（《胡适札记》〔十三〕）

同日　胡适有札记，论训诂之学。（《胡适札记》〔十三〕）

同日　胡适有札记，论校勘之学，认为"校勘古籍，最非易事"。又云："西方学者治此学最精"，其大要为：求古本，愈古愈好；求旁证；求致误之故。又记道：

> 校书以得古本为上策。求旁证之范围甚小，收效甚少。若无古本可据，而惟以意推测之，则虽有时亦能巧中，而事倍功半矣。此下策也。百余年来之考据学，皆出此下策也。吾虽知其为下策，而今日尚无以易之。归国之后，当提倡求古本之法耳。（《胡适札记》〔十三〕）

12月28日　梅光迪致函胡适，劝胡适不要从事"文学革命"。（中国社科院近代史所藏"胡适档案"，卷号1795，分号15）

12月　胡适在 *The Great Illusion: A Study of the Relation of Military Power to National Advantage*（by Norman Angell. —New York, London: G. P. Putnam's

Sons, 1913）扉页题记："Suh Hu, December, 1916. Gift of the American Association for International Conciliation."（《胡适研究通讯》2017 年第 1 期，30 页）

是年　胡适在 Japanese Expansion and American Policies（by James Francis Abbott. —New York: The Macmillan Company, 1916）扉页题记："Suh Hu, New York, 1916. Gift of the American Association for International Conciliation."（《胡适研究通讯》2017 年第 1 期，30 页）

是年　胡适的最后一条札记，抄录了印象派诗人的六条原理，并指出"此派所主张与吾所主张多相似之处"。这六条原理是：

> On the whole, one cannot help admiring the spirit that animates the "new poets" in spite of some of their ludicrous failures to reach a new and higher poetry in their verse. They at least aim for the real, the natural: their work is a protest against the artificial in life as well as poetry. It is curious to note, moreover, that the principles upon which they found their art are simply, as Miss Lowell, quoted by Professor Erskine, tells us, "the essentials of all great poetry, indeed of all great literature". These six principles of imagism are from the preface to "Some Imagist Poets":
>
> 1. *To use the language of common speech, but to employ always the exact word, not the nearly exact nor the merely decorative word.*
>
> 2. *To create new rhythms—as the expression of new moods—*and not to copy old rhythms, which merely echo old moods. We do not insist upon "free verse" as the only method of writing poetry. *We fight for it as for a principle of liberty.* We believe that the individuality of a poet may often be better expressed in free verse than in conventional forms. In poetry a new cadence means a new idea.
>
> 3. To allow *absolute freedom in the choice of the subject.*
>
> 4. *To present an image.* （hence the name "Imagist"）We are not a school of painters, but we believe that *poetry should render particulars exactly*

and not deal in vague generalities, however magnificent and sonorous.

5. To produce *poetry that is hard and clear*, never blurred nor indefinite.

6. Finally, most of us believe that *concentration* is *of the very essence of poetry*. (《胡适日记全集》第 2 册，452～453 页)

是年　胡适收信 1250 封，发信 1040 封。(《胡适札记》〔十三〕，1917 年 1 月 25 日记)

1917年　丁巳　民国六年　26岁

1月1日，胡适在《新青年》第2卷第5号发表《文学改良刍议》。

4月27日，胡适完成博士论文《先秦名学史》，5月22日通过哥伦比亚大学博士学位考试。6月，结束留美生涯回国。

9月4日，蔡元培校长签署聘书，聘胡适为北京大学文科教授。

12月30日，胡适与江冬秀女士结婚。

7月，张勋拥戴溥仪复辟，迅即失败。

8月14日，北洋政府对德、奥宣战。

8月，孙中山发起护法运动，在广州成立军政府。

11月7日，俄国爆发十月革命。

1月

1月1日 《新青年》第2卷第5号发表胡适的《文学改良刍议》，该文系统论述了文学改良的八大主张：须言之有物，不摹仿古人，须讲求文法，不作无病之呻吟，务去烂调套语，不用典，不讲对仗，不避俗字俗语。分论如下：

一曰须言之有物

吾国近世文学之大病，在于言之无物。……吾所谓"物"，非古人所谓"文以载道"之说也。吾所谓"物"，约有二事：

（一）情感　……情感者，文学之灵魂。文学而无情感，如人之无魂，木偶而已，行尸走肉而已。……

（二）思想　吾所谓"思想"，盖兼见地、识力、理想，三者而言之。思想不必皆赖文学而传，而文学以有思想而益贵；思想亦以有文学的价值而益贵也……人不能思想，则虽面目姣好，虽能笑啼感觉，亦何足取哉？文学亦犹是耳。

…………

二曰不摹仿古人

文学者，随时代而变迁者也。一时代有一时代之文学：周、秦有周、秦之文学，汉、魏有汉、魏之文学，唐、宋、元、明有唐、宋、元、明之文学。此非吾一人之私言，乃文明进化之公理也。……

既明文学进化之理，然后可言吾所谓"不摹仿古人"之说。今日之中国，当造今日之文学，不必摹仿唐、宋，亦不必摹仿周、秦也。……

…………

吾每谓今日之文学，其足与世界"第一流"文学比较而无愧色者，独有白话小说（我佛山人、南亭亭长、洪都百炼生三人而已）一项。此无他故，以此种小说皆不事摹仿古人（三人皆得力于《儒林外史》《水浒》《石头记》。然非摹仿之作也），而惟实写今日社会之情状，故能成真正文学。其他学这个、学那个之诗古文家，皆无文学之价值也。今之有志文学者，宜知所从事矣。

三曰须讲文法

今之作文作诗者，每不讲求文法之结构。……夫不讲文法，是谓"不通"。……

四曰不作无病之呻吟

…………

五日务去烂调套语

……………

吾所谓务去烂调套语者,别无他法,惟在人人以其耳目所亲见亲闻所亲身阅历之事物,一一自己铸词以形容描写之;但求其不失真,但求能达其状物写意之目的,即是工夫。其用烂调套语者,皆懒惰不肯自己铸词状物者也。

六日不用典

吾所主张八事之中,惟此一条最受朋友攻击,盖以此条最易误会也。……分典为广狭二义,分论之如下:

(一)广义之典非吾所谓典也。广义之典约有五种:

甲、古人所设譬喻,其取譬之事物,含有普通意义,不以时代而失其效用者,今人亦可用之。如古人言"以子之矛,攻子之盾",今人虽不读书者,亦知用"自相矛盾"之喻,然不可谓为用典也。……

乙、成语 成语者,合字成辞,别为意义。其习见之句,通行已久,不妨用之。……

丙、引史事 引史事与今所论议之事相比较,不可谓为用典也。……

丁、引古人作比 此亦非用典也。……

戊、引古人之语 此亦非用典也。……

以上五种为广义之典,其实非吾所谓典也。若此者可用可不用。

(二)狭义之典,吾所主张不用者也。吾所谓用"典"者,谓文人词客不能自己铸词造句以写眼前之景、胸中之意,故借用或不全切,或全不切之故事陈言以代之,以图含混过去:是谓"用典"。……狭义之用典,则全为以典代言,自己不能直言之,故用典以言之耳。此吾所谓用典与非用典之别也。狭义之典亦有工拙之别,其工者偶一用之,未为不可,其拙者则当痛绝之。

……………

……用典之弊，在于使人失其所欲譬喻之原意。若反客为主，使读者迷于使事用典之繁，而转忘其所为设譬之事物，则为拙矣。古人虽作百韵长诗，其所用典不出一二事而已（《北征》与白香山《悟真寺诗》皆不用一典），今人作长律则非典不能下笔矣。……

……用典之拙者，大抵皆懒惰之人，不知造词，故以此为躲懒藏拙之计。惟其不能造词，故亦不能用典也。……

…………

七日不讲对仗

排偶乃人类言语之一种特性，故虽古代文字，如老子、孔子之文，亦间有骈句。如"道可道，非常道；名可名，非常名。……""贫而无谄，富而无骄"……此皆排句也。然此皆近于语言之自然，而无牵强刻削之迹；尤未有定其字之多寡，声之平仄，词之虚实者也。至于后世文学末流，言之无物，乃以文胜；文胜之极，而骈文律诗兴焉，而长律兴焉。骈文律诗之中非无佳作，然佳作终鲜。所以然者何？岂不以其束缚人之自由过甚之故耶？……今日而言文学改良，当"先立乎其大者"，不当枉废有用之精力于微细纤巧之末：此吾所以有废骈废律之说也。即不能废此两者，亦但当视为文学末技而已，非讲求之急务也。

今人犹有鄙夷白话小说为文学小道者，不知施耐庵、曹雪芹、吴趼人，皆文学正宗，而骈文律诗乃真小道耳。吾知必有闻此言而却走者矣。

八日不避俗语俗字

吾惟以施耐庵、曹雪芹、吴趼人为文学正宗，故有"不避俗字俗语"之论也。……盖吾国言文之背驰久矣。自佛书之输入，译者以文言不足以达意，故以浅近之文译之，其体已近白话。其后佛氏讲义语录尤多用白话为之者，是为语录体之原始。及宋人讲学以白话为语录，此体遂成讲学正体（明人因之）。当是时，白话已久入韵文，观唐宋人白

话之诗词可见也。及至元时，中国北部已在异族之下，三百余年矣（辽、金、元）。此三百年中，中国乃发生一种通俗行远之文学。文则有《水浒》《西游》《三国》……之类，戏曲则尤不可胜计。……以今世眼光观之，则中国文学当以元代为最盛；可传世不朽之作，当以元代为最多：此可无疑也。当是时，中国之文学最近言文合一，白话几成文学的语言矣。使此趋势不受阻遏，则中国几有一"活文学出现"……不意此趋势骤为明代所阻，政府既以八股取士，而当时文人如何、李七子之徒，又争以复古为高，于是此千年难遇言文合一之机会，遂中道夭折矣。然以今世历史进化的眼光观之，则白话文学之为中国文学之正宗，又为将来文学必用之利器，可断言也。……

　　　　……

上述八事，乃吾年来研思此一大问题之结果。……谓之刍议，犹云未定草也，伏惟国人同志有以匡纠是正之。……（《胡适文存》卷1，7～24页）

按，此文发表后，曾在国内引起广泛的呼应和讨论，略摘记如下：

陈独秀《文学革命论》：

文学革命之气运，酝酿已非一日，其首举义旗之急先锋，则为吾友胡适。余甘冒全国学究之敌，高张"文学革命军"大旗，以为吾友之声援。旗上大书特书吾革命军三大主义：曰，推倒雕琢的阿谀的贵族文学，建设平易的抒情的国民文学；曰，推倒陈腐的铺张的古典文学，建设新鲜的立诚的写实文学；曰，推倒迂晦的艰涩的山林文学，建设明了的通俗的社会文学。

……吾国文学界豪杰之士，有自负为中国之虞哥、左喇、桂特郝、卜特曼、狄铿士、王尔德者乎？有不顾迂儒之毁誉，明目张胆以与十八妖魔宣战者乎？予愿拖四十二生的大炮，为之前驱！（《新青年》第2卷第6号，1917年2月1日）

1917年2月25日钱玄同致陈独秀函：

> 胡适之君之《文学改良刍议》，其陈义之精美，前已为公言之矣。……
>
> 胡君"不用典"之论最精，实足祛千年来腐臭文学之积弊。……弟以为凡用典者，无论工拙，皆为行文之疵病。……
>
> 文学之文，用典已为下乘。若普通应用之文，尤须老老实实讲话，务期老妪能解；如有妄用典故，以表象语代事实者，尤为恶劣。……
>
> 用典以外尚有一事，其弊与用典相似，亦为行文所当戒绝者，则人之称谓是也。人之有名，不过一种记号。夏殷以前，人止一名，与今之西人相同。自周世尚文，于是有"幼名，冠字，五十以伯仲，死谥"种种繁称，已大可厌矣。六朝重门第，争标郡望。唐宋以后，"峰，泉，溪，桥，楼，亭，轩，馆"，别号日繁，于是一人之记号多乃至数十，每有众所共知之人，一易其名称，竟茫然不识为谁氏者。……近时流行，更可骇怪。如"湘乡""合肥""南海""新会""项城""黄陂"……专以地名名人，一若其地往古来今，即此一人可为代表者然，非特使不知者无从臆想，即揆诸情理，岂得谓平！故弟意今后文学，凡称人，悉用其姓名，不可再以郡望别号地名等等相摄代。……
>
> 一文之中，有骈有散，悉由自然。凡作一文，欲其句句相对与欲其句句不相对者，皆妄也。……
>
> 胡君所云"须讲文法"，此不但今人多不讲求，即古书中亦多此病。……（《新青年》第3卷第1号，1917年3月1日）

同日 胡适作《沁园春·过年》。（《胡适札记》〔十三〕）

1月2日 胡适作《沁园春·新年》。（《胡适札记》〔十三〕）

1月4日 蔡元培就任北京大学校长。

1月7日 任鸿隽致胡适一明信片，赞赏胡适《沁园春》一词只用一韵，颇为自然。又谈及自己近况。（《胡适遗稿及秘藏书信》第26册，253页）

1月9日 任鸿隽致胡适一明信片，抄示仿"杨任梅胡"四诗所作"陈赵紫"三诗。（《胡适遗稿及秘藏书信》第26册，254页）

1月上旬（或稍后一两日） 陈独秀复函胡适，力约胡适前来担任北京大学文科学长，又谈书局招股事，"书局成立后，编译之事尚待足下为柱石，月费至少可有百元"。又谈及为《甲寅》《新青年》撰稿事：

> 蔡子民先生已接北京总长之任，力约弟为文科学长，弟荐足下以代，此时无人，弟暂充乏。子民先生盼足下早日回国，即不愿任学长，校中哲学、文学教授俱乏上选，足下来此亦可担任。学长月薪三百元，重要教授亦有此数。《甲寅》准于二月间可以出版……《青年》《甲寅》均求足下为文。足下回国必甚忙迫，事畜之资可勿顾虑。他处有约者倘无深交，可不必应之：中国社会可与共事之人，实不易得。恃在神交颇契，故敢直率陈之。……
>
> …………
>
> 《新青年》欲求足下月赐一文，或作或译均可。（《胡适遗稿及秘藏书信》第35册，563～565页）

按，关于陈独秀荐胡适为北大文科学长事，早前的史料只有此函。2013年，胡适、许怡荪之通信集被发现，里面大量材料说明陈独秀、蔡元培曾诚意邀请胡适担任文科学长（详见本谱本年之有关记述）。此外，1917年10月17日《申报》有一则题名为《北京大学文科之争议》的报道，亦能提供旁证：

> 北京大学之文科学长初为夏锡祺，颇不为学生所欢迎，故文科中常有风潮。……蔡氏任校长，夏氏亦自知其位不固，遂辞去。文科学长一席，蔡氏初属意于胡适之。闻此君于中西文学皆有见地，故持文学革新之论甚力。而胡氏在美国，乃聘陈独秀为文科学长，以从事文科大学之改革。

又按，与陈独秀一同进京的汪孟邹也于1月13日致函胡适说："兄事已转达，仲甫已经代为谋就，子民先生望兄回国甚急，嘱仲甫代达，如能从速回国，尤所深企。关于此事，仲甫讯中已详，不多述也。"汪函中也谈及书局招股事：承蒙柏文蔚、章士钊、陈独秀之帮忙，已经

招股 10 余万元。希望胡适在美国觅家道殷实者入股。(《胡适遗稿及秘藏书信》第 27 册，276～277 页)

1 月 12 日　胡适作四言绝句一首。(《胡适札记》〔十三〕)

1 月 13 日　胡适将杜甫的"漫说春来好，狂风大放颠。吹花随水去，翻却钓鱼船"译成英文。(《胡适札记》〔十三〕)

同日　天津《大公报》报道：北京大学校长蔡元培表示，现任各科教员均系已经聘定之人，暂拟不更换，大概须本年暑假后方有变易。文科学长系自行辞职，蔡曾请留美学生胡适担任该科学长，胡不愿就，故改任陈仲甫，尚未来云。

同日　任鸿隽致胡适一明信片，略谈近来交换诸诗。(《胡适遗稿及秘藏书信》第 26 册，255 页)

按，1 月 13 日，蔡元培校长聘陈独秀为北京大学文科学长。(据新文化运动纪念馆 2019 年五四前后举办的新文化运动展览照片)

1 月 17 日　胡适禀母亲，告自己近得伤风之恙，尚未全好，自入冬以来，似有病意，虽郁积不发，终觉无有精神。又云江冬秀来信甚好，进步极大。又抄寄白话诗、白话词各一首。其白话诗云：

　　病中得他书，不满八行纸。
　　全无要紧话，颇使我欢喜。
　　我不认得他，他不认得我。
　　我却能念他，这是为什么。
　　岂不因我们，分定长相亲。
　　由分生情意，所以非路人。
　　天边一游子，生不识故里。
　　终有故乡情，其理亦如此。
　　岂不爱自由，此意无人晓。
　　情愿不自由，便是自由了。

又谈及自己婚事之预备,希望母亲不必早日为之。俟自己归国时再为之,不迟也。(《胡适遗稿及秘藏书信》第21册,144~151页)

同日　任鸿隽致胡适一明信片,关心胡适病情,又谈及科学社下月开会等事。(《胡适遗稿及秘藏书信》第26册,256页)

1月20日　胡适读黄宗羲诗,有札记。

同日　胡适有"论诗杂诗"四首。又有注记:"《诗三百篇》惟寺人孟子及家父两人姓名传耳,其他皆无名氏之作也。……周末文学,传者至少。其传者,荀卿、屈原、宋玉之赋而已。皆南人也。北方文学乃无传者。……韩退之诗多劣者。……"(《胡适札记》〔十三〕)

同日　胡母谕胡适:顷有人自都门来,道尔明年将受蔡元培先生之聘,担任京师大学文科教务。此说想自有因。谈者又谓,尔与尔二兄信道及此事,果系如此,自属的确,予亟为赞成。予意尔回国后,当以置身教育界为最佳。以尔平日志行,万不可居政界,因近来政界龌龊特甚,且党同伐异,倾轧之风,若出一辙故也。(中国社科院近代史所藏"胡适档案",卷号656,分号1)

1月22日　胡适摘记美国威尔逊在参议院之演说词"无胜利的和平",甚为赞赏,又斥罗斯福的"维持和平的同盟"。(《胡适札记》〔十三〕)

同日　任鸿隽致胡适一明信片,谈《贺新郎》改字事,又谈及杨杏佛、梅光迪等人近状。(《胡适遗稿及秘藏书信》第26册,252页)

1月24日　胡适有关于"尔汝"的札记。(《胡适札记》〔十三〕)

1月25日　胡适在一风景照片下题诗一首:

江上还飞雪,西山雾未开。

浮冰三百亩,载雪下江来。(《胡适札记》〔十三〕)

按,杨杏佛将"浮冰三百丈"改作"浮冰三百亩",胡适甚以为然。(据《胡适札记》)此诗收入《尝试集》时,题名《寒江》,胡适又将"西山雾未开"改作"遥山雾未开"。

1917年　丁巳　民国六年　26岁

同日　任鸿隽复函胡适云，"闻君入院割鼻"，果有此事否？又抄示《见雪》《晚眺》《同冰海志道女士及杏佛游新池》诸诗。又云：

> 近与老梅论文，老梅言"文章 egoism 太重者，读了使人不钦"。因忆君近来诗词，得毋少犯此病。又近读《辛稼轩词》，觉其佳处全在镌铸旧语自成新词，不徒以生硬取胜，君之"要那么收果先那么栽"，得勿太生硬乎！欲君力弹我诗，敢以此先之，庶有当于他山之义。（《胡适遗稿及秘藏书信》第 26 册，180～181 页）

1月27日　胡适至费城演说。途经华盛顿，往访朱经农。朱氏提出一个重要命题："我们预备要中国人十年后有什么思想？"胡适认为："此一问题最为重要，非一人所能解决也，然吾辈人人心中当刻刻存此思想耳。"此次演说乃 Haverford College Alumni Association 之"年宴"所招，应邀演讲者为美国前总统塔夫脱及胡适。胡适的演讲题目为"美国能如何协助中国之发达"。胡适来此演说，住朋友会教派海因君（Joseph H. Haines）之家，有札记详记该教派。(《胡适札记》〔十三〕）

1月　胡适去年在中国科学社年会时之演说稿《先秦诸子之进化论》于《科学》第 3 卷第 1 号发表。发表后，胡适又做了进一步修改，详见本年 5 月 23 日条。

同月　胡适在 The Journal of Race Development 发表 "Manufacturing the Will of the People"，大要是：

> **A Documentary History of the Recent Monarchical Movement in China**
> ...
> A complete history of the monarchist movement in China has yet to be written. Only a brief summary of its important steps can be given here.... Suffice to say that Yuan Shih-kai and his clique were not satisfied with a virtually permanent and hereditary presidency. They wanted a full-formed monarchy, and they set out to realise that aim with a political skilfulness and dexterity

which must surprise many a professional politician of the West.

The first step in the grand scheme for the overthrow of the republic and for the establishment of a monarchy was to call for "voluntary" petitions from the people urging a change in the form of government....

...

But the administrative council, as predicted, did abandon the plan of holding the general convention of the citizens' representatives (kuoh-ming tai-piao ta hwei) , and adopted instead the device of holding a convention of citizens (kung-ming ta hwei) in each provincial capital. There was to be a primary election at which a certain number of electors were to be elected whose duty it was to proceed to the provincial capital where a second election was to be held for the selection of delegates to the convention....

...The citizens' conventions were held at the various provincial capitals. The voting was done by signed ballots in the presence of the military and civil governors and military commandants as superintendents of election, and with armed troops surrounding the convention halls for the protection of the delegates and for the preservation of peace and order. The voting was of course unanimous in favor of changing the republic into a monarchy. Memorials of nomination were then signed by the delegates, "reverently nominating the present President Yuan Shih-kai as the Great Emperor of the Chinese Empire". The administrative council was then authorized by the delegates to act as their national agent, and the votes of the provincial conventions were transmitted to that body for final counting and announcement. The climax of the drama was reached when on November 11, 1915, the administrative council met and announced that out of 2043 votes cast, 1993 voted in favor of changing the republic into a monarchy. Thereupon, the council immediately petitioned President Yuan Shih-kai, urging him to accept the throne so unanimously tendered him by the people. President Yuan of course declined the honor, and it was not until the petition had been presented to him the second time that he reluctantly declared his acceptance and ordered that "all the ministers and departments make the necessary preparations for the enthronement"....

The will of the people having so unanimously expressed itself, it become necessary to reward the founders of the new dynasty who had so dexterously brought this will into articulate expression....

Before any workable agreement was reached among the emperor-makers themselves, the third revolution had spread over several provinces. The government's well-paid but very poorly disciplined troops proved to be no match for the patriotically inspired soldiers of the punitive expedition. One province after another declared independence, and joined the revolution. But Mr. Yuan still hoped to retain his presidency at the price of his emperorship. So a decree was issued on March 22, 1916, pleading for his "lack of virtue", cancelling his acceptance of the imperial throne, and ordering that all the petitions for a change in the form of the state and for his enthronement be returned through the administrative council to the original petitioners to be burnt and destroyed.

But this act of virtue and repentance had no longer any effect on the rebellious provinces which continued to secede from the central government... That came like a death blow to the ex-emperor who, according to reports, fell ill five days after the secession of Hu-nan, and died on June 6, 1916, after an illness of one week.

...

...The dramatic episode of the monarchical restoration which I have documentarily sketched above, sufficiently illustrates the personnel, the spirit and the method of official China....

It is true that official China has not yet entirely given up the fight, and that the Chinese revolution is not yet finished. But the monarchist movement has helped to bring its main issue into prominent relief: it is a fight between New China and Chinese officialdom. May what has been said above serve to convince the world that young China is earnest in her struggle for democracy and enlightenment!（台北胡适纪念馆藏档，档号：HS-NK05-197-024）

按，此文又收入外研社版《胡适英文文存》第 3 册。该书收入时，有出版方为该文所加的中文提要如下：

胡适详细记叙了袁世凯假造民意、复辟帝制的窃国丑行和梁启超、蔡锷等领导的反袁护国运动，以及袁世凯在众叛亲离中死去等历史经过，认为：中国的官僚制度没有退出历史舞台，中国革命并没有结束；新生的中国要与官僚制度作斗争，要为民主和启蒙而战斗。（该书第 22 页）

同月　胡适将莫泊桑的短篇小说《二渔夫》译成中文。（译稿载《新青年》第 3 卷第 1 号，1917 年 3 月 1 日）

2月

2月1日　任鸿隽复胡适一明信片，讨论胡适诗中之"三百丈"。又告将坐 4 日的早车前往纽约等。次日，任氏又致胡适一片，告纽约之行将改坐船等。（《胡适遗稿及秘藏书信》第 26 册，259～260 页）

2月5日　胡适有《小诗》《寄经农、文伯》《迎叔永》等诗。（《胡适札记》〔十三〕）

2月11日　胡适有札记，评论王壬秋《论作诗之法》，认为其自夸"真可笑"。（《胡适札记》〔十三〕）

2月12日　胡适札记记哥伦比亚大学俄文科教长 Prof. J. D. Prince 禁止素来不喜的俄国文豪托尔斯泰之子伊惹·托尔斯泰伯爵（Count Ilya Tolstoi）在此演说，"不独本校之辱，亦此邦之羞也"。（《胡适札记》〔十三〕）

2月17日　胡适写成《墨经新诂》下篇《小取篇》。

1917年　丁巳　民国六年　26岁

按，胡适曾在此稿首页标注此文修改之过程：六年二月十七日写定。六年九月廿一夜重改定。六年九月廿五夜三次改定。此书最后写定本，已登《北京大学月刊》第三期。此稿多可删正处，但因其为数年来的底本，故存之。(《胡适遗稿及秘藏书信》第7册，274页）

同日　胡适有小诗《落日》。(《胡适札记》〔十三〕)

2月19日　胡适有《"赫贞旦"答叔永》，因任氏17日有《叔永柬胡适》。(《胡适札记》〔十三〕)

2月21日　胡适致函郑莱云：

...Very often ideas got beyond the control of men and carried men, philosophers, et al., along with it. That ideas have had "an ancestry and posterity of their own" (in the words of Lord Acton) is an indictment against the intellectual passivity and slovenness of mankind. We have allowed ideas to run wild and work disaster to the world, Think of the idea of nationalism...

We have succeeded in controling nature, and it is high time for us to think about how to control ideas...

The first step in this direction is to find a criterion to test the value of ideas... Ideas must be tested in terms of "the values of life"...

The other step... is to find a way for the control of the formation of ideas. This I believe to lie in the direction of systematically gathering, interpreting, and diffusing the facts of life. We must have statistics, laboratories, experiment stations, libraries, etc., to furnish us with facts about the real conditions of society, the nation and the world. Without facts no truly workable ideas can be formed.

Heretofore ideas have come from the air, from the "world of ideas". Hereafter, ideas should come from the laboratories...(《胡适札记》〔十三〕)

2月22日　胡适有札记，论"吾""我"二字。(《胡适札记》〔十三〕)

2月23日　胡适有札记，记灯谜。(《胡适札记》〔十三〕)

2月　胡适在 Creative Intelligence: Essays in the Pragmatic Attitude（by John Dewey, Addison W. Moore, etc..　—New York: Henry Holt & Company, 1917）扉页题记："Suh Hu, New York City, Feb., 1917." 此后又有题记三处：

> 实验的态度，适。
>
> 吾译此书名，思之月余不能满意。昨夜床上得此译法，恐亦不能佳耳。六年六月三十日，太平洋舟中。"建设的聪明"
>
> "创造的思想"。八年三月重用这个直译法。(《胡适研究通讯》2017年第1期，30～31页)

同月　胡适在 The Positive Sciences of the Ancient Hindus（by Brajendranath Seal. —London: Longmans, Green & Company, 1915）扉页题记："Suh Hu, Feb., 1917, New York, Gift of Professor B. K. Sarkar."（《胡适研究通讯》2017年第1期，31页）

3月

3月6日　胡适有《景不徙篇》《艳歌三章》，又有白话词《生查子》，其中道：

> 风打没遮楼，月照无眠我。
> 从来没见他，梦也如何做？(《新青年》第3卷第4号，1917年)

3月7日　胡适有札记，讨论"去无道而就有道"，云：

> 王壬秋死矣。十年前曾读其《湘绮楼笺启》，中有与子妇……书云：
> 彼入吾京师而不能灭我，更何有瓜分之可言？即令瓜分，去无道而就有道，有何不可？……
> 其时读之甚愤。以为不知爱国，乃作无耻语如此。十年以来，吾之思想亦已变更。今思"即令瓜分去无道而就有道，有何不可"一语，

惟不合今世纪之国家主义耳。平心论之，实亦无可非。"去无道而就有道"，本吾国古代贤哲相传旧旨。吾辈岂可以十九世纪欧洲之异论责八十岁之旧学家乎？

吾尝谓国家主义（民族的国家主义）但有一个可立之根据，其他皆不足辩也。此惟一之根据为何？曰："一民族之自治，终可胜于他民族之治之"一前提而已。譬如我国之排满主义之所以能成立者，正以满族二百七十年来之历史已足证其不能治汉族耳。若去一满洲，得一袁世凯，未为彼善于此也。未为彼善于此，则不以其为同种而姑容之。此二三次革命之所以起也。

若以袁世凯与威尔逊令人择之，则人必择威尔逊。其以威尔逊为异族而择袁世凯者，必中民族主义之毒之愚人也。此即"去无道而就有道"之意。

吾尝冤枉王壬秋。今此老已死，故记此则以自赎。

若"一民族之自治终可胜于他民族之治之"一前提不能成立，则民族主义国家主义亦不能成立。

然此前提究可成立乎？

此问题未可一概而论也。此前提之要点在一"终"字。终也者，今虽未必然，终久必然也。如此立论，驳无可驳，此无穷之遁辞也。

今之论者亦知此前提之不易证实，故另立一前提。……威尔逊连任演说辞中有云：

That Governments derive all their powers from the consent of the governed, and that no other powers should be supported by the common thought, purpose or power of the family of nations.

此言"政府之权力生于被治者之承认"。此共和政治之说也，而亦可为民族主义之前提。如英国之在印度，若印度人不承认之，则革命也可。又如美国多欧人入籍者，今以二百万之德国人处于美国政府之下。若此二百万德人承认美国政府，则不革命也。

然被治者将何所据而"承认"与"不承认"乎？若云异族则不认之，

同族则认之,是以民族主义为前提,而又以其断辞为民族主义之前提也。此"环中"之逻辑也。若云当视政治之良否,则仍回至前页之前提,而终不能决耳。

今之挟狭义的国家主义者,往往高谈爱国,不知国之何以当爱;高谈民族主义,而不知民族主义究作何解。(甚至有以仇视日本之故而遂爱袁世凯且赞成其帝政运动者。)故记吾所见于此。欲人知民族主义不能单独成立。若非种皆必当锄去,则中国今日当为满族立国,又当为蒙藏立国矣。(《胡适札记》〔十三〕)

3月8日 胡适在札记中记道:英国前世纪"牛津运动"之未来领袖牛曼(Newman)、傅鲁得(Froude)、客白儿(Keble)"可作吾辈留学生之先锋旗也"。(《胡适札记》〔十三〕)

3月20日 胡适在札记中详录赵元任辨音之来函,指出赵元任辨音最精细。(《胡适札记》〔十三〕)

3月21日 胡适有诗《怀君武先生》。(《胡适札记》〔十四〕)

同日 胡适作《沁园春·俄京革命》半阕:

吾何所思?冻雪层冰,北国名都。想乌衣蓝帽,轩昂年少,指挥杀贼,万众欢呼。去独夫"沙",张自由帜,此意如今果不虚。论代价,有百年文字,多少头颅。(《胡适留学日记手稿本》之《胡适札记》〔十四〕,原书无页码)

3月27日 胡适在札记中记读厄克登(Lord Acton)致媚利书信的感想,极为赞佩厄克登的博学,并对其书信有摘记。(《胡适札记》〔十四〕)

3月29日 胡适在札记中记"睒"字。(《胡适札记》〔十四〕)

4月

4月1日 是日印行之《新青年》第3卷第2号发表胡适所译莫泊桑

的小说《梅吕哀》。

4月7日 任鸿隽邀胡适同访陈衡哲,是为胡适首次见到陈。11日札记有记:

> 四月七日与叔永去普济布施村(Poughkeepsie)访陈衡哲女士。吾于去年十月十日始与女士通信,五月以来,论文论学之书以及游戏酬答之片,盖不下四十余件。在不曾见面之朋友中,亦可谓不常见者也。此次叔永邀余同往访女士,始得见之。(《胡适札记》〔十四〕)

同日 胡适在札记中粘贴林琴南《论古文之不宜废》一文之剪报,有简要评论。

> 按,此札记后,胡适又作有《汉学家自论其为学方法》《几部论汉学方法的书》《杜威先生小传》《九流出于王官之谬》诸札记。(《胡适札记》〔十四〕)

4月9日 胡适致函陈独秀,云:

> ……奉读大著《文学革命论》,快慰无似!足下所主张之三大主义,适均极赞同。适前著《文学改良刍议》之私意不过欲引起国中人士之讨论,征集其意见,以收切磋研究之益耳。今果不虚所愿,幸何如之!此期内有通信数则,略及适所主张。惟此诸书,似皆根据适寄足下最初一书……故未免多误会鄙意之处。今吾所主张之八事,已各有详论……当不须一一答覆。中惟钱玄同先生一书,乃已见第五号之文而作者,此后或尚有继钱先主〔生〕而讨论适所主张八事及足下所主张之三主义者。此事之是非,非一朝一夕所能定,亦非一二人所能定。甚愿国中人士能平心静气与吾辈同力研究此问题。讨论既熟,是非自明。吾辈已张革命之旗,虽不容退缩,然亦决不敢以吾辈所主张为必是而不容他人之匡正也。
>
> ……"〔林琴南〕吾识其理,乃不能道其所以然",此正是古文家

之大病。古文家作文，全由熟读他人之文，得其声调口吻，读之烂熟，久之亦能仿效，却实不明其"所以然"。……

林先生为古文大家，而其论"古文之不当废"，"乃不能道其所以然"，则古文之当废也，不亦既明且显耶？

钱玄同先生论足下所分中国文学之时期，以为有宋之文学不独承前，尤在启后。此意适以为甚是。足下分北宋以承前，分南宋以启后，似尚有可议者。盖二程子之语录，苏黄之诗与词，皆启后之文学。故不如直以全宋与元为一时期也。……文学史与他种史同具一古今不断之迹。其承前启后之关系，最难截断。今之妄人论诗，往往极推盛唐，一若盛唐之诗，真从天而下者。不知六朝人如阴铿，其律诗多与摩诘工部相敌。……

白话诗乃蒙选录，谢谢。适去秋因与友人讨论文学，颇受攻击，一时感奋，自誓三年之内专作白话诗词。……盖白话之可为小说之利器，已经施耐庵、曹雪芹诸人实地证明，不容更辩；今惟有韵文一类，尚待吾人之实地试验耳。……自立此誓以来，才六七月，课余所作，居然成集。因取放翁诗"尝试成功自古无"之语，名之曰《尝试集》。尝试者，即吾所谓实地试验也。试验之效果，今尚不可知，本不当遽以之问世。所以不惮为足下言之者，以自信此尝试主义，颇有一试之价值，亦望足下以此意告国中之有志于文学革命者，请大家齐来尝试尝试耳。……（《新青年》第3卷第3号，1917年5月1日）

按，陈独秀答此书云：

……鄙意区分中国文学之时代，不独已承钱玄同先生之教，以全宋属之近代，且觉中国文学，一变于魏，再变于唐。……故拟区分上古讫建安为古代期，建安讫唐为中古期，唐宋讫今为近代期。……改良文学之声，已起于国中，赞成反对者各居其半。鄙意容纳异议，自由讨论，固为学术发达之原则；独至改良中国文学，当以白话为文学正宗之说，其是非甚明，必不容反对者有讨论之余地，必以吾辈所主张者为绝对之是，而不容他人之匡正也。其故何哉？盖以吾国文化，倘已至文言一致地步，则以国语为文，达意状物，岂非天经地义，尚有何种疑义必待讨论乎？其必欲摈弃国语文学，而悍然以古文为文学正宗者，犹之清初历家排斥西法，乾嘉畴人非难地球绕日之说，吾辈实无余闲与之作此无谓之讨论也！……（《新青年》第3卷第3号）

4月11日 胡适致函许怡荪，感谢代编札记，"第六号中之《弃父行》所指太分明，他日恐结怨，然已登出，亦无如何，最好是能将某年某月注明，因数年以来，见解已多变迁，不欲读者误会我数年前之思想为如今之思想也。……"以归国在迩，不再续寄札记。近来颇为《新青年》作文，《文学改良刍议》乃成于一日之间，"定多过正之言"。博士论文半月内已可脱稿。其已成之第二篇孔门之名学，第三篇墨家之名学已交大学哲学科阅看。末篇论庄、荀、法家三派名学，尚未完全脱稿。博士考试在五月二十日左右。"得失已不关心，因论文已成，心事已了，考试已非所重也。"已应蔡元培之召，将任北京大学文科教授。陈独秀荐胡适代其文科之任，已辞之，因不愿任管理之重任也。汪孟邹、陈独秀嘱胡适为群益任编辑事，已应之。去北京尚不知教授科目，但希望专教中国哲学。"适已决计十年内不入政界。此时政客已多，而学者太少，故自誓以著一良善完全之《中国哲学史》为十年事业。倘能有所成就，则终身竟作学者事业，终身不入政界矣。"（胡适致许怡荪函，编号46）

同日 胡适在札记中记梅光迪在文学改良问题上之固执：

此次节假，觐庄与擘黄皆来游纽约。吾与觐庄日日辩论文学改良问题。觐庄别后似仍不曾有何进益，其固执守旧之态仍不稍改。夫友朋讨论，本期收观摩之益也。若固执而不肯细察他人之观点，则又何必辩也？（《胡适札记》〔十四〕）

4月13日 胡适致函韦莲司小姐，谈到自己和梅先生以及一个从康奈尔来的人星期二去看了画展，并在那儿遇到了Baylinson先生。对展览印象

最深的是实地试验的精神（the spirit of experiment）。这种试验在本质上是个人的，极其充分地表现出作家的个性，这本身是健康和活力的表现。更有意义的是，这些实地试验的画家对保守的画派已经起了一定的影响。展出的那些正统派的画，似乎在有意识与无意识之间，多少受了新派的影响，在着色上所受的影响尤其明显。画展中有一幅 Carr 所作名《战争》（War）的画，和韦莲司小姐早期作品《1914》相像。又谈道：

> 那一天你提到，我似乎放弃了在为宗教上实验的辩护。……
>
> 我想一般对桑岱的攻击是说他用粗俗的语言，这个理由是不能成立的。在一个打棒球的时代和一个打棒球的国度里，没有理由认定一个人不能用打棒球的语言来宣讲福音。……
>
> 我对桑岱的指责是他的宗教不合时宜。……
>
> 你记得毛莱对把人分成两个阶级这种习惯的攻击，把自己归入"上等"是毫无理由的，而又把像我们这样的"上等人"所抛弃的真理，再裹上一层糖衣，给另一等人吃。在这样的基础上，我反对把毕利·桑岱这样的人视为无害的看法，因为他"为那种自命不凡的传教士所无法达到的人做了许多好事"。这是我反对桑岱这种人最主要的理由。
>
> ……去年我接触到许多中国学生，他们的心智对某些问题是完全封闭的。其中一个问题是爱国的责任。在其他问题上，他们也许很合情理，但是关于爱国的问题，他们却听不进任何的意见。在思索这种心智闭塞的原因时，我相信，那是因为他们从不曾严苛的检验过自己信仰的基础。多年来自我的瞒骗和不加批判的接受权威〔的教训〕已经使他们丧失了判断的能力。因此，我想能概括的这么说：世界上的许多保守主义都是由于缺乏一种经常的震撼，而这种震撼是社会里激进的思想家所可以提供，也是应该提供的。
>
> 有些心智闭塞的人是因为他们从无机会受到震撼，而另一些则是因为那些可以而且应该给予震撼的人，宁可饶了他们，使他们免受痛苦。这些思考给了我新的"知识上的责任感"……

……………

知识上的诚实（intellectual honesty）必须由自身做起。我们相信对别人有益的事，却何其忍心拒绝将此给我们所爱的人？……我已下定决心，要对所有亲朋养成直言不讳的习惯。……我们必须敢于引发别人知识上的痛苦。这使我回想起，即使孔夫子也教导人，一个孝子的责任之一是应给父母以"逆耳之忠言"。

……………

我还在写论文的结论。我把写好的部分给了杜威教授，他对我所写的非常满意，并给了我许多鼓励。……（《不思量自难忘：胡适给韦莲司的信》，113～116页）

4月16日 胡适作成《诸子不出于王官论》，大意谓：

今之治诸子学者，自章太炎先生以下，皆主九流出于王官之说。此说关于诸子学说之根据，不可以不辨也。此说始见《汉书·艺文志》，盖本于刘歆《七略》……

此所说诸家所自出，皆属汉儒附会揣测之辞，其言全无凭据，而后之学者乃奉为师法，以为九流果皆出于王官。甚矣，先入之言之足以蔽人聪明也！……谓王官为诸子所自出，甚至以墨家为出于清庙之守，以法家为出于理官，则不独言之无所依据，亦大悖于学术思想兴衰之迹矣。今试论此说之谬，分四端言之。

第一，刘歆以前之论周末诸子学派者，皆无此说也。……学术之兴皆本于世变之所急，其说最近理。即此一说，已足推破九流出于王官之陋说矣。

第二，九流无出于王官之理也。……

……………

第三，《艺文志》所分九流，乃汉儒陋说，未得诸家派别之实也。……

第四，章太炎先生之说，亦不能成立。……

……

……学术之兴，由简而繁，由易而赜，其简其易，皆属草创不完之际，非谓其要义已尽具于是也。吾意以为诸子自老聃、孔丘至于韩非，皆忧世之乱而思有以拯济之，故其学皆应时而生，与王官无涉。……学术之发生兴替，其道固非一端也。明于先秦诸子兴废沿革之迹，乃可以寻知诸家学说意旨所在。知其命意所指，然后可与论其得失之理也。若谓九流皆出于王官，则成周小吏之圣知，定远过于孔丘墨翟，此与谓素王作《春秋》，为汉朝立法者，其信古之陋何以异耶？（《胡适文存》卷2，23～33页）

4月17日　胡适有札记，记荀子之时代云：荀卿之时代最难定。《史记》列传为后人误读。刘向因之。刘向之说矛盾百出，不足辩也。荀卿至齐盖在齐王建之初年，约当公元前260年之际。（《胡适札记》〔十四〕）

同日　胡适作成《沁园春·新俄万岁》：

客子何思？冻雪层冰，北国名都。看乌衣蓝帽，轩昂年少，指挥杀贼，万众欢呼。去独夫"沙"，张自由帜，此意如今果不虚。论代价，有百年文字，多少头颅。

冰天十万囚徒，一万里飞来大赦书。本为自由来，今同他去；与民贼战，毕竟谁输！拍手高歌，"新俄万岁！"狂态君休笑老胡。从今后，看这般快事，后起谁欤？（《胡适札记》〔十四〕）

4月19日　胡适禀母亲：希望归里时能与江冬秀一见，"望吾母早与江氏言之"；"婚事今夏决不能办，一因无时候，一因此时无钱也"，希望举行一种改良的婚礼，"借此也可开开风气。惟此事非儿此时所能悬想，故当暂缓耳"。又谈到连日因赶抄论文完，故极忙。此次大考，系面试，不用纸笔，但有口问口答。试者为各科教长，及旁习各科之教员，但想不甚难耳。论文已了，一切事都不在意中，考试得失已非所注意矣。又云：

这几年内，因在外国，不在国内政潮之中，故颇能读书求学问。

即此一事，已足满意，学位乃是末事耳。但既以来此，亦不得不应大考以了一事而已。(《胡适遗稿及秘藏书信》第21册，181～184页)

4月20日 胡适在札记中记"清庙之守"。(《胡适札记》〔十四〕)

4月22日 胡母谕胡适，关心胡适健康，望其病后静养，起居、饮食须格外留心。又云：

> 现在家中虽困难万状，好在尔指日归国，将来不难恢复，总要尔学业名誉出人头地为第一义。……尔第十五号禀中，商及将来位置一节，云有天津学校及上海各书局等事云云。但秬儿来信，则谓蔡元培先生聘尔为京师大学文科教员主任，已有去电请尔，与尔所说殊不符合，不卜究竟是何情节，想秬儿所说，断非无因。伊又云及该席现请友人陈独秀君暂行代理，尚候尔到京交卸，是此事已千真万确。予意京师此事较尔所说两事似颇更佳，未悉尔意下如何？总之，天下纷纷，现在位置自以教育界及编译等事为最宜，政界尽可缓议。……
>
> …………
>
> 尔之亲事，予暂不预备，惟尔起程时日，可先声明，以便招呼江姓也。至秬儿说及欲尔回至京即带冬秀来京就婚云云，此意予不甚表同情。总之，惟尔自行斟酌，欲如何即如何，予无甚成见也。……（中国社科院近代史所藏"胡适档案"，卷号656，分号1）

4月27日 胡适写完博士论文《先秦名学史》(《中国古代哲学方法之进化史》)。论文包括："导论 逻辑与哲学"以及"历史背景""孔子的逻辑""墨翟及其学派的逻辑""进化和逻辑"四编以及"结束语"等。其《导论 逻辑与哲学》述论文大旨极精要，摘引如下：

> 哲学是受它的方法制约的，也就是说，哲学的发展是决定于逻辑方法的发展的。这在东方和西方的哲学史中都可以找到大量的例证。欧洲大陆和英格兰的近代哲学就是以《方法论》和《新工具》开始的。……

……宋学以程氏兄弟及朱熹（1129—1200）为主要代表，主张物必有理，格物在于寻求特殊事物中的理。……

以积蓄学问开始引导至豁然贯通的最后阶段的方法，在明代（1368—1644）王阳明（1472—1529）加以反对之前，一直是新儒学的逻辑方法。……

……王阳明反对宋学的方法，创立他所认为是《大学》本义的新学。他的新学认为"天下之物本无可格者，其格物之功只在身心上做"。离开心，既无所谓理，也无所谓物。……王阳明认为"格物"中的"格"字，并不是宋儒所主张的"穷究"，而是"正"的意思……

……宋学与明学之间的全部争论，就是关于"格物"两字应作"穷究事物"或"正心致良知"的解释问题的争论。

我回顾九百年来的中国哲学史，不能不深感哲学的发展受到逻辑方法的制约影响。最重要的事实是在这长期的争论中，哲学家在找寻方法中已发现了提供某种方法或看来是某种方法（而没有论及其细致用法）的轮廓的一篇短文，这就使得哲学家们能对他们所能设想的任何程序作出解释。很明显，程氏兄弟及朱熹给"格物"一语的解释十分接近归纳方法：即从寻求事物的理开始，旨在借着综合而得最后的启迪。但这是没有对程序作出详细规定的归纳方法。上面说到的王阳明企图穷究竹子之理的故事，就是表明缺乏必要的归纳程序的归纳方法而终归无效的极好例证。这种空虚无效迫使王阳明凭借良知的理论，把心看作与天理同样广大，从而避免了吃力不讨好地探究天下事物之理。

但是宋、明哲学家也有一点是一致的。朱熹和王阳明都同意把"物"作"事"解释。这一个字的人文主义的解释，决定了近代中国哲学的全部性质与范围。它把哲学限制于人的"事务"和关系的领域。……他们对自然客体的研究提不出科学的方法，也把自己局限于伦理与政治哲学的问题之中。因此，在近代中国哲学的这两个伟大时期中，都没有对科学的发展作出任何贡献。可能还有许多其他原因足以说明中国之所以缺乏科学研究，但可以毫不夸张地说，哲学方法的性质是其中最重要的原因之一。

……所以，近代中国哲学与科学的发展曾极大地受害于没有适当的逻辑方法。

现在，中国已与世界的其他思想体系有了接触，那么，近代中国哲学中缺乏的方法论，似乎可以用西方自亚里士多德直至今天已经发展了的哲学的和科学的方法来填补。假如中国满足于把方法论问题仅仅看作是学校里的"精神修养"的一个问题，或看作获致实验室的一种工作方法的问题，这就足够了。但就我看来，问题并不真正如此简单。我认为这只是新中国必须正视的，更大的、更根本的问题的一个方面。

这个较大的问题就是：我们中国人如何能在这个骤看起来同我们的固有文化大不相同的新世界里感到泰然自若？一个具有光荣历史以及自己创造了灿烂文化的民族，在一个新的文化中决不会感到自在的。如果那新文化被看作是从外国输入的，并且因民族生存的外在需要而被强加于它的，那么这种不自在是完全自然的，也是合理的。如果对新文化的接受不是有组织的吸收的形式，而是采取突然替换的形式，因而引起旧文化的消亡，这确实是全人类的一个重大损失。因此，真正的问题可以这样说：我们应怎样才能以最有效的方式吸收现代文化，使它能同我们的固有文化相一致、协调和继续发展？

这个较大的问题本身是出现在新旧文化间冲突的各方面。一般说来，在艺术、文学、政治和社会生活方面，基本的问题是相同的。这个大问题的解决，就我所能看到的，唯有依靠新中国知识界领导人物的远见和历史连续性的意识，依靠他们的机智和技巧，能够成功地把现代文化的精华与中国自己的文化精华联结起来。

我们当前较为特殊的问题是：我们在哪里能找到可以有机地联系现代欧美思想体系的合适的基础，使我们能在新旧文化内在调和的新的基础上建立我们自己的科学和哲学？……儒学已长久失去它的生命力，宋明的新学派用两种不属于儒家的逻辑方法去解释死去很久的儒学，并想以此复兴儒学，这两种方法就是：宋学的格物致知；王阳明的致良知。我一方面充分地认识到王阳明学派的价值，同时也不得不认为他的逻辑理论是与科学的程序和精神不两立的。而宋代哲学家对"格物"的解释虽然是对的，但是他们的逻辑方法却是没有效果的，因为：（1）缺乏实验的程序，（2）忽视了心在格物中积极的、指导的作用，（3）最不幸的是把"物"的意义解释为"事"。

……我确信中国哲学的将来，有赖于从儒学的道德伦理和理性的枷锁中得到解放。这种解放，不能只用大批西方哲学的输入来实现，而只能让儒学回到它本来的地位；也就是恢复它在其历史背景中的地位。儒学曾经只是盛行于古代中国的许多敌对的学派中的一派，因此，只要不把它看作精神的、道德的、哲学的权威的唯一源泉，而只是在灿烂的哲学群星中的一颗明星，那末，儒学的被废黜便不成问题了。

换句话说，中国哲学的未来，似乎大有赖于那些伟大的哲学学派的恢复，这些学派在中国古代一度与儒家学派同时盛行。这种需要已被我们有思考力的人朦胧地或半自觉地觉察到，这可以从这样的事实看出来：尽管反动的运动在宪法上确立儒学，或者把它作为国教，或者把它作为国家道德教育的制度，但都受到国会内外一切有思想的领导人物的有力反对，而对知识分子有影响的期刊在最近几年中几乎没有一期发表关于非儒学各派的哲学学说的论文。

就我自己来说，我认为非儒学派的恢复是绝对需要的，因为在这些学派中可望找到移植西方哲学和科学最佳成果的合适土壤。……如果用现代哲学去重新解释中国古代哲学，又用中国固有的哲学去解释现代哲学，这样，也只有这样，才能使中国的哲学家和哲学研究在运用思考与研究的新方法与工具时感到心安理得。（胡适：《先秦名学史》，学林出版社，1983年，4～9页）

按，1917年6月，也就是一个多月后，胡适在回国轮上又作一《前言》，说明该书所用的论述方法及其与中国传统学问不同的主要之点。

1917年　丁巳　民国六年　26岁

关于原始资料的选择，胡适说："我始终坚持这一原则：如无充分的理由，就不承认某一著作，也不引用某一已被认可的著作中的段落。对于儒家的五经，我认为只有《诗经》可以全部接受。"关于原文的校勘和训释，胡适说："我充分利用了近二百年来我国学者们所积累的研究成果。……因为通过训诂的研究，我们才能摆脱传统训释者的主观偏见，并对古籍的真实意义获得正确的理解。"而在断定原始资料的确实性中，不得不借助于所谓"高等校勘"。而高等校勘的另一方面则是确定年代。胡适又说："在这种工作中，最重要而又最困难的任务，当然就是关于哲学体系的解释、建立或重建。在这一点上，我比过去的校勘者和训释者较为幸运，因为我从欧洲哲学史的研究中得到了许多有益的启示。"（《先秦名学史》，1～2页）

4月28日　胡适到绮色佳出席世界学生会的"中国之夜"活动，并应邀演讲（4月28日之 *Ithaca Journal, Cornell Daily Sun* 均有预报）。4月30日之 *Cornell Daily Sun* 第二版对胡适讲演报道如下：

"China's break with Germany was as much a surprise to many Chinese as it was to people of other nations," said Suh Hu'13, now a graduate student at the University of Columbia, in a naddress on "China's Entrance into the War", given before the Cosmopolitan Club Saturday evening.

Chinese sentiments have ever been pro-German because of Japan's association with the Allies and because the Chinese have always had a sense of admiration for German efficiency, Now, however, the loss of so many Chinese seamen through Germany's submarine warfare has changed the attitude of many of the people and she enters the war backed by the approval of the majority.

Vote Favors War.

When it came to a vote before the Parliament, the war measure passed with a majority of 381 to 87 in the House and 156 to 37 in the Senate. At a conference of the governors of the provinces they put themselves on record as being unanimously in favor of war.

War negotiations with the Allies are going on now in Peking. China desires certain measures that will compensate her for entering into the quarrel, and they are being discussed. Among them are: Chinese representation at the peace conference in Hague after the war; the suspension of the European indemnity which amounts to $130,000,000 a year, or one fourth of the national expenditures; and the raising of the tariff, from the present 5 percent to 7.5 percent, during the war and 10 percent after the war.

Tariff Important.

This last point is the most important. The tariff rate was fixed twenty years ago and really represents less than 3 percent. A tariff of 7.5 percent will mean an increase of $100,000,000 a year.

China can assist the Allies in several ways. She can increase appreciably the number of Chinese laborers already in France and will no doubt allow the Allies a free hand in securing them. She will be able to facilitate the supply of metals now needed in the manufacture of munitions. Japan at present furnishes Russia with her munitions and the metals contained in them come from China.

China Just Awakening.

The real problem now is how China's entrance into the war can improve the political situation in the Far East. China is a great nation that it just awakening and she is hampered on all sides both from internal and external reasons. Her self-conceit, the inertia due to her great size, the incompetent and corrupt ruling class, the great national poverty, and finally the constant fear of external aggression and the humiliation that will result have all hindered China's progress.

China is surrounded on all sides by aggressive nations and the balance of power that formerly assured peace for her was broken by the present war. Japan now dominates the situation in the Far East and the outlook was very dark for China before the invitation of the Allies to enter the war came. And the invitation was very important in another way. It means that for the first time in her history she was recognized as a potential power.

China Reassured.

The pledges of the Allies, strengthened by the entrance of the United States into the war, that war is being waged for democracy and justice have done much to reassure China that her political problem will be solved. The Powers can no longer ignore her and the spirit of cooperation will remove much of the antagonism that is now felt toward China. If the problem is not solved it will mean that China will be the center of international intrigue and may eventually lead to a second great world war.

4月　胡适在 *The Philosophy of Wang Yang-Ming*（by Frederick Goodrich Henke. —London, Chicago: The Open Court Publishing Company, 1916）扉页题记："Hu Suh, April, 1917."（《胡适研究通讯》2017年第1期，31页）

5月

5月1日　是日印行之《新青年》第3卷第3号发表胡适的《历史的文学观念论》，大意谓：

> 居今日而言文学改良，当注重"历史的文学观念"。一言以蔽之，曰：一时代有一时代之文学。……今日之文学与今后之文学究竟当为何物，则全系于吾辈之眼光、识力与笔力，而非一二人所能逆料也。

惟愚纵观古今文学变迁之趋势，以为白话之文学种子已伏于唐人之小诗短词。及宋而语录体大盛，诗词亦多有用白话者。……元代之小说戏曲，则更不待论矣。此白话文学之趋势，虽为明代所截断，而实不曾截断。语录之体，明、清之宋学家多沿用之。……故白话之文学，自宋以来，虽见屏于古文家，而终一线相承，至今不绝。夫白话之文学，不足以取富贵，不足以邀声誉，不列于文学之"正宗"，而卒不能废绝者，岂无故耶？岂不以此为吾国文学趋势，自然如此，故不可禁遏而日以昌大耶？愚以深信此理，故又以为今日之文学，当以白话文学为正宗。然此但是一个假设之前提。在文学史上，虽已有许多证据，如上所云，而今后之文学之果出于此与否，则犹有待于今后文学家之实地证明。若今后之文人不能为吾国造一可传世之白话文学，则吾辈今日之纷纷议论，皆属枉费精力。决无以服古文家之心也。

然则吾辈又何必攻古文家乎？曰，是亦有故。吾辈主张"历史的文学观念"，而古文家则反对此观念也。吾辈以为今人当造今人之文学，而古文家则以为今人作文必法马、班、韩、柳。其不法马、班、韩、柳者，皆非文学之"正宗"也。……

5月2日 胡适在 A History of Philosophy: with Especial Reference to the Formation and Development of Its Problems and Conceptions（by W. Windelband. —New York: The Macmillan Company; London: Macmillan & Company, Ltd.）扉页题记："Suh Hu, New York City, May 2, 1917—the day I completed my dissertation. 德国文代斑著《泰西哲学史》，适。"（《胡适研究通讯》2017年第1期，31页）

5月4日 胡适在札记中粘贴韦莲司小姐绘画作品照片一幅，并给以高度评价："自辟一蹊径，其志在直写心中之情感，而不假寻常人物山水画为寄意之具，此在今日为新派美术之一种实地试验。"（《胡适札记》〔十四〕）

同日 胡适记读致韦莲司小姐旧函之感想："如读小说书，竟不肯放手。"以1915与1916两年之书为多，而尤以1915年之书为最要。"吾此

两年中之思想感情之变迁多具于此百余书中，他处决不能得此真我之真相也。"(《胡适札记》〔十四〕)

5月6日　胡适在札记中记对从军的看法：4月28日美国议会通过"选择的征兵制"，亦强迫兵制之一种。美国朋友中如 Paul Schumm 等皆不愿从军。又记道：

> 吾今日所主张已全脱"消极"的平和主义。吾惟赞成国际的联合，以为平和之后援，故不反对美国之加入，亦不反对中国之加入也。
>
> 然吾对于此种"良心的非攻者"……但有爱敬之心，初无鄙薄之意；但惜其不能从国际组合的一方面观此邦之加入战团耳。……(《胡适札记》〔十四〕)

5月8日　胡适记"瞎子用书"(盲文)。(《胡适札记》〔十四〕)

5月10日　胡适有致陈独秀函，兼答钱玄同：

> 通信栏中有钱玄同先生一书，读之尤喜。适之改良文学一论虽积思于数年，而文成于半日，故其中多可指摘之处。今得钱先生一一指出之，适受赐多矣。中如论用典一段，适所举五例，久知其不当。所举江君二典，尤为失检。……
>
> 钱先生所论文中称谓、文之骈散、文之文法诸条，适皆极表同情。其评《老残游记》，尤为中肯。……
>
> 适于钱先生所论，亦偶有未敢苟同之处。……
>
> (1)钱先生云："至于近世《聊斋志异》诸书直可谓全篇不通。"此言似乎太过。《聊斋志异》在吾国札记小说中，以文法论之，尚不得谓之"全篇不通"，但可讥其取材太滥，见识鄙陋耳。
>
> (2)神怪不经之谈，在文学中自有一种位置。其功用在于启发读者之理想。如《西游记》一书，全属无中生有，读之使人忘倦。其妙处在于荒唐而有情思，诙谐而有庄意。……
>
> (3)《七侠五义》在第二流小说中，尚可称佳作。……

（4）钱先生以《三国演义》与《说岳》并举，亦似未尽平允。《三国演义》在世界"历史小说"上为有数的名著。其书谬处在于过推蜀汉君臣而过抑曹孟德。然其书能使今之妇人女子皆痛恨曹孟德，亦可见其魔力之大。且三国一代之史事最繁复，而此书能从容记之，使妇孺皆晓，亦是一种大才；岂作《说岳》及《薛仁贵》《狄青》诸书者所能及哉？

（5）钱先生谓《水浒》《红楼梦》《儒林外史》《官场现形记》《孽海花》《二十年目睹之怪现状》六书为小说之有价值者，此盖就内容立论耳。适以为论文学者固当注重内容，然亦不当忽略其文学的结构。……故鄙意以为吾国第一流小说，古惟《水浒》《西游》《儒林外史》《红楼梦》四部，今人惟李伯元、吴趼人两家，其他皆第二流以下耳。……

第二流正多佳作。如《镜花缘》一书，为吾国倡女权说者之作，寄意甚远。其写林之洋受缠足之苦一节，命意尤显。……（胡适编选：《中国新文学大系·建设理论集》，上海良友图书公司，1935年，60～62页）

5月11日　胡适复函韦莲司小姐，感谢其邮寄一组信件；计划在回国前于6月10日左右到绮色佳小住几天，6月21日乘"日本皇后"号从温哥华回国。（《不思量自难忘：胡适给韦莲司的信》，118页）

5月13日　林达光（Paul Lim-Yuen）致函胡适，云：

> Merton and I were both much interested in the tale of the *Old Man of Sing Fung*, and we both feel that the English versification is excellent. We each went over it separately and made our suggestions, the results of which I have combined in the enclosed copy. Your 12th line lacks a syllable. This might have been supplied by substituting the words "young man" for the monosyllable "male". The English construction: "Which ended in…" is rather colloquial. Perhaps that is just the character you intended to give to the conversation of the Old Man, but in that case it might be questioned if blank verse were the best medium. Robert Frost, one of the moderns, has evolved a col-

loquial blank verse form of his own which he uses, I think, with great effect. But it is a distinct modification of the dignified, pure blank verse, in which his colloquialisms and straightforward conversational style and word order would seem grotesquely out of place. However, this, and anything else that I might say about poetry, is merely a personal impression. At any rate, you will be interested to note how Merton, not content with merely correcting the rhythm of line 12, threw it into what he considered more suitable blank verse form,—a change which affected the following line as well.

It is common enough for a blank verse line to have an extra, or eleventh syllable. It was not so much to eliminate the extra syllable that I substituted a monosyllabic word in the 14th line. For musical reasons I wished to avoid the effect of the juxtaposition of two similar syllables, "...en" and "in". Besides, the auricular unpleasantness is heightened by the nearby "i" sounds in "driven" and "burning". But this is probably nothing but an awful quibble. Very likely my ears are hypercritical. Merton was not inclined to object especially to "driven". Certainly it is the stronger and more expressive word.

Line 17 has the right number of syllables, but the "longs and shorts" are not evenly distributed—the stress does not fall correctly—in the phrase, "where plague rages..." Merton's word "smites" is distinctly a formal or heroic blank verse type of word. I thought myself that "strikes" would have been perhaps more in character;—mere temperamental difference again.

I eliminated the repetition of "return" in lines 21 and 22.

For the sake of smoothness—or my sense of it—I inverted the word-order in the phrase "I was then". 1. 23.

"The pain of broken arm" sounds quaint to English ears and perhaps for that very reason is a valuable touch. In ordinary speech we would almost invariably modify the abstractness of the reference to so specific a thing as an arm by the use of an article, definite or indefinite: "the pain of a broken arm."

But the word "bone" seems to be sufficiently abstract in itself to dispense with an article. I fear this explanation is far from satisfactory, but I can only say that whereas "the pain of broken arm" sounds a trifle "queer" and outlandish, "the pain of broken bone" would pass unchallenged by any native.

Line 28 has eleven syllables. As I said before, that alone would not matter, especially if the extra syllable were elided or if it occurred in a common word or had only a slight sound—value, like the "le" on the end of "little". But the minor difficulty here implied is as nothing before the great difficulty of placing side by side the words "unknown" and "Yunnan", both of which have a short "u" sound followed by two distinct "n" sounds—a very curious coincidence. All these things considered, it seems unbearable to have the line end with "Yunnan". Merton made it as follows: "To fighting in far Yunnan-land unknown," which is a good solution of each of the points mentioned above. My objection to this was the word-order which again sacrifices the conversational tone and becomes heroic. At the risk of putting the two difficult words together again I substituted an order which is slightly more direct, simple, and therefore to my mind convincing.

The last division or paragraph as you have written it is exceptionally happy, I like it immensely.

By this time you may be thoroughly disgusted with the literal spirit which dissects poetry so microscopically on the basis of its verbal structure. But your Translator's Note, in which I suspect irony, certainly gives rise to some very curious speculations as to the equally trivial and quibbling ground on which mankind bases its moral code—a tendency which increases alarmingly with the growing complexity of "civilization".

Merton wishes to be kindly remembered, and I want to thank you with him for showing us the timely poem of Peh Chu-Yi's.（中国社科院近代史所藏"胡适档案"，卷号 E-270，分号 3）

5月17日　胡适作有《绝句》，29日又有修改。(《胡适札记》〔十四〕)

5月19日　胡适邀 Lewis S. Gannett 晚餐，同往《世界报》。(《胡适札记》〔十四〕)

5月20日　胡适去白原（White Plains）演说，题为"Mohism: China's Lost Religion"。下午，主人 Max Meyer 以汽车携胡适游观新成之"水源湖"（Reservoir Lake）。车行湖滨，风景佳绝。午餐席上遇 Prof. Overstreet 先生。(《胡适札记》〔十四〕)

5月22日　胡适参加博士学位最后考试：

> 主试者六人：
>
> Professor John Dewey
>
> Professor D. S. Miller
>
> Professor W. P. Montague
>
> Professor W. T. Bush
>
> Professor Frederich Hirth
>
> Dr. W. F. Cooley
>
> 此次为口试，计时二时半。
>
> 吾之"初试"在前年十一月，凡笔试六时（二日），口试三时。
>
> 七年留学生活，于此作一结束……(《胡适札记》〔十四〕)

5月23日　胡适改定《先秦诸子之进化论》，内容包括：序言；第一章，引子；第二章，老子的进化论；第三章，孔子的进化论；第四章，列子的进化论；第五章，庄子的进化论；第六章，荀卿的进化论；第七章，韩非、李斯的进化论；第八章，结论。大要如下：

引子

要讨论先秦诸子的进化论，须先知道进化论所研究的问题。进化论的问题大略如下：

（一）天地万物的原起。

（二）自原始以来至于今日，天地万物变迁的历史。

（三）变迁的状态和变迁的原因。

进化论所说的虽是天地万物的原始变迁，但是说天地万物的原始变迁的，未必就可算作进化论。……

进化论的主要性质在于用天然的、物理的理论来说明万物原始变迁一问题。……

第二章　老子的进化论

……老子的意思以为天地万物都从一种上下四方无所不至，无古无今，永远存在的空间（Space）。但是这个空间，如何变成万物。……

……老子的"天地不仁"，不过是针对一般迷信"天地有好生之德"的人说法，不过是说"天地"即是"自然而然"的进行，并无有安排，并无有主意。……

老子的"天"虽然不可算作"有意的"（Teleological），有时却狠像有主意、有安排，不过并非故意做作出来的安排，但可说是"自然而然"的安排罢了。……

老子因为深信这个"不争而善胜"，"无为而无所不为"的天道，所以他的伦理政治学说全归个人主义和放任主义。……

……

老子因为迷信天道，所以不信人事，因为深信无为，所以不赞成有为。他看见那时种种政治的昏乱，种种社会的罪恶，以为这都是人造的文明的结果。如今要救世救民，须得"绝圣弃智，绝仁弃义，绝巧弃利"；须得"损之又损，以至于无为"，以复回到那"无名之朴"。……把"退化"当作"进化"，有许多流弊。后来孔子、韩非子极力挽救，终不能完全打消老子学说不良的影响，这便是老子的缺点了。

第三章　孔子的进化论

老子以无为起点，孔子以"易"为起点，易即是"变易""变化"，一部《易经》，便是孔子的进化论。……《易经》的主要理论在于说明万物变易进化的公例。……孔子知道天下万物的变化都从极简易的渐渐变成极复杂的，所以他要把"天下之至赜"解剖成极"简易"极"几微"的东西，如此，才可以下格物致知的工夫。……

…………

孔子的进化论与他的历史哲学狠有关系。孔子既知进化之迹由简易变为繁赜，所以他把全部历史当作一条古今不断的进化，由草昧蛮野时代，渐进而成高等繁赜的文化。……

…………

孔子虽不主张复古，却极"好古"。他的好古主义，全从他的进化论生出来。他把历史当作一条由简而繁不断的进行，所以非懂得古事，不能真懂今世的事。

…………

第四章　列子的进化论

…………

第五章　庄子的进化论

…………

庄子的进化论也从"不同形"作起点。……

…………

……老子、列子、庄子都把"天行"一方面看得太重了，把"人力"一方面却看得太轻了，所以有许多不好的结果。处世便靠天安命，或悲观厌世；遇事便不肯去做，随波逐流，与世浮沈；政治上又主张极端的个人放任主义，要挽救这种种弊病，须注重"人择""人事""人力"一方面。

....

第六章　荀卿的进化论

荀卿与庄子不同之处，在于两大要点。

第一，庄子说物种以不同形相禅，荀卿说物种自古至今都不曾有变化。第二，庄子把进化归功于天行，荀子把进化归功于人事。庄子说的是"天演"，荀子说的是"人演"。

....

第七章　韩非、李斯的进化论

韩非、李斯都曾作过荀卿的弟子，所以都受了他的影响。韩非最恨那些"言必称尧舜"的腐儒。……

....

荀卿、韩非的历史进化论，后来被李斯推行到了极端，遂不免有大害。……

....

第八章　结论

……这几家的学说虽然不同，然而其间却有一线渊源不断的痕迹。先有老子的自然进化论，打破了"天地好生"，上帝"作之君作之师"种种迷信。从此以后，神话的时代去，而哲学的时代来。孔子的"易"便从这个自然进化上着想。不过老子以为若要太平至[郅]治之世，须毁坏一切文明制度，"损之又损，以至于无为，无为而无不为"。孔子却不然，孔子以为变易的痕迹，乃从极简单的渐渐变成极繁赜的，只可温故而知新，却不可由今而反古，这个就比老子进一层了。后来列子、庄子都承认这个"由简而繁"的进化公式。列子、庄子时代的科学理想比孔子时代更进步了。墨子时代的科学家，狠晓得形学、力学、光学的道理，并且能用凸面凹面镜子试验。所以列子、庄子的进化论，较之孔子更近科学的性质。列子、庄子要研究这万物原始的"简易"是个什么样的东西,列子说是一种"不生不化"却又能"生生化化"的种子,庄子说"万物皆种也,以不同形相禅"。庄子、列子却终不能跳出老子的自然无为的学说,所以他两人都把进化当作一种无神的天命,因此生出一种靠天、安命、守旧、厌世的思想。所以荀子、韩非出来极力主张"人定胜天",以救靠天的迷信,又主张"法后王""不期存古",以救守旧的弊端。却不料这第二个学说,被李斯推到极端,遂惹出焚书坑儒的黑暗手段。后来儒家得志,也学李斯的手段,"别黑白而定一尊"。从此以后,人人"以古非今",人人"不师今而事古"。这也是朱子说的"教学者如扶醉人,扶得东来西又倒了"。(《留美学生季报》,1917年秋季第3号)

5月27日 胡适致函韦莲司小姐,谈整理韦小姐之《新共和》杂志及书籍等。是否能订到6月21日从温哥华启航的"日本皇后"船票,还在等旅行社的回音。(《不思量自难忘:胡适给韦莲司的信》,119页)

同日 胡适在札记中记发明中国打字机之祁暄发明"事类串珠"事。(《胡适札记》〔十四〕)

5月29日 胡适辞别杜威教授,"先生言其关心于国际政局之问题乃过于他事。嘱适有关于远东时局之言论,若寄彼处,当代为觅善地发表之。此言至可感念,故记之"。(《胡适札记》〔十四〕)

同日 胡适复函许怡荪,告将于6月21日放洋。已致函蔡元培,请其将所有应商之事作书寄上海,若不须亲去北京,则当先归里一行。已有书寄陈独秀,言不愿当文科学长。此次与蔡先生书亦言此事。"适以为国立大学中乃使新进少年作文科学长,似非大学之福,故不敢当之。兄倘再见独秀时,乞为我达此意,何如?"又云:

>适本意欲专授中国哲学,而以西洋哲学为辅。来书言独秀或欲弟兼任英文文学,恐任太重,反难尽职。大学非中学小学,似宜有专科教授,不宜一人兼任数科也。兼任或可暂为之,恐非久计耳。望亦与独秀言之为盼。(胡适致许怡荪函,编号48)

5月31日　胡适在 Semantics: Studies in the Science of Meaning（by Michel Bréal. —New York: Henry Holt & Company, 1900）扉页题记："Suh Hu, May 31, 1917. 伯里亚尔著《字义学》（训诂学）。适。"（《胡适研究通讯》2017 年第 1 期，31 页）

同日　胡适在 The Voice of the City: Further Stories of the Four Million（by O. Henry. —New York: Doubleday, Page & Company, 1911）扉页题记："Suh Hu, May 31, 1917. 倭亨利之短篇，二十五种。"（《胡适藏书目录》第 4 册，2653 页）

5月　Fligelman 赠送胡适 Public International Unions: Their Work and Organization（by Paul S. Reinsch. —Boston: World Peace Foundation, 1916）一书，并题记："To Dr. Sŭh Hŭ, whose life will mean much for the progress of International Polity! Congratulations from Frieda Fligelman, Columbia University, May, 1917."（《胡适研究通讯》2017 年第 1 期，31～32 页）

6月

6月1日　胡适有《朋友篇·寄怡荪、经农》：

粗饭尚可饱，破衣未为丑。人生无好友，如身无足手。
吾生所交游，益我皆最厚。少年恨污俗，反与污俗偶。
自视六尺躯，不值一杯酒。倘非良友力，吾醉死已久。
从此谢诸友，立身重抖擞。去国今七年，此意未敢负。
新交遍天下，难细数谁某。所最爱敬者，乃亦有八九。
学理互分剖，过失赖弹纠。清夜每自思，此身非吾有。
一半属父母，一半属朋友。便即此一念，足鞭策吾后。
今当重归来，为国效奔走。可怜程（乐亭）郑（仲诚）张（希古），少年骨已朽。作歌谢吾友，泉下人知否？（《胡适札记》〔十四〕）

同日　胡适有《文学篇·别叔永、杏佛、觐庄》：

>我初来此邦，所志在耕种。文章真小技，救国不中用。
>带来千卷书，一一尽分送。种菜与种树，往往来入梦。
>匆匆复几时，忽大笑吾痴。救国千万事，何一不当为？
>而吾性所适，仅有一二宜。逆天而拂性，所得终希微。
>从此改所业，讲学复议政。故国方新造，纷争久未定。
>学以济时艰，要与时相应。文章盛世事，岂今所当问。
>明年任与杨，远道来就我。山城风雪夜，枯坐殊未可。
>烹茶更赋诗，有倡还须和。诗炉久灰冷，从此生新火。
>前年任与梅，联盟成劲敌，与我论文学，经岁犹未歇。
>吾敌虽未降，吾志乃更决。暂不与君辩，且著《尝试集》。
>回首四年来，积诗可百首。"烟士披里纯"，大半出吾友。
>佳句共欣赏，论难见忠厚。今当远别去，此乐难再有。
>暂别不须悲，诸君会当归。作诗与君期，明年荷花时，
>春申江之湄，有酒盈清卮。无客不能诗，同赋归来辞！（《胡适札记》〔十四〕）

6月5日 胡适致函韦莲司小姐，告：已经将韦小姐的书籍、信件、家具等物装箱并将寄到绮色佳。又谈到因中国的再度混乱，回国后可能会留在上海而不回家乡。（《不思量自难忘：胡适给韦莲司的信》，120页）

6月6日 胡适在 *Landmarks in French Literature*（by G. L. Strachey. — New York: Henry Holt and Company; London: Williams and Norgate, 1912）扉页题记："Shu Hu, June 6, 1917." 书末又有题记："此书始终不提 Zola 之名，可谓怪事。"（《胡适研究通讯》2017年第1期，32页）

6月9日 胡适离开纽约。10日晨到绮色佳，寓韦莲司小姐家，"连日往见此间师友，奔走极忙"；"在绮五日（十日至十四日），殊难别去"。（《胡适留学日记手稿本》之《胡适札记·归国记》〔十五〕，原书无页码）

6月12日 为胡适的老师 Prof. James Edwin Creighton 在康奈尔大学教授25年之期，其旧日哲学学生之已成名者十余人，各贡其专治之学，著为

文章，合为一集刊行之，以为《克雷敦先生纪念集》。是夜行奉献仪。次日，购得此册，于舟车中读之。(《胡适札记·归国记》〔十五〕)

6月13日　胡母谕胡适：第三号禀中谈及京师大学及上海书局之事，自己深表同意。脩金不必骤求其多，但能增进名誉斯可矣。又为胡适在尚未归国时即得名宿延聘，"良为欣慰"。又促胡适早归。(《胡适遗稿及秘藏书信》第22册，197～199页)

6月14日　下午，胡适离绮色佳，与韦莲司小姐及家人道别，"韦夫人与韦女士见待如家人骨肉，尤难为别"。夜到水牛城。夜半后被加拿大移民局官员告知不得出境。次日晨致电加拿大移民总监W. D. Scott及中国驻纽约领事，以补齐过境手续。所幸当日即办妥。(《胡适札记·归国记》〔十五〕；《不思量自难忘：胡适给韦莲司的信》，121～122页)

6月16日　胡适过芝加哥，拟访饶毓泰、任嗣达（稷生），均以不得地址而作罢。读爱尔兰人丹山尼勋爵（Lord Dunsany）之戏本5种，"甚喜之"。17日，到圣保罗（St. Paul）。途中遇贵池许传音博士。18日晨到"门关"（Portal, N. D.），入加拿大境。车上读薛谢儿（Edith Sichel）女士之《再生时代》(*The Renaissance*)。胡适在《归国记》中记道：

> "再生时代"者，欧史十五、十六两世纪之总称，旧译"文艺复兴时代"。吾谓文艺复兴不足以尽之，不如直译原意也。

又鉴于该书"述欧洲各国国语之兴起，皆足供吾人之参考"，故作了篇幅不小的摘记。

6月20日　胡适抵达温哥华，张慰慈如约来候。(《胡适札记·归国记》〔十五〕)

同日　胡适复函韦莲司小姐：

> 离开绮色佳对我来说，真不是一件容易的事。我感觉朋友所在的地方即是我家。而今去此我自己所造之家乡而归我父母之邦！
>
> 离开你〔更不是一件易事〕，你的友谊丰富了我的生活，也深化了

我的生命，想起你就让我喜悦！

我希望我们往后一直保持联系。

请写信告诉我你的健康和工作的情形。务必安排一个假期。想到那几天我们所谈的话就让我很担心。度假时，寄张明信片给我。我最真挚的祝愿就是希望你能得到完全的休息和一个尽兴的假期。(《不思量自难忘：胡适给韦莲司的信》，124页)

6月21日　胡适在温哥华乘坐"日本皇后"轮回国。同舱者为张慰慈、许传音、郑乃文、日本人永屋龙雄。同船有俄国人60余名，乃革命后为政府召回者。(《胡适札记·归国记》〔十五〕；《不思量自难忘：胡适给韦莲司的信》，125～126页)

同日　Nellie B. Sergent 赠送胡适 *Margaret Ogilvy*（by J. M. Barrie. — New York: Charles Scribner's Sons, 1896）一书，并题记："To Mr. Suh Hu, from his friend, Nellie B. Sergent, June 21, 1917."(《胡适研究通讯》2017年第1期，32页)

6月23日　John Foord 致函胡适，云：

The entrance of the United States into the war has brought the country into virtual alliance with China and Japan. Ties of interest, equally with ties of friendship, have been more closely drawn.

From the great international readjustment that will take place after the war, there will emerge a China coming into her own as an independent State, capable of safeguarding her own integrity, and a Japan with a new sense of responsibility for her part in the peaceful development of Asia. For the United States, a position of unique responsibility, a great trust, is thus opened not only in assisting to develop the untouched resources of the East, but as friend and mediator in the development of political amity and maintenance of peace on the continent which is the home of more than half of the human family.

Toward this consummation the American Asiatic Association has been working throughout the twenty years of its history. To interpret the new development of the nations of the Far East, its Journal has been broadened into a great illustrated monthly magazine—*ASIA*.

When we invite you to become an Associate Member of the Association, it is that you may have a direct part in building up, together with the present leaders in Far Eastern relations of the United States, an authoritative body in this country imbued with the resolve that it shall attain the fulfillment of the vision of the large place it should occupy in Asiatic progress.

We ask you to signify your pleasure on the enclosed form. A copy of *ASIA* will be sent on request.（中国社科院近代史所藏"胡适档案"，卷号 E-199，分号 3）

6月27日　胡适与朝河贯一交谈。朝河贯一曾劝英国书贾丹特（Dent）于其所刊行之《人人丛书》（*Everyman's Library*）中加入中国、日本之名著。丹特允加入中国重要书籍两册。朝河贯一询胡适此两册应如何分配。胡适的想法是：

吾谓此两册之中，第一册当为儒家经籍，宜包:(一)诗经……(二)四书。(三)孝经。第二册当为非儒家经籍，宜包:(一)老子（全）。(二)庄子（内篇）。(三)列子（第七篇——"杨朱篇"）。(四)墨子（选）。(五)韩非子（选）。

朝河贯一深以为然，并询胡适是否肯编译此两册。胡适允之。但此事后未做成。（《胡适札记·归国记》〔十五〕）

按，6月30日，胡适致函韦莲司小姐，亦谈及此事：

你可能对我们谈话一个有趣的结果感到兴趣。《人人丛书》的出版者找他选编几册有关日本的材料收在丛书里，他说服了出版商，扩大编选的范围，应加入几册古典中国文学和日本文学的作品。交涉几乎已经完成，决定加两册有关中国的材料。朝河贯一教授问我应该选那些材料。我告诉他那些应该入选和选择的方法。他对我的建议极为满意，立即请我为这几册书做翻译和编辑的工作。我毫不犹豫的接受了他的邀约，因为我知道《人人丛书》的价值，而我相信，这项工作对中国和英语世界都是有贡献的。经济上的收益并不多，但我不很在乎这一点。(《不思量自难忘：胡适给韦莲司的信》，126～127页)

旅途中，胡适读剧若干种，如下：

（1）Oscar Wilde: *Lady Windermere's Fan.*
（2）W. B. Yeats: *The Hour-Glass.*
（3）Lady Gregory: *The Rising of the Moon.*
（4）Hermann Sudermann: *The Vale of Cotent.*
（5）Eugène Brieux: *The Red Robe.*
（6）Björnstjerne Björnson: *Beyond Human Power.*

旅途中，胡适摘记柳亚子寄杨杏佛书：

……胡适自命新人，其谓南社不及郑陈，则犹是资格论人之积习。南社虽程度不齐，岂竟无一人能摩陈郑之垒而夺其鳌弧者耶？又彼创文学革命。文学革命非不可倡，而彼所言殊不了了。所作白话诗直是笑话。中国文学含有一种美的性质。纵它日世界大同，通行"爱斯不难读"，中文中语尽在淘汰之列，而文学犹必占美术中一科，与希腊、罗马古文颉颃。何必改头换面为非驴非马之恶剧耶！……弟谓文学革命所革在理想不在形式。形式宜旧，理想宜新，两言尽之矣。……

对此，胡适评论道：

此书未免有愤愤之气。其言曰："形式宜旧，理想宜新。"理想宜新，是也。形式宜旧，则不成理论。若果如此说，则南社诸君何不作《清庙》《生民》之诗，而乃作"近体"之诗与更"近体"之词乎？（《胡适札记·归国记》〔十五〕）

胡适有诗《天风》：

天风入吾园，为我花间住。

珍重谢天风，吹花上天去。（《胡适札记·归国记》〔十五〕）

6月　胡适在 Philosophical Essays in Honor of James Edwin Creighton（by James Edwin Creighton, George Holland Sabine.—New York: The Macmillan Company, 1917）扉页题记："Suh Hu, June, 1917. The Volume was presented to Prof. Creighton on June 12th, 1917. S. H.."（《胡适研究通讯》2017年第1期，32页）

同月　胡适在 The English Language（by Logan Pearsall Smith. —New York: Henry Holt & Company; London: Williams and Norgate, 1912）扉页题记："Suh Hu, June, 1917."（《胡适研究通讯》2017年第1期，32页）

7月

7月3日　胡适与张慰慈等在甲板上赏月，有怀美洲诸友。次日作《百字令》邮寄任鸿隽、杨杏佛、朱经农、亦农及陈衡哲等人。（《胡适札记·归国记》〔十五〕）

　　按，胡适致诸人函均不得见。但从朱经农8月复胡适函，可略知一二。朱函云："新俄人物如此虚骄，如此浅陋，俄难何时可已。"这说明，胡适去函必谈及同行俄人之浅陋等事。朱函又谈及国内政情及自己入夏校学习等事。（《胡适遗稿及秘藏书信》第25册，529页）

7月5日　下午4时，胡适抵横滨，知张勋复辟之消息，有评论：

复辟之无成，固可断言。所可虑的，今日之武人派名为反对帝政复辟，实为祸乱根苗。此时之稳健派似欲利用武人派之反对复辟者以除张勋一派。……即令暂时承认，暂时联合，他日终将决裂。如此祸乱因仍，坐失建设之时会，世界将不能待我矣。（《胡适札记·归国记》

〔十五〕)

澄衷同学郭虞裳、俞颂华委托潘公弼坚邀胡适、张慰慈往东京，相见欢。夜9时，回横滨，半夜船行。7日过神户，8日过长崎。在东京，购读《新青年》第3卷第3号，有记：

> ……有独秀之《旧思想与国体问题》，其所言今日竟成事实矣。又有日本人桑原骘藏博士之《中国学研究者之任务》一文，其大旨以为治中国学宜采用科学的方法，其言极是。其所举欧美治中国学者所用方法之二例，一为定中国汉代"一里"为四百米突（十里约为二英里半），一为定中国"一世"为三十一年。后例无甚重要，前例则历史学之一大发明也。末段言中国籍未经"整理"，不适于用。"整理"即英文之 Systematize 也。其所举例，如《说文解字》之不便于检查，如《图书集成》之不合用。皆极当，吾在美洲曾发愿"整理"《说文》一书，若自己不能为之，当教人为之。又如《图书集成》一书，吾家亦有一部，他日当为之作一"备检"。
>
> ……刘半农君《我之文学改良观》，其论韵文三事：（一）改用新韵，（二）增多诗体，（三）提高戏曲之位置，则皆可采。第三条之细目稍多可议处。其前二条，则吾所绝对赞成者也。
>
> 《新青年》之通信栏每期皆有二十余页……其中虽多无关紧要之投书，然大可为此报能引起国人之思想兴趣之证也。

读朝河贯一之《日本封建时代田产之原起》，有记：

> "封建制度"，乃西文"Feudalism"之译名，其实不甚的确。此制与吾国历史上所谓"封建"者有别。今以无适当之名故暂用之。吾问朝河君日本学者曾用何名。君言除"封建制度"外，有用"知行制度"者。"知行"乃公文中字，其时佃人投靠，所立文契中有此字样，其实亦不成名词也。今日吾忽思得"分据制度""割据制度"，似较"封建制度"为胜。（《胡适札记·归国记》〔十五〕）

7月10日　上午11时，胡适抵上海。胡绍之、胡节甫、胡思聪、汪孟邹、章洛声在码头迎接。遂留沪专等即将来此之陈独秀，以商北大教职事。(《胡适札记·归国记》〔十五〕；1917年7月10日胡适禀母函，《胡适遗稿及秘藏书信》第21册，185页；7月12日胡适致许怡荪函，编号49)

同日　胡适致函韦莲司小姐，谈到来上海后观感：

> 然而，上海依旧是一个昧著良心，争逐声色的地方！它的外貌有了很大的改变——有了新的交通工具，新的旅馆，和去了辫子的人。我还匀不出时间去看看书店。但从这几天的谈话看来，我对〔出版的情形〕并不乐观。……
>
> 短命的〔洪宪〕帝制已经过去了——只成立了一个星期。但是全国都在不安扰攘之中。几乎所有的国会议员都集中在上海。明天我将和几个领袖人物见面，看看他们到底在想什么。全国正进入派系纷争之中。帝制的复辟只是即将上演闹剧之中，最不重要的一幕！我估计进一步的〔权力〕斗争，即使不立即爆发，也将在近期之内发生。我个人倒希望尽早发生。……
>
> …………
>
> 总的来说，在我回来之前，我对我的国家和人民并没有太大的期望，所以现在也不至于有太大的失望。(《不思量自难忘：胡适给韦莲司的信》，129页)

按，胡适在此函中所说的复辟是1917年的张勋、康有为拥立溥仪复辟，而非洪宪帝制。周质平先生所注，略有误。

7月12日　胡适致函许怡荪：

> 适今在此拟小住几日。闻仲甫将南来，故拟待其来与一谈大学事，庶可稍知适所应筹画预备之事。今仲甫尚未来，适又不知其天津住址，无从函询电问。仲甫不到，则适一日不能归。兄若知仲甫所在，望告以此情。若彼此时不能南来，则望兄请其作书以下列诸事相告，使适

可以知所适从：

（一）适辞文科学长之任，已有书与仲甫及蔡先生，但不曾得有回信，不知何故？

（二）适明年应教授何科？

（甲）哲学共有几点钟？（几科）

（乙）前书所言英文文学暂兼则可之说，仲甫意见如何？

（丙）此外尚须教授何科？

（三）闻仲甫定有课程表，望赐寄一份。

（四）大学藏书有英文文学哲学书否？（胡适致许怡荪函，编号49）

7月13日　夜，胡适与陈独秀会面。

7月14日胡适致许怡荪函：

仲甫已到上海，昨夜与谈，其言不甚直截了当，今日当再细谈。仲甫言但欲适教授英文学，此殊非所料。然教英文学可不必自己编书，较哲学为更易。此于适实有益，因可多得闲空工夫为读书著书之用也。

以上所云，尚以"大局可以平定"为前提。若政潮不静，蔡先生不能早留，则适亦不能来。若果如此，则且先寻一吃饭之地再作他计耳。（胡适致许怡荪函，编号50）

7月14日　胡适在《墨子经解》二卷（清人张惠言撰，宣统元年国学保存会影印本）题记："吾初读孙仲容《墨子间诂》，始知有此书。今年归国急买此读之。民国六年七月十四日。适。"（《胡适藏书目录》第2册，1407页）

7月16日　胡适禀母亲，告大约一星期之内可到芜湖。又谈到"此次归里，决计暂不迎娶"，理由有四：天气热；在家停留时间短；长途劳苦，颇思少息；无钱。又谈到希望能先与江冬秀一见。（《胡适遗稿及秘藏书信》第21册，187~188页）

同日　胡适在上海新旅社作有《嚼筋》一则札记。（《胡适留学日记手

稿本》之《胡适札记》〔十七〕,原书无页码)

7月24日　胡适致函韦莲司小姐,谈道:

在离去10年之后,我正沿著长江,逆江而上。……我现在正在回家的路上。……

……帝制复辟的失败是意料中事。但是南北差异之大则是无从沟通的。整个海军已经加入了南方。南北方实际上已经宣战了,很可能会有一次决定性的战争,否则中国永远不会是一个〔统一〕的国家。但这需要一次大战之后才能实现。

要是情况太糟,我可能在上海待一段时间。你要"观望",上海是最好的地方。

待在上海的两星期比我从纽约到上海的长途旅行更累,更消耗精力。吃了谈,谈了吃——就是这么回事!所以我逃走了。但〔往后〕的事可能比在上海更糟。我一定得去拜访许多亲戚和"族人",我无法做任何其他的事。

你简直不能想像,过去十四天来,我受困于那一类的问题和谈话!

我不知道今年夏天我们是不是应该结婚。我写了几封信给我母亲,请她不要预备今夏结婚的事。但是我不知道她是不是同意我的看法。我希望今年夏天不必做这件事。(《不思量自难忘——胡适给韦莲司的信》,131～132页)

7月27日　胡适回到阔别10年的家乡,开始了32天忙乱的日子。回家后,始知胡母近年健康一直不佳。(7月29日胡适致江冬秀函;8月6日致许怡荪函;11月21日复韦莲司小姐函)

1917年11月21日胡适复函韦莲司小姐:

我在家待了32天。近年来,我母亲身体一直不太好。她勇敢的挣扎在艰困的环境和焦虑的心情之中。过去一年来,在她获知我的确切归程之后,健康好了许多。在她告诉我,我比她预期中好得多的时候,我真是高兴极了！我发现，她正如我一向所预期的〔对新事务〕敏于接受并富于了解。但是她老了许多。她的记忆力也衰退了一些。她的健康也大受家累和焦虑的影响。

我在家的32天，对我来说是忙乱的日子。我得去拜访许多亲戚，也得接待许多来访的客人。我想，我在家吃饭的日子不到10天，在家睡觉不超过15个晚上。这是由于我的亲戚遍布在各个村庄的缘故。(《不思量自难忘：胡适给韦莲司的信》，133页）

7月29日　胡适致函江冬秀，略谈归程，又谈及将再约期来江村，以与其见面并探病。(《胡适遗稿及秘藏书信》第21册，297页）

7月30日　苏鉴致函胡适，告自己已来美留学，并请代为问候任鸿隽、杨孝述等旧同学。（中国社科院近代史所藏"胡适档案"，卷号1136，分号2）

8月

8月1日　胡适作有《张九成论语绝句》，认为张系"专意作白话诗之第一人"。又录其《吾不复梦见周公》诸佳作。（胡适：《归娶记》）

8月6日　胡适致函许怡荪，谈回家后情形以及将婚期延迟至冬间事：

……惟乡里情形一一都足令人失望：烟间赌场随地皆是；妇女缠足乃较十年前为更小；所谓"学校"者，亦皆无精神可言；此但指岭北而言，尚未及去岭南一游也。

适此次在家，因有许多原因，已将婚期延至冬间。在上海时，人皆言家母必不从此意。适早知他人或不赞成，惟家母必无不赞成之理。及适到芜湖与江村一舍亲（适所聘乃江氏女）一谈，即知家母久已将适在美所寄书中今夏不婚之意代达江村矣。适不久将往江村一行，先图与聘妻一见，此亦是开风气之一种。

在家已十日，所接无非俗客，所谈无非琐事，却又不肯不耐起心思精神与之应付。吾辈稍有文学观念者，当视此种应付为收拾材料之

好机会。若不如此，则此间不可一日居矣。

里中人以许多事来纠缠，如族谱之争，祠款之争……适一概不问。即兴学一事，亦非此时所能顾及。既无实力，徒事高谈，无益也。惟颇有意提倡不缠足事，拟邀岭北少年中年之明白事理者为"不包脚会"，专从将来之女子一方面设想，中年以上人已无可救拯矣。

大学事适已有信与蔡先生，言"仲甫先生意欲适先专任英文文学史，而不欲适任哲学。适以此两项虽非所治，而幸尚能强勉承乏，故已暂时答应。想仲甫先生已早有信奉告矣"。（胡适致许怡荪函，编号51）

8月15日　杨杏佛复函胡适云：胡适的《舟中词》曲折苍凉，系佳作。有此景乃有此作，诚不负"烟士披里薰"矣。又抄示自作《游海边小山》《维廉公园荡舟》《楼眺》等新诗。（《胡适遗稿及秘藏书信》第38册，31～32页）

8月18日　胡适致函江冬秀，请江来胡家小住。（《胡适遗稿及秘藏书信》第21册，298页）

8月21日　胡适复函江耘圃，告此次返里，因行色太匆匆，"决无办婚事之余暇"。又谈道："此次出外，因国事纷扰，一切事多未能预定，但可决定冬季来家完婚，惟不能预定吉期。出外后一月内定可决定归期。"又谈及将于七月初七日来江村与江氏兄妹见面。（《胡适遗稿及秘藏书信》第21册，588～596页）

8月24日　胡适到旌德江村，希望与江冬秀一见，但江执意不肯。胡适此行之目的，在"欲先安大家之心"，此行达到了这一目的。（9月3日胡适致许怡荪函；1917年11月21日胡适致韦莲司小姐函）

1917年11月21日胡适致韦莲司小姐函：

但是我这次去看她……也有一些正面的意义。这次造访向她家里的每一个人保证了我〔娶她〕的意向。据说她的病很快就好了，她去看了我母亲，并和母亲共住了一星期。她实在太矜持了一点儿！可是，

我想我也得到了一点儿"教训"。(《不思量自难忘：胡适给韦莲司的信》，133页）

胡适《归娶记》：

吾去夏归国，以种种原因，未能迎娶。惟颇欲与冬秀一见，故以书与江宅，欲冬秀来吾家小住几日。时冬秀已病，故不能来。吾匆匆即须北去，故不能待其病愈。因以书与其兄约，自往其家一见。吾于旧历七月七日至江村，宿一夜。冬秀坚不肯出见。吾虽怏怏失望，然殊不欲使人难堪，故次晨作一书与之，嘱其勿以此事介意，亦不责之也。吾次晨即归，亦不复请见。既归，人有问我曾见冬秀否者，吾但以"见了"答之，盖不欲多一番无谓之闲话也。惟吾母知之。吾母甚怒，以为他有意使我下不去。吾离家后，吾母不复令人去问冬秀病状，亦不复令人去接他来吾家。冬秀病愈后，殊不自安，乃亲来吾家，为吾母道所以不见之故。盖其家嫂与娣皆不赞成此举，故冬秀不便出见。此乃无母之苦。使其母在时，当可一见矣。

吾当时虽欲一见，然并不曾存必欲见之之心。盖吾于此婚一切皆已随便将就，何必作此最后之为难？

吾自江村归后数日即北去。道上作小词两首自嘲云：

如梦令

他把门儿深掩，不肯出来相见。难道不关情？怕是因情生怨。休怨！休怨！他日凭君发遣。

几度曾看小像，几次传书来往。见见又何妨！休做女孩儿相。凝想，凝想，想是这般模样！(《胡适札记》〔十七〕)

按，此次江冬秀拒见胡适，却险些对他们的婚约产生危机：

……我对于我的旧婚约，始终没有存毁约的念头，但有一次确是"危机一发"。我回国之后，回到家中，说明年假时结婚，但我只要求一见冬秀，为最低限度的条件。这一个要求，各方面都赞成了。我亲

自到江村……我要求一见冬秀。他的哥哥耘圃陪我到他卧房外，他先进房去说，我坐在房外翻书等着。……耘圃出来，面上狠为难，叫七都的姑婆进去劝冬秀。姑婆（吾母之姑，冬秀之舅母）出来，招我进房去。我进房去，冬秀躲入床上，床帐都下；姑婆要去强拉开帐子，我摇手阻住他，便退了出来。……这时候，我若招呼打轿走了，或搬出到客店去歇，那事便僵了。我那时一想，此必非冬秀之过，乃旧家庭与旧习惯之过。我又何必争此一点最低限度的面子？我若闹起来，他们固然可强迫他见我，但我的面子有了，人家的面子何在？我因此回到子隽叔家，绝口不再提此事。……第二天早起，我借纸笔写了一封信给冬秀，说我本不应该来强迫他见我，是我一时错了。他的不见我，是我意中的事。我劝他千万不可因为他不见我之故心里不安。我决不介意，他也不可把此事放在心上。我叫耘圃拿去给他，并请他读给他听。……姑婆要我再去见他，我说不必了。回到家里，人家问我看见了新人没有，我只说，见过了，很好。我告诉我母亲，母亲大生气，我反劝他不要错怪冬秀。……后来冬秀于秋间来看我母亲，诉说此事，果然是旧家庭作梗，他家长辈一面答应我，一面并不告诉他，直到我到他家，他们方才告诉他，并且表示大不赞成之意，冬秀自然不肯见我了。他没有父母，故此种事无人主持。那天晚上，我若一任性，必至闹翻。我至今回想，那时确是危机一发之时。我这十几年的婚姻旧约，只有这几点钟是我自己有意矜持的。我自信那一晚与第二天早上的行为也不过是一个 gentleman 应该做的。我受了半世的教育，若不能应付这样一点小境地，我就该惭愧终身了。(《胡适遗稿及秘藏书信》第15册，384～387页）

又按，据胡适《北京杂记》9月12日所记，此两首小词系作于回京"芜湖路上"，"颇受石鹤舫先生词之影响也"。第二首，"几度曾看小像"一句，《北京杂记》本为"几次曾看小像"。又《北京杂记》本之标点，亦不及《归娶记》确当，故引《归娶记》之版本。

1917年　丁巳　民国六年　26岁

8月25日　胡适致函江冬秀，云：

> 昨日之来，一则因欲与令兄一谈，二则欲一看姊病状。适以为吾与姊皆二十七八岁人，又尝通信，且曾寄过照片，或不妨一见。故昨夜请姊一见。不意姊执意不肯见。适亦知家乡风俗如此，决不怪姊也。
>
> 适已决定十三日出门，故不能久留于此，今晨即须归去。幸好病已稍愈，闻之甚放心。望好好调养。秋间如身体已好，望去舍间小住一二月。适现虽不能定婚期，然冬季决意归来，婚期不在十一月底，即在十二月初也。……（《胡适遗稿及秘藏书信》第21册，299～300页）

8月29日　胡适致函许怡荪，告得蔡元培两电催请赴京，不知何故，"决意不绕上海，且空手先由浦口去北京耳"。又云：

> 来家后，酬应之苦，非言可状，在家中吃饭仅十日耳。且处处人把我作客看待，一天至少吃六七顿，岂非大苦事乎？
>
> 初七日去岳家看"夫人"的病，婚期暂定十一月底十二月初。此事已不容再缓。此次亲去岳家，正欲先安大家之心耳。（胡适致许怡荪函，编号52）

按，蔡元培电催胡适进京事，发动于陈独秀。8月9日陈独秀致函蔡元培："顷接尹默兄来书，据云先生日来颇忙……鄙意或请胡适之君早日赴京，稍为先生服劳。适之英、汉文并佳，文科招生势必认真选择，适之到京即可令彼督理此事。适之颇有事务才，责任心不在浮筠兄之下，公共心颇富，校中事务，先生力有不及，彼所能为者，皆可令彼为之。"信中还就胡适的工作与待遇提出建议："此时与彼言定者，只每星期授英文学六时，将来必不只此（或加诸子哲学，或英文学史，俟独秀到京再为商定）。希与以专任教员（聘书可用新章教授名目）之职（月二百四十元可矣，惟望自八月份起）。……先生倘以为然，望即赐一电，以便转电适之来沪，乘车北上……"（朱纪华主编：《上海市档案馆藏中国近现代名人墨迹（上）》，上海书画出版社，2014年，

148～149 页）14 日蔡元培电陈独秀："群益书社陈独秀先生，请电速胡教授来京……"陈独秀曾事前知会汪孟邹："前曾知告蔡孑民先生，拟请适之先行赴京，彼如同意可来电。……倘电文是请适之北去，当电促胡适之速来。……"(http://image.chinawriter.com.cn/nl/2018/0726/c404063-30171103.html ）

8 月 30 日　胡适离乡赴京就北京大学教职。当夜宿南湾。（胡适致许怡荪函，编号 52；胡适致胡近仁明信片，《胡适家书手迹》，74 页）

8 月 31 日　胡适致胡近仁明信片，云：

> 承赠诗改稿，似更胜。可见诗不厌改也。有、否两韵改作最好。……适此次归来竟不得一诗……诗神最爱闲，一忙便跑了。
>
> 深呼吸法，如得便，乞教舍侄试为之。此法无论如何，终有益无损耳。匆匆不及见湘帆一别，见时乞代致意为荷。……（《胡适家书手迹》，74 页）

9月

9 月 2 日　胡适抵芜湖。到芜湖后即访汪孟邹，得读陈独秀来函，知北京大学所以屡次来催者，乃因北京招考，先欲胡适前往阅卷。胡适本拟不停上海，直去北京。但因阅卷已过，不必亟亟前往，乃决计先过上海。陈独秀来函又云胡适"所专任者为英文学、英文学史两项，月薪二百四十元。此外尚欲适任诸子哲学、西洋伦理学史两项，月薪照加"。（《胡适遗稿及秘藏书信》第 21 册，185～186 页；胡适致许怡荪函，编号 53）

9 月 3 日　胡适致函许怡荪，谈行程，又云：

> 婚事决计十一月杪归去办理。此次曾去江村一行，闻大众颇因此心安，则亦为不虚此行也。
>
> 家慈年来多病，皆未告适；此次归来，家慈病已大减，否则适真

罪人矣。(胡适致许怡荪函,编号53)

9月4日　蔡元培校长签署聘书,聘胡适为北京大学文科教授。(中国社科院近代史所藏"胡适档案",卷号2132,分号1)

> 按,1947年12月17日,胡适在南京国际联欢社北大校庆聚餐席上讲演,说他当年只是一个26岁的留学生,不是蔡元培先生聘他,他不会到北大去教书的。到了北大之后,发现学生之中,有些已是读书很多,思想成熟的人(指傅斯年、毛子水、顾颉刚等几位),于是他非拼命用功不可。他说到"北大成全了我"这句话时,声泪俱下。(《胡适之先生年谱长编初稿》第六册,2003～2004页)

9月5日　胡适到上海。禀母:胡觉痔疮小愈,仍憔悴;大兄长子胡思明之脚气病无大碍。(《胡适遗稿及秘藏书信》第21册,188～189页)

9月10日　胡适抵北京,暂寓中亚旅馆。下午往访蔡元培2次,均不遇;访高一涵亦不遇。夜,高一涵来访,相谈极欢,"约同居"。禀母报平安。(《胡适遗稿及秘藏书信》第21册,219～222页;胡适致许怡荪函,编号54)

9月11日　蔡元培来访,坚约胡适入北大校内居住。胡适为办事方便计,拟先居校内,"俟半月后再移居高一涵处"。(胡适致许怡荪函,编号54)

同日　胡适与钱玄同谈,有记:

> 与钱玄同先生谈。先生专治声音训诂之学。其论章太炎先生之《国故论衡》甚当。其言音韵之学,多足补太炎先生所不及。其论入声,以广州音为据,谓凡阳声之字,
>
> 以m收者入声以p收。
>
> 以n收者入声以t收。
>
> 以ng收者入声以k收。
>
> 例如
>
> 覃韵之字入声如"合",粤音为Hap。
>
> 真韵之字入声如"逸",粤音为Yat。

阳韵之字入声如"灼",粤音为 Sek。

此论为前人所未发,王、孔、章皆不明此义也。(《胡适留学日记手稿本》之《胡适杂记》〔十六〕,原书无页码)

9月12日　蔡元培宴请胡适于六味斋。同席者有蒋竹庄、汤尔和、刘叔雅、陶孟和、沈尹默、沈兼士、马幼渔、钱玄同。(杨天石主编:《钱玄同日记》上册,北京大学出版社,2014年,316页)

9月14日　钱玄同日记有记:"午后至大学,适之已迁往大学,以出门,未晤。"(《钱玄同日记》上册,316页)

9月17日　上午,胡适在图书馆读书。因大雨不欢。下午得胡绍之快信,知胡思明于11日病故,"读之绕屋而走,不知身在何所"。又记道:

明侄为先大哥之长子,年十九。初在上海普益习艺所学图画。今夏本可卒业。忽得脚肿攻心之病。吾此次在芜,本不思绕道上海。因闻知此信,故变计去上海一看。吾到时,明已入宝隆医院。在院仅见一次,即匆匆北来。初闻其热已尽退,方极喜欢。岂意其遽至于此。

大哥所遗二子,其幼者名思齐,六七岁时忽发狂疾。疾已而口耳皆失其作用,遂成聋哑。今长者又死去,大哥有子而如无子矣。伤哉伤哉。(《胡适杂记》〔十六〕)

9月19日　胡适有札记,记"魁"字:

十八日坐车过西华门南池子,见一店家,招牌大书"菜魁"两字。顾视店中所有,皆萝卜、芋魁之类。吾忽念吾绩人谓菜根为"菜斗",竹根为"竹斗",树根为"树斗",斗字皆读入声。皆即魁字。

说文云"魁,羹斗也。从斗,鬼声"。此在许君时,已误读鬼声。而义犹不误。今吾绩人谓小孩所用木碗、竹碗为"魁",读如斗入声。(此即说文之"枓"字。)许君误收魁字入斗部,遂从鬼声。此字宜在鬼部从斗声。(《胡适杂记》〔十六〕)

同日 下午，钱玄同来访，相谈极欢。钱氏日记记胡适谈话：

> 适之谓自汉至唐之儒学以《孝经》为主，自宋至明之儒学以《大学》为主。以《孝经》为主者，自天子以至庶人均因我为我父之子，故不能不做好人，我之身但为我父之附属品而已。此种学说，完全没有个"我"。以《大学》为主，必先"诚意""正心""修身"，而后能"齐家""治国""平天下"。此乃以"我"为主者，故陆、王之学均能以"我"为主。如陆九渊所言"我虽不识一字，亦须堂堂做一个人"是也。此说吾谓极精（适之之说甚长，今略记大意如此）。适之又谓古书伪者甚多，且无论何书，未有句句皆其本来面目者，读书贵能自择，不可为古人所欺。此说亦极是。（《钱玄同日记》上册，317页）

同日 周作人、沈尹默来访。（鲁迅博物馆藏：《周作人日记》上册，大象出版社，1996年，695页）

9月20日 胡适读崔适《史记探源》8卷，对其考证《史记》今本之非司马迁原稿之说，甚佩服。又记道：

> 此书与《新学伪经考》皆西人所谓"高等的校勘"（Higher Criticism）之书也。清代的考据家大概多偏于"书本的校勘"（Textual Criticism）。其能当"高等的校勘"之称者，惟阎百诗、惠定宇之于梅氏古文尚书耳。（袁枚亦尝议三礼。）书本的校勘到俞樾、孙诒让可算到了极点。到了这时代自然会生出些"高等的校勘"来。有前者而后人可不读误书。有后者而后人可不读伪书。伪书之害更胜于误书。高等的校勘所以更不可少。（《胡适杂记》〔十六〕）

同日 钱玄同赠送章太炎著《文始》九卷（1913年浙江图书馆影印本）与胡适，并题道："这《文始》是章太炎先生研究文字学最精的著作。民国六年九月二十日奉送适之先生。玄同。"（《胡适藏书目录》第3册，1597页）

9月21日 北京大学开学，胡适演说"大学与中国高等学问之关系"。（《胡适遗稿及秘藏书信》第21册，191页；《钱玄同日记》上册，318页）

9月22日　下午2时，钱玄同来访。(《钱玄同日记》上册，318页)

9月23日　胡觉复函胡适云，上函曾告胡思明之丧及嘱胡适汇款等事，又谈及家族琐事等。又谈及自己因痔疮就医，等等。(《胡适遗稿及秘藏书信》第22册，635～637页)

9月25日　下午，钱玄同来访，相谈极欢。钱氏日记记胡适谈话：

> 午后三时顷至大学访适之。适之谓现在之白话，其文法极为整齐，凡文言中止词为代名词者，每倒在谓词上，如"不己知""莫我知""莫余毒""不吾欺""不汝疵瑕""我诈尔虞"之类。在白话则不倒置，略一修饰便成绝好之文句，拟编《白话文典》，此意吾极以为然。六时归。(《钱玄同日记》上册，319页)

9月28日　胡适复函钱玄同，讨论文言文中之"彼"字。又讨论"句号"问题：

> ……适以为行文用横行固好，但是中文似乎宜用"。"为句号。"."太小了，不狠明白。若能效西文，于每句之末，留一片空地，则用"."还可勉强应用。否则适意还是用"。"为便。……(鲁迅博物馆编：《鲁迅博物馆藏近现代名家手札》〔一〕，福建教育出版社，2002年，78～80页)

9月30日　胡适禀母亲，谈薪水、所教功课以及起居等情：

> ……而大学尚未上课。……来京白白地糟蹋了廿日，若早知如此，还可在家多住廿日，或竟能先把婚事办了。盖大学自"复辟"风潮之后，有两个月无人办事。故各事至今尚乱七八糟，一无头绪。……
>
> 适之薪金已定每月二百六十元。……
>
> …………
>
> 教者英文学、英文修词学及中国古代哲学三科。每礼拜共有十二点钟。……

1917年　丁巳　民国六年　26岁

适现尚暂居大学教员宿舍内，居此可不出房钱。饭钱每月九元，每餐两碟菜一碗汤，饭米颇不如南方之佳，但尚可吃得耳。适意俟拿到钱时，将移出校外居住，拟与友人六安高一涵君。……（《胡适遗稿及秘藏书信》第21册，191～194页）

同日　胡适复函钱玄同，再谈"彼"字，重点是谈标点问题：

先生说的，每句的后面，应该留一个字的空地。这话我极以为然。从前也曾劝《科学》诸君用这法。不知如何不曾采用。但是此法非能随写随加符号的人，不能用的。若必须写完了再加符号，定必不能预定何处应有一个字的空白。

至于"；"的"。"的后面空与不空，都不甚要紧。我这几年来觉得这个"；"或"△"号，简直可以不用。有时可以用"，"去代他。有时可以用"。"去代他……

引语前的"："也可用"，"去代他。英文也有这个法子。下面用了"引号"，上面用"，"也很清楚了。如：

孟子曰，"——"。

我这种牵就的办法，先生或不甚以为然罢？

我上文用了两个"问号"，都写成"？"，这是昨天的新发明。因为先生所拟《孟子》一章的写法里面有：

何必曰利？

这个似乎不便。不如用一个"？"，也写在旁边，如：

何必曰利？

岂不便当吗？

先生所说书名和本名折断在两行，便该用一画把他连起来。这法我也曾用过。有几本札记内都如此写法。因为这是狠不少的。例如：

……范雎为魏—齐所辱。……

若不加一短画，便与两个国名相混了。但是这法却有许多困难。因为中国字个个字都占一方块。这个"—"若占一方块呢，又用不着

485

他了。若占半方块呢，又不雅观。况且这一画长了又和"一"字相混。短了又看不明白，还怕印不分明（越在页边的字，越印不分明）。所以我曾想用法文的法子，用一个"//"（德文也用他）。……（《鲁迅博物馆藏近现代名家手札》〔一〕，81～86页）

9月 《留美学生季报》秋季第3号刊登谢中《予之宗教观》一文，胡适为此文作有跋语：

（一）谢君曰："宗教发达，则其民勇于为善而国以兴，宗教衰微，则其民作伪行诈而其国浸以弱。"谢君又举今日列强为例曰："今日世界之强国，皆宗教国也，若英，若美，若德，若法，其崇信宗教之诚心及推广宗教之真意，诚有令人惊服者。"适按此说似不尽合论理，亦不切合情事。国之强弱，其原因最复杂，不能单指一事曰此强盛之因也，此衰弱之因也。谓宗教发达为列强致盛之原因，与谓其陆军海军为致强之原因，同一不合论理耳。况今日之列强皆非宗教国也。谢君所举诸国中，其称法德两国，尤为不当。法德两国为世界最不信宗教之国，此稍知欧事者所共晓也。自科学发达以来，宗教之观念日以薄弱，英美如此，法德尤甚，此无可讳也。谢君谓："政治革新后，而宗教势力屹然犹存，且日以盛。"其言尤不合事实。今日美国之各种教堂，其势力所及，不如百年前千百分之一。礼拜日赴教堂者，大抵皆以社会风尚如此，趋时髦而已，岂真为宗教"度化"而来乎？

（二）谢君曰："人类之生活，非有至无上之机关，以激励其武勇，以裁判其精神，以监临其上下左右，则其进化不速。"此问题太广，非浅识如记者所敢武断。然试问欧洲中古罗马教盛时，其宗教机关可谓"至无上"矣，可谓"上下左右"无不监临矣。然而不但"其进化不速"，且更成黑暗时代者，又何故耶？

（三）谢君不欲以此"至无上之机关"属之政府与法院，是也，其必欲以之属于"上帝"，则未必是也。今之人不信有上帝者众矣，科学知识日明，则不信上帝者将更多，则此"无上"之机关将日以低下，岂人类之道德将日即于堕落乎？恐未必然也。记者以为今日国民道德之枢机，已不在宗教而在教育。有教育而无上帝，不失其为圣贤（如释迦、赫胥黎、穆勒皆不信上帝之圣贤也）。有上帝而无教育，适足增其迷信，即适足增其为恶之机耳。欧洲中古之教会有以卫上帝而焚杀哲人学者矣。

10月

10月2日　胡适复函钱玄同，讨论文言文中的"驳"字；讨论标点符号；讨论对在世之人与过世之人的称呼问题：

先生所讲中文符号宜多不宜少。这话狠对。我从前讲的话，一则因为自己的文法观念略深了；二则因为自己有点儿懒病；三则因为中国的排印工太不行了，自己又不能去花工夫训练他们。

先生称师的问题，我却不能直截解决。西方人的通例：大凡生存的人，大概多用Mr. X的称呼；死了的人，大概直称名。……

我看活人在中国不妨称"字"。讲义中称"字"，似乎可以不用称"先生"了。讲义究竟和历史不同。讲义讲的是"我的"话，历史讲的是历史上的事实。……（《鲁迅博物馆藏近现代名家手札》〔二〕，87～89页）

同日　钱玄同日记有记："晤逖先，谈读适之《墨经新诂》，做得非常之好。"（《钱玄同日记》上册，320页）

10月3日　胡适以44个铜子在琉璃厂购得杭世骏撰《诸史然疑》1卷（咸丰元年，长沙小嫏嬛山馆刻本），又以同样价格购得杭世骏撰《石经考异》2卷（咸丰元年，长沙小嫏嬛山馆刻本），又以同样价格购得毛奇龄撰《西河合集》（康熙二十五年，萧山书留草堂刻本），又以同样价格购得杭世骏撰《杭氏七种》（咸丰元年，长沙小嫏嬛山馆刻本）。（《胡适藏书目录》第3

册，1760 页；《胡适藏书目录》第 2 册，1497～1498 页；《胡适藏书目录》第 3 册，1609 页；《胡适藏书目录》第 2 册，1257 页）

10 月 5 日　胡适禀母亲，谈胡思永之疾和胡思明之丧等事。(《胡适遗稿及秘藏书信》第 21 册，198～200 页）

10 月 6 日　胡适复函许怡荪，云：

> 来书谓"天下事当于大处着眼，小处着手"，此言极是。今日之事，正患在当局诸人皆向小处着眼，而偏要从大处下手耳。例如眼光脱不了一个"己"字，而偏要定大政方针，如何能好呢？承示"察时观变，勿走错路"，甚感甚佩，当牢记之。适已打定主意二十年内不涉足政界。此二十年中惟以"树人"为目的。然此亦大非易事。
>
> 适来京二十余日，于大学之内容仅窥见一二，已足使我大失望。大学乃如一个大客栈。生意好时何尝不热闹？到了冬夏生意清淡的时候，客人都走了，伙计茶房也走了，只剩下一个老板。就是生意兴隆的时候，这些伙计和茶房们全是为了拿薪水来的，对于这客栈却毫无关切之意；同事之中也全不关痛痒；那些客人，你是你，我是我，更不用说了。请问这个大学那能办得好？文科之腐败更不堪言！其种种情形，真是一言难尽，适以是新来的人，一时又不便多所建白。今所建议，仅有组织各门教员会（如英文门哲学门之类）一事。此事已由大学评议会通过，但不知何日可能实行耳。今无各门教员会，各门之课程虽由学长排定，而学长是外行。其各课内容全由教职员"人自为政"，所用课本也"人自为政"，全无系统可言，又无人能早为筹备，故至今（十月六日）尚多不能得书不能授课之班，西文书籍尤非一时所能办到，而年假转瞬又到了。
>
> 教科之可笑者，如英文文学专科每周只有六小时之英文学，而外国语乃有八小时；又有"欧州文学史""希腊罗马文学史""英国文学史"诸课。夫学生不曾读一本欧洲古、近代的文学，而教之以文学史，岂非"对牛弹琴"耶？至多不过使之记得几个名字，为高谈欺人之用耳。

至于教员之非人，更不消说了，今年所添之教员，其教英文者，多美国学实业政治之人，已为可笑矣。而其中几许名人如谢无量、蒋观云、吴梅、章秋桐、叶浩吾诸人至今尚未到校，而年假又将到了。

　　校中亦颇有几个人才。最佳者为陶孟和（履恭）、钱玄同、沈尹默，皆与适颇相得。故适在此已稍稍有友朋之乐矣。

　　适意大学事，亦非一朝夕所能转移，当假以时日。今若能办到各门教员会一层，则各门将有统系，将有负责任之人，从此入手，明年便稍稍有头绪。若能使明年开学时一切教科都有统系，都有课本，都有教员，已经是了不得的成效了。

　　适入校后虽稍稍助独秀有所更张，然颇避嫌疑，一切事不敢插身向前。今以与足下谈，故一吐其胸中之牢骚，望足下勿笑我也。

　　独秀今尚纵嫖如故。此间朋友皆其新交，不便进谏，适更不便矣。

（胡适致许怡荪函，编号55）

10月10日　钱玄同日记有记：至尹默处并晤独秀，知大学中此届选国文、英文主任教员，英文拟属适之，国文则陈、沈诸君皆属意于我。（《钱玄同日记》上册，321页）

10月11日　钱玄同日记有记：拟访适之不晤。（《钱玄同日记》上册，322页）

10月14日　胡母在给胡适的家书中说：胡适大嫂因胡思明之丧悲痛欲绝，胡思永足疾渐愈，胡觉因川沙店事大发牢骚，江冬秀曾来胡宅小住。（《胡适遗稿及秘藏书信》第22册，202～203页）

10月17日　钱玄同日记有记：课毕与适之谈天。（《钱玄同日记》上册，323页）

10月19日　韦莲司小姐的母亲Harriet Williams致函胡适，为胡适长时间不来信感到不安，谈及韦莲司小姐正忙画室里头的事。希望胡适真正健康、快乐，并问候胡母及江冬秀。（中国社科院近代史所藏"胡适档案"，卷号E-384，分号2）

10月20日　北京大学评议会选举本年度评议员，胡适当选。

同日　下午3时，在陈独秀处召开修订大学规程第一次会议，与会者有章士钊、陶孟和、陈百年、胡适、沈尹默、钱玄同。(《钱玄同日记》上册，323页)

10月22日　钱玄同日记有记：

　　适之之《尝试集》寄到。适之此集是他白话诗的成绩，而我看了觉得还不甚满意，总嫌他太文点，其中有几首简直没有白话的影子。我曾劝他既有革新文艺的弘愿，便该尽量用白话去做才是，此时初做，宁失之俗，毋失之文。(《钱玄同日记》上册，324页)

10月24日　周作人赠胡适《域外小说集》一部。(《周作人日记》上册，703页)

10月25日　胡适禀母亲，谈家务事，"他日家中家用及永侄身上之事，适总可以支应。大嫂一方面亦可由适担承，请大嫂放心可也"。又谈到月薪由上月的260元增加至280元，"即仅有此数，亦尽够养吾兄弟全家。从此吾家分而再合，更成一家，岂非大好事乎！"关于胡母所说"请假归娶"一节，"决不能办到"，因年假短，又不能多请假。理由有四：大学今年开课太迟，不便多旷课；所任工课，不易请人代教；胡适建议废分年级制而采用"选科制"，已经教育部通过，但尚须拟定细目详章；胡适提议组织教授会，须将此事办妥。若上次写信言暂择12月30日为婚期之法不能行，则可择以下两条办法：将江冬秀送来北京结婚；等明年夏6月再迎娶。希望母亲就以上三法斟酌妥善后，再与江宅商量，并将商量结果飞函告知，以便预备。(《胡适遗稿及秘藏书信》第21册，206～213页)

10月26日　胡适致函钱玄同，云：

　　……今天忽然想起先生的"文字学说"的"六书进化论"。先生以为"象形"该在"指事"之前。我当时听了，也以为然。后来一想，以为许君的次序似乎不错。我所以怀疑的理由，颇有几条：

第一，我想八卦（及六十四卦）乃是仓颉造字以前的一种文字。许君《自叙》中，也如此说法（段氏注似不明此意）。《易乾凿度》也说八卦名皆系古字。若八卦为象形文字（仓颉派）以前的文字，那么，"指事"似乎实在象形之前了。因为八卦不过是一种"指事"的符号，和"上""下"相同。

第二，"结绳"不但中国古代有之，别种民族，依人类学者所说，也曾有过。结绳也是一种"指事"的符号。

第三，"象形"实比"指事"更难些。必须先有了一种美术的本领，才可画出象形的文字。文字之作，既是应用而生，似乎应该先有简单的应用符号，再渐渐变为繁复的象形。

第四，欧洲文字，人多说是从埃及的"象形字"进化来的。究竟"象形字"之前有无"指事"的符号，却不可知。再者，印度的"字母的"文字起得狠早。虽有许多字与欧洲语根相同，究竟没有人能的确证明他也从埃及的文字变出来的。所以埃及的象形字虽在欧洲各种字母之先，这个证据恐怕不能就证明各国的文字都必须先有"象形"。(《鲁迅博物馆藏近现代名家手札》〔二〕，90～92页）

10月27日　胡适致函刘半农：

前见足下做的白话诗两首极妙极妙。能钞一份见赐否？附上草稿一纸，太忙不能钞也。

尚乞赐正之。

适。

《唯心论》

我笑你绕太阳的地球，一日里只打得一个回旋；
我笑你绕地球的月亮儿，总不会永远团圆；
我笑你千千万万大大小小的星球，总跳不出各人的轨道线；
我笑你一分钟行几万里的无线电，终比不上我区区的心头一念。

我这心头一念，

才从竹竿巷（今所居巷名），

忽到竹竿尖（吾村后最高峰名）；

忽在赫贞江上，

忽到凯约湖边；

我若真个害刻骨的相思，

便一夜里绕遍地球三万转！

适 十月廿七日（刘半农编，李胜兵整理：《初期白话诗稿》，北京出版社，2010年，36页）

10月29日　胡适以35个铜子购得任大椿辑《小学钩沉》19卷（光绪十年，龙氏刻本）。（《胡适藏书目录》第3册，1629页）

同日　胡适在 John Bull's Other Island, in Four Acts（by Bernard Shaw.—London: Constable & Company Ltd., 1914）扉页签记："Hu Suh, Peking, Oct.29, 1917."书名前有胡适题记："Max O' Rell 曾作 'John Bull and His Island'，谓英国也。此书之名本于此。"（《胡适藏书目录》第4册，2397页）

同日　钱玄同日记有记：

适之示我以新作白话诗一首，借"唯心论"三字为题，诗用长短句，较从前所作的白话七言、白话词自然得多。我对于用白话作韵语极端赞成，唯以为不可限于五、七言，因字数限定，则必有强为增减之字也。白话填词，我意尤不以为然。适之谓词句有长短，较诗为佳，我则以为词句长短固佳，然其某长某短有一定，则比诗更为束缚也。（《钱玄同日记》上册，325页）

10月31日　钱玄同致函胡适，告：关于象形、指事先后的问题，稍后作答。今日胡所出示之白话诗，较《尝试集》好多了。关于"新国语"建设，虽然应该掺入许多近文的字面，但应该尽量用白话做才是，应该采取的态度是："宁失之俗，毋失之文。"（《胡适遗稿及秘藏书信》第40册，252页）

1917年　丁巳　民国六年　26岁

11月

11月2日　胡母谕胡适,告胡思永足疾渐愈,请胡适对胡思明之丧勉作达观,胡觉来函大发牢骚。请胡适早定婚期以便家中预备,特嘱此事不可潦草等。(《胡适遗稿及秘藏书信》第22册,204～208页)

11月5日　胡母谕胡适:同意胡适对婚期、仪节之安排;男宅主婚人非胡觉不可;结婚时所应着衣服,需胡适自备;"婚事予意决在家举行",另外两种办法尽可作罢论。(《胡适遗稿及秘藏书信》第22册,209～211页)

11月7日　俄国爆发十月革命。

11月20日　胡适复函钱玄同,讨论钱所不喜欢的《三国演义》一书:

……吾谓此书"能使今之妇人女子皆痛恨曹孟德,亦可见其魔力之大"。吾并非谓此书于曹孟德、刘备诸人褒贬得当。吾但谓以小说的魔力论,此书实具大魔力耳。……《三国演义》之褒刘而贬曹,不过是承习凿齿、朱熹的议论,替他推波助澜,并非独抒己见。况此书于曹孟德,亦非一味丑诋。……无奈中国人早中了朱熹一流人的毒,所以一味痛骂曹操。……先生又谓此书"写刘备成一庸懦无用的人,写诸葛亮成一阴险诈伪的人"。此则非关作者"文才笨拙",乃其所处时代之影响也。彼所处之时代,固以庸懦无能为贤,以阴险诈伪为能,故其写刘备、诸葛亮,亦只如此。……

先生与独秀先生所论《金瓶梅》诸语,我殊不敢赞成。我以为今日中国人所谓男女情爱,尚全是兽性的肉欲。今日一面正宜力排《金瓶梅》一类之书,一面积极译著高尚的言情之作,五十年后,或稍有转移风气之希望。此种书即以文学的眼光观之,亦殊无价值。何则?文学之一要素,在于"美感"。请问先生读《金瓶梅》,作何美感?

又先生屡称苏曼殊所著小说。吾在上海时,特取而细读之,实不能知其好处。……

…………

先生论吾所作白话诗,以为"未能脱尽文言窠臼"。此等诤言,最不易得。……吾曾作《白话解》,释白话之义,约有三端:

(一)白话的"白",是戏台上"说白"的白,是俗语"土白"的白。故白话即是俗话。

(二)白话的"白",是"清白"的白,是"明白"的白。白话但须要"明白如话",不妨夹几个文言的字眼。

(三)白话的"白",是"黑白"的白。白话便是干干净净没有堆砌涂饰的话,也不妨夹入几个明白易晓的文言字眼。

……先生说:"现在我们着手改革的初期,应该尽量用白话去做才是。倘使稍怀顾忌,对于'文'的一部分不能完全舍去,那么便不免存留旧污,于进行方面,很有阻碍。"我极以这话为然。……

先生与刘半农先生都不赞成填词,却又都赞成填西皮二簧。古来作词者,仅有几个人能深知音律。其余的词人,都不能歌。其实词不必可歌。由诗变而为词,乃是中国韵文史上一大革命。……

词之重要,在于其为中国韵文添无数近于言语自然之诗体。此为治文学史者所最不可忽之点。不会填词者,必以为词之字字句句皆有定律,其束缚自由必甚。其实大不然。词之好处,在于调多体多,可以自由选择。工词者,相题而择调,并无不自由也。人或问既欲自由,又何必择调?吾答之曰,凡可传之词调,皆经名家制定,其音节之谐妙,字句之长短,皆有特长之处。吾辈就已成之美调,略施裁剪,便可得绝妙之音节,又何乐而不为乎?……

然词亦有二短:(一)字句终嫌太拘束;(二)只可用以达一层或两层意思,至多不过能达三层意思。曲之作,所以救此两弊也。有衬字,则字句不嫌太拘。可成套数,则可以作长篇。故词之变为曲,犹诗之变为词,皆所以求近语言之自然也。

最自然者,终莫如长短无定之韵文。……

至于皮簧,则殊无谓。……(《新青年》第4卷1号,1918年1月15日)

1917年　丁巳　民国六年　26岁

按，钱玄同原书及答书亦均作为附录收入《胡适文存》卷1。

同日　《北京大学日刊》第5号刊布"本校教职员捐助天津水灾赈款清册"，蔡元培捐20元，陈独秀捐5元，胡适、朱宗莱、朱希祖、周作人、陈大齐、马夷初、马裕藻、沈尹默各捐4元，崔适、刘文典各捐2元。

11月21日　胡适复函韦莲司小姐，谈及回乡后情形，自己决定在12月30日结婚。"我不能说，我是怀著愉快的心情，企盼著我们的婚礼。我只是怀著强烈的好奇，走向一个重大的实验——生活的实验！我相信韦莲司夫人不会喜欢上面这段话。然而，这却是一段老实话。"又谈及在北大的工作情形等：

……我教3小时的"中国哲学"，3小时的"欧洲文学"（用英文翻译），1小时的"英诗"，还有1小时的"中国史学研究方法"。除此之外，我正在组建哲学系的研究所，由我任主任。哲学研究所将和其他八所同时成立。这是中国第一次成立研究所。成立之后，我将在所中讲授一两门课。

大学正在进行改组。我自然不能置身事外。我提的最重要的一个建议是把"选修制度"介绍到大学中来。我们希望明年秋天就能把这一制度付诸实行。

在大学里，我找到了几个志同道合的朋友。此地也是"文学革命"运动中心所在，"我们能做的事"远比我预计的要多。我的讲义都是用"白话"写印的，这在大学里还是创举。此地也有一小群人，他们和我一样，决心用"白话"来作诗。上个月在百忙中，我们还是写了一些颇可读的诗。我和中文系并没有正式的关系，但系中没有一个人不受我最近改革中国文学那篇文章的影响，有的同情，有的反对。在新成立的研究院里，将由教授们从字源、语音和词典编纂等各方面来进行中国口语的研究。我们希望能编出一本白话的词典和语法。

夜以继日的为自己感兴趣的事努力工作真是一大快乐！我实在非常不情愿在此时为了婚礼而中断我的工作！我知道：要是韦莲司夫人

听到了我这么说，一定骂我"没良心"！(《不思量自难忘：胡适给韦莲司的信》，134～135 页)

按，关于胡适讲授中国哲学之情形，顾颉刚有回忆：

到了一九一七年的秋天，陈汉章才教到商朝的《洪范》，忽然学校里贴出一张布告，把陈氏两门功课改由胡适担任。胡适是什么人？当时大家都不知道。后来知道他是一个美国留学生，同学们都很奇怪：一个到外国留学的怎能教中国哲学呢？等他上堂，大家一看，竟非常的年轻。那时我们同学里年长的已到了三十五岁，而他呢，只有二十七岁，大家又觉得他不配做我们的老师，决不能比陈汉章好，几乎要罢课。但上了几堂之后，由于他很会讲话，说的又新奇可喜，大家也就接受下来了。(顾颉刚：《从我自己看胡适》，香港《大公报》，1951 年 12 月 22 日)

11 月 23 日　胡适在清华学校演讲"中国文学改良问题"，内容如下：

语言与文字，皆发于心，出诸口为语言，笔之书为文字。泰西各国，语言文字，大致相差不远。而我国则不然。语言文字，各不相为谋。同一事也，语言则曰吃饭，曰走路，而为文则曰食，曰行。文字与人身，是全无关系矣。此我国文字之所以不发达也。故我国文字，急宜改良。

欲言文学改良，当注重"历史的文学观念"。盖一时代有一时代之文学，决不可以古论今。今日之文学，已渐趋向于白话，决不可返求诸古。《盘庚》《周颂》，在古则为时文，易于索解；在今日而欲为此等文字，则难于明晰。文者，如演说然，所以达意也。以难索解之文字示人，人何能通其意哉。人皆盛称班马之文，而不知班马之文学，皆当日流行之文学。使班马而作《盘庚》《大诰》之文，则无班马之名矣。人又盛称李杜之诗，殊不知，二子之诗，亦当日之诗也；使其皆作《清庙》《生民》之章，则无李杜矣。故今日之人，当兴今日之文学。

生今之时，古文多不能达意。曾文正已尝言古文不可说理，故有

1917年　丁巳　民国六年　26岁

宋以来，理学诸儒之语录，皆用白话，以其说理明也。由近观之，白话之文学，更汲汲不可少。盖近日已有多数事物，非古文即能形容。然考白话文学之来已渐，其最早则用于唐人之小诗短词，宋之语录，元之小说戏曲，明清科举绝白话文学发达之机，而终一线相承不绝。今日其白话文学发达之机乎？白话文学既发达，则文字改良矣。余（胡先生自称）曾于《新青年》登载《文学改良刍议》一篇，内中有改良方法八端，兹特为诸君一述之。

……………

几以上数言，皆改良文字之要素，诸君不妨一试行之。五百年前，欧洲不尝以拉丁为高尚之文学乎？倍根之作文集也，书为拉丁、英文二种。其意以为其书之赖以传者，必拉丁文。若英文，不过以便愚民之攻读而已。孰知其效正相反也。不五百年，而拉丁文不行。昔之所鄙为白话之英文，今已成为文学矣。我国文学，或者相类，未可知也。诸君尽试行之。（《清华周刊》第122期，1917年12月6日）

11月26日　胡适禀母亲：因胡觉有疾，婚礼时不必请其回家；婚礼仪节等情，已函江耘圃，但尚未有信来；男宅主婚人，随便什么人都可；贺礼一概不收；礼服由胡适自己带来等等杂事。又告自己太忙，两星期内除正课外，尚有四处演说（一在农业专门学校，一在高等师范，一在大学，一在天津南开学校）。（《胡适遗稿及秘藏书信》第21册，201～204页）

11月29日　《北京大学日刊》第12号刊载哲学门研究所的研究科目、任科导师及研究员名单。研究科目有希腊哲学、欧美最近哲学之趋势、逻辑学史、中国名学钩沉、伦理学史、近代心理学史、儒学玄学、二程学说、心理学、社会哲学史、唯心论等。导师章士钊、胡适、陈大齐、陈汉章、马叙伦、韩述祖、陶孟和、林损等。研究员共15人，其中毕业生4人，哲学门三年级学生9人，国文门学生和法科学生各1人。

11月　胡适在《说文通训定声》十八卷补遗一卷（朱骏声撰，光绪十四年上海鸿文书局石印本）题记："这部书是马幼渔先生送我的。六年

十一月，适。"(《胡适藏书目录》第 2 册，1530 页）

12月

12 月 1 日　胡适禀母亲：将于 12 月 13 日动身回家等。又云："儿现为哲学门研究所主任。……因系初次创办，故事务甚繁。现本所定于十二月三日开办，开办后一星期，一切事稍有头绪，儿便可抽身矣。"(《胡适遗稿及秘藏书信》第 21 册，213～215 页）

同日　胡适致函许怡荪：定于 12 月 30 日在里中结婚，询问许若在家，可否能来。（胡适致许怡荪函，编号 56）

12 月 6 日　北京大学"文科英文门研究所教员及研究员"在《北京大学日刊》第 18 号公布，胡适、辜鸿铭等 4 人共同研究"译名"。

12 月 7 日　北京大学文科研究所召开第一次研究会，学生志愿研究者 40～60 人。胡适与蔡元培、陈独秀、章士钊均莅会，首由胡适报告，次胡适请蔡元培讲演。次日《申报》报道"北京大学研究会开幕"：

> 北京大学设立各科研究所，顷已次第成立。文科研究所于昨日在校长室开第一次研究会，学生志愿研究者约四五十人。蔡鹤卿校长、陈仲甫学长及章行严、胡适之、陶孟和、康心孚、陈伯弢诸教授均莅会。先由主任胡适之君述研究会之成立及报告研究者之科目、人数，并云：今日为本研究会成立之第一次，特请蔡校长演说，其题目为"哲学与科学之关系"。次由蔡鹤卿演讲……

12 月 10 日　韦莲司小姐的母亲 Harriet Williams 致函胡适，谈及前不久举行招待中国学生的晚会事。对胡适深表想念和关切。希望胡适成为基督徒。又提到韦莲司小姐很健康、快乐等。（中国社科院近代史所藏"胡适档案"，卷号 E-384，分号 3）

12 月 11 日　胡适出席中华民国国语研究会与北大国文门研究所国语部联合举行的国语讨论会。其他出席者还有：黎锦熙、沈彭年、陈颂平、陆雨庵、董懋堂等（以上国语研究会），沈尹默、钱玄同、刘半农、朱希祖等（以上北大国语部）。北大校长蔡元培也出席了会议。"所讨论者为国语研究会与本校国语部研究所对于国语一事所应分功合作之办法。讨论结果，大致以一切关于此问题之学术上之研究，如语言史、标准语之类，皆属之大学研究所；国语研究会及教育部之国语编纂处则惟办理一切关于国语教育所急须进行之诸事。现该会拟以五年之力办理此事，以二年为调查之用，以三年为编纂国语教科书之用。"（《北京大学日刊》第24号，1917年12月13日）

同日 晚7时，北京大学英文部教授会召开成立会，本部教员到者19人。首由各教员投票选举主任，胡适以10票当选。遂由胡适主席，讨论本部一切进行事宜。经众议决，推举威尔逊等5人为本部执行委员。从事调查本部现用教科书之良否，及研究规定之本科课程表。又议第二学期之预科教科书极宜采定，故由胡适委任费家禄、陈长乐、林葆恒3人审查采定文预科之教科书，又李顺义、孙瑞林、王星拱3人，审查采定理预科之教科书。（《北京大学日刊》第24号，1917年12月13日）

> 按，据本年12月8日北大评议会议决《学科教授会组织法》，每部设一教授会，每部由会员选举主任一人。

12月16日 胡适离北京回里完婚。火车过南京时，曾电约在南高师执教的陶行知来晤。后换船，到芜湖后乘轿行。21日"大雪行七十里"，宿笄溪桥，在此致函许怡荪，请许为其证婚人。次日抵家。过三溪时有诗《三溪路上大雪里一个红叶》。

胡适《归娶记》又记火车上读书等情：

火车中读沙法克尼（Sophocles）戏曲五种：

一、葬兄记 *Antigone*

二、争甲记 *Ajax*

三、复仇记 *Electra*

四、归国记 *Philocletes*

五、英雄末路记 Oedipus at Colonus

《葬兄记》与《归国记》皆极佳。余殊平平。

吾前读其《孽冤记》King Oedipus，又尝听英国希腊文学大家穆莱 Gilbert Murray 自诵其所译《孽冤记》。

沙法克尼与墨翟同时，为希腊名家之一。今所传仅七剧，上所记六剧之外，其一为《毒袍记》The Trachinian Maidens 吾未之读。

火车中极冷。窗上积人口出汽皆成冰花，丽则可喜。吾见之深念此天然之美也。然向者积汽封玻窗时，亦是天然，何以不美？美者竟因何故？因又念"美"之一字寔不易解说。若说天然为美，如秋水芙蓉是美，然粪坑中蛆，亦是天然，又何以不得为美？若说美是人力，则北地妇女抹粉涂脂亦是人工，又何以不美？因为下一界说：

美者，天工人力所呈现象能引起吾人愉快的感情者也。（胡适：《归娶记》）

同日 《北京大学日刊》第 27 号发表胡适致英文部教授会一则公告："适此次请假南旋，须至一月中旬始可北回。所有英文部主任一事，已商请陶孟和先生暂为代理。……"

12 月 22 日 胡适抵达绩溪家中。

同日 寰球学生会举行欢迎新会员会，主席余日章致欢迎词。新会员名单中，包括胡适、郭秉文、蒋梦麟、胡明复、王景春、邝富灼、谭奇芳、章宗祥、汤化龙、梁启超、柏文蔚、邹秉文、周仁、刘大钧、曹梁厦、钱天鹤等。（《申报》，1918 年 12 月 24 日）

12 月 28 日 张奚若复函胡适，谈及北京大学用胡适这样的哲学教习代教英文，"其幼稚情景可想而知，望足下尽力所能至处，大加整顿，总期大学名实相符，庶国中将来或有高等学问可言也"。又希望胡适能与蔡元培及诸同事尽快设法为北大设一大图书馆，"以作造学基础"。又谈到俄国革命为"人类历史上第一大事"。又贺胡适新婚等。（《胡适遗稿及秘藏书信》第 34 册，276～277 页）

1917年　丁巳　民国六年　26岁

婚前　胡适与绩溪县知事李懋延有一笔墨官司：

到家数日，日日闻绩溪县知事李懋延在乡征粮，扰民不堪，怨声载道。乡里小民痛苦无所呼吁，绅民又委缩不敢与直言。我一时高兴，作一书与知事，其略云：

……古者冬日省刑，所以体天和重民命也。况今当刑律革新之时，为政者用刑，尤宜慎重将事。今闻执事在乡数日，无一日不用非刑。铁索盈担，杖责盈千。差役横行，尤为民患。甚至以些小积欠，横迫已故学员之孀妇。尤甚者，竟以供应不周，杖责地保数百。请问执事，此几百板子，载在新刑律第几条？无怪乎乡里不平之声之载道矣。又闻执事讯事往往用极惨酷之掌责。此种非刑废止已久。执事出任民牧，岂无所闻知耶？……

此人极笨。得此书后，读之半点钟始可了解。读后，乃以之遍[示]各在座诸绅，遂致喧传众口。一时人心大快。此人初极愤激，自言拼将知事的官不要了，要和我争一口气。数日后，忽倩人办贺礼送来，吾本无意与斗气，遂收其联幛，而送一桌酒往谢之。

此人本市贩出身，不知用了几个钱，弄得知事做。在乡时，常对人言，"如今做官，资格是用不着了，须要会运动，即如兄弟到省十五日便挂牌署事了"。又闻此次段芝贵任陆军总长，此人（亦合肥人）发电往贺，段有电复之。此人出此电遍示来访者。其卑鄙可想也。

上头有段芝贵、倪嗣冲一流人，下面自然有这一班害民的官。记之一叹。

此人在绩劣绩多端，不能备举也。（胡适：《归娶记》）

12月29日　迎娶江冬秀之大轿（不是花轿）送往旌德江宅。（胡适：《归娶记》）

12月30日　下午，江冬秀被迎至胡宅，先"由女宾六人迎入新房小憩"，下午3时行结婚礼。行礼次序如下：

奏乐。

请男女长亲入座。

请来宾入座。

请证婚人及主婚人入座。[证婚人胡昭甫，主婚人江子隽、胡朗山]

请新妇新郎入座。

乐止。

司礼人宣告行结婚礼。[司礼人为胡近仁]

（以下由司礼人一一宣告）

新妇新郎就礼案前立。

司礼人宣读结婚证书。（商务印书馆之本）

请新妇新郎用印。

请男家女家主婚人用印。

请证婚人用印。

请证婚人授婚约指环与主婚人。

请主婚人授婚约指环与新妇新郎。

新妇新郎行相见礼，一鞠躬。

新妇新郎谢证婚人，一鞠躬。

新妇新郎谢主婚人，一鞠躬。

新妇新郎见男女长亲，一鞠躬。

新妇新郎见来宾，一鞠躬。

新妇新郎受贺，贺者合一鞠躬，新妇新郎答一鞠躬。

演说。

来宾许怡荪；

曹子才；

柯泽舟；

胡衡卿。

新郎演说。

礼成，散坐。

奏乐。

按，此仪式，乃胡适"斟酌现行各种礼式而成，期于适用而已"。"所废旧礼之大者"，如下：

一、不择日子。是日为吾阴历生日，适为破日。

二、不用花轿、凤冠、霞帔之类。

三、不拜堂。以相见礼代之。

四、不拜天地。

五、不拜人。以相见礼代之。

六、不用送房、传袋、撒帐诸项。

七、不行拜跪礼。

又按，胡适本拟不拜祖先，无奈胡母执意不允，乃于结婚后第三日携新妇到祠堂行三鞠躬礼。（胡适：《归娶记》；《不思量自难忘：胡适给韦莲司的信》，136页）

结婚日收到贺联甚多，胡适以张子高（准）一联最佳：两个黄蝴蝶；同此月团圞。胡适亦自作数联云：

远游六万里留；旧约十三年。

三十夜大月亮；廿七岁老新郎。

谢他好月照好日；讨个新人过新年。

胡适又有《新婚诗》：

十三年没见面的相思，如今完结。

把一桩桩伤心旧事，从头细说。

你莫说你对不住我

我也不说我对不住你——

且牢牢记取这十二月三十夜的中天明月！（胡适：《归娶记》）

12月31日 Nellie B. Sergent（瘦琴）复函胡适，为胡适以尽义务的心

情去结婚感到难过，希望胡适快乐；认为胡新婚的妻子应该像母亲一样，并祝胡适夫妇幸福，白头偕老。（中国社科院近代史所藏"胡适档案"，卷号 E-340，分号 12）

12月　孔德学校成立，蔡元培任校长，胡适列名该校"教务评议会会员"。

下半年　胡适有致刘半农函：

半农先生：

昨日收到《大风歌》，因太忙太忙，故不能亲自作复，但请玄同带笔回复。适意与玄同相同，皆谓第三章可删。第二章末句亦可删。先生以为何如？

适前天也做了一首诗：
云淡天高，好一片晚秋天气！
有一群白鸽儿，飞向空中游戏。
你看他乘风上下，夷犹如意——
忽地里，翻身映日，白羽衬青天，鲜明无比！
先生以为何如？

适（《初期白话诗稿》，39～40页）

是年　胡适又有《鸽子》《人力车夫》《一念》《老鸦》等白话诗。

是年　唐晏撰《陆子新语校注》二卷（1函1册）由潮阳郑氏龙溪精舍刻印。胡适在此书下卷末题记："《四部丛刊》用明弘治壬戌，为桐乡令李廷梧所刻，有钱福序，都穆跋。其内容与范本同，似是范本所祖。大概 x—李本—范本为一个系统，而 y—《子汇》本又是一个系统。《子汇》本所祖之 y 本偶然不误，而 x 本偶然有一页（二百二十八字）错简，至几百年后始得校正。也许 x 与 y 同出于一源。"（《胡适藏书目录》第2册，1373页）